KNAUR

Von Harald Gilbers sind bereits folgende Titel erschienen:
Germania
Odins Söhne

Über den Autor:
Harald Gilbers, geboren 1969, studierte Anglistik und Geschichte in Augsburg und München. Anschließend arbeitete er zunächst als Feuilletonredakteur beim Fernsehen, bevor er als freier Theaterregisseur tätig wurde. Er lebt in Erding bei München. *Germania,* sein erster Roman, wurde 2014 auf Anhieb mit dem angesehenen Friedrich-Glauser-Preis für das beste Krimi-Debüt ausgezeichnet. *Odins Söhne,* der zweite Band der Serie mit Kommissar Oppenheimer, bekam 2016 in Frankreich den Prix Historia für den besten historischen Kriminalroman.

Harald Gilbers

ENDZEIT

Roman

KNAUR

Besuchen Sie uns im Internet:
www.knaur.de

FSC
www.fsc.org
MIX
Papier aus verantwortungsvollen Quellen
FSC® C083411

Originalausgabe Mai 2017
Knaur Taschenbuch

Ein Imprint der Verlagsgruppe
Droemer Knaur GmbH & Co. KG, München

Redaktion: Ilse Wagner
Umschlaggestaltung: ZERO Werbeagentur, München
Umschlagabbildung: © Lee Avison / Trevillion Images;
© SZ Photo / Kurt Schraudenbach / Bridgeman Images;
FinePic®, München
Satz: Adobe InDesign im Verlag
Druck und Bindung: CPI books GmbH, Leck
ISBN 978-3-426-51644-7

2 4 5 3 1

Teil 1

FEUER

1

Berlin
Freitag, 20. April 1945
12 Tage vor der Kapitulation der Berliner Truppen

Seine Welt war auf wenige hundert Quadratmeter geschrumpft, doch Oppenheimer hatte in den vergangenen sechs Wochen gelernt, sich damit zufriedenzugeben. Der Horizont war nicht mehr als eine schnöde Kalksteinmauer, während der Himmel aus roten Backsteinen von Eisensäulen gestützt wurde.

Und hinter dieser Hemisphäre aus übereinandergeschichtetem Baumaterial wehte ein von Menschen entfesselter Feueratem. Der Gärkeller in den Katakomben der stillgelegten Brauerei war nicht unbedingt als Nachtlager für versprengte Menschen wie Oppenheimer und seine Frau Lisa gedacht, aber sie hatten keine Alternative. Obgleich er so umsichtig gewesen war, die improvisierte Kochstelle direkt unter einem seitlichen Luftschlitz zu errichten, hatten der Qualm und die Essensgerüche bereits nach wenigen Tagen den säuerlichen Gestank des Brauereibetriebs überdeckt. Jetzt war die Luft so dick, dass man sie schneiden konnte.

An dem künstlichen Himmelsrund in zehn Metern Höhe gab es weder Sonne noch Sterne, und so waren auch die Leuchtziffern seiner Taschenuhr keine große Hilfe. Die Ausrichtungen der Zeiger waren in Oppenheimers Vorstellung nur noch willkürliche Einteilungen, deren eigentlicher Sinn verlorengegangen war. Dafür gab es andere Indizien, an denen sich ablesen ließ, dass man jenseits des Kellers die Zeit noch in Tage einteilen konnte. Gelegentlich fiel ein heller Schimmer durch die Luftschlitze; der beste Hinweis auf einen beginnenden Tag war jedoch, wenn die Deckenlampen brannten. Oppenheimer ließ sie eingeschaltet, weil es Strom ohnehin nur noch sporadisch gab. Und wenn die Glühbirnen zur Abwechslung einmal aufleuchteten, konnte man davon ausgehen, dass es hinter den dicken Mauern früher Morgen war. Zu diesen Stunden war das Elektrizitätswerk in der Regel freigiebig mit den Stromzuteilungen. Die dunklen Phasen dazwischen waren in der letzten Zeit jedoch immer länger geworden.

Abends wiederum war die Stunde der Sirenen, deren Gejaule sogar bis in den Gärkeller drang. Wenn sie erklangen, fand draußen normalerweise der tägliche Angriff im Schutze der Dunkelheit statt.

Obwohl die Fundamente des Kellers sicher bald wieder unter der tödlichen Last der Bomber erzittern würden, fühlte sich Oppenheimer zwischen dem guten Dutzend Gärbottiche sicherer als inmitten einer verschreckten Menschenmenge in einem Betonbunker. Und erst recht war dieser Platz den verputzten Holzdecken des *Judenhauses* vorzuziehen, in dem er zwangsweise viele Jahre hatte wohnen müssen.

Die Sirenen und Fliegerbomben waren beileibe nicht mehr die einzigen Kriegsgeräusche. Seit einigen Tagen trug der Wind von Osten her das Grollen der Artillerie in die Stadt. Obgleich sich Oppenheimer danach sehnte, endlich von der Herrschaft der Nationalsozialisten befreit zu werden, fand er das anschwellende Toben der Kriegsmaschinerie beunruhigend. So ganz ohne Radio hatte er nicht einmal mehr einen Überblick, was an der Front vor sich ging.

Auch an diesem Morgen gab es Strom, und so wurde Oppenheimer von dem künstlichen Licht der Deckenlampen geweckt. Lisa schlief noch, wegen der feuchten Kälte war auch sie dick in Decken eingepackt, so dass man kaum die Konturen ihres Körpers erkennen konnte. Ihr Nachtlager aus zusammengeschobenen Holzkisten war besser, als auf dem Betonboden zu schlafen, komfortabel war allerdings beides nicht.
Oppenheimer stützte sich mit den Ellbogen auf den Holzkisten ab und setzte sich auf. Dann schälte er sich aus dem Kokon von Lumpenschichten und rieb mürrisch eine schmerzende Stelle an seinem Rücken. Wenige Augenblicke später kroch bereits die Kälte unter seine Anzugjacke, und er fröstelte.
Die Decke über seine Schultern gehängt, tappte Oppenheimer zur Feuerstelle, um Kohle nachzulegen. Beißender Rauch stieg ihm in die Augen, doch er war dankbar für die Wärme. Während einer seiner Expeditionen oben in der verlassenen Brauerei hatte er bei der Heizkesselanlage einige Reste der schwarzen Brocken aufgestöbert. Er musste sich zurückhalten, damit er nicht gleich mehrere Stücke ins Feuer warf. So kühl es auch sein mochte, sie mussten sparsam sein. Schließlich hatte niemand eine Ahnung, wie lange sie es hier unten noch aushalten mussten, bis der Kampf um die Stadt Berlin beendet war.
Plötzlich war Oppenheimer hellwach.
Er glaubte, etwas gehört zu haben.
Doch das konnte nicht sein, schließlich waren sie allein hier unten. Die Tür zur Klimaschleuse war geschlossen. Außerdem quietschten die Scharniere so laut, dass ihn die Geräusche sicher aufgeweckt hätten, falls jemand eingedrungen wäre.
Oppenheimer konnte diesen Gedanken kaum weiterverfolgen, als er erneut etwas hörte.
Es klingelte.

Der schrille Ton schien aus einer entfernten Ecke des Kellers zu kommen. Aber wegen der gewaltigen Gärbottiche drang nur ein ferner Widerhall an Oppenheimers Ohren.
»Telefon«, maulte Lisa. Als ihr bewusst wurde, was sie, noch halb im Schlaf, gesagt hatte, setzte sie sich überrascht auf und zog die Decken fester um sich zusammen.
Oppenheimer war ebenso verwundert. Er wusste nicht, was ihn am meisten erstaunte: dass es hier überhaupt ein Telefon gab oder dass jemand ausgerechnet diese Nummer gewählt hatte. Aufs Geratewohl ging er in die Richtung, aus der das Klingeln zu kommen schien.
Und tatsächlich, im Schatten eines Gärbottichs hing ein Wandapparat. In dem ewigen Halbdunkel war er Oppenheimer bislang nicht aufgefallen. Als er das Telefon endlich aufgespürt hatte, war das Geklingel bereits wieder verstummt. Nach einer Weile hörte er Lisas Schritte. Er spürte, wie sie über seine Schulter einen Blick auf das Gerät warf.
»Was meinst du«, flüsterte sie verschreckt, »wer kann das gewesen sein?«
Oppenheimer hatte keine Ahnung. Obwohl sie zweifelsohne allein im Keller waren, unternahm jemand von außen den Versuch, in diese Räume einzudringen.
War es ein Freund oder ein Feind?
Auch Lisa war sich der Gefahr bewusst. »Vielleicht sollten wir lieber nicht drangehen«, sagte sie. »Sonst wissen sie, dass wir hier unten sind.«
Natürlich, der Anrufer konnte durchaus jemand von der *Gestapo* oder vom *SD* sein, obgleich es nicht wahrscheinlich erschien, dass sie per Telefon nach untergetauchten Juden wie Oppenheimer fahndeten.
Unschlüssig räusperte er sich.

»Und wenn es Ede war? Eigentlich kann nur er die Nummer kennen.«

Um diesen weniger alarmierenden Gedanken zu bekräftigen, nickte Oppenheimer. Ede. Das musste es sein. Schließlich hatte der Gauner dafür gesorgt, dass sie hier in seiner geheimen Lagerstätte untergekommen waren. Der *Schwere Ede,* wie er in Verbrecherkreisen genannt wurde, und seine Helfershelfer wussten als Einzige, dass sich hier unten jemand befand. Und bestimmt kannten sie auch die Nummer des Telefonanschlusses.

»Dann muss es wichtig sein«, spann Lisa den Gedanken weiter. »Wenn Ede extra anruft.«

»Wahrscheinlich. Wenn es wichtig ist, wird er es sicher wieder versuchen. Aber …« Oppenheimer kam nicht dazu, den Satz zu beenden, denn unvermittelt begann das Telefon wieder zu vibrieren, und das aufdringliche Schrillen ertönte aufs Neue.

Er spürte einen Zwiespalt in sich, ob er wirklich den Hörer abnehmen sollte. Schließlich verfiel er auf die Idee, sich mit falschem Namen zu melden, um zu erfahren, wer am anderen Ende der Leitung war. Wenn es sich um Ede handelte, würde dieser Oppenheimers Stimme erkennen und die Finte durchschauen.

Nachdem er tief Luft geholt hatte, nahm Oppenheimer den Hörer ab und meldete sich mit dem erstbesten Namen, der ihm in den Sinn kam. »Hier bei Schulze.«

Aus dem Hörer drang ein solcher Radau, dass der Gesprächspartner den falschen Namen ohnehin nicht verstehen konnte. Im Hintergrund war das Lachen von Männern zu hören. Nein, sie lachten nicht, sondern johlten vor Ausgelassenheit.

»Hallo?«, fragte Oppenheimer verblüfft. Obwohl der Gesprächspartner wegen des Tumults direkt in die Sprechmuschel brüllte, konnte Oppenheimer die Worte nicht verstehen. Trotz allem begriff er sinngemäß, das der Iwan hier war.

»Iwan sdes!«, rief die rauhe Stimme und ratterte dann weitere russische Sätze herunter, von denen Oppenheimer nur so viel mitbekam, dass offenbar von einer *faschistischen Bestie* die Rede war. Anfang der zwanziger Jahre hatten in den Ortsteilen Charlottenburg und Schöneberg russische Sprachbrocken aufgrund der dort angesiedelten Emigranten zum Alltag gehört. Wenigstens konnte sich Oppenheimer noch an einige der aufgeschnappten Vokabeln erinnern. Dann schloss der Fremde mit dem Aufruf: »Smert nazistskowo wraga!« Er wünschte dem Nazifeind den Tod.

Reflexartig warf Oppenheimer den Telefonhörer auf die Gabel. Er wollte diese Stimme nicht so nahe an seinem Ohr haben. Er wusste, dass von ihr eine Gefahr ausging. Sie sollte nicht in den Gärkeller eindringen. Niemals.

Lisa starrte ihn fragend an. »Was ist?«

Oppenheimers Kehle fühlte sich plötzlich trocken an. Er schluckte und wusste zunächst nicht, was er antworten sollte.

Wozu sollte er das Offensichtliche auch noch aussprechen? Gestern hatten die Sirenen Panzeralarm gegeben. Die Stadt war seitdem im Daueralarmzustand, das Endspiel hatte begonnen. Das von Hitler entfesselte Inferno würde nicht mehr lange auf sich warten lassen.

Nun war Realität geworden, worüber man seit der Winteroffensive der Roten Armee im Januar schon so häufig hinter vorgehaltener Hand gesprochen hatte. Unaufhaltsam bewegte sich von Osten her die Front auf sie zu. Nur wenige Kilometer von ihnen entfernt brachten zigtausend Tonnen Maschinerie, Waffen und Munition die Erde zum Beben. Der alles vernichtende Koloss würde erst zum Stillstand kommen, wenn das Ziel erreicht war: Berlins Regierungsviertel.

Lisas Blick drängte weiterhin nach einer Antwort, also sagte Oppenheimer mit einem Schulterzucken: »Die Russen kommen.«

Jeder bereitete sich auf seine eigene Weise auf den nahenden Untergang vor. Wem es irgendwie möglich war, der suchte sein Heil in der Flucht und versuchte, so weit wie möglich von der Hauptstadt fortzukommen, ehe die Falle endgültig zuschnappte und der Ring der russischen Truppen um die Stadt geschlossen war.

Nur der Fahrer am Lenkrad des altersschwachen Adler Trumpf fuhr in die entgegengesetzte Richtung. Auch er befand sich in einem Rennen gegen die Zeit, denn er hoffte, in die Innenstadt zu kommen, rechtzeitig dort unterzutauchen, noch ehe die Rote Armee in die Stadt einfiel. Vielleicht war er verrückt, sich freiwillig der Gefahr auszusetzen, doch nur so konnte sein Plan aufgehen.

Er lenkte nach rechts, um eine Panzersperre zu umfahren. Mittlerweile hatte der Volkssturm diese Hindernisse an allen wichtigen Kreuzungen errichtet. Die mit Trümmern beschwerten Straßenbahnwaggons erweckten den Eindruck, dass sie nicht einmal einen Windhauch aushalten würden, geschweige denn den Raketenbeschuss einer Stalinorgel.

Als er die mit Koffern beladenen Menschen an sich vorbeihasten sah, wusste er, dass sie es kaum noch schaffen würden, den inneren Verteidigungsring entlang der S-Bahn zu überqueren. Wahrscheinlicher war, dass die wehrfähigen Männer unter ihnen schon vorher an den Kontrollposten von der Feldgendarmerie aussortiert und zurückgeschickt wurden. Goebbels' Anordnung, dass kein kampftauglicher Einwohner Berlin verlassen dürfe, wurde buchstabengetreu befolgt. Es gab unzählige

Festnahmen, und an eine Ausnahmegenehmigung des für die Verteidigung der Hauptstadt verantwortlichen Wehrmachtsstabs zu kommen, das war praktisch aussichtslos. Offenbar gab es immer noch genügend Leute, um die Papiere der Ausreisenden zu überprüfen.

Er selbst hatte es vor zwei Tagen nur knapp geschafft, die thüringische Ortschaft Stadtilm zu erreichen. Und das war nur möglich gewesen, weil er die erforderlichen Papiere vorweisen konnte, Passierscheine, ausgestellt von der Reichspost. Zum Glück hatte niemand bemerkt, dass er auf den alten Formularen kurzerhand das Datum geändert hatte.

Auf dem Rückweg nach Berlin war er hingegen kein einziges Mal kontrolliert worden. Niemand schien auf die Idee zu kommen, dass ein Fahnenflüchtiger wie er freiwillig in den Hexenkessel zurückkehren wollte.

Der Fahrer begann zu grinsen, als er daran dachte, dass alles letztendlich eine Frage der Perspektive war. Es gab mehrere Realitäten, die nach der Niederlage eintreten konnten. Und er glaubte, für sich selbst die beste ausgewählt zu haben.

Momentan herrschte regelrechtes Aprilwetter, doch jetzt um die Mittagszeit kam zwischen leuchtend weißen Wolkentürmen die Sonne zum Vorschein. Ein strahlender Tag zum Geburtstag des Diktators wurde von der Bevölkerung *Führerwetter* genannt. Der Fahrer des Wagens überlegte, ob man diesen Begriff bald mit *Stalinwetter* ersetzen musste. Die Zeit der generalstabsmäßig geplanten Feierlichkeiten, die bisher in ganz Deutschland zu diesem Anlass ausgerichtet worden waren, war vorbei. Es schien so gut wie sicher, dass Hitlers sechsundfünfzigstes Wiegenfest auch sein letztes sein würde.

Trotz allem würden die Parteibonzen heute noch ein letztes Mal beim selbsternannten *Führer* antanzen, nur um sich später

fluchtartig nach Tempelhof zu begeben, wo startbereite Flugzeuge mit knatternden Motoren auf sie warteten.
Bei diesem Gedanken blickte er zum Himmel empor. Natürlich war dies sinnlos, denn hinter dem grauen Schleier der Tarnnetze ließ sich ein einzelner Flieger nur mit Mühe erkennen. Am Straßenrand ragten einige dürre Kamine in den Himmel, und die Form der wenigen übrig gebliebenen Seitenwände ähnelten schlaffen Handtüchern. Propagandaminister Goebbels malte das Bild des heroischen Widerstandes, würdig einer epischen Verklärung. Und tatsächlich besaßen die Rauchsäulen an manchen Tagen eine gewisse Ähnlichkeit mit den Schlachtengemälden aus vergangenen Jahrhunderten. Nur die Kämpfer sahen anders aus, denn sie besaßen weder ordentliche Uniformen, noch waren sie muskelbepackte Hünen wie in der altgriechischen Mythologie. Der vielbeschworene *heldische Kampf gegen den bolschewistischen Massenansturm* wurde von Knaben in zu großen Uniformen geführt, von ständig übermüdeten Schattengestalten, von alten und lahmen Volkssturmmännern. Doch sogar unter ihnen gab es immer noch genügend Verblendete, die bereit waren, ihrer Ideologie so manches Menschenopfer darzubringen.
Zumindest er gehörte nicht dazu. Nicht mehr.
Der allgegenwärtige Kalkstaub in der Luft vermischte sich mit dem Schweiß, so dass seine Stirn bald von einem klebrigen Film überzogen war.
Es schien, als hätte er genau den richtigen Zeitpunkt abgepasst. Es war sicherer gewesen, seinen Plan so spät wie möglich umzusetzen, damit die Kriegswirren alle Spuren seiner Aktivitäten verwischen konnten. Aus dem letzten Wehrmachtsbericht hatte er schließlich herausgelesen, dass er unverzüglich handeln musste. Mittlerweile wurden dort bereits Stadtnamen wie Münche-

berg genannt. Jeder mit einer gewissen Kenntnis der unmittelbaren Umgebung von Berlin wusste, was das hieß. Die Rote Armee hatte die letzte Hauptverteidigungsstellung bei den Seelower Höhen nach einem mehrtägigen Gefecht überrannt. Nun trennte kein Bollwerk mehr die russischen Truppen von der Hauptstadt. Wahrscheinlich gab es nicht einmal mehr eine geordnete Front. Sie alle waren den Russen jetzt hilflos ausgeliefert. Sich noch zu wehren war selbstmörderischer Wahnsinn.
Bei diesem Gedanken presste der Fahrer unwillkürlich die Lippen zusammen.
»Achtung!«, hörte er neben sich.
Er reagierte fast zu spät.
Reifen quietschten, als er auf die Bremse trat.
Wenige Zentimeter vor dem Kühler fuhr unbeirrt ein Lastwagen vorbei. Es war ein Truppentransport. Anscheinend willkürlich wurden die Soldaten zwischen den Verteidigungsposten hin und her geschoben. Die Männer auf der Pritsche des Wehrmachtfahrzeugs hatten von dieser Beinahe-Karambolage kaum Notiz genommen. Die Wangen der Soldaten waren eingefallen, die Blicke stumpf. Nach einem Auffahrunfall ins Lazarett eingeliefert zu werden wäre für sie jetzt ein Glück gewesen.
»Jetzt reißen Se sich ma' een bissken zusammen!«, sagte sein Beifahrer mit der Schlägermütze. »Wenn Se die Kiste zu Schrott fahr'n, dann kriegen Se nich eenen roten Heller dafür!« Dann steckte er wieder seinen Zahnstocher in den Mund und blickte grimmig durch die Frontscheibe.
Der einzige Kommentar des Fahrers war ein flüchtiges Kopfnicken. Das Geld hatte er ohnehin nicht nötig, wenn alles nach Plan verlief. In Gegenwart eines Gauners wie diesem Paule war es nicht ratsam, das hinauszuposaunen. Mit zahnstocherkauenden Wesen wie ihm hatte er bislang nichts zu schaffen gehabt,

was wieder einmal bewies, dass man in Zeiten der Not nicht wählerisch sein konnte.

Hektisch warf der Fahrer einen Blick in den Rückspiegel. Sein Koffer lag noch auf dem Rücksitz. Das war gut. Solange er das Gepäckstück bei sich hatte, besaß er eine Rückversicherung.

Hinter ihnen hupte jemand. Abrupt trat er aufs Gaspedal und musste wieder abbremsen, weil er fast einen radelnden Halbwüchsigen in Uniform auf die Kühlerhaube genommen hätte. Erschrocken machte der Junge mit der Hakenkreuzbinde einen Schlenker zur Seite. An seiner Lenkstange waren zwei Panzerfäuste angebracht, eng anliegend vom Scheinwerfer bis zur Vorderradachse. Die beiden überzähligen Rohre wirkten fast so, als gehörten sie zur Standardausstattung des Zweirads.

Paule verzog seinen Mund. Er machte den Eindruck, als wollte er etwas sagen, behielt es dann jedoch lieber für sich. Schließlich signalisierte er, dass die Straße frei war, und sie setzten ihre Fahrt fort.

»Wo soll ich überhaupt unterkommen?«, fragte der Fahrer. »Wie weit ist es denn?«

»Gleich dahinten«, knurrte Paule. »Da is ne alte Brauerei.«

Ebenso unvermittelt, wie der Strom an diesem Morgen zur Verfügung gestanden hatte, fiel er wenige Stunden später wieder aus. Oppenheimer und Lisa saßen vor den brennenden Kohlen, über denen in einem Topf Wasser köchelte, das er von seinem letzten Pumpengang mitgebracht hatte. Obwohl sie sich in einer ehemaligen Brauerei befanden, kam aus den Hähnen nur noch braune Brühe.

»Was meinst du«, fragte Oppenheimer. »Wie lang kommen wir noch hin?«

Lisa blickte in die Ecke mit den Wassereimern. »Vielleicht noch drei Tage, wenn wir sparsam damit umgehen.«

Oppenheimer nickte. Wie auch die anderen Berliner musste er bald wieder das Risiko auf sich nehmen, mit Eimern beladen zur nächsten Wasserstelle zu laufen. Doch wenn die Luft erst mal mit dem Blei der russischen Angreifer gefüllt war, würde es gefährlich werden. Vielleicht war es ja besser, möglichst bald zu gehen und die Vorräte aufzufüllen, ehe die Kämpfe begannen. Zwar gab es in den Lagerräumen auch einige Kisten mit Alkohol, doch Oppenheimer scheute davor zurück, sich darüber herzumachen. Schließlich wusste er nicht, ob es Restbestände der Brauerei waren oder ob Ede sie hier eingelagert hatte.

Einzig eine Flasche Whiskey hatten sie geköpft, weil es keine andere Möglichkeit gab, die Zähne zu putzen. Mit dem Destillat konnte man sie wenigstens desinfizieren. Allerdings kostete es Oppenheimer eine gewisse Überwindung, mit der scharfen Flüssigkeit zu gurgeln, da er hochprozentigen Alkohol verabscheute. Und das, obwohl ihn seine gute Freundin Hildegard von Strachwitz immer wieder ermuntert hatte, ihre selbstgebrannten Schnäpse zu kosten.

Bei dem Gedanken an Hilde ließ er den Kopf sinken.

»Ich frage mich, was sie jetzt macht«, murmelte er vor sich hin.

Lisa quittierte dies mit einem verständnisvollen Nicken. Auch ohne dass er den Namen genannt hatte, wusste sie, von wem hier die Rede war. Oppenheimer hatte sich diese Frage in den vergangenen Wochen schon unzählige Male gestellt.

Alles war noch so frisch in seinem Gedächtnis: die Mordanklage, seine Versuche, entlastende Hinweise zu finden, und schließlich das Warten, während Hilde vor dem Volksgerichtshof stand und er nichts mehr tun konnte, als zu hoffen, dass diese Farce glimpflich ausgehen würde.

Er hatte umsonst gehofft.

Und als alles vorbei war, mussten er und Lisa bereits in Edes

Gärkeller Unterschlupf suchen. Seitdem hatte er keine Verbindung mehr zu Hilde oder seinen ehemaligen Mitstreitern. Hildes Rechtsanwalt, Gregor Kuhn, wollte ein Gnadengesuch einreichen, doch was damit geschehen war, ob sie die verhängte Todesstrafe bis zum Kriegsende hinausschieben konnten, wusste Oppenheimer nicht.

Seine Überlegungen wurden vom gedämpften Knall einer schweren Tür unterbrochen. Es musste die Außentür des Transportgangs sein. Dieser Eingang verfügte über zwei Türen, weil er ursprünglich als Klimaschleuse gedient hatte.

Aufmerksam lauschte Oppenheimer in die Finsternis jenseits der Gärbottiche. Wahrscheinlich war es Paule.

Er kam auf Geheiß von Ede gelegentlich mit Konserven vorbei, denn je seltener sie sich an der Oberfläche blicken ließen, umso besser blieb das Sammelsurium seiner Schwarzmarktwaren verborgen. Die allgegenwärtigen Blockwarte hatten die unschöne Eigenschaft, neugierig zu werden, wenn in ihrer Nachbarschaft urplötzlich fremde Gesichter auftauchten. Offenbar waren die Lagerbestände so wertvoll, dass es sich für Ede lohnte, seine Schützlinge lieber mit Lebensmitteln zu versorgen, als das Risiko einzugehen, sie stundenlang vor den Geschäften auf Zuteilungen warten zu lassen.

Oppenheimer runzelte seine Stirn, da heute etwas anders war.

Als Lisa seinen alarmierten Blick auffing, bemerkte auch sie, dass etwas nicht stimmte. Obwohl sie so klug war, keinen Laut von sich zu geben, hielt Oppenheimer vorsichtshalber seinen Zeigefinger an die Lippen.

Es dauerte unüblich lang, ehe die innere Tür geöffnet wurde. Konnte er sich überhaupt sicher sein, dass es Paule war? Sprach die Verzögerung nicht dafür, dass es Fremde waren, die sich nur vorsichtig auf unbekanntes Terrain wagten?

Oppenheimers Atem beschleunigte sich bei diesem Gedanken. Dann versetzte ihn das Geräusch der Schritte in Alarmbereitschaft.
Das war keine einzelne Person. Trotz des lauten Widerhalls in dem Transportgang glaubte Oppenheimer klar und deutlich zu hören, dass sich mindestens zwei Personen näherten. Oppenheimer konnte sich nicht vorstellen, dass Paule einfach so einen Mitwisser ins Geheimlager führen würde.
Sie mussten sich verstecken.
Das Feuer der Kochstelle konnten sie nicht mehr löschen, ohne verräterische Geräusche zu machen. Aber wenigstens ließen sich die Schatten nutzen.
Oppenheimer raffte die Decken zusammen und zog Lisa mit sich. Gemeinsam liefen sie um den hinteren Bottich herum und kauerten sich vor die Wand. Dann bedeckte er Lisa mit den Decken. Vielleicht würde die Finte ja funktionieren. Vielleicht dachten die Eindringlinge, dass nur ein Lumpenhaufen auf dem Boden lag.
Aus der Richtung des Eingangs drang das Krächzen der rostigen Scharniere. Die Steinmauern warfen das Geräusch zurück. Oppenheimer zog seinen Kopf ein. Er konnte noch knapp über den Wäschehaufen blicken und machte sich bereit für die Ankunft der Eindringlinge.
Bei jedem der zögernden Schritte knirschte fein zermahlener Schutt. Dann war es für einige Augenblicke ruhig.
Oppenheimer konnte sich gut vorstellen, was außerhalb seines Blickfelds vor sich ging. Seine lebhafte Phantasie hatte ihn schon so manches Mal vor Gefahren gewarnt.
Jemand verharrte in der Eingangstür, spähte ins Zwielicht der Schatten, registrierte die Feuerstelle, ahnte, dass er nicht allein im Keller war.

Oppenheimer hielt den Atem an, seine Nerven waren zum Zerreißen gespannt.

Der nächste Laut war unerwartet. Völlig arglos pfiff jemand eine Melodie. *Davon geht die Welt nicht unter.* Ohne große Vorsichtsmaßnahmen schlurfte einer der Eindringlinge in den Kellerraum. Für einen kurzen Moment wischte der scharfe Lichtkegel einer Stablampe über den Boden.

Dann erklang eine Stimme. »Wat steh'n Se da so rum? Machen Se sich's jemütlich.«

Oppenheimer atmete auf. Es war Paule. Und er hatte eine weitere Person mitgebracht.

»Alles in Ordnung«, flüsterte er Lisa zu und erhob sich. Solange Oppenheimer nicht wusste, wer der Neuankömmling war, blieb er allerdings vorsichtig. Mit der Decke über den Schultern schlich er Zentimeter für Zentimeter um den nächsten Gärbottich herum.

Vor der Feuerstelle stand eine Gestalt und begutachtete die neue Umgebung. Im Widerschein der Flammen konnte Oppenheimer außer der hellen Silhouette des hageren Profils nicht viel erkennen. Der Fremde trug nur ein einziges Gepäckstück bei sich, Oppenheimer hielt es auf den ersten Blick für einen Arztkoffer. Medikamente und Verbandszeug bei sich zu führen war zweifelsohne praktisch.

Auch Oppenheimer und Lisa war es in Fleisch und Blut übergegangen, ständig ihre Luftschutzkoffer mit den wichtigsten Habseligkeiten in Griffweite zu haben. Sicherheitshalber.

Oppenheimer kniff seine Augen zusammen, als ihn etwas blendete. Paule hatte ihn zwischen den großen Fässern entdeckt.

Rasch hielt er seine Hand vor den gleißend hellen Kreis der Stablampe.

»Na, Paule, seit wann gefällt dir Zarah Leander?«, fragte Oppenheimer zur Begrüßung.

Der Fremde wandte sich überrascht um. Für einen Moment sah es so aus, als wolle er seinen Koffer gegen die Brust drücken, doch als er erkannte, wie entspannt Paule reagierte, ließ er den Arm wieder sinken.

»Ick dacht schon, ihr wärt ausjebüchst.«

Aus irgendeinem Grund irritierte Paules offenkundige Heiterkeit Oppenheimer, daher antwortete er schroff: »Denkst du, ich gehe hier freiwillig raus?«

»Na, na, Herr Kommissar«, beschwichtigte Paule halbherzig. »Man kann ja nich wissen. Ick hab wat für Sie für den Fall.«

Er reichte Oppenheimer einen Gegenstand aus Pappe.

»Was ist das denn?«, fragte Oppenheimer.

»Dit iss 'n Ausweis, falls Se mal rausmüssen und dem *Heldenklau* in die Arme loofen.«

Zwar kannte Oppenheimer diesen Begriff noch nicht, doch er ahnte, was es damit auf sich hatte. Bestimmt waren SS und Wehrmacht mittlerweile dazu übergegangen, Passanten von der Straße zu verschleppen und dazu zu zwingen, die Stadt zu verteidigen.

Oppenheimer ging mit dem Ausweis zur Kochstelle und musterte im Feuerschein den Aufdruck. Er war mit der Unterschrift des Reichsverteidigungskommissars Dr. Goebbels versehen, doch die Signatur ähnelte eher den Schreibbemühungen eines Grundschülers.

»Ede hat die organisiert. Jeder von uns hat jetz so eenen. Die Unterschrift vom Goebbels hab ick jut hinjekriecht, wa?«, fragte Paule stolz.

Obwohl Oppenheimer von Paules kalligraphischen Fertigkeiten nicht wirklich überzeugt war, nickte er ihm aufmunternd zu. Er konnte nur hoffen, dass die Greifer in den Straßen ebenso wenig wussten, wie die Unterschrift des Propagandaministers aussah.

Erst jetzt wandte er seinen Blick wieder dem Neuankömmling zu. Der Mann hatte ihn die ganze Zeit über eingehend gemustert. Oppenheimer wurde sich plötzlich bewusst, dass er, in die staubige Decke eingewickelt, wie ein Lumpenmatz aussehen musste.

Wie um diese Tatsache Lügen zu strafen, begann Paule, sie miteinander bekannt zu machen.

»Darf ick vorstellen.« Paule zeigte mit einem breiten Grinsen auf Oppenheimer. »Dit is Kara Ben Nemsi.«

Es war das erste Mal, dass Paule in seiner Gegenwart einen Witz gerissen hatte. Der kleine Ganove gefiel ihm wesentlich besser, wenn er nicht versuchte, geistvoll zu sein. Oppenheimer machte aber gute Miene zu dem abgeschmackten Witz und verzog seinen Mund zu etwas Ähnlichem wie einem Lächeln.

»Richard«, korrigierte er. »Mit wem habe ich die Ehre?«

Der Fremde antwortete zögernd. Er wollte nicht zu viel von sich preisgeben. »Nennen Sie mich Dieter.«

Als Oppenheimer ihm die Hand reichte, verfing sich sein Arm in den Decken. Erst im Widerschein von Paules Stablampe konnte er von dem Mann namens Dieter mehr als einen Schattenumriss erkennen. Trotz der tiefen Falten schätzte er ihn auf vielleicht Ende dreißig. In Oppenheimers Vorstellung glich der Neuankömmling mit dem melancholischen Blick und der geduckten Haltung einem traurigen Geier, nur die vollen Lippen wollten nicht zu diesem Bild passen. Die Frisur war alles andere als militärisch. Die zerzausten Haare lichteten sich am Scheitel bereits. Sicher würde Dieter bald eine Glatze bekommen. Auch die Bewegungen und die melodische Stimme passten eher zu einem Zivilisten.

»Habe ich das richtig verstanden? Sie sind von der Polizei?«, fragte Dieter. Unbeabsichtigt hatte sich ein alarmierter Unterton in seine Stimme geschlichen.

Oppenheimer tat so, als hätte er dies nicht bemerkt, und winkte ab. »Ach, das war mal. Jetzt warte ich nur noch auf das Vierte Reich.«

Dieter schmunzelte höflich.

»Und Sie?«, fragte Oppenheimer. »Was machen Sie beruflich?«

»Ich? Nun ja, man könnte sagen, ich bin Postbeamter.« Oppenheimer sah ihm an, wie er bei dieser Antwort in sich hineinlachte. Er konnte sich diese plötzliche Heiterkeit nicht erklären, doch er ahnte, dass Dieter nicht die volle Wahrheit sagte.

2

Freitag, 20. April 1945
12 Tage vor der Kapitulation der Berliner Truppen

Haste schon jehört?«, raunte Barbe. »Die Politischen woll'n se jetzt umbringen.«

Hilde blickte auf. Aus ihren Augen quollen Tränen, doch das lag an den Ausdünstungen der geschälten Zwiebeln. Es dauerte eine Weile, bis ihr Verstand diese hastig geflüsterten Worte sortiert hatte. Dabei bemerkte sie nicht, wie eine Zwiebelknolle ihren Fingern entglitt und mit einem dumpfen Aufschlag auf den Boden prallte.

Da war es also. Nun stand die Nachricht im Raum, vor der sich Hilde schon seit dem Beginn ihres Haftaufenthalts gefürchtet hatte.

Wenn es zutraf, dass es jetzt bereits den politischen Gefangenen an den Kragen ging, dann befand sie sich in höchster Gefahr. Schließlich hatte man sie wegen defätistischer Äußerungen eingebuchtet – und darauf stand die Todesstrafe. Nur die Winkelzüge ihres Anwalts hatten die Vollstreckung des Urteils bislang verzögert.

Hilde rieb sich die Augen, bis sie ihre Mitgefangene wieder deutlich erkennen konnte, das dickliche Mädchen namens Barbe, mit dem sie sich im Zuchthaus Moabit angefreundet hatte. Barbe war mit ihren fünfundzwanzig Jahren ungefähr halb so alt wie Hilde, vielleicht suchte sie in dieser feindlichen Umgebung einen Muttterersatz. Aber das spielte jetzt keine Rolle mehr.

In den dreizehn Wochen ihrer Gefangenschaft hatte Hilde die Erfahrung gemacht, dass man sich an die Todesfurcht nicht gewöhnen konnte. Allenfalls ließ sie sich verdrängen. Doch nun war sie wieder da, drang mit eisiger Klarheit in ihr Bewusstsein und überdeckte alles, was sie bislang hinter den Gefängnismauern gesehen oder gefühlt hatte.

Es war Nachmittag, und sie befanden sich ausnahmsweise in der Gefängnisküche. Nach dem Aufstehen hatte Hilde wie üblich mit den übrigen Insassen noch Uniformen ausgebessert, bis sie nach einer Stunde mit Barbe zum Zwiebelschälen abkommandiert wurde.

In der spartanisch eingerichteten Küche blubberte auf den Herden das Essen in den Kesseln. Ein kleinerer Topf war für das Wachpersonal bestimmt, während die verdünnte Brühe in den großen Töpfen für die Häftlinge vorgesehen war. Barbe hatte sich über die Abwechslung gefreut, denn wenigstens war es möglich, in der Küche unter einem geöffneten Fenster zu sitzen und sich für eine Weile von der Sonne den Rücken wärmen zu lassen.

Gerade wollte sie Barbe eine Frage stellen, als sich ihnen eine Hilfsaufseherin näherte. Sobald Hilde sie aus den Augenwinkeln registriert hatte, schloss sie wieder den Mund. Zwar wusste sie, dass diese Aufseherin im Gegensatz zu den meisten anderen freundlich war, doch es war besser zu schweigen, solange sie sich mit ihnen im Raum befand.

Als die Hilfsaufseherin vor ihr stehen blieb, schaute Hilde irritiert auf. Der Blick unter dem gestärkten weißen Häubchen war spöttisch. »Aber, aber, Frau von Strachwitz«, sagte die Hilfsaufseherin milde tadelnd.

Hilde wusste zunächst nicht, was sie meinte, doch dann erinnerte sie sich daran, dass zwischen ihren Füßen eine halb ge-

schälte Zwiebel lag. Sie rechnete es der Hilfsaufseherin hoch an, dass sie von ihr mit dem Namen angesprochen wurde. An einem Ort wie diesem war es eine Wohltat, nicht als Nummer angesehen zu werden, als gesichtslose Verwaltungsmasse.
Instinktiv wollte sich Hilde bücken, wäre da nicht der altbekannte Widerstand in ihr gewesen. Die Aufseherin mochte zwar eine nette Person sein, doch sie wollte es ihr nicht zu leicht machen, genauso wie Hilde im Gefängnis auch ihren anderen Aufgaben aus Prinzip nur mit dem größten Widerwillen nachkam. Wozu hätte sie sich auch anbiedern sollen? Etwas Schlimmeres als die Todesstrafe konnte es sowieso nicht geben. Hilde sah es geradezu als ihre Pflicht an, aufzumucken und den Ablauf zu stören, wo es nur ging, damit sie zwischen diesen Mauern nicht ihre Selbstachtung verlor.
Darum räusperte sie sich nur und beschimpfte die Zwiebel mit einem gemurmelten: »Blödes Ding.«
Lächelnd wandte sich die Aufseherin ab und trat zu den Köchinnen. Hilde saß regungslos da und starrte auf die Zwiebel. Es war ein klägliches Exemplar, so kläglich wie alle Lebensmittel, die sie hier bekamen. Die Knolle war weich, und aus dem Kopf spross bereits ein grüner Keim hervor.
Hilde umklammerte mit ihrer Rechten das Schälmesser, bis ihr die Finger schmerzten. Unverhofft hatte sie eine Bestätigung bekommen, dass ihr Leben in höchster Gefahr war.
In den vergangenen Wochen hatte Hilde beobachtet, dass immer mehr politische Häftlinge verschwanden. Es hieß, dass sie in andere Gefängnisse verlegt wurden, damit sie nicht dem Feind in die Hände fielen. Die Gesetzgebung der Nationalsozialisten, der zufolge bereits der Zweifel an dem Sieg der Herrenmenschen ein todeswürdiges Vergehen war, hatte dafür gesorgt, dass die Haftanstalten im schrumpfenden Reichsgebiet hoff-

nungslos überfüllt waren. Und so wurden die Gefangenen auf eine ziellose Odyssee geschickt, von Kittchen zu Kittchen.
Auch Hilde hatte sich innerlich darauf vorbereitet, eines Tages aufgerufen und in Gefängniskleidung und mit Holzpantinen in einem Spießrutenlauf durch Berlins Straßen zur Anlegestelle der Lastkähne getrieben zu werden.
Doch jetzt war die Stadt umzingelt. Alle Ausgänge waren versperrt.
Die Situation wurde zunehmend brenzlig. Um sie herum wankte das Tausendjährige Reich in einem Todestaumel. Würden die Nationalsozialisten kurz vor ihrer Vernichtung tatsächlich noch auf den Gedanken kommen, mit ihren ehemaligen Gegnern abzurechnen? Hilde ahnte, dass es den Hundertprozentigen durchaus zuzutrauen war. Kein noch so guter Verteidiger würde ihr dann helfen können. Nicht einmal ihr Anwalt Kuhn, der als Parteimitglied über gute Verbindungen verfügte und bewiesen hatte, dass er jede Möglichkeit ausnutzen würde, um Hilde zu helfen. Gegen die letzten Zuckungen des Machtapparats würde selbst er machtlos sein.
Still ging sie im Kopf ihre Möglichkeiten durch. An Flucht war nicht zu denken. Und schon gar nicht mit einem Messer in der Hand, mit dessen stumpfer Klinge sie nicht einmal eine Zwiebel vernünftig schneiden konnte.
Hilde begann, nach Ausreden zu suchen. Vielleicht war es lediglich eines dieser haltlosen Gerüchte, die in jedem Gefängnis herumschwirrten. Vielleicht hatte Barbe ja nur etwas falsch verstanden. Es schien durchaus möglich zu sein, denn ehrlich gesagt war Barbe nicht gerade die Hellste.
Erst als sich die Hilfsaufseherin zusammen mit den Köchinnen in einen Nebenraum begab, bestand wieder die Möglichkeit, ihr etwas zuzuflüstern.

»Wo hast du das her?«, zischte Hilde Barbe zu, sobald die schwere Tür mit einem satten Schmatzen ins Schloss gefallen war.

»Die Michalina hat es mir vorhin auf dem Gang erzählt.«

Michalina war eine Polin und befand sich bei ihnen in der Gemeinschaftszelle. Zum Glück hatte sie mittlerweile so viele deutsche Sprachbrocken aufgefangen, dass man sich mit ihr unterhalten konnte. Hilde versuchte einzuschätzen, ob ihre Sprachfertigkeit ausreichte, um die Meldung richtig wiederzugeben, kam jedoch zu keinem Ergebnis.

»Aber was hat Michalina genau gesagt?«, wollte Hilde wissen.

Barbe zuckte ihre Schultern. »Ick weeß nur so viel, dasse irjendwo im Ruhrpott noch auf'n letzten Drücka Jefangene hinjerichtet ham. Henker waren nich mehr da, also ham die Aufseher Zigaretten dafür jekriecht.«

»Woher will die das denn wissen?«

Barbe wirkte so niedergeschlagen, als ob dieses drohende Todesurteil auch ihr gelten würde. »Ick weeß nich. Da musste die schon selber fragn.«

Unzufrieden stieß Hilde die Luft aus. Sicher würde es noch mehrere Stunden dauern, ehe sie wieder in ihre Gemeinschaftszelle durften. Bis dahin würde sie nur herumgrübeln und den Teufel an die Wand malen. Ein weiterer trostloser Nachmittag, bei dem die Zeit nicht verging.

Hilde wollte gerade die Zwiebel aufheben, als von draußen ein Donnerschlag erklang. Die Schallwellen ließen die Fensterscheiben vibrieren und den Rahmen klappern.

Barbe und Hilde fuhren zusammen.

Das Gewummer war noch nicht verhallt, als sich schon die Küchentür öffnete und mit hochrotem Kopf die Hilfsaufseherin hereinschaute. Ihren Gefangenen schenkte sie nur einen wirren Blick, ehe sie den Gang zum nächsten Zellentrakt entlangeilte.

Das alles hatte sich in Sekundenbruchteilen abgespielt.
»Das war draußen!«, rief Hilde und rückte eilig ihren Schemel unter das Fenster. Als sie daraufstieg, konnte sie knapp über das Fenstersims blicken. Allerdings sah sie nicht viel mehr als nach oben ziehende Rauchschwaden vor blauem Himmel.
»Verdammt noch mal, welche Richtung ist das?«
Barbe war ebenfalls auf ihren Hocker gestiegen. Da sie einige Zentimeter größer als Hilde war, hatte sie einen besseren Überblick. »Da is wat runterjekommen. Irjendwo beim Reichstag.« Unwillkürlich legte sie ihren Kopf in den Nacken. »Aba wo is der Flieger?«
»Das war kein Flieger«, sagte Hilde. Ihr Herz schlug mit einem Male so wild, dass es ihr fast aus der Brust zu springen drohte. »Wir sind schon in Reichweite ihrer Geschütze!«, jubelte sie, doch sosehr sie auch in die Höhe hüpfte, es war nichts zu machen, sie konnte trotzdem nichts erkennen.
Schließlich wurde es Hilde zu bunt, und sie kletterte kurzentschlossen auf die Arbeitsplatte mitten in der Küche.
Die Köchinnen warfen ihr einen entsetzten Blick zu. Offenbar hatte sich noch niemals ein Häftling in ihrer Küche derart ungehörig aufgeführt.
Hilde kümmerte sich nicht darum, sondern starrte gebannt nach draußen.
Macht dem braunen Kroppzeug endlich den Garaus, dachte sie. Sie wollte nicht sterben, nur weil es irgendeinem Parteisoldaten gerade in den Kram passte. Nicht so knapp vor dem Ende.
Sie wollte leben, verdammt noch mal, leben!

Für die Klänge des Concertgebouw-Orchesters war die Akustik des Gärkellers nicht geschaffen. Ein weiteres Problem war der Dirigent, denn das lyrische Gleiten in Wohllauten, das man von

Beethovens *Pastorale* erwartete, war seine Sache nicht. Im ersten Satz trieb Prof. Dr. Willem Mengelberg die Musiker dermaßen zügig durch die Partitur, dass er ein wenig einem Holzfäller glich, der sich durch Gestrüpp hackte. Jedoch war es die einzige Aufnahme der *Sinfonie Nr. 6 in F-Dur, op. 68,* die Oppenheimer besaß. Immerhin besserte sich die musikalische Leitung im zweiten Satz, in dem der Komponist mit dem Orchester das Murmeln eines dahinfließenden Baches nachahmte und im Schlussteil sogar Nachtigall, Wachtel und Kuckuck erklingen ließ. Da kapitulierte selbst die Nüchternheit eines Mengelberg und verführte den Dirigenten für einige kurze Momente zum klanglichen Schwelgen.

Oppenheimer hatte das Grammophon näher ans Lagerfeuer gerückt, obgleich er befürchtete, dass seine sorgsam gehüteten Schallplatten vom Ruß verkleben würden. Einen halbwegs vernünftigen Klang gab es nur, wenn man relativ dicht am Trichter des Grammophons saß. Einige Meter weiter entfernt, und schon dominierte der Hall des steinernen Gewölbes und ließ die Musik zu einem Einheitsbrei verschmelzen.

Er war froh, noch ein altmodisches Grammophon mit einem Kurbelantrieb zu besitzen. Wenn wie jetzt der Strom ausgefallen war, hätte er nicht einmal Musik hören können. Die von Telefunken gepresste Aufnahme der Beethoven-Sinfonie hatte schon etliche Jahre auf dem Buckel. Erst vor wenigen Monaten hatte Oppenheimer sie gegen Lebensmittelmarken eingetauscht, in der kurzen Zeit, in der er sich als arischer Volksdeutscher ausgegeben hatte. Diese Zeit war nun endgültig vorbei.

Dass er die Schallplatten nach den Turbulenzen der vergangenen Jahre überhaupt noch einmal zu Gesicht bekommen würde, war eine Überraschung gewesen. Der Schwere Ede hatte sich nicht lumpen lassen und seine Leute auf Oppenheimers Geheiß zu Hildes versiegeltem Häuschen geschickt, um sie zu entwenden.

Hilde. Da war es wieder. Bei dem Gedanken an sie spürte Oppenheimer einen Stich im Magen. Er hatte immer noch nicht akzeptiert, dass er nichts mehr für sie tun konnte.

Um sich abzulenken, wandte er sich dem Grammophon zu und überlegte, welche Musik er danach auflegen würde. Vielleicht die *Alpensinfonie, op. 64,* von Richard Strauss? Hübsche Musik, wenngleich ein wenig vulgär und nicht im Geringsten mit den sperrigen Tönen zu vergleichen, die dem Komponisten noch wenige Jahre zuvor aus der Feder geflossen waren.

Doch gerade hübsche Musik brauchte Oppenheimer jetzt am dringendsten. Die unmittelbare Zukunft war bereits grimmig genug, als dass er sie noch mit den schicksalsdräuenden Klängen von Beethovens anderen Sinfonien hätte untermalen müssen. Oder sollte er nicht lieber gleich die Ouvertüre zum *Sommernachtstraum* von Mendelssohn Bartholdy auf den Plattenteller legen? Offiziell durfte die Musik nicht mehr öffentlich gespielt werden, weil der Urheber der Spross einer jüdischen Familie gewesen war. Zum Glück waren Schallplatten geduldig und scherten sich nicht um die offiziellen Vorschriften der nationalsozialistischen Machthaber.

Trotz dieser Überlegungen ertappte sich Oppenheimer immer wieder dabei, wie er Dieters schwarzem Lederkoffer mit den Messingschließen verstohlene Blicke zuwarf. Er konnte einfach nicht anders. Peinlich berührt schaute er kurz zu dessen Besitzer hinüber, aber der schien von Oppenheimers Neugierde nichts bemerkt zu haben.

Es kam Oppenheimer so vor, als hätte Paule ihm eine Zeitbombe ins Hirn eingepflanzt, als er ihn vor seinem Verschwinden kurz zur Seite genommen hatte, um ihm einige hastige Worte

zuzuflüstern. Irgendetwas war in dem Koffer, ein wertvoller Gegenstand, und Oppenheimer sollte im Auftrag von Ede darauf Obacht geben.
Also schien es sich dabei nicht um einen handelsüblichen Arztkoffer zu handeln. Doch was konnte sich darin befinden? Nicht einmal Paule wusste das. Vor allem irritierte es Oppenheimer, dass er nicht die Order bekommen hatte, auf den neuen Gast aufzupassen. Nur der Koffer schien wichtig zu sein.
Das nagende Verlangen, einen Blick hineinzuwerfen, wurde nicht befriedigt. Dieter öffnete ihn kein einziges Mal, denn alle dringend benötigten Utensilien bewahrte er in den Blasebalgtaschen seines Mantels auf. Sie waren regelrechte Wundertüten, aus denen er routiniert einen Gegenstand nach dem anderen hervorzog, ganz so wie ein Zauberer die Kaninchen aus einem Zylinder.
Durch die Lüftungsschächte fiel schon seit mehreren Stunden kein Licht mehr in den Keller. Dafür schwoll fast unmerklich über der Schallplattenmusik das Grollen der Geschütze an. Unruhig fragte sich Oppenheimer, wann der volle Lautstärkepegel des Gefechtslärms erreicht sein würde, mit dem auch die ersten russischen Soldaten einträfen.
Da zu vorgerückter Abendstunde allmählich wieder die Kälte vom Boden her heraufkroch, hatten sie sich vor die Kochstelle gesetzt, ganz so, als würde es sich um ein Lagerfeuer handeln. Oppenheimer war froh darüber, dass ein Fremder bei ihnen hier unten war, denn damit hatte das Grübeln um seine und Lisas Zukunft vorerst ein Ende. Bei einem Gespräch ließ sich leicht an andere Dinge denken, und zum Glück hatte Dieter amüsante Anekdoten parat. Interessanterweise lieferte allerdings keine dieser Geschichten einen Hinweis auf seinen Hintergrund. Dieter wusste anscheinend, wie man seine Identität im Ungefähren verbarg.

Jetzt zog er ein blassrosa Heftchen aus seinem Mantel hervor. »Hier, das werden Sie sicher brauchen«, kommentierte Dieter. Oppenheimer hielt das Büchlein unter den Schirm der Petroleumlampe, um die Aufschrift entziffern zu können. Es war ein deutsch-russisches Soldatenwörterbuch.

»Herzlichen Dank«, sagte Oppenheimer, nachdem er sich vergewissert hatte, dass er das Heftchen auch wirklich behalten durfte. »Ich konnte mal ein bisschen Russisch, musste aber feststellen, dass mir fast alles entfallen ist.«

Er blätterte durch das Wörterbuch und las dann schmunzelnd vor: *»Der Krieg hat gezeigt, mit welch einfachen Mitteln sich der deutsche Soldat überall verständigen kann. Die richtigen Wörter, ohne Rücksicht auf Grammatik nebeneinandergestellt, genügen fast immer.«* Oppenheimer schüttelte den Kopf. Wie arglos hier der Krieg geschildert wurde, ganz so wie ein großes Abenteuer. Da unterschied sich das Wörterbuch nicht von den übrigen Erzeugnissen von Presse und Literatur. Das Heft in seinen Händen wäre für Hilde eine willkommene Steilvorlage für ihre gewohnt zynischen Kommentare gewesen. Oppenheimer fiel nur eine einzige geistreiche Bemerkung ein. »Klar, wenn man ergänzend zu dem Buch noch eine geladene Waffe mit dabeihat, springt jeder nach deiner Pfeife. Klingt ja wie ein Kinderspiel.«

Lisa war an Oppenheimer herangerückt. Beim Betrachten des Einbands runzelte sie die Stirn. »*Dreitausend Wörter für Feldgebrauch und tägliches Leben* steht da. Ob das wohl ausreicht?«

»Wer weiß«, sagte Dieter und lächelte hintergründig. »Allerdings erscheint mir die Auswahl ein wenig irreführend.«

»*Stillgestanden*«, murmelte Lisa, während ihre Augen über das Papier flogen. Rechts neben dem deutschen Wort standen kyrillische Buchstaben, und dahinter folgte eine Transkription in

Lautsprache. Spielerisch formten ihre Lippen die fremden Wörter. »*Ssmirna?*«

»Ja, wahrscheinlich wird das so ausgesprochen«, stimmte Oppenheimer zu und blätterte zu den wichtigsten Redensarten auf den ersten Seiten des Büchleins. »Oder hier: *Ruki wjärch!*«

»Was soll das heißen?«

»*Hände hoch!* Und jetzt weiß ich endlich, was *Haubitze* auf Russisch heißt. *Ga-ubiza* oder so ähnlich.«

Sie brachen in Gelächter aus, denn es erschien unwahrscheinlich, dass ein deutscher Soldat jemals diese Worte benutzen würde.

Inmitten dieses Heiterkeitsausbruchs meldete sich in Oppenheimers Hinterkopf eine warnende Stimme. Immerhin wussten sie nicht, wer ihr Gast war. Vielleicht war es ja gefährlich, über Führer und Volk zu lästern. Obwohl die Wahrscheinlichkeit eher gering war, ließ sich nicht ausschließen, dass sie mit einem linientreuen Parteigenossen im Keller saßen. Schlimmstenfalls konnte er sie immer noch verraten.

Im gleichen Moment lief die Nadel des Grammophons in die Leerrille. Anstatt die Schallplatte umzudrehen, damit der nächste Teil des *Allegros* erklang, entschied sich Oppenheimer dazu, Dieter ein wenig auf den Zahn zu fühlen. Und so schob er die Platte zurück in das blaue Klappalbum und legte als Nächstes die Sommernachtstraum-Ouvertüre auf.

»Ich hoffe, es ist Ihnen recht, wenn ich etwas anderes spiele?«, fragte er.

Dieter nickte gönnerhaft. Dann kam ihm eine Idee. »Haben Sie zufällig etwas von Franz Schubert?«

»Ähm, nein«, log Oppenheimer. Gleichzeitig rieb er geistesabwesend mit dem Daumen über den Schorf auf dem rechten Ringfinger, wo sich ursprünglich sein Fingernagel befunden hatte. Es würde noch einige Zeit dauern, bis Oppenheimer wieder unbefangen Musik von Schubert anhören konnte. Aber das war eine andere Geschichte, und er wollte sie Dieter keinesfalls verraten.

Als die ersten Takte von Mendelssohns Ouvertüre erklangen, zeigte ihr Gast außer einem Lächeln keinerlei Reaktion. Missmutig seufzend lehnte sich Oppenheimer zurück.

Um das Thema zu wechseln, zeigte er auf das Wörterbuch in Lisas Händen. »Da haben Sie meiner Frau das Richtige mitgebracht. Sie ist ausgebildete Sprachlehrerin.«

»Russisch kann ich leider nicht«, fügte Lisa hinzu.

Dieter deutete lediglich ein Nicken an. Oppenheimer fragte sich, was hinter diesem unverbindlichen Lächeln vor sich ging.

»Tja, die wichtigen Begriffe stehen wohl nicht drin«, sinnierte er.

»Sie meinen so etwas wie: *Bitte nicht schießen, wir ergeben uns?*«, fragte Dieter.

»Dazu reicht es doch, mit einem weißen Tuch zu wedeln«, warf Lisa ein.

Jetzt ließ sich auch Dieter von ihrem Frohsinn anstecken. Als er seine makellosen Zähne zu einem Lachen entblößte, ließ Oppenheimer schuldbewusst die Zunge über seinen hohlen Backenzahn gleiten. Aufgrund seines erhöhten Konsums des Aufputschmittels *Pervitin* war sein Gebiss in den letzten Jahren ziemlich fleckig geworden. Wenngleich er es letztendlich geschafft hatte, von der legalen, aber trotz allem abhängig machenden Modedroge loszukommen, musste er sich eingestehen, dass sein Körper wohl auch so manch irreparablen Schaden davongetragen hatte.

Plötzlich erstarb Dieters Lächeln, und in seine Augen trat ein gehetzter Ausdruck.

Dann hörte auch Oppenheimer den Grund für diesen Stimmungswandel. Draußen heulten wieder die Sirenen. Es war ein Voralarm.

Das durch Mendelssohns Musik hervorgerufene Bild eines verzauberten Waldes mit umherschwirrenden Elfen war schlagartig vergessen. Oppenheimers Atem beschleunigte sich, als er daran dachte, dass sich Flugzeuge der Stadt näherten. Sicher war es ein Moskitoangriff, das war üblich während der Nachtstunden. Lisa zog unwillkürlich den Kopf ein, bereit, den Luftschutzkoffer zu packen und in den nächsten Bunker zu laufen. Aber sie konnten in keinen Bunker, sie mussten auf die solide Bauweise des Kellergewölbes vertrauen. Ohne sich dessen bewusst zu sein, war einem unbekannten Architekten vor vielen Jahren die Aufgabe zugefallen, ihr Überleben zu sichern. Oppenheimer konnte nur hoffen, dass der Mann gute Arbeit geleistet hatte.

Dieter schien auf ähnliche Gedanken gekommen zu sein. Skeptisch schaute er zur Decke.

»Wenn das nicht hält, dann weiß ich auch nicht«, versuchte Oppenheimer, ihn zu beruhigen. Oder wollte er sich etwa selbst in Sicherheit wiegen? »Nebendran ist noch ein weiterer Keller. Der wird als öffentlicher Luftschutzraum benutzt. Aber das ist ein separater Gebäudeteil, von uns werden sie nichts mitbekommen. Es gibt keine Verbindung.«

Dieter runzelte die Stirn. »Wieso wurde dieser Keller nicht auch zum Bunker ausgebaut?«

Oppenheimer hatte auch schon über diese Frage nachgedacht, und er glaubte mittlerweile, eine Erklärung gefunden zu haben. »Sehen Sie da hinten?« Er zeigte auf die Finsternis hinter den Gärbottichen. »Dort sind lauter Verschläge mit Stahlschlössern. Ede lagert jetzt seine Waren darin, aber ich glaube, der Keller sollte ursprünglich zu einer unterirdischen Fabrik ausgebaut werden. Wahrscheinlich wollte sich ein wehrwirtschaftlich wichtiger Betrieb hier einquartieren.«

Dieter hörte kaum zu, stattdessen blickte er auf seine Armbanduhr. »Ah ja, ich verstehe«, murmelte er zerstreut.

Oppenheimer schaltete das Grammophon ab. Wenn erst einmal die Erde unter den Bombeneinschlägen erzitterte, war es keine gute Idee, eine Schallplatte laufen zu lassen. Sie würde nur zerkratzen, mal ganz abgesehen von den anderen verheerenden Schäden, die mehrere Tonnen Sprengstoff anrichten konnten. Es ließ sich nicht ändern, in den nächsten Tagen musste er eine sichere Stelle finden, wo er das Grammophon und die Schallplatten verstauen konnte.

»Wenn Sie mich kurz entschuldigen würden?« Voller Unruhe war Dieter aufgestanden und blickte sich um. Er wollte bereits nach dem Koffer greifen, doch dann änderte er seine Meinung und ließ ihn auf dem Boden stehen.

»Sanitäre Einrichtungen haben wir leider nicht«, erklärte Oppenheimer. »Aber dort hinten ist ein Eimer.«

Seine harmlose Erklärung für Dieters Unruhe war nicht zutreffend, denn dieser schüttelte nur den Kopf und sagte: »Vielen Dank, aber nein, nein. Ich gehe kurz mal raus, bevor es losgeht.«

Perplex sah Oppenheimer dabei zu, wie sich Dieter dem Ausgang näherte und wie selbstverständlich einen an einer Kordel befestigten Schlüssel aus seinem Hemdkragen hervorzog.

Er wollte tatsächlich nach draußen! Gerade jetzt, wo er sich doch in Sicherheit befand.

Oppenheimer und Lisa tauschten verwunderte Blicke.

»Ich würde das an Ihrer Stelle nicht tun«, mahnte Oppenheimer. »Wir dürfen nur im Notfall raus. Ede will nicht, dass man sein Lager aufspürt.«

»Ich gebe schon acht«, antwortete Dieter leichthin, zauberte dann aus seinen Taschen auch noch eine Stablampe hervor und schaltete sie ein. Er war noch nicht einmal zwischen den nächstgelegenen Gärbottichen angelangt, als ihn bereits die Schwärze umfing. Nur der Lichtkegel der Stablampe, der über den Boden huschte und dann hinter dem Rund eines Fasses verschwand, war zu sehen. Ein wenig später quietschten bereits die Türscharniere.

Dieter war verschwunden. Fast so unvermittelt, wie er bei ihnen aufgetaucht war.

»Merkwürdiger Kauz«, meinte Lisa.

»Vielleicht ein Frischluftfanatiker«, murmelte Oppenheimer. »Wenigstens hat er den Koffer dagelassen.«

Als Lisa ihm bei diesem Kommentar einen fragenden Blick zuwarf, wusste Oppenheimer, dass er ihr von seiner vertraulichen Konversation mit Paule berichten musste.

3

Samstag, 21. April 1945 – Montag, 23. April 1945
11 bis 9 Tage vor der Kapitulation der Berliner Truppen

Der Mann namens Dieter hatte sich am Freitagabend nicht lang draußen aufgehalten. Bereits nach einer Viertelstunde war er zurückgekehrt – gerade noch rechtzeitig, ehe die Sirenen Vollalarm signalisierten. Zu diesem Zeitpunkt konnten sie noch nicht ahnen, dass es der letzte Luftangriff auf Berlin sein sollte.

Nach fast zwei Stunden war der Spuk wieder vorbei, dafür setzte in den frühen Morgenstunden des folgenden Samstags allerdings erneut das Dröhnen der Artillerie ein.

Und zwar lauter als jemals zuvor.

Besorgt stellte sich Oppenheimer genau unter einen der Luftschächte, um herauszufinden, was draußen vor sich ging.

Heulend schlugen Granaten ein. Danach erklangen in rascher Folge Detonationen. Eine Gewitterkaskade pflanzte sich zitternd im Erdreich fort, so dass sich Oppenheimer reflexartig an der Steinwand festhielt. Dann folgte von oben das tiefe Grollen fallender Steine.

Wahrscheinlich war in ihrer unmittelbaren Umgebung ein Gebäude getroffen worden. Vom Tonnengewölbe rieselte feiner Zementstaub herab. Wenn sie Pech hatten, war das Brauereigebäude über ihrem Keller jetzt komplett zerstört. Bei diesem Gedanken wurde Oppenheimer unruhig. Auch in Lisas Gesicht spiegelte sich das blanke Entsetzen. Schließlich bestand die Gefahr, dass ihr einziger Ausgang nun durch Trümmer versperrt wurde.

Aber da war noch etwas anderes.

Unmittelbar vor den Einschlägen war Oppenheimer ein scharfes Zischen aufgefallen. Einen ähnlichen Klang hatte er noch nie zuvor gehört.

Er schluckte hart und rief dann in Dieters Richtung: »Haben Sie eine Ahnung, was das ist?«

Der Mann gesellte sich zu ihm und lauschte dem Treiben auf der Erdoberfläche. Als ein weiteres Gewitter herabgeprasselt war, erklärte er, die Stirn gerunzelt: »Raketen. Da sind Stalinorgeln am Werk.«

Oppenheimer nickte. Sie befanden sich bereits in Reichweite der berüchtigten sowjetischen Fernwaffen.

»Das heißt also, dass die Russen bis auf fünf Kilometer an uns herangerückt sind«, fuhr Dieter fort. »Aber wer weiß, wie lang es noch dauert, bis sie eintreffen.«

Ebenso unvermittelt, wie das Inferno über ihnen entfesselt worden war, brach es gegen Mittag wieder ab. Eine beklemmende Stille senkte sich über Berlin, ein kurzes Atemholen vor der nächsten Todessalve.

Oppenheimer beschloss, die Feuerpause zu nutzen, um den Kellerzugang zu überprüfen. Wenn sie verschüttet waren, mussten sie unverzüglich nach einem anderen Ausweg suchen. Vielleicht gab es ja noch irgendwo Notausstiege, wie man sie in Kellerbunkern fand.

Dieter schien geradezu darauf erpicht zu sein, ebenfalls an die Oberfläche zu gelangen, und so durchquerten sie gemeinsam im Schein seiner Stablampe die Klimaschleuse.

Zu Oppenheimers Erleichterung ließ sich die Außentür problemlos öffnen. Während er in die ungewohnte Helligkeit blinzelte, spürte er, wie ihm ein feuchter Windhauch entgegenblies. Was ihm zunächst unglaublich hell vorgekommen war, entpuppte sich als ein trüber Regentag mit tief hängenden Wolken. Auf Zehenspitzen schlich Oppenheimer die unebene Backsteintreppe hoch, bis seine Augen auf Erdhöhe waren und er die Umgebung überblicken konnte.

Nichts. Keine Bewegung.

Oppenheimer verharrte schweigend. Als er sich vergewissert hatte, dass tatsächlich keine Sterbensseele zu sehen war, wollte er Dieter Entwarnung geben, doch dieser drängte sich bereits an ihm vorbei und erklomm die Treppenstufen.

Wieder einmal wunderte sich Oppenheimer über das Verhalten des Neuankömmlings. War es Kaltblütigkeit oder einfach Gedankenlosigkeit, die ihn antrieb?

Als er ins Freie getreten war, stellte Oppenheimer irritiert fest, dass sich Dieter in Luft aufgelöst zu haben schien.

Die leere Gebäudehülle der Brauerei stand noch, dafür hatten die Geschosse direkt auf der gegenüberliegenden Straßenseite einen rauchenden Krater in die Häuserwand gerissen. Gleich daneben befand sich eine Metzgerei, vor der die Leute bereits wieder in Viererreihen anstanden. Wie überall versuchten die Zivilisten auch in diesem Viertel, ihre letzten Lebensmittelkarten noch schnell abzuverkaufen, um Vorräte zu hamstern.

Obwohl die Anwohner den Kampf gegen das um sich greifende Chaos bereits vor mehreren Wochen aufgegeben hatten, wurde irgendwo laut gehämmert. Vermutlich wurde abgerissene Verdunklungspappe wieder vor die Fenster genagelt.

Nicht weit von der Menschenschlange entfernt pinselte ein Greis mit mürrischem Blick eine Propagandabotschaft an eine Hauswand.

Berlin eine Festung – jedes Haus eine Fes…

Weiter war er noch nicht gekommen.
Oppenheimer eilte in den Gärkeller, um seinen Korb zu holen, und begab sich dann zu den Brennnesseln auf der kleinen Grasfläche vor dem Brauereigebäude. Lisa hatte ihm erklärt, dass diese Pflanzen essbar waren. Und tatsächlich, als sie es ausprobiert hatten, fand Oppenheimer, dass sie gekocht fast wie frischer Spinat schmeckten.
Zu seiner Überraschung stellte er fest, dass jemand an dieser Stelle ebenfalls Brennnesseln abgepflückt hatte. Anscheinend war also auch so manch verwöhnter Großstädter bereits auf die Idee gekommen, die brachliegenden Grünflächen nach Nahrung abzusuchen.
Oppenheimer rupfte mit seinem Taschentuch einige Pflanzenstiele ab. Sein Korb war noch nicht gefüllt, als wieder das Grollen der Haubitzen erklang. Instinktiv kauerte er sich zusammen.
Im Gegensatz zu Oppenheimer ließen sich die Menschen vor der Metzgerei von dem Lärm nicht beeindrucken. Obwohl die meisten von ihnen kaum den Reflex unterdrücken konnten, bei den Detonationen zusammenzuzucken, blieben sie doch stoisch in der Reihe stehen. Nur der ältere Herr mit dem Farbeimer war verschwunden. Beim letzten Wort war er noch bis *Festun* gekommen, der letzte Buchstabe war allerdings nicht mehr als ein hastig hingepatschter Farbklecks.
Als der Beschuss anhielt, hastete Oppenheimer geduckt zum Keller. Im Schutz des Treppenabgangs blieb er stehen und fragte sich, ob er auf Dieter warten sollte.
Suchend schaute er sich um, bis sein Blick auf das erste Stockwerk der Brauerei fiel. Starr wie eine Statue stand dort oben Dieter und blickte angestrengt in die Ferne. Hinter der leeren Fensteröffnung wie auf einem Präsentierteller, wäre er ein leichtes

Ziel für einen Scharfschützen, von der zerstörerischen Gewalt der Granaten ganz zu schweigen.
»Verdammt noch mal«, brüllte Oppenheimer gegen den Lärm an. »Kommen Sie da runter!«
Schließlich nahm Dieter Oppenheimers Winken wahr und verschwand aus der Fensteröffnung. Wenige Sekunden später kam auch er die Stufen der Kellertreppe heruntergehastet. Oppenheimer riss die Tür auf und ließ sie dann wieder ins Schloss fallen.
Schwärze umfing sie.
Sie befanden sich in Sicherheit.

In der Nacht zum Montag wälzte sich Oppenheimer schlaflos auf den Holzkisten hin und her. Das Wochenende war ereignislos verlaufen, wenn man vom unablässigen Hämmern der Geschosse absah. Bis auf das Wummern einer einsamen Flak drang jetzt kein Geräusch mehr in den Keller.
Im Vergleich zu den vorherigen Nächten war es geradezu verdächtig still.
Zu still für Oppenheimers Geschmack. Er ahnte, dass sich irgendetwas zusammenbraute.
Lisa schien kein Problem mit Schlaflosigkeit zu haben, und auch Dieter schlummerte ruhig auf einer weiteren improvisierten Ruhestätte aus Holzkisten. Oppenheimer fragte sich, was Dieter immer wieder nach draußen trieb. Auch am Sonntag hatte er eine kurze Feuerpause genutzt, um erneut eine Expedition in die Umgebung zu starten.
Irgendwann nickte Oppenheimer wieder ein, ohne es zu bemerken, denn als er aus seinem Kokon aus Decken und Laken die Taschenuhr hervorkramte, zeigte sie bereits halb fünf morgens an.

Der Widerschein des Kochfeuers blieb an diesem Morgen die einzige Lichtquelle, denn seit Samstag war der Strom endgültig ausgefallen.

Oppenheimer seufzte. Er hatte es ja kommen sehen. Trotzdem spürte er eine gewisse Niedergeschlagenheit, da es tatsächlich eingetreten war.

Mit schmerzendem Rücken richtete er sich auf, setzte seine rebellierenden Beingelenke in Bewegung und ging zu den Wassereimern hinüber.

Er zählte sechs Behälter mit abgekochtem Wasser. Das konnte knapp werden, vor allem, da sie jetzt eine weitere Person zu versorgen hatten.

Kurzerhand schnappte sich Oppenheimer einen leeren Eimer und entzündete die Petroleumlampe. Erst als er die Flamme hochgeregelt hatte, wagte er sich in die Finsternis jenseits der Gärbottiche. Obwohl er im Mittelgang den herumliegenden Unrat größtenteils beseitigt hatte, konnte man immer noch leicht über lose Steine und freiliegende Kabel stolpern.

Sein Ziel war das unterste Stockwerk des zweigeschossigen Kellers. Dort befand sich im ehemaligen Bierkeller ein Tiefbrunnen, aus dem man früher mit einer Winde das Wasser entnommen hatte. Soviel Oppenheimer erkennen konnte, war er jetzt versiegt und nicht viel mehr als ein kreisrundes Loch im Boden, aber zumindest gab es dort auch einige Wasserhähne. In den letzten Wochen hatten er und Lisa immer wieder versucht, sie aufzudrehen, doch jedes Mal ohne Erfolg. Ehe er den gefahrvollen Weg zur nächsten Wasserpumpe auf sich nahm, wollte Oppenheimer zumindest noch einen letzten Versuch starten, dort an Wasser zu kommen.

Mit tastenden Schritten bewegte er sich an den von Ede abgesperrten Verschlägen vorbei, bis er auf die schmale Wendeltrep-

pe stieß. Der Abstieg war schwierig, denn die Metallstiege war schwarz lackiert, und so konnte Oppenheimer trotz der Lampe kaum erkennen, wohin er den Fuß setzte.
Als er wieder auf festen Boden trat, atmete er auf. Der niedrige Raum des Bierkellers war allerdings nichts für Leute mit Platzangst, und selbst Oppenheimer, der sich über solche Probleme normalerweise nicht zu beklagen hatte, spürte ein gewisses Unbehagen.
Die Luft kam ihm so abgestanden vor wie in einer jahrhundertelang verschlossenen Gruft. Auch hier hatte man nachträglich Verschläge errichtet, während in den nicht genutzten Zwischenräumen unzählige Kisten mit Leerflaschen standen. Ihr stumpfer Glanz verfing sich unter einer dicken Staubschicht.
Oppenheimer atmete tief durch und bahnte sich vorsichtig den Weg zum Brunnenschacht, an dessen Seite sich die Wasserhähne befanden. Erwartungsvoll hängte er den Eimer darunter und drehte an den Griffen.
Dann wartete er. Eine Sekunde. Fünf Sekunden. Zehn Sekunden. Als nach etwa einer halben Minute immer noch kein Wasser aus den Hähnen plätscherte, gab er schließlich auf.
Nein, es war nichts zu machen. Trübsinnig drehte er die Hähne wieder zu.
Es gab keine Alternative. Entweder er wagte sich nach draußen, oder sie würden hier unten verdursten.

Oppenheimer klappte den Kragen seines Mantels hoch, als er aus dem Gärkeller trat, denn es war bitterkalt. Irgendwo in der Ferne nahm er ein tiefes Grollen wahr, das wie ein schweres Sommergewitter klang. Doch das Donnern und die kurzen Blitze kamen nicht aus den Wolken, sondern vom Boden, und die Ursache davon schien nur wenige Kilometer entfernt zu sein.

Immer wieder zuckten Lichtblitze, abgeschossene Leuchtmunition schwirrte mit hellblauem Feuerschweif durch die Luft, während der Osten der Stadt in feuerrotes Glühen getaucht war. Der Stadtteil musste lichterloh brennen.

Ein heilloses Durcheinander, in dem beide Kriegsparteien wild in jede erdenkliche Richtung schossen. Artilleriebeschuss der russischen Truppen wurde von reichlich nutzlosen Salven der Flaks beantwortet, an anderer Stelle schoss jemand rote Leuchtkugeln in den Himmel.

Es war jetzt halb sechs Uhr morgens. Obwohl es um diese Zeit normalerweise zu dämmern begann, blieb der Himmel heute aufgrund der dichten Wolkendecke dunkel. Oppenheimer musste so früh zur nächsten funktionierenden Wasserpumpe aufbrechen, damit die Warteschlange nicht bereits den ganzen Häuserblock entlang bis zur Pappelallee reichte, denn dann konnte die Wartezeit schon mal zwei bis vier Stunden betragen. Jetzt, wo die Trinkwasserversorgung vollständig zusammengebrochen war, holten gleich mehrere tausend Familien ihr Wasser von dieser Pumpe. Außerdem galt sechs Uhr morgens als die beste Zeit, weil zu dieser Stunde nur selten Luftangriffe stattfanden und auch der Beschuss durch die Kleinkaliber erst später einzusetzen pflegte.

Ansonsten gab es nur noch die Alternative, sich bei den zwei Feuerlöschteichen zwischen der Schönhauser Allee und der Greifenhagener Straße zu bedienen. Allerdings konnte man nicht wissen, was dort in dem trüben Wasser so alles herumschwamm.

Prüfend blickte Oppenheimer nach oben. Dicke Regentropfen fielen ihm ins Gesicht. Für einen Moment überlegte er, ob es nicht besser wäre, einfach an dieser Stelle die Eimer abzustellen, um den Regen aufzufangen.

Doch wenn jemand die Eimer entdeckte, würde derjenige die Metallkübel zweifellos mitgehen lassen. Oppenheimer wusste nicht so recht, ob es ein Zeichen des allgemeinen Sittenverfalls war, jedenfalls schreckte kaum noch jemand vor Diebstahl zurück. Wenn man Besitztümer unbeobachtet ließ, war man selbst schuld, so lautete zumindest die allgemeine Meinung. Was man gebrauchen konnte, das nahm man sich einfach, ohne zu fragen. Die Berliner nannten diese Tätigkeit kurz *Zappzarapp-Machen*.

Normalerweise brauchte Oppenheimer etwa zwanzig Minuten, um zur Pumpe zu gelangen. Wenn er allerdings sicherheitshalber seinen gewohnten Umweg nahm und über die Trümmerhaufen kletterte, anstatt sich auf die Hauptstraße zu begeben, wo man Gefahr lief, dem Heldenklau in die Arme zu laufen, konnte schon mal eine halbe Stunde daraus werden.

Trotz dieser Vorsichtsmaßnahmen gab es keine absolute Sicherheit.

Oppenheimers Körper war mittlerweile nur noch ein ausgemergeltes Gerippe, und falls er aufgegriffen wurde, hoffte er, als rüstiger Sechzigjähriger durchzugehen, obwohl er noch lange nicht in diesem Alter war. Soviel er wusste, wurden nur Männer im Alter zwischen fünfzehn und sechzig Jahren eingezogen. Natürlich konnte er noch mit Paules Ausweis wedeln, doch er befürchtete, dass die amateurhafte Fälschung von Goebbels' Unterschrift auffallen würde.

Und dann bestand noch die Gefahr, dem Volkssturm zu begegnen. Oppenheimer wusste, dass sie nach ihm fahndeten, seitdem er sich nicht mehr bei den Übungen hatte blicken lassen. Allerdings war sein letzter offizieller Wohnsitz in Tempelhof, und jetzt befand er sich im Norden, also genau am gegenüberliegenden Ende der Stadt. Er hoffte darauf, dass die Kommunikation zwischen den einzelnen Dienststellen nicht mehr reibungslos funktionierte.

Als er sich der Schönhauser Allee näherte, wurde es allmählich heller. Er wanderte an glaslosen Fenstern vorbei, hinter denen vermutlich immer noch Leute wohnten. Alle versuchten, sich über Nacht in den Kellern zu verkriechen, und wagten sich erst am Morgen wieder aus dem Untergrund hervor, huschten zu ihren Wohnungen, um zu prüfen, ob der Strom und die Gasversorgung noch funktionierten. Wenn dies der Fall war, wurde hastig ein warmes Frühstück zubereitet, denn im Laufe des Tages würde es keine Möglichkeit mehr geben, etwas zu kochen. Man aß nicht, wenn man Hunger hatte, sondern wenn das Elektrizitätswerk es zuließ.

Um über die breite Schönhauser Allee zu gelangen, musste sich Oppenheimer notgedrungen für einige Minuten aus der Deckung wagen. Immerhin konnte er sich in der Straßenmitte hinter den Pfeilern der Hochbahn verbergen. Mittlerweile hatte er eine Stelle gefunden, wo auf beiden Seiten zerstörte Häuser standen. Wenn er hier die Straße überquerte, fiel er kaum auf.

Heute lief alles glatt. Nachdem er über die Straße gehastet war, verschwand er in dem klaffenden Loch auf der gegenüberliegenden Seite.

Die Stille an diesem Morgen kam Oppenheimer zunächst recht merkwürdig vor. Dann bemerkte er, dass das übliche Vogelgezwitscher zur Begrüßung des jungen Tages fehlte. Berlins gefiederte Bevölkerung hatte wohl Reißaus genommen.

Als sein Blick durch ein zerborstenes Haus hindurch in einen Hinterhof fiel, nahm er dort eine Bewegung wahr, und erst im Schutz einer eingefallenen Mauer wagte er es, stehen zu bleiben und genauer hinzusehen.

Ein junger Mann, der in der übergroßen Uniform eines Flakhelfers förmlich versank, wurde von einem kindlich wirkenden

Mädchen zu einer offenen Tür geführt. Ehe sie verschwanden, blickten sie sich verstohlen um. Dann erklang das Wispern einer hellen Stimme.

»Los schnell, machen wir es jetzt.«

Es folgte das metallische Klirren einer Gürtelschnalle. Wenige Meter von Oppenheimer entfernt verlor eine junge Frau, eigentlich noch ein halbes Kind, zwischen Trümmern vielleicht ihre Jungfräulichkeit. Und das alles nur, damit der erste Liebesakt nicht von schändenden Rotarmisten befleckt wurde.

Oppenheimer setzte sich wieder in Bewegung und versuchte, nicht daran zu denken. An der Pumpe anzustehen hatte den Vorteil, dass man die aktuellen Neuigkeiten hörte, wenngleich im sogenannten *Mundfunk* vor allem Gerüchte kursierten.

Zuletzt hatte für Aufregung gesorgt, dass der US-Präsident Roosevelt überraschend gestorben war, und schon bald danach wurde über eine bevorstehende Wende des Krieges spekuliert.

Oppenheimer war zu spät gekommen, und so war die Schlange vor der Pumpe bereits auf mehrere Dutzend Meter angewachsen. Nahezu alle Frauen hatten mittlerweile Kopftücher umgebunden, weil sie mit dem knappen Wasser nicht auch noch ihre Haare waschen konnten. Bei diesem Anblick erinnerte sich Oppenheimer daran, dass er seine Kleider ebenfalls wochenlang nicht mehr gewechselt hatte. Die paar Fetzen, die er noch am Leib trug, waren alles, was ihm geblieben war.

In der Menschenansammlung entdeckte er ein bekanntes Gesicht, einen älteren Herrn, der fast immer zum selben Zeitpunkt wie er zur Pumpe kam. Er wohnte nur unweit des Gärkellers, aber Oppenheimer hatte es bislang vermieden, sich gemeinsam mit ihm auf den Rückweg zu begeben, um seinen Aufenthaltsort nicht preiszugeben.

Vermutlich handelte es sich bei diesem Mann um einen Akademiker. Trotz der tadellosen Umgangsformen kannten sie sich nur beim Vornamen. In Berlin spielte die Etikette schon seit geraumer Zeit keine Rolle mehr.

»Guten Tag, Emil«, begrüßte Oppenheimer ihn.

»Ah, Richard«, antwortete Emil erfreut. Unter seinem nachlässig rasierten Kinn hing ein leerer Hautsack, die Überreste eines ehemaligen Doppelkinns. »Ja, was soll man sagen? Ein weiterer Tag auf dem Reichsscheiterhaufen. Gerade habe ich mich für Wasser angestellt, ehe ich mich beim Krämer in die nächste Schlange einreihe. Der Fama zufolge soll es jetzt Zuteilungen ohne Karte geben.«

»Hm, interessant«, sagte Oppenheimer.

»Die Sowjets sind in Pankow durchgebrochen«, fuhr Emil fort. »Aber sie treffen auf heftige Gegenwehr. Berichten zufolge wird in den U-Bahn-Schächten sogar mit leichter Artillerie gekämpft. Von Westen sollen deutsche Entsatzdivisionen anmarschieren, aber vielleicht dient diese Meldung lediglich der Hebung der Kampfmoral.«

Bei der Erwähnung des benachbarten Stadtbezirks wurde Oppenheimer aufmerksam. Dort besaß der Schwere Ede auch eine Kneipe mit dem Namen *Edes Bierhahn,* die gleichzeitig als das Hauptquartier seiner Ganovenbande fungierte. Wenn in Pankow gekämpft wurde, dann war die Verbindung zwischen ihnen abgeschnitten, und es war mehr als zweifelhaft, ob Paule noch einmal Lebensmittel vorbeibringen würde.

Oppenheimer überlegte, ob er es wagen sollte, sich ebenfalls in den Geschäften einige Vorräte zu sichern. Dass jetzt keine Kupons mehr verlangt wurden, erleichterte die Sache. Vielleicht stimmte das Gerücht ja wirklich, dass Stalin nach seinem Sieg die deutschen Kriegsgegner erst mal ein paar Wochen lang aushungern wollte, um den Widerstandsgeist zu brechen.

»Im Übrigen«, fuhr Emil fort, »wird ab sofort ohnehin nur noch kalte Küche toleriert.«

»Wo hast du das denn her?«

»Es kam gestern im Funk. Das hat mir Herr Naujocks erzählt. Er war so vorausschauend, sich einen Akkumulatorapparat zu besorgen. Sogar Stromverbrauch zum Kochen wird ab sofort schlankweg mit dem Tode bestraft.«

»Ohne Strom ist das aber auch egal«, murrte Oppenheimer. Plötzlich erinnerte er sich an einen Aufruf, der noch vor wenigen Tagen über den Äther verbreitet worden war. »Ich dachte, man hätte die deutschen Hausfrauen aufgefordert, die feindlichen Eindringlinge mit siedendem Wasser zu übergießen. Gilt das jetzt als Kochen oder als Wehrmaßnahme?«

Statt eines Kommentars zog Emil nur verdrossen die Augenbrauen hoch.

Oppenheimer musste seinen Hut festhalten, als ein schwerer Schauer auf sie niederprasselte. Der Wind wehte mittlerweile so stark, dass der Regen von der Seite zu kommen schien.

»Eine steife Brise«, japste Oppenheimer. Emil neigte zustimmend den Kopf.

Der Frau vor der dunkelgrün lackierten Wasserpumpe wurde fast das Tuch vom Kopf gerissen. Energisch richtete sie sich auf und verknotete es fest unter dem Kinn, ehe sie wieder den Schwengel betätigte. Die Pumpe war ein verschnörkeltes Gebilde aus einer anderen Zeit, bei dem das Wasser aus einem speienden Drachenkopf floss, der aus dem Eisenblock hervorzukriechen schien.

Oppenheimer fand es unmöglich, die allgemeine Stimmung unter den Wartenden einzuschätzen. Die ganz Verwegenen wähnten sich bereits unbeobachtet und wagten es mittlerweile sogar, politische Witze zu erzählen. In Bezug auf den Reichskanzler Hitler hatte ihm jemand mal im Vertrauen zugeraunt, wie gut man es haben

könnte, wenn *dit ne Fehljeburt* gewesen wäre, während einige Meter weiter linientreue Eimerträger über die Deserteure auf der deutschen Seite schimpften und mit dem Standgericht drohten.
Über die Angst vor den befürchteten Vergewaltigungen wurde unter den Frauen interessanterweise nicht mehr gesprochen. Vor wenigen Wochen hatte das noch anders geklungen. *Lieber 'n Russki auf'n Bauch, als ne Bombe von den Amis auf'n Deetz,* war ein geflügelter Spruch gewesen. Jetzt war diese trotzige Reaktion verklungen, und es schien fast so, als hätten die Kopftuchträgerinnen eine stillschweigende Abmachung getroffen, nicht mehr darüber zu reden.
Nur die deutsche Propaganda malte das Schreckgespenst der marodierenden *Untermenschen* weiterhin in den dunkelsten Farben aus. Die Furcht vor dem vermeintlichen *Mongolensturm* war wohl das beste Mittel, um den Widerstandsgeist zu fördern und die Bevölkerung davon abzuhalten, weiße Fahnen schwenkend zu kapitulieren. Manch einer in der Pumpenschlange wagte mittlerweile sogar, die Schreckensmeldungen zu relativieren und hinter vorgehaltener Hand zu flüstern, dass den Deutschen jetzt einfach nur dasselbe Schicksal drohe wie der unterworfenen Bevölkerung im Osten.
Obwohl der böige Wind ein wenig abflaute, rauschte er immer noch in den Baumkronen vor der roten Backsteinfassade der Gethsemane-Kirche. Und in dieses Rauschen hatte sich unbemerkt ein anderes Geräusch gemischt.
Dicht über ihren Köpfen dröhnten Flugzeugmotoren.
Blitzschnell presste sich Oppenheimer gegen die Hauswand und zog Emil zu sich.
Wenige Augenblicke später tauchte ein Tiefflieger auf. Der dunkle Schatten drehte eine Schleife und flog dann in Richtung Osten davon.

Oppenheimer glaubte, einen roten Stern auf der Maschine gesehen zu haben. Es war also ein russisches Flugzeug.

»Hoffentlich kommt der nich mit Bomben zurück«, sagte die Frau hinter ihm. Ein wenig atemlos rief Oppenheimer ihr durch den peitschenden Regen zu: »Der meint nicht uns! Sicher ist das Unterstützung für die Bodentruppen!«

»Die legen sowieso nur kleene Eier«, sekundierte eine andere Frau fachmännisch. »Oder die machen ne Salve mit dem Maschinenjewehr. Een jroßer Bombenteppich jeht nich. Die würden doch ihre eijenen Leute treffen.«

Als Oppenheimer auf dem Rückweg von der Pumpe zwei gefüllte Wassereimer schleppte, bemerkte er an einem Baumstamm ein halb abgerissenes Stück Karton. Da der Regen mittlerweile nachgelassen hatte, näherte er sich dem weißen Fetzen. Was dort nur noch an zwei Reißzwecken hing, war eine mit Hand geschriebene *Forderung an die Berliner.*

Bei genauem Hinsehen stellte Oppenheimer fest, dass der Aufruf von Hitler und Goebbels unterzeichnet war, also schien es sich um ein offizielles Dokument zu handeln. Auch der Ton der Verlautbarung war typisch. Es wurde vor der Kapitulation gewarnt und drakonische Strafen wie Erhängen oder Erschießen angedroht. Abgesehen davon war dieser Befehl nicht weniger als ein Offenbarungseid, denn früher hatte die NSDAP so etwas noch als gedruckte Flugblätter verteilt. Offenbar reichte es mittlerweile nicht einmal mehr dazu.

Nach dieser Entdeckung ging Oppenheimer weiter und versuchte dabei, sich seine grimmige Genugtuung nicht anmerken zu lassen. Er war so sehr mit sich selbst und seinen Gedanken über eine baldige Niederlage beschäftigt, dass er die Umgebung vergaß und nur noch auf seine Füße schaute, wie sie fast von allein den Weg um Geschosstrichter und Trümmerberge herum fanden.

Doch weder das Knattern einer Maschinengewehrsalve noch der Donnerschlag einer Flak brachte ihn wieder in die Realität zurück, sondern ein metallischer Laut, der in dem Moment zu hören war, als Oppenheimer in eine Seitenstraße einbiegen wollte.

Ting-ting-ting.

Instinktiv erstarrte er. In Kriegszeiten war man gut beraten, unbekannten Klängen zu misstrauen. Was immer es war, auf jeden Fall gehörte es nicht in diese Umgebung.

Ting-ting-ting.

Da war es wieder. Das Geräusch wurde drängender. Erst als Oppenheimer mehrere Sekunden bewegungslos auf dem Gehweg verharrt hatte, wurde er sich bewusst, wie verdächtig sein Verhalten wirken musste. Wenn ihn eine Streife der Feldgendarmerie erspähte, würde sie ihn sicher kontrollieren.

Ehe er es wagte, in die Seitenstraße einzubiegen, warf er vorsichtig einen Blick um die Hausecke. Zunächst sah Oppenheimer nichts Verdächtiges. Auf der gegenüberliegenden Straßenseite lief ein älterer Herr mit zwei emaillierten Karaffen in Richtung der Pumpe.

Aber der Gang des Fremden wirkte auf Oppenheimer merkwürdig. Etwas Getriebenes lag in den Schritten.

Weiter hinten näherte sich eine Dame mit Kopftuch. Abrupt blieb sie auf dem Gehweg stehen. In ihrem Gesicht spiegelte sich Ungläubigkeit, doch ebenso rasch richtete sie ihren Blick wieder nach unten, wandte sich ab und beschleunigte ihre Schritte.

Oppenheimer ahnte, dass etwas faul war. Etwas hatte diese Leute derart in Schrecken versetzt, dass sie lieber einen weiten Bogen darum machten.

Unschlüssig scharrte er mit den Füßen, als er erneut das Geräusch vernahm.

Ting-ting-ting.

Allerdings gesellte sich jetzt ein anderer Klang dazu.

Das ausgelassene Gelächter eines Kindes.

Oppenheimer atmete auf. Das metallische Hämmern war sicherlich nur ein harmloser Kinderspaß.

Mit diesen Gedanken bog er um die Hausecke, gerade als eine aufgeregte Mutter einen Knaben in kurzen Hosen von der nächsten Straßenlaterne fortzerrte. Erfolglos bemühte sie sich, ihren Sprössling auszuschimpfen, ohne die Stimme zu heben.

Der Laternenpfahl hatte sich verändert, seitdem Oppenheimer auf dem Hinweg daran vorbeigekommen war.

Ein Toter baumelte jetzt dort. Das gebrochene Genick wurde von einer Schlinge zusammengeschnürt, und die Stahlkappen der Stiefel schlugen mit jedem Windhauch gegen den Mast.

Ting-ting-ting.

Entsetzen durchfuhr Oppenheimer. Er spürte, wie ihm das Blut in den Kopf schoss. Er reagierte ähnlich wie die anderen Passanten, wandte den Blick ab und wechselte die Straßenseite. Aus den Augenwinkeln registrierte er, dass der Tote ein Schild vor der Brust trug, doch er wollte nicht stehen bleiben, um zu lesen, was darauf stand. Die Botschaft ließ sich auch so verstehen. Verhaltet euch so, wie wir es befehlen, oder ihr werdet ebenfalls an einem Laternenpfahl hängen.

Hektisch versuchte Oppenheimer einzuschätzen, wie viel Zeit vergangen war, seit er zuletzt an dem Laternenpfahl vorbeigekommen war. Es waren etwa fünfundvierzig Minuten. In dieser Dreiviertelstunde hatte jemand den Leichnam zur Abschreckung dort hingehängt.

Beunruhigt kam Oppenheimer zu dem Schluss, dass sich die Urheber dieser perfiden Zurschaustellung wahrscheinlich noch in der näheren Umgebung befanden. Vielleicht waren es ja die

Werwölfe, eine Freischärler-Bewegung, die im vergangenen September von Reichsführer SS Heinrich Himmler gegründet worden war. In der Bevölkerung kursierten Gerüchte über Freiwillige, getarnte Krieger, ausgebildet im waffenlosen Nahkampf mit Jiu-Jitsu-Technik, aber Oppenheimer hatte das zunächst für die üblichen Übertreibungen gehalten.

Dass mehr dahintersteckte, wurde offenbar, als die Werwölfe vor vier Wochen den Aachener Oberbürgermeister Oppenhoff ermordet hatten, weil dieser mit den westlichen Besatzern kooperierte. Vielleicht gab es sie ja wirklich, Hitlers Schattenarmee im Untergrund, stets bereit, gegen Kollaborateure einzuschreiten.

Ob nun die Werwölfe den Deserteur aufgeknüpft hatten, der Sicherheitsdienst oder die fliegenden Standgerichte unter dem Kommando von SS-Führern, das machte letztendlich keinen Unterschied. Je jünger diese Kerle waren, umso fanatischer waren sie.

Es war gefährlich hier draußen, doch die herumschwirrenden Granaten waren noch Oppenheimers geringstes Problem.

Als er mit seinen Wassereimern weiterlief, hatte er den Eindruck, dass ihn aus den Winkeln und Ecken der Straßenzeile tausend Augen beobachteten.

4

Montag, 23. April 1945 – Donnerstag, 26. April 1945
9 bis 6 Tage vor der Kapitulation der Berliner Truppen

Nein, nein, auf keinen Fall«, flüsterte jemand. »Ich habe dich hier reingebracht, also machen wir auch, wie ich es sage.« Oppenheimer brauchte eine Weile, ehe er den Sprecher erkannte. Es waren keine Leute aus dem Nachbarbunker, die sich nur kurz die Beine vertraten, sondern Dieter. Während Oppenheimer auf dem Weg zur Pumpe gewesen war, hatte sich ihr Gast tatsächlich wieder nach draußen begeben.

Und Dieter war nicht mehr allein. Offenbar hatte das angespannte Warten für ihn ein Ende.

»Ick hab allet so jemacht wie besprochen«, antwortete ein Fremder. »Wenn Se woll'n, kann ick Ihnen ooch noch den Koffer abnehmen.«

Als Oppenheimer begriff, dass sich das Gespräch um Dieters Koffer drehte, verlangsamte er seine Schritte und spitzte die Ohren.

»Das bringt nichts«, sagte Dieter. Dann präzisierte er: »Der Inhalt des Koffers ist ohne mich sowieso wertlos. Besser, ich behalte ihn. Du weißt, wie vorsichtig man damit umgehen muss.«

»Wie Se meinen, Chef.« Der Kommentar des Gesprächspartners klang nicht sonderlich überzeugt. »Auf'm Speicher wär aber noch ne Menge Platz …«

Dieter unterbrach ihn. »Ich dachte, du wolltest die Sachen in deinem Keller lagern.«

»Hab ick ooch jemacht. Aber jetzt isset voll bis oben hin.«

Oppenheimer glaubte, in Dieters Stimme so etwas wie Erleichterung zu hören. »Dann ist ja gut. Aber denk dran, nichts zu entfernen. Alles bleibt so, wie ich es verpackt habe. Das ist wichtig, verstehst du?« Dieter hatte seine Stimme erhoben, die Anspannung war wieder zu hören.

»Klar doch, Chef«, beschwichtigte der Fremde. »Ick bin ja nich lebensmüde! Aber sollten wir nich schon wat in die Wege leiten? Ick mein, wenn allet im Eimer is, dann wär et schon jut, wat vorbereitet zu ham.«

Dieter brummte zustimmend. »Ich werde mir überlegen, an wen wir uns wenden, sobald die Zeit reif ist. Ich mache eine Liste. Spätestens übermorgen habe ich sie fertig. Wir sollten uns dann noch einmal treffen.«

»Also ick werd's versuchen, aber garantieren kann ick nüscht. Der Iwan rückt mir schon mächtig auf'n Pelz.«

Genau in diesem Augenblick pfiff eine Granate durch die Luft. Oppenheimer duckte sich.

Es folgte eine ohrenbetäubende Detonation. Der Hall verfing sich zwischen dem Gemäuer der Brauerei, so dass man nicht einmal die Richtung ausmachen konnte.

Als sich Oppenheimer suchend umblickte, bemerkte er die Unruhe bei den Menschen vor der Metzgerei. Eine Frau versuchte, bei einem Herrn, der zusammengebrochen war, die Blutung zu stillen, indem sie dessen Gürtel aus dem Hosenbund zog, den Lederriemen um den rechten Schenkel schlang und dann anzog. Es war kein direkter Treffer, doch selbst die umherfliegenden Granatsplitter konnten einem den Fuß abtrennen. Schließlich tauchten zwei Arme aus dem Kellerfenster auf, und gemeinsam wurde der Verletzte ins Haus gezogen.

Die übrigen Menschen in der Schlange zeigten kaum eine Reaktion. Sie schauten eher zerstreut als neugierig zu, drängten sich noch ein wenig dichter an die Hauswand und rückten träge nach. Nur ein Blutfleck zeugte davon, dass etwas geschehen war. Erst jetzt bemerkte Oppenheimer, dass das Gespräch zwischen Dieter und dem Fremden verstummt war. Um nicht einzugestehen, dass er sie belauscht hatte, näherte sich Oppenheimer betont geräuschvoll dem Gärkeller und stieg mit den Eimern die Treppe hinunter.

»Na, das sind ja ein paar flotte Koffer!«, rief Hilde angesichts des heftigen Granatenbeschusses und nickte ihrer Nachbarin zu. Einige Häftlinge drängten sich mit ihr am Fenster der Gemeinschaftszelle, während andere es vorzogen, im Schutz der dicken Mauern auszuharren.
Egal, ob es gefährlich war, Hilde wollte das Ende des Naziregimes mit eigenen Augen verfolgen.
Gelegentlich wurde das Geschehen draußen kommentiert, ganz so, als würden die Häftlinge von ihrer Warte am vergitterten Fenster aus einem Fußballspiel beiwohnen.
Was sich an diesem Dienstagabend im Regierungsviertel abspielte, war allerdings mitnichten ein Spiel. Am frühen Nachmittag hatte der wolkenverhangene Himmel aufgeklart, doch nun wurde die Sonne immer mehr von dichten Rauchwolken verdeckt. Der Beschuss der Innenstadt dauerte bereits mehrere Tage an. Hilde vermutete, dass die russische Armee rings um die Stadt mehrere Haubitzen stationiert hatte und nun alles in Grund und Boden schoss.
Vom Reichstag war das Gefängnis etwa zwei Kilometer entfernt, und die Sicht wurde von Häuserblocks und Bäumen versperrt. Dennoch ließ sich erahnen, was dort vor sich ging. Immer wieder dröhnten Explosionen, gefolgt von neuen Rauchsäulen, wiederholt war das Brummen von Flugzeugmotoren zu hören.

Was sich auf den Straßen vor dem Gefängnis abspielte, ließ sich nur erkennen, wenn man den Kopf dicht an die Scheibe presste, um an der Fassade hinunterzublicken. Die Umgebung war menschenleer. In den vergangenen Tagen hatte man noch beobachten können, wie Volkssturmmänner die größeren Straßenkreuzungen hektisch zu Widerstandsnestern ausbauten.
Sicher war auch die nahe gelegene Moltke-Brücke längst schwer gesichert, denn sie war strategisch bedeutsam. Wenn diese Spree-Brücke gehalten wurde, konnte man den direkten Vorstoß der Roten Armee auf den Reichstag zumindest vom Nordosten her aufhalten. Aber so unvermittelt, wie die rege Geschäftigkeit zur Sicherung der Stadt ausgebrochen war, hatte sie in den letzten Stunden wieder aufgehört.
Gedankenverloren spielte Hilde mit der Erkennungsmarke um ihren Hals. Die Gefängnisleitung hatte solche Marken für alle Fälle an die Insassen verteilt, um nach schweren Luftangriffen die Toten identifizieren zu können.
Bei Luftangriffen pflegten die Aufseherinnen die Häftlinge in das Erdgeschoss zu treiben, wo sie in langen Korridoren die Entwarnung abwarten mussten, während die Gefängnisbeamten in ihrem sicheren Luftschutzkeller saßen, zu dem kein Normalsterblicher Zugang hatte. Angesichts des Dauerbeschusses schien sich jetzt aber keiner mehr um sie zu kümmern. Wenigstens verlangte niemand mehr von Hilde, irgendwelchen stupiden Arbeiten nachzugehen. Solange sie noch zu essen bekamen, sollte es ihr egal sein. Notfalls würde sie auch eine Weile ohne Lebensmittel auskommen. Länger als ein paar Tage konnte es bis zum völligen Zusammenbruch des Hitler-Regimes nicht mehr dauern.
Barbe gesellte sich zu ihr und murmelte: »Die Russkis sollen schon in Köpenick sein.«

Hilde lachte kurz auf. »Da kannst du Gift drauf nehmen. Die sind bestimmt schon viel näher. Ich fress nen Besen, wenn die nicht schon am Landwehrkanal stehen.«
»Meinst du, nächste Woche isses vorbei?«
»Sobald Hitler abkratzt, ist der Ofen aus. Der hat doch großspurig verkündet, dass er in Berlin bleiben will. Tja, Pech gehabt. Wahrscheinlich verkriecht er sich jetzt wie eine Ratte in seinem Prunkpalast.«
Unweit von ihnen kauerte Michalina in einer Ecke. Die Hände gefaltet, murmelte sie unentwegt vor sich hin.
»Wat iss'n mit der?«, fragte Barbe. »Die Mauern sind doch dick jenug.«
»Sie betet für ihre Kinder«, antwortete Hilde mit ernster Miene. »Hast du nicht mitbekommen, was die Arschlöcher mit ihnen angestellt haben? Die komplette Familie wurde verschleppt. Zwangsarbeit, kennt man doch. Aber Michalina hat keine Ahnung, wo ihre Kinder abgeblieben sind. Deswegen ist sie auch hier.«
Barbe quittierte diese Antwort mit einem verständnislosen Blick. »Versteh ick nich.«
Diskret nahm Hilde sie beiseite. »Als sie gehört hat, dass die Rote Armee anrückt, ist sie einfach aus dem Arbeitslager getürmt und wollte den Truppen entgegenlaufen. Aber in Wriezen wurde sie bei einer Kontrolle geschnappt.«
»Die is einfach so abjehaun? Dit is doch jefährlich!«
Hilde sparte sich die Erklärungsversuche. Sie wusste nicht, ob sie ihrer Zellengenossin beibringen konnte, dass manche Leute bereit waren, ohne Rücksicht auf die eigene Sicherheit Himmel und Hölle in Bewegung zu setzen, um ihre Liebsten zu schützen. Vor wenigen Jahren hätte sie so etwas ebenfalls nicht geglaubt oder es als Spinnerei abgetan. Doch seitdem sie unter dem Eindruck der Reichskristallnacht damit begonnen hatte,

untergetauchten Juden und Regimegegnern zu helfen, war auch in ihr eine Veränderung vor sich gegangen.
Sie wusste, dass ein repressives System wie der Nationalsozialismus unweigerlich das Schlechteste in den Menschen zum Vorschein brachte. Und viel schlimmer noch war die große Mehrheit der Bevölkerung, der es schlichtweg egal gewesen war, als ihre Nachbarn verhaftet wurden oder spurlos verschwanden. Waren sie eingeschüchtert? Oder sprach diese Ignoranz für eine Obrigkeitshörigkeit, die tief im deutschen Wesen verankert war? Hilde konnte diese Frage nicht beantworten. Trotz allem war sie abseits der Mitläufer und Opportunisten einigen wenigen Personen begegnet, von denen man keinerlei Heroismus erwartet hätte und denen es trotzdem gelungen war, über sich selbst hinauszuwachsen. Die auf ihr Gewissen hörten und keine Belohnung erwarteten.
Unwillkürlich dachte Hilde an ihre Mitstreiter. Den ehemaligen Rechtsanwalt Franz Schmude, der aus Protest gegen das Unrechtsregime der Nazis seine Zulassung niedergelegt hatte, um ausgerechnet einen Salon für Damenmode zu eröffnen. Oder Otto Seibold, der Apotheker, der sich trotz seiner ständigen Furcht nicht davor scheute, für Hildes Schützlinge manchmal illegal Medikamente zu organisieren. Ganz abgesehen von Anwalt Gregor Kuhn, der zwar Mitglied der NSDAP war, dennoch versucht hatte, Hilde mit jedem möglichen Winkelzug vor der Todesstrafe zu bewahren.
Ihr Herz wurde schwer, als sie daran dachte, dass sich Kuhn schon seit mehreren Tagen nicht mehr bei ihr gemeldet hatte. Sie fragte sich, was vorgefallen war. Und vor allem fragte sie sich, wo Oppenheimer abgeblieben war. Sicher war er wieder in den Untergrund abgetaucht. Aber niemand konnte garantieren, dass er überhaupt noch lebte.

Hilde atmete tief durch und näherte sich der zusammengekauerten Michalina. Sie wollte etwas für diese Frau tun, aber ihr fiel nichts weiter als Beschwichtigungen ein, die in Hildes Vorstellung hohl klangen.
Als sie in die Hocke ging, schaute ihr Michalina aus rotverheulten Augen entgegen. Hilde beugte sich vor und ergriff die Hände der Polin.
»Scheiß drauf«, sagte sie mit Nachdruck. »Wir kommen durch. Verstehst du? Wir werden es diesen Arschgeigen schon zeigen.«

Als Oppenheimer die Innentür des Transportgangs hinter sich zuzog, atmete er auf. »Da kriegen mich keine zehn Pferde mehr raus«, sagte er und lehnte sich gegen einen der gewaltigen Gärbottiche. Er wagte nicht, sich hinzusetzen, denn seine Manteltaschen waren vollgestopft mit Lebensmitteln und Konserven, und in den beiden Eimern stapelten sich Kartoffeln und angefaulte Karotten, aber das war besser als nichts.
Die Arme um ihren Körper geschlungen, kam Lisa ihm entgegen. Sicher hatte sie sich in den vergangenen zwei Stunden Sorgen um ihn gemacht. Überrascht schaute sie auf den Inhalt der Eimer.
»Ich dachte, du wolltest Wasser holen. Was ist geschehen?«
»In der Nachbarschaft ist ein verlassenes Verpflegungsmagazin für die Luftwaffe oder so, keine Ahnung. Hier, brauchst du Scho-Ka-Kola?« Oppenheimer zog aus seiner Manteltasche einige Büchsen mit der stark koffeinhaltigen Schokolade hervor. Als Teil der Luftwaffenverpflegung wurde sie im Volksmund auch *Fliegerschokolade* genannt.
»Wurde die verteilt?«
Oppenheimer schüttelte den Kopf. »Ach was, geplündert haben die Leute! Ich war gerade draußen, als mir einige entgegengerannt kamen. Ich dachte schon, die Russen sind im Anmarsch,

aber nein. Die sind wie Heuschrecken über die Vorräte hergefallen, haben sich geprügelt, man glaubt es nicht. Und vor dem Depot ging dann die Tauscherei los. Hier, hab ich gegen ein paar Pullen Steinhäger eingetauscht.«

Oppenheimer entnahm seinen Manteltaschen einige Tüten mit Nudeln und Grütze, dann folgten Suppenwürfel und einige Tütchen mit Brausepulver. Er kam sich fast wie der Nikolaus vor, der die Kinder beschenkte.

»Kaffee, Schnaps, Schokolade, alles in Hülle und Fülle vorhanden. Diese Kerle haben in Saus und Braus gelebt. Das hier muss jetzt bis zum Kriegsende reichen«, erklärte er, während er die Lebensmittel betrachtete.

»Und wie ist die Lage da draußen?«, fragte Lisa.

»Ich habe den Eindruck, dass sie jetzt damit anfangen, die Geschäfte zu plündern. Niemand kümmert sich noch um die Vorschriften.«

Immerhin hatte Oppenheimer einen Hinweis auf die militärische Situation gefunden, denn an dem Schaufenster der Metzgerei klebte heute eine Zeitung mit dem Namen *Der Panzerbär*. Obwohl die Zeitschrift eher einem Flugblatt ähnelte, nannte sie sich großmäulig *Kampfblatt für die Verteidiger Groß-Berlins*. Neben den üblichen Aufrufen zum tapferen Widerstand war dort auch der Wehrmachtsbericht vom vergangenen Dienstag abgedruckt. Wenn man den Angaben Glauben schenken konnte, dann waren Treuenbrietzen, Oranienburg und Bernau von der anrückenden deutschen Verstärkung schon wieder zurückerobert worden.

Kurz darauf war Oppenheimer Emil über den Weg gelaufen, der hingegen zu berichten wusste, dass die Russen in Wedding einmarschiert seien. Der Stadtbezirk war vor der Gleichschaltung mit seinem hohen Arbeiteranteil eine traditionelle Hochburg der Kommunisten gewesen, und so wunderte sich Oppenheimer nicht darüber, dass die Bewohner in den russischen Truppen vor allem ihre Befreier sahen und sie winkend empfangen hatten. Emil hatte auch Oppenheimers Beobachtung bestätigt, dass sich die russischen Truppen in ihrem Viertel vorsichtig vorwärtsbewegten.

»Die blauen Bohnen fliegen jetzt ziemlich tief«, schloss Oppenheimer seine Zusammenfassung. »Kleinkaliber. Sieht so aus, als würde sich der Feind auf uns einschießen. Und erste Maschinenpistolen hört man auch schon. An sich können die nicht mehr weit weg sein.«

Lisa machte ein ernstes Gesicht. »Dann sollte Dieter besser wieder reinkommen«, murmelte sie.

Oppenheimer erstarrte, dann ließ er unruhig seinen Blick durch den Gärkeller schweifen.

Lisa erriet seine Gedanken. »Nein, den Koffer hat er hiergelassen.«

»Na, wenigstens das.« Oppenheimer atmete auf. Dann fügte er kopfschüttelnd hinzu: »Der spaziert hier wirklich rein und raus, wie es ihm beliebt.« Er konsultierte kurz seine Taschenuhr. »Machen wir es so: Ich gebe ihm noch eine Stunde, wenn er bis dahin nicht aufgetaucht ist, schaue ich mich um.«

Die nächste Stunde beschäftigte sich Oppenheimer damit, das Grammophon und seine Schallplattensammlung sorgfältig eingepackt im unteren Bierkeller zu verstauen. Er wählte den hintersten Verschlag, weil er hoffte, dass etwaige Eindringlinge dort als Letztes suchen würden.

Trotz der kühlen Luft war er ins Schwitzen gekommen, da er mehrmals den Weg nach unten zurückgelegt hatte. Schließlich gab es nichts mehr zu tun, und Oppenheimer blickte erneut auf seine Taschenuhr. Es waren erst fünfundvierzig Minuten vergangen.

»Ich geh besser schon jetzt«, sagte er. »Wer weiß, wie schlimm es draußen noch wird.«
Lisa hielt ihn zurück. »Sei aber vorsichtig.«
Oppenheimer brummte zustimmend und gab ihr einen Kuss.

Draußen schien jetzt die Sonne. Dem heftigen Regen war es gelungen, ein paar der kleineren Brände zu löschen, der Brandgeruch in der Luft wurde dadurch allerdings noch penetranter. Trotz des feuchten Bodens trieben bereits wieder neue Schwaden aus Rauch und Steinstaub durch die Luft. Um wenigstens seine Augen vor dem beißenden Qualm zu schützen, kramte Oppenheimer die Motorradbrille hervor, die ihm in den vergangenen Monaten schon mehrmals gute Dienste geleistet hatte. Dann wagte er sich aus dem Treppenabgang heraus.
Kaum an die Oberfläche gelangt, ertönte von oben ein fernes Brummen. Diesmal war es kein Tiefflieger, sondern es sah nach einer Messerschmitt aus. Hoch über Oppenheimer flog sie vorbei und klinkte dann am Horizont einen Gegenstand aus. Wenige Sekunden später öffnete sich ein Fallschirm. Wahrscheinlich handelte es sich um eine Versorgungsbombe für die deutschen Truppen.
Eiligen Schrittes lief Oppenheimer zum Brauereigebäude und schlüpfte durch die türlose Pforte. Er hatte keine Ahnung, wo sich Dieter aufhielt, also versuchte er sein Glück zunächst bei dessen Ausguck im ersten Stockwerk.
Die Treppenstufen waren voller Staub, aber wenigstens unbeschädigt. Zu seiner Enttäuschung war von Dieter nichts zu sehen, als er den oberen Absatz erreichte.
Besorgt stellte sich Oppenheimer ans Fenster, aus dem sein Kellergenosse in die Ferne zu schauen pflegte.
Ohne dass er es bemerkt hatte, war es in den vergangenen Wochen Frühling geworden. Violett blühte der Flieder in den ver-

wilderten Gärten, und das Blattwerk der blühenden Kastanienbäume raschelte im Wind.
Oppenheimer ging wieder in Deckung und plante seine nächsten Schritte. Es gab nur noch eine Möglichkeit, und zwar die Stelle, an der sich Dieter mit dem Fremden unterhalten hatte.
Bedächtig schob er seinen Kopf in die Fensteröffnung. Unglücklicherweise war die Stelle von dieser Warte aus nicht zu sehen. Dafür erweckte jedoch ein anderer Anblick Oppenheimers Aufmerksamkeit.
Für den Bruchteil einer Sekunde hatte er den Eindruck gehabt, am Rande seines Sichtfeldes eine Bewegung wahrzunehmen. Oppenheimer kannte den Mantel mit den tiefen Taschen. Das konnte nur Dieter sein. Aber der Kellergenosse befand sich in einem ausgebombten Haus auf der gegenüberliegenden Straßenseite. Was hatte Dieter dort verloren? Oppenheimer konnte sich keinen Reim darauf machen.
Er glaubte bereits, sich getäuscht zu haben, als er den Schemen wieder sah.
Der nächste Anblick ließ Oppenheimer erschaudern. Der Mann, der Dieter sein musste, näherte sich einem leblosen Körper und zerrte ihn Zentimeter für Zentimeter hinter eine Trümmermauer.
Unruhe kam in Oppenheimer auf. Verrichtete Dieter dort eine Tat, bei der er keine Mitwisser haben wollte? Oder hatte Oppenheimer das alles nur falsch interpretiert?
Zwar hatte er von Ede lediglich den Befehl bekommen, auf den Koffer aufzupassen, doch wenn Dieter in Gefahr war, konnte er ihn nicht so einfach seinem Schicksal überlassen. Er hielt es für seine Pflicht, festzustellen, was dort drüben vor sich ging.
Oppenheimer verließ das Gebäude und schlitterte den steilen Erdhügel hinunter. Am Fuße des Abhangs befand sich ein

schmaler Durchlass im Eisengitter, gerade breit genug, um sich hindurchzuzwängen.
In dem Moment, als er sich hindurchschob, setzte der Beschuss wieder ein. Ein heftiger Stoß ließ die Erde erzittern und drückte auf das Trommelfell. *Ausgerechnet jetzt,* dachte Oppenheimer, die Augen vor Todesfurcht weit aufgerissen. Dann folgte ein weiteres Donnern, gefolgt von einem Einschlag. Gleichzeitig begann in der unmittelbaren Umgebung eine leichte Flak zu ballern.
Oppenheimer konnte nirgendwo in Deckung gehen, lediglich der Steinpfeiler bot ihm ein wenig Schutz. Wenigstens schien das hier kein Raketenteppich einer Stalinorgel zu sein, sondern der Beschuss eines einzelnen Geschützes. Es hieß, dass es am sichersten war, beim dritten Einschlag loszurennen, weil die Haubitze danach neu eingestellt werden musste.
Oppenheimer machte sich bereit. Die Gefahr schärfte seine Sinne. Als die dritte Detonation durch die Straße hallte, stieß er sich vom Gitter ab und sprang quer über Einschlagtrichter und lose Steine auf die gegenüberliegende Straßenseite.
Die rauchgeschwängerte Luft brannte in Oppenheimers Rachen. Als er sich gegen die Mauer presste, hörte er, wie das Schießen wieder einsetzte. Das Wummern dröhnte ihm in den Ohren, ringsherum erzitterten die Gebäude, Kalk und Steinstaub rieselte zu Boden.
Oppenheimer hechtete über bröckelnde Steine in die Ruine. Er brauchte eine Weile, um wieder zu Atem zu kommen. Suchend blickte er sich um.
Von dem Gebäude standen nur noch drei der ehemals vier Außenmauern. Die Dachziegel fehlten komplett, und so schien die Sonne ungehindert durch die entblößten Sparren. Oppenheimers Umgebung war in ein Tarnnetz von Licht und Schatten

getaucht. Nach einer Weile lösten sich die Konturen von ihrem Hintergrund.

Hinter ihm war es wieder still geworden. Scheinbar friedlich lag die Straße im Mittagslicht. Nur der aufgewirbelte Staub zeugte davon, dass es eine Reihe von Explosionen gegeben hatte.

Auch in der Ruine kam jetzt Leben auf. Dieter huschte durch das Sonnenlicht, nur um wieder im Schatten des zerstörten Hauses zu verschwinden. Irgendwo machte er sich an etwas zu schaffen. Steine knirschten, Holz rieb aufeinander.

Oppenheimer bewegte sich vorsichtig vorwärts, um hinter dem Rest einer eingefallenen Wand hervor das merkwürdige Treiben zu beobachten.

Von seinem Standpunkt aus war von Dieter nicht mehr als der Mantel und der in die Stirn gezogene Hut zu erkennen. Hastig entleerte Dieter seine Taschen, bis er auf die Brieftasche stieß. Vielleicht hatte er sie verloren geglaubt, denn er durchsuchte sie eingehend, zählte das Geld, nahm schließlich sogar die Ausweispapiere heraus und steckte sie dann zufrieden grinsend ins Portemonnaie zurück.

Erst jetzt erkannte Oppenheimer, dass Dieter die ganze Zeit über eine Pistole in der Hand gehalten hatte, die er bedächtig in die Innentasche seines Mantels steckte. Dann rückte er die Schulterpartie zurecht, ganz so, als sei ihm der Mantel zu groß.

Wenn sich Personen unbeobachtet glaubten, offenbarten sie gelegentlich Marotten, die sie in der Gegenwart anderer unterdrückten. Dieter sprach mit sich selbst. Vor sich hin murmelnd, lief er gebückt an einer Fensteröffnung vorbei.

Oppenheimer musste seine Position wechseln, um Dieter weiterhin im Auge behalten zu können. Er war so verblüfft, dass er den leblosen Körper fast vergessen hatte.

Das sollte sich schlagartig ändern, als seine Füße gegen etwas Weiches stießen.

Irritiert blickte Oppenheimer zu Boden.

Vor ihm lag ein Toter. Er war nur noch mit einem Hemd und Unterwäsche bekleidet.

Als Oppenheimer das Gesicht sah, stockte ihm der Atem.

Kein Zweifel, das war Dieter.

5

Donnerstag, 26. April 1945 – Samstag, 28. April 1945
6 bis 4 Tage vor der Kapitulation der Berliner Truppen

Ungeordnet schossen Gedanken durch Oppenheimers Gehirn, doch keiner davon wollte einen Sinn ergeben. Wenn vor ihm die sterblichen Überreste von Dieter lagen, wer trug nun dessen Mantel?

Als sich Oppenheimer aufrichtete, gaben die losen Steine unter ihm nach. Obwohl er sich mit rudernden Armen wieder fangen konnte, hatte ihn das Geräusch der Trümmer verraten.

Von der Wand verborgen, konnte Oppenheimer trotzdem instinktiv spüren, dass der Mörder auf ihn aufmerksam geworden war. Denn er murmelte nicht mehr vor sich hin, sondern hielt den Atem an.

Fahrig blickte sich Oppenheimer nach einer Waffe um. Bei Dieters entkleidetem Leichnam fand er nichts, also ging er in die Hocke, um aus den Trümmern einen Backstein herauszuziehen. Er wog das massive Stück in seiner Hand. Gegen die Pistole konnte er damit nicht viel ausrichten, doch Oppenheimer war entschlossen, sein Leben so teuer wie möglich zu verkaufen.

Er stellte sich breitbeinig hinter die Wand und hob den Stein hoch, in jeder Sekunde bereit zuzuschlagen.

Oppenheimer konnte nicht sagen, wie lange er in dieser Position verharrte. Als er schließlich hastige Schritte vernahm, glaubte er, dass jetzt der Moment gekommen sei, in dem sich der Mörder auf ihn stürzte.

Doch nichts geschah.
Die Schritte entfernten sich. Nach einer kurzen Pause setzte sich das Geräusch hastiger Schritte schließlich im Hinterhof fort.
Vorsichtig blickte Oppenheimer um die ausgefranste Mauer. Als er sah, wie sich der Mann in Dieters Mantel in Windeseile entfernte, atmete er auf.
Jetzt fühlte er sich so sicher, dass er sich der Leiche zuwandte. Oppenheimer brauchte nicht lang, um die Todesursache zu erkennen. Auf der Stirn befand sich eine Austrittswunde. Angesengte Haare deuteten darauf hin, dass Dieter auf kurze Distanz in den Hinterkopf geschossen worden war.
Als er in unmittelbarer Nähe auf dem Boden eine Offiziersuniform der Wehrmacht entdeckte, erforderte es nicht viel Phantasie, um zu erraten, was vorgefallen war.
Dieter musste sterben, weil er Zivilkleidung trug. Der Mörder wollte den russischen Truppen nicht in Uniform in die Hände fallen und hatte nach den vielen Jahren des Krieges keine Hemmungen, jemanden aus diesen Gründen zu erschießen.
»Na, wenigstens ist der Schlüssel nicht weg«, murmelte Oppenheimer und zog die Kordel über den Kopf des Leichnams. Das hätte ihm noch gefehlt, dass ein Fremder den Schlüssel zu ihrem Unterschlupf besaß.
Er richtete sich auf, um zum Keller zu laufen, doch etwas hielt ihn zurück. Oppenheimer spürte einen gewissen Widerwillen, Dieters Leiche einfach dort liegen zu lassen. In seinen Jahren als Kommissar war es für ihn selbstverständlich geworden, dass ein Mord aufgeklärt werden musste. Zeugenaussagen waren zu protokollieren, Spuren zu verfolgen, die genauen Umstände mussten festgehalten werden.
Oppenheimer atmete aus. Nein, sosehr es ihm widerstrebte, sah er doch ein, dass jetzt nicht die Zeit dafür war.

Dieter war tot. Er konnte ihm nicht mehr helfen. Die Welt um sie herum löste sich auf, niemand kümmerte sich mehr um die Vorschriften, es herrschte Anarchie. Die Wahrscheinlichkeit war groß, dass der Täter früher oder später ebenfalls getötet wurde. Aber das alles würde nicht mit dem Mord zusammenhängen. Niemand würde Sühne verlangen.
Jetzt gab es wichtigere Dinge. Oppenheimer musste überleben, er musste zu Lisa.

Oben dröhnten Panzerketten. Maschinenkolosse schoben sich durch die Straßen und ließen die Umgebung erbeben.
Lisa schrak zusammen. Oppenheimer legte seinen Arm um ihren zitternden Körper. Jetzt peitschten die Kugeln bereits nahe der Klimaschleuse. Noch wenige Minuten, und dann würde die innere Tür auffliegen und die Befreier hereinströmen.
So stellte es sich Oppenheimer jedenfalls vor.
Plötzlich wurde mit Gewehrkolben gegen die Außentür gehämmert.
»Das müssen die Russen sein«, sagte er. Sein Atem ging schneller.
»Lass sie doch rein.« Als Lisa Oppenheimers überraschten Gesichtsausdruck sah, erklärte sie. »Besser, als wenn die hier alles zusammenschießen oder Handgranaten werfen. Irgendwann kommen die ja doch rein.«
Lisas Argumentation ergab einen Sinn.
Eilig streifte Oppenheimer seine Decke ab, öffnete die Tür zur Klimaschleuse und näherte sich laut rufend der Außenpforte.
»Einen Moment!«, brüllte er. »Ich komme schon!«
Fahrig steckte er den Schlüssel ins Schloss. Das Hämmern der Gewehrkolben hatte aufgehört.
Sachte drückte er die Klinke herunter und zog das Türblatt nach

innen. Er bekam einen harten Stoß gegen das Handgelenk, als die Tür krachend gegen die Seitenwand prallte.

Oppenheimer starrte in die Mündungen von Maschinenpistolen, in den Händen von Soldaten, von denen er im ersten Moment nur khakifarbene Uniformen wahrnahm.

»Stoj!«, brüllte einer der Männer, eine breite Gestalt mit einer Schirmmütze auf dem Kopf.

Unwillkürlich riss Oppenheimer seine Hände hoch und erstarrte. Die Gesichter der russischen Soldaten waren mit schwarzem Staub bedeckt. Er konnte nicht sagen, welchen Rang sie bekleideten. Die fremden Abzeichen waren ihm nicht geläufig.

Oppenheimer dachte an das russische Wort für *Freund*, das er sich für solche Fälle aus dem Soldatenwörterbuch eingeprägt hatte. »Drug!«, rief er ihnen entgegen. Unnatürlich verzerrt hallte seine Stimme durch die Klimaschleuse.

Einer der Rotarmisten senkte seine Waffe und packte Oppenheimer am Kragen. Vorsichtig schob er ihn vor sich her, bis sie die innere Tür durchschritten hatten. Dann drängten von der Seite zwei mit Maschinenpistolen bewaffnete Männer in den Raum und zielten in die Ecken. Doch sie fanden nur Lisa, die bereits ihre Hände erhoben hatte.

Der Rotarmist packte Oppenheimer am Arm. Er kam sich vor wie eine Puppe, die der Willkür eines Kindes ausgesetzt war. Plötzlich sah er sich dem glänzenden Metall eines gezogenen Säbels gegenüber.

»Du daitscher Soldatt!«

Todesangst erfüllte Oppenheimer, so dass er nicht viel mehr tun konnte, als im grellen Schein der Stablampen den Kopf zu schütteln. Dann tastete ihn jemand ab.

Als sich die Soldaten vergewissert hatten, dass er keine Waffe bei sich trug, ließen sie wieder von ihm ab.

Oppenheimer wurde zu Lisa gestoßen. Sie befanden sich jetzt beide im Visier der Maschinenpistolen. Ein weiterer Soldat in einem Ledermantel sprach aufgeregt auf sie ein.

Ein anderer Russe, mit auffällig geschwungenen Lippen und tiefschwarzem Haar, sekundierte auf Deutsch: »Warum ihr fürchtet uns? Ich Sowjetmensch! Nicht Teufel!«

Oppenheimer spürte, dass der Soldat auf eine Reaktion wartete, doch er wusste nicht, was er tun sollte, außer dem Treiben entgeistert zuzuschauen.

Insgesamt waren es sechs Rotarmisten. Vier von ihnen schwärmten in die Tiefen des Kellers aus. Um sich anzukündigen, gaben sie kurzerhand Salven aus den Maschinenpistolen ab. Irgendwann verschwanden sie schließlich in den Schatten, nur der Träger des Ledermantels und der Deutsch sprechende Soldat blieben zurück.

Die Kleidung der beiden Männer erschien nicht ganz so grob wie bei den übrigen Eindringlingen zu sein. Auf der Brust prangten zahlreiche Medaillen und Orden mit roten Sternen.

Aus dem hinteren Gebäudeteil erklang ein Ruf.

»Sind da Waffen?«, fragte der Soldat mit den schwarzen Haaren.

»Keine Waffen«, stotterte Oppenheimer. »Essen.« Er hoffte, dass diese Angabe auch den Tatsachen entsprach, denn er hatte sich nicht die Mühe gemacht, Edes Lager komplett zu durchsuchen.

»Aufmachen!«

Nach diesem Befehl ergriff Oppenheimer seinen Schlüsselbund, um die Verschläge für die Soldaten aufzuschließen. Die Ersten wurden von ihnen noch ausgiebig inspiziert, doch bereits nach dem vierten Verschlag ließ ihre Aufmerksamkeit nach, so dass es ihnen genügte, wenn sie einen kurzen Blick hineinwerfen konnten. Sie kamen nicht einmal auf die Idee, noch in den unteren Bierkeller hinabzusteigen.

Als Oppenheimer mit den Soldaten zur Kochstelle zurückkehrte, sah er mit einem flauen Gefühl im Magen, dass der Befehlshaber seinen Ledermantel und die übrige Oberbekleidung abgelegt hatte und sich nun mit ihrem abgekochten Trinkwasser ausgiebig einseifte. Damit hatten sie also nur noch einen letzten Eimer übrig.
Als er sich mit einer der herumliegenden Decken abgetrocknet hatte und wieder in seinen Ledermantel geschlüpft war, machten sich die Männer zum Abmarsch bereit.
Der Deutsch sprechende Rotarmist warf ihnen einen letzten misstrauischen Blick zu. Dann zeigte er auf Lisa. »Vorsicht vor andere Soldaten. Du versteckst besser Frau!«
Das blieb das letzte Wort. Die Männer gingen durch die Klimaschleuse nach draußen. Ihre Schatten an der Wand wurden immer länger und lösten sich schließlich auf.

Unmittelbar nachdem sich die Vorhut wieder aus ihrem Keller entfernt hatte, lief Oppenheimer zur äußeren Kellertür, um sie abzuschließen.
Als er einen raschen Blick nach draußen warf, befand sich nicht eine Wolke am blauen Himmel. Auf der Straße waren fremde Stimmen zu hören, das Knallen einer nahen Vierlingsflak und immer wieder das Pfeifen von Kugeln. Oppenheimer sah etwas vom Himmel herabflattern und griff danach. Es war ein Flugblatt der Roten Armee, adressiert an die Berliner in den noch nicht eroberten Teilen Berlins. Durch Zufall hatte es den Weg zu Oppenheimer gefunden, obwohl die Vorhut bereits aufgetaucht war.
Um eine Ahnung zu haben, was draußen vor sich ging, überflog Oppenheimer, wieder zurück im Keller, das Flugblatt. Besonders interessant fand er folgende Stelle: *»Die ROTE ARMEE kommt zu Euch als Befreier! Sie ist diszipliniert und gut erzogen –*

im Gegensatz zu Himmlers SS-Banditen. In den besetzten Berliner Stadtteilen wie Zehlendorf, Wannsee, Tegel, Pankow usw. sind bereits Frieden, Ordnung und Wiederaufbau! Durch wen? Nur durch Soldaten der ROTEN ARMEE! Ihr habt den Krieg, Verzweiflung und Tod!!
Was nützt noch Widerstand? Es ist völlig sinnlos!!!! Vertraut der ROTEN ARMEE! Sie kämpft nicht gegen das deutsche Volk. Sie will nur die Vernichtung der Nazimörder, die Euch verraten haben und jetzt ausrücken und feige türmen.«
Natürlich war das unverhohlene Propaganda. In den letzten Jahren hatte Oppenheimer wie so viele andere ein Gespür dafür entwickelt, wenn die Machthaber den Menschen etwas vorgaukelten. Aber vielleicht gab es ja einen wahren Kern. Wenngleich es inmitten des Kampfgetümmels schwer vorstellbar schien, so war es immerhin denkbar, dass in anderen Bezirken bereits der Frieden begonnen hatte.
Nur die Andeutung des Soldaten, dass er Lisa besser wegsperren solle, war verstörend. Würde die Propagandamaschinerie von Goebbels tatsächlich recht behalten? Würden die Sieger über die Frauen herfallen?
Für kurze Zeit erwog Oppenheimer die Möglichkeit, vor der Front nach Norden zu fliehen, um Lisa in Sicherheit zu bringen. Vielleicht konnte er sich ja nach Pankow zum Schweren Ede durchschlagen. Obgleich es nicht gerade ein angenehmer Gedanke war, dem Ganoven mitteilen zu müssen, dass der Gärkeller entdeckt worden war, spürte Oppenheimer eine gewisse Verpflichtung, sich bei ihm zu melden.
Die nächsten Stunden verbrachten er und Lisa damit, ihre Luftschutzkoffer neu zu packen, alten Plunder gegen ihren Fundus an Lebensmitteln auszutauschen und sicherzustellen, dass sie alle Papiere bei sich hatten.

Es war bereits Abend, als sich Oppenheimer endlich vorwagte, um draußen die Lage zu inspizieren. Schon auf der Kellertreppe nahm er Klänge wahr, die er seit langem nicht mehr gehört hatte. Melodiefetzen einer Ziehharmonika, das Knistern von Lagerfeuern, schepperndes Blech und dazwischen das Muhen von Kühen. Dazu gesellte sich ein durchdringender Stallgeruch, der nicht zu einer Großstadt wie Berlin passen wollte. Oppenheimer hatte den Eindruck, in ein anderes Zeitalter versetzt worden zu sein.
»Ich glaube, wir können erst mal nicht raus«, sagte er bei seiner Rückkehr zu Lisa. »Die haben irgendwo in der Nähe ein Lager errichtet. Aber sobald es geht, verschwinden wir.« Oppenheimer setzte sich an die Kochstelle und blickte ins Feuer.
»Was ist mit dem Koffer?«, fragte Lisa.
Verwirrt schaute Oppenheimer sie an, doch dann erinnerte er sich wieder an Dieters Koffer und an den ausdrücklichen Befehl, ihn in Sicherheit zu bringen. Das fragliche Gepäckstück stand immer noch vor der Wand unter den Decken von Lisa und Oppenheimer. Die Rotarmisten hatten den Koffer nicht entdeckt oder ihm keine große Wichtigkeit zugemessen.
»Wenn wir unsere eigenen Koffer tragen, können wir uns damit nicht belasten«, sagte Oppenheimer nachdenklich.
Lisa zuckte die Schultern. »Vielleicht können wir die Sachen einfach bei uns reintun.«
Oppenheimer trat zum Koffer und blickte ihn prüfend an. Mit einem unzufriedenen Seufzer sagte er: »Wenn ich das Schloss aufbreche, sieht es so aus, als hätten wir etwas gestohlen.«
Lisa erwiderte amüsiert: »Du und deine Gewissensbisse.«
Als Antwort schüttelte Oppenheimer nur den Kopf. Wie sollte er Lisa klarmachen, dass es etwas anderes war, ein Warenlager der Luftwaffe zu plündern, um an dringend benötigte Lebensmittel zu gelangen, als einen Auftrag auszuführen?

Schließlich fand er eine gute Lösung. »Am besten verstauen wir ihn hier im Keller. An einem Platz, wo ihn niemand suchen wird.«
Lisa blickte sich kurz um. »Dann müssten wir schon was im unteren Stock finden.«
Oppenheimer nickte, entzündete die Petroleumlampe und begab sich in den Bierkeller.
Am Fuß der pechschwarzen Treppe angekommen, hatte er immer noch keine Ahnung, wo er den Koffer verstauen sollte.
Unschlüssig stand Oppenheimer im Lichtkegel der Petroleumlampe und dachte wieder daran, dass er aufpassen musste, nicht in den Brunnen zu fallen.
Dann kam ihm eine Idee.
Vorsichtig näherte er sich dem Rand des Lochs und streckte die Hand mit der Lampe aus, doch der Brunnenboden ließ sich nicht ausmachen.
Schließlich sagte sich Oppenheimer, dass er es einfach riskieren musste, und ließ den Koffer in den Brunnen fallen.
Es folgte ein dumpfer Aufschlag. Also gab es hier tatsächlich kein Wasser mehr.
Oppenheimer war sich sicher, dass der Koffer hier gut aufbewahrt war.

Hilde spürte keine Müdigkeit. Sie war so aufgekratzt, dass sie nicht einmal mehr ihren knurrenden Magen bemerkte.
Die ganze Nacht über hatte sie an dem Zellenfenster verbracht und auf den Widerschein lodernder Feuersbrünste gestarrt. Obwohl es kaum noch möglich erschien, hatte sich der Beschuss der Innenstadt bei Einbruch der Dunkelheit intensiviert. In der Ferne bellte die Artillerie, zischend krachten Raketen in die Häuserzeilen, Granaten zerbarsten mit einem dumpfen Knall,

eilig herangekarrte Haubitzen und Raketenwerfer konzentrierten sich derweil auf die Ziele in der unmittelbaren Umgebung. Von einer geordneten Front war auf dem nördlichen Spreeufer nicht mehr die Rede. Der Angriff erfolgte mittlerweile von allen Seiten.

Erstickender Qualm stieg in den Nachthimmel auf, doch wie dicht er war, wurde erst ersichtlich, als über der Rauchdecke die Morgensonne aufging. Weil die Fenster nicht richtig schlossen, breitete sich der Brandgeruch immer stärker in ihrer Gemeinschaftszelle aus.

An den Häusern auf der gegenüberliegenden Straßenseite hingen im Morgengrauen vereinzelt weiße Bettlaken aus den Fenstern.

»Biste immer noch wach?« Barbe war mittlerweile aufgestanden und hatte sich neben Hilde gestellt.

»Dass du bei dem Radau überhaupt schlafen kannst«, wunderte sich Hilde.

Barbe gähnte laut, ganz so, als würden die Ereignisse auf der Straße sie nichts angehen.

»Müsste uns nich mal langsam jemand zum Frühstück abholen?«

Nachdenklich antwortete Hilde: »Ich würde nicht damit rechnen.«

Als laute Rufe erklangen, blickte sie wieder hinaus. Ein Trupp des Volkssturms drang hinter einem Zugführer mit Wehrmachtsfeldbluse und Feldmütze in das gegenüberliegende Wohnhaus ein. Undeutlich drang der Lärm von Schüssen auf die Straße. Unmittelbar darauf wurde das erste weiße Bettlaken eilig eingeholt.

»Diese Schweine«, presste Hilde hervor.

»Wat is denn?«, fragte Barbe und blickte orientierungslos nach draußen.

»Die Leute dort drüben wollten sich ergeben. Aber diese Kettenhunde haben das vorher bemerkt.« Trübsinnig fügte Hilde hinzu: »Sollte man von den Herrenmenschen was anderes erwarten?«

Dann erklang ein stetiges Grollen. Unruhig presste Hilde ihre Nase gegen die Fensterscheibe.

Einige hundert Meter vom Gefängnis entfernt bewegte sich etwas in den dicken Staubwolken.

Es schien ein Panzer zu sein.

Hilde kniff die Augen zusammen, um zu erkennen, zu welcher Seite er gehörte. Der Stoßrichtung zufolge musste es ein Panzer der Roten Armee sein. Mit Federmatratzen und Metallgegenständen bedeckt, rollte er auf das Regierungsviertel zu. Für einen Augenblick dachte Hilde, dass er wie eine Altkleidersammlung mit einer Kanone aussah. Sie verfluchte ihre schlechten Augen.

»Michalina!« Hilde sprang von ihrem Ausguck herunter und zog ihre polnische Mitgefangene zu sich hoch.

»Sag mir, sind das die Russen?«

Bei dem Anblick hüpfte Michalina freudig auf und ab. Sie konnte es nicht fassen und rief in einem wilden Sprachgemisch: »Tak, Frau Hilde! Rosjanie! Russen!«

Der Panzer hatte vor einer Sperre haltgemacht. Es war nicht viel mehr als eine quer über die Straße verteilte Schutthalde. Mit gezückten Gewehren duckten sich dahinter einige Hitlerjungen, wahrscheinlich dazu abgestellt, die Barriere zu bewachen.

Beide Seiten verharrten auf ihren Positionen.

Hilde fragte sich bereits, was dort vor sich gehen mochte, als der Panzer plötzlich mit seiner Kanone auf die Sperre feuerte.

Die Hitlerjungen nahmen Reißaus und flohen in die Seitengassen.

Vorsichtig fuhr der Panzer durch die Sperre und hinterließ eine breite Schneise. Neben dem Fahrzeug liefen russische Soldaten und beschossen jede Öffnung der umliegenden Gebäude mit ihren Maschinenpistolen.
Hilde duckte sich, als sie hörte, wie einige Kugeln gegen die Außenwand des Gefängnisses klatschten.
»Die machen wirklich alles platt«, murmelte Barbe.
»Nur kommen sie dreizehn Jahre zu spät«, antwortete Hilde.
»He, sind die lebensmüde?« Barbe hatte sich aufgerichtet und blickte auf die Straße.
Aus dem gegenüberliegenden Wohnhaus hatten sich drei Volkssturmmänner hervorgewagt. Mit erhobenen Händen schwenkten sie weiße Stofffetzen. Die Gesten waren unverkennbar. Auch sie hatten genug, wollten sich ergeben.
Die Männer waren erst wenige Schritte auf die Straße getreten, als einer von ihnen plötzlich leblos zusammenbrach.
»Das kam vom Dachstuhl!«, rief Hilde und zeigte nach oben. Dort hatte sich vermutlich ein Scharfschütze verschanzt.
Die Rotarmisten gingen hinter dem Panzer in Deckung. Einer von ihnen hob vom Boden eine Panzerfaust auf, mit der die Hitlerjungen noch wenige Stunden zuvor stolz durch die Straßen gelaufen waren, und zielte damit auf den feindlichen Schützen. Einen weißen Rauchschweif hinterlassend, schlug das Projektil im aufgerissenen Dachstuhl ein. Eine Stichflamme setzte die Überreste in Brand.
Hilde wandte sich Barbe zu. »Das Frühstück kannst du heute vergessen. Die haben jetzt andere Probleme.«

6

Samstag, 28. April 1945
4 Tage vor der Kapitulation der Berliner Truppen

Es erschien absurd, mitten in der Großstadt von einem krähenden Hahn geweckt zu werden, aber Oppenheimer war in den vergangenen Tagen so vieles widerfahren, dass er keinen Sinn mehr für die Absonderlichkeiten des Lebens hatte. Trotz der dicken Wände drang der Schrei des Federviehs in den Gärkeller.

Mit diesem Geräusch kam die Erinnerung an eine friedlichere Zeit, und obwohl sich Oppenheimer noch im Niemandsland zwischen Traum und Realität befand, verstand er doch, dass der Krieg für sie nun endgültig vorbei war. Allerdings wollte nicht dazu passen, dass im Keller immer noch der schwere Geruch des Schwarzpulvers hing.

Oppenheimer wickelte sich aus den Decken und weckte Lisa. »Ich gehe kurz nachschauen, was draußen los ist.« Dann reichte er ihr Dieters Schlüssel für den Gärkeller. »Hier, für alle Fälle. Damit kannst du vorn abschließen.«

Als Oppenheimer die Treppenstufen zur Oberfläche hinaufgegangen war und seinen Kopf über die Mauerkante reckte, konnte er es nicht fassen, wie fremd ihm die Umgebung plötzlich vorkam.

Die Rotarmisten hatten auf der Straße ein Lager aufgeschlagen. Schweres Kriegsgerät stand herum, Kästen mit Heu und Hafer, auf der Ladefläche eines Lastwagens dampfte es aus einer Feldküche, Lagerfeuer verglommen, deren Holzscheite verdächtig nach zertrümmerten Kleiderschränken aussahen, zwei Kühe waren an einer Vierlingsflak festgebunden. Obwohl die Nächte noch kalt waren, lagen auf der Rasenfläche schnarchende Soldaten, eingewickelt in Decken und Federbetten, die vermutlich aus den umliegenden Häusern stammten. Bis auf die emsig arbeitenden Köche schien noch niemand auf den Beinen zu sein. Es war nichts zu machen. Solange direkt vor ihrer Nase das Lager aufgeschlagen war, gab es keine Möglichkeit, den Keller zu verlassen, ohne die Aufmerksamkeit der Russen auf sich zu lenken. Oppenheimer kam sich wie ein Indianer auf der Büffeljagd vor. Die kleinste Bewegung könnte genügen, um sich zu verraten. Also zog er sich wieder zurück.

Einige Stunden später hämmerte jemand an die Tür des Gärkellers. Oppenheimer deutete Lisa an, dass sie sich hinter den Gärbottichen verstecken sollte, dann näherte er sich auf Zehenspitzen dem Eingang.

Jemand rief etwas. Es klang russisch.

Ein Klopfen, dann wurde wieder etwas gerufen.

Das waren keine betrunkenen Rabauken, die dort Einlass begehrten. Zumindest waren sie höflich genug, nicht sofort die Tür mit Gewehrkolben einzuschlagen oder gar das Schloss zu durchschießen.

Die Angeln quietschten, als Oppenheimer die massive Tür zurückzog und die beiden Soldaten erblickte.

Im Gegensatz zu den letzten Besuchern sahen sie richtiggehend schneidig aus. Sie trugen penibel gebügelte Schiffchen auf dem Kopf, auf den Schulterstücken prangten Sterne, auf der Brust klimperten die üblichen Orden, die breiten Gürtel über der Jacke betonten die Taille, trotz des allgegenwärtigen Staubs glänzten ihre blank geputzten Stiefel. Einer von ihnen warf gerade das Mundstück einer zu Ende gerauchten Papirossa zu Boden.

»Dobroe utro!«, wünschte er freundlich einen guten Morgen und betrat dann, ohne zu zögern, an Oppenheimer vorbei den Gärkeller.
»Was kann ich für Sie tun?«, fragte Oppenheimer, als er die Tür wieder geschlossen hatte und in den Keller zurückgekehrt war.
»Gde Diter Roski?«
Oppenheimer zuckte nur die Schultern und schüttelte den Kopf.
»Wy snaete Diter Roski?«
»Ich verstehe leider nicht genau, was Sie sagen«, erklärte Oppenheimer.
Der andere Offizier gab sich Mühe, deutlicher zu sprechen. »Diter Roski?«
Schließlich verstand Oppenheimer. »Ach, Sie meinen Dieter? Ja, der war hier, aber leider wurde er erschossen.«
Die Kommunikation in der fremden Sprache war schwierig genug, so dass Oppenheimer noch nicht einmal dazu kam, sich zu wundern, woher die beiden Dieters vollen Namen kannten, der selbst ihm bislang unbekannt war.
»Wy Diter Roski?«, fragte einer der Offiziere und zeigte dabei auf Oppenheimer.
»Ich kann Ihnen leider nicht helfen. Moment …« Oppenheimer wollte gerade das Wörterbuch aus seiner Innentasche ziehen, als die beiden ihn bereits zum Ausgang eskortierten. Auf dem Weg hinaus griff er in letzter Sekunde nach seinem Luftschutzkoffer, doch einer der Offiziere kam ihm zuvor und nahm mit einem zufriedenen Nicken das Gepäckstück an sich.
»Lisa!«, rief Oppenheimer über seine Schulter.
Auf sein Rufen hin tauchte ihr bleiches Gesicht hinter einem der Gärbottiche auf. Die beiden Soldaten hielten inne. Ihrem Grinsen zufolge gefiel ihnen, was sie da sahen.

Hastig sagte Oppenheimer: »Verriegel den Keller! Und dann geh zu Emil! Der wohnt gleich gegenüber! Die sollen dich in ihrem Haus unterbringen!«
Lisa nickte. Oppenheimer hatte ihr von seiner Bekanntschaft mit Emil an der Pumpenschlange bereits erzählt.
»Dann weiß ich, wo du bist«, konnte Oppenheimer ihr zum Schluss noch zurufen. »Ich komme wieder zurück!«
Er hoffte, dass es der Wahrheit entsprach.

Mit einem metallischen Ratschen wurde der Riegel der Gemeinschaftszelle zurückgeschoben.
Die Häftlinge drängten zur Tür, da sie glaubten, endlich etwas zu essen zu bekommen. Nur Hilde rührte sich nicht vom Fleck, denn von ihrem Ausblick am Fenster aus hatte sie eine verstörende Entdeckung gemacht. Geduckt waren russische Sturmtrupps über die Seitenstraße gelaufen, ehe ein schweres Geschütz herangefahren wurde.
Und der Lauf zeigte direkt auf das Gefängnisgebäude.
Hilde bekam zunächst kaum mit, wie hinter ihrem Rücken eine vierschrötige Aufseherin zwei Namen in den Raum brüllte, um den Gefechtslärm zu übertönen.
»Strachwitz! Woźniak!«
Michalina packte Hilde am Arm. Für einen kurzen Moment blickten sie sich an. Das galt ihnen.
»Was wollen die von uns?«, murmelte Hilde.
Furcht flackerte in Michalinas Blick. »Die holen uns«, hauchte sie. »Frau Hilde, die töten uns.«
Die Aufseherin hatte sie unter den Gefangenen erspäht und richtete ihren Zeigefinger auf sie. »Strachwitz! Woźniak! Herkommen!«
Michalina war wie erstarrt. Selbst Hilde, die sich sonst so abge-

brüht gab, spürte, wie die blanke Angst ihre Sinne zu vernebeln drohte.

Sie atmete tief ein und straffte sich. Sie durfte sich nicht gehenlassen, sie musste sich unter Kontrolle halten. Vielleicht machte sich Hilde das nur vor, doch sie hoffte, dass ein selbstsicheres Auftreten für sie sprechen würde.

Gemessenen Schrittes durchquerte sie den Raum. Wenige Meter von ihr entfernt stand in einer Ecke der abgedeckte Scheißkübel. Hilde malte sich aus, was für ein Tumult ausbrechen würde, wenn sie die Frechheit aufbringen würde, ihn der Aufseherin entgegenzuschleudern.

Doch nein, es würde nichts ändern. Wenn Michalina tatsächlich recht hatte und sie gekommen waren, um Politische wie Hilde zu töten, konnte sie sich nur widersetzen, indem sie die Dinge hinauszögerte.

Bei der nächsten Pritsche angekommen, ging Hilde in die Hocke und setzte sich hin.

Die übrigen Zellengenossinnen verstummten. Sie ahnten, dass sich ein Machtkampf anbahnte.

»Das heißt *von Strachwitz*«, korrigierte Hilde die Aufseherin. »So viel Höflichkeit muss sein, du olle Schabracke.«

Die Angesprochene war derart vor den Kopf gestoßen, dass ihr Mund ohne einen Laut aufklappte. Zufrieden mit der Wirkung ihrer Worte verschränkte Hilde die Arme, um zu demonstrieren, dass sie nicht im Traum daran dachte, die Zelle freiwillig zu verlassen.

Als sich die Aufseherin wieder gefasst hatte, brüllte sie erneut Hildes Namen, doch als diese keine Anstalten machte, dem Befehl zu gehorchen, winkte sie zwei Hilfsaufseherinnen herbei. Mit Handschellen bewaffnet stürmten sie herein und zerrten sie dann aus der Zelle.

Der Metallsteg, über den man zur Treppe gelangte, vibrierte unter ihren Schritten.

Hilde erhaschte kurz einen Blick über das Geländer. Im Erdgeschoss des Gebäudes war der Teufel los. Unter dem Sicherheitsnetz jagte das Wachpersonal, die Gewehre schussbereit, nach draußen.

Hilde bekam keine Zeit, um diese Szene einzuordnen. Barsch wurde sie mitgerissen.

Als sie stolperte, rempelte sie unbeabsichtigt gegen Michalina. Erst jetzt fiel ihr die Ungereimtheit auf, dass man ausgerechnet die Polin zusammen mit ihr aus der Gemeinschaftszelle entfernt hatte. Soweit sie es beurteilen konnte, war Michalina nicht als politischer Häftling in Gewahrsam.

Ein Funken Hoffnung keimte in Hilde auf. Vielleicht stimmte es ja nicht. Vielleicht waren sie nicht gekommen, um sie zu exekutieren, sondern schlichtweg, um sie in eine andere Zelle zu sperren.

Aber sie sollte keine Erklärung mehr bekommen.

Bei der Wendeltreppe angelangt, erzitterten die Grundfesten des Gefängnisses unter einem gewaltigen Knall, und feiner Kalkstaub rieselte von der Decke.

Die Hände auf dem Rücken gefesselt, hatte Hilde Probleme, das Gleichgewicht zu halten. Sie prallte gegen das Metallgeländer, ein stechender Schmerz breitete sich an der Seite ihres Brustkorbs aus, und es fiel ihr plötzlich schwer zu atmen.

»Verdammt«, ächzte die Aufseherin und hielt sich am Geländer fest. »Was ist hier los?«

Aufgeregt kam ihnen eine atemlose Hilfsaufseherin entgegengelaufen.

»Sie können es sich nicht vorstellen«, rief sie. »Aber die Russen, ich glaube, die wollen das Gefängnis stürmen!«

Emil war überrascht. In seinen Händen hielt er ein Radio, doch sein Blick war auf Lisa gerichtet.
»Ja ist das denn die Möglichkeit«, rief er. »Dann sind Sie die Frau von Richard?«
Lisa nickte. Vor einer halben Stunde hatte sie all ihren Mut zusammengenommen und sich aus dem Gärkeller gestohlen. Der direkte Weg über die Straße war ihr verwehrt, denn die Rotarmisten gegenüber dem Kellereingang machten keine Anstalten, von dort wieder zu verschwinden. Die Tiere wurden gefüttert und Fahrzeuge geputzt, auf den freien Fahrbahnstreifen übten die Sieger lachend das Fahrradfahren – laut, fröhlich, ungezwungen. Da Lisa die Situation nicht einschätzen konnte, hatte sie beschlossen, das Lager großräumig zu umgehen.
In einer Nebenstraße waren Lisa im Vorbeilaufen zwei Rotarmisten begegnet, die lauthals miteinander stritten. Der Vorgesetzte mit sternenbesetzten Schulterklappen riss einem störrischen Soldaten schimpfend eine Armbanduhr aus den Händen und ließ sie dann in die Brusttasche seiner Feldbluse gleiten.
Lisa hatte den Kopf gesenkt, ganz so, als hätte sie von alldem nichts mitbekommen, in der Hoffnung, unbehelligt zu Emils Haus zu gelangen. Ehe sie dort angekommen war, hatte ihr jemand so etwas wie »Frejlin! Frejlin!« nachgerufen, doch sie ging stur geradeaus. Obwohl daraufhin hinter ihrem Rücken hastige Schritte erklungen waren und sie sich bereits ausmalte, dass Hände nach ihr griffen, war sie davongekommen.
»Kann ich für eine Weile bei Ihnen bleiben?«, fragte sie Emil. Sie spürte die Hitze auf ihren Wangen, da sie immer noch in die Decken eingewickelt war, obwohl draußen mittlerweile eine strahlende Sonne auf Berlin schien. »Es ist ein Notfall. Mein Mann ist fort, Soldaten haben ihn mitgenommen.«

Emil riss seine Augen so weit auf, dass für einen kurzen Augenblick sogar seine tiefen Krähenfüße verschwanden. »Das ist ja eine furchtbare Nachricht. Aber natürlich, kommen Sie doch bitte herein.«

Als sie in den Keller hinabstiegen, erklärte Emil: »Sie haben Glück gehabt, mich auf der Treppe anzutreffen. Gerade habe ich den Radioapparat aus der Wohnung von Herrn Naujocks geholt. Bedauerlicherweise hat er vorgestern am Oberschenkel eine Verletzung durch einen Splitter erlitten, daher muss ich ihm nun die Laufarbeiten abnehmen.«

Der Keller erinnerte Lisa an die waghalsige Konstruktion damals im Judenhaus an der Levetzowstraße, denn auch hier waren Holzbalken als zusätzliche Stützpfeiler unter die Decke gekeilt.

Emil öffnete eine schiefe Holztür, die aus nicht viel mehr als einem Haufen zusammengenagelter Latten bestand. Verschreckte Menschen starrten ihnen entgegen, als sie bemerkten, dass er nicht allein war.

»Keine Angst«, beschwichtigte Emil, »das ist Lisa, eine Nachbarin.«

Die Sonne schien auf insgesamt vier Frauen und zwei Männer inklusive Emil. Die Kellergemeinschaft sah armselig aus, aber Lisa war sich bewusst, dass sie nach den Wochen im Gärkeller kaum weniger verhärmt aussah.

Neben einigen Stühlen gab es im Keller noch zwei Matratzen und Sofapolster. In den Holzregalen waren die Luftschutzkoffer verstaut, darüber befand sich etwa ein Dutzend unbenutzter Hindenburglichter. Lisa betrachtete die Pappschalen mit dem erkalteten Talg. Damit die Dochte nicht versehentlich ausgeblasen wurden, steckten zwei von ihnen am Boden von Einweckgläsern.

»Sie muss hier für einige Tage unterkommen«, erklärte Emil, ehe er von Herrn Naujocks unwirsch unterbrochen wurde.
»Ach, und das haben Sie einfach so beschlossen?«, grummelte er und nestelte am Saum seiner Weste.
»Immerhin war ich so freundlich, das Radio aus Ihrer Wohnung zu holen«, sagte Emil trocken und übergab Herrn Naujocks den Kasten.
Im gleichen Augenblick drang das Geräusch schwerer Schritte in den Keller. Jemand stieg die Treppe herab.
»Das ist keiner von uns«, flüsterte Emil.
Mit angehaltenem Atem starrten alle auf die Tür. Als sie aufgerissen wurde, stand im Türrahmen ein russischer Soldat mit einer Stablampe. Mit seinen rosigen Backen und dem kurz geschorenen Haar kam er Lisa nicht wie ein Stadtmensch vor. Der Mann würdigte die Anwesenden kaum eines Blickes, sondern begann wie selbstverständlich, den Keller zu durchsuchen.
Die Bewohner zogen ihre Köpfe ein und ließen ihn gewähren. Schließlich richtete er sich auf und stellte eine Frage. Ein einziges Wort.
»Schnaaps?«
Emil schüttelte bedauernd den Kopf. »Schnaps ist bei uns leider nicht vorhanden.«
Aber der bukolisch wirkende Soldat hatte bereits ein Regal mit gefüllten Flaschen erspäht. Er nahm sich eine davon, schlug den Flaschenhals an einer Stuhllehne auf und trank einen großen Schluck.
Es schien ihm nicht zu schmecken.
Fluchend spuckte er die Flüssigkeit wieder aus und warf die Flasche in eine Ecke.
Dann widmete er sich den Anwesenden. Seine nächste Frage klang wie ein Befehl.

»Uhri!«

Offenbar hatten Emil und die übrigen diese Prozedur bereits einige Male hinter sich gebracht, und so zeigten sie ihre leeren Armgelenke her.

Der Soldat schenkte ihnen zum Abschluss einen mürrischen Blick und stapfte dann wieder die Treppe hinauf.

Lisa atmete auf. Auch die anderen wirkten erleichtert.

»Was ist denn in den Flaschen?«, fragte Lisa. »Das muss ja furchtbares Zeug sein.«

Ein ironisches Lächeln trat auf Emils Lippen. »Dort bewahren wir unser abgekochtes Wasser auf.«

Daraufhin musste auch Lisa schmunzeln.

»Hoffentlich kommt er nicht wieder zurück«, sagte die Frau neben Herrn Naujocks. So einträchtig, wie sie neben ihm saß, musste es sich um Frau Naujocks handeln. Das Gesicht unter dem karierten Kopftuch war ernst, als sie hinzufügte: »Er weiß jetzt, wo wir sind.«

Sie brauchte nicht mehr zu sagen, Lisa verstand auch so.

Plötzlich spürte sie wieder die große Unsicherheit, die schon die letzten Wochen auf ihr gelastet hatte. Die beiden Herren in ihrer Runde wirkten auf eine merkwürdige Art und Weise geradezu entmannt. Die Niederlage hatte das starke Geschlecht schwach zurückgelassen. Viel schwächer als die Frauen, so kam es Lisa jedenfalls vor. Emil stand verlegen neben ihr, auch Herr Naujocks war verstummt und bemühte sich, sein Radio in Gang zu bekommen. Lisa ahnte, dass in einem Notfall von den beiden keine Hilfe zu erwarten war.

»Dann sind wir hier nicht sicher?«, fragte sie mit tonloser Stimme.

Die Frau mit dem Kopftuch verzog den Mund. »Bislang haben wir noch Schwein gehabt, aber wer weiß, wie lang das noch anhält.«

»Ein paar von denen sind doch auch nett«, sagte eine andere Frau. Ihre grauen Haare waren zu einem Dutt zusammengesteckt. Sie stellte sich als Theresia vor und sprach einen fränkischen Dialekt mit rollendem R. »Hier, das habe ich gestern von den Russen bekommen. Möchten Sie ein Stück?«
Sie hatte aus einem Tuch eine Kante Brot ausgewickelt. Ohne eine Antwort abzuwarten, brach sie einen Brocken ab.
Lisa bedankte sich und wog das Stück Brot in ihrer Hand. Es war fast schwarz und fühlte sich ungewöhnlich feucht an. So etwas hatte sie noch nie gesehen.
Während sie kaute, betrachtete sie die anderen beiden Frauen. Die Jüngere hockte verschüchtert in einer Ecke und wagte kaum hochzuschauen, während die andere Lisa mit unverhohlener Feindseligkeit anstarrte. Ihr geflochtenes Haar sah ordentlich aus, doch das Sonnenlicht enthüllte, dass sich einzelne Haare aus den Zöpfen gelöst hatten.
»Ich sage, wir sollten sie rauswerfen«, murrte sie. »Die lockt die Russen an wie eine läufige Hündin. Kaum ist sie da, schon tanzen sie an.«
Lisa war zunächst sprachlos. Dann verschränkte sie ihre Arme. »Das ist doch wohl nicht Ihr Ernst?«
»Still!«, kam es plötzlich von Herrn Naujocks. Er presste den mit dem Radioempfänger verbundenen Kopfhörer auf seine Ohren. »Himmler soll über Schweden die bedingungslose Kapitulation angeboten haben«, sagte er fassungslos. »Aber die Unterhändler haben abgelehnt, weil er sich nur den Amis und Engländern ergeben will.«
Für einen Moment war es still. Dann fragte Frau Naujocks mit einem tadelnden Unterton in der Stimme: »Hörst du etwa wieder den Quatsch auf den Feindsendern? Na, ein Glück, dass der Herr Mehring nicht mehr da ist.«

»Wer ist Herr Mehring?«, fragte Lisa.
»Unser Blockwart. Aber vor einer Woche ist er getürmt.«
Lisa nickte. Selbst die hundertprozentigen Nazis glaubten nicht mehr an den Endsieg. Die Großen oder die Kleinen, es machte keinen Unterschied.
Sie war vorsichtig genug, ihre Gedanken für sich zu behalten.

Die zweite Detonation war noch lauter als die erste. Hilde kauerte sich an die Seitenwand der Gemeinschaftszelle.
Jetzt konnte es nicht mehr lang dauern.
Die Hilfsaufseherinnen hatten von ihrer Chefin den eiligen Befehl bekommen, sie und Michalina wieder zurückzubringen. Selten zuvor war Hilde so froh gewesen, eingesperrt zu sein. Solange sie hier drinnen saß, war sie wenigstens halbwegs geschützt.
Durch das Fenster drang jetzt das Peitschen von Gewehrschüssen. Maschinenpistolen ratterten, bald hallte der Lärm auch durch die Korridore.
»Bestimmt haben sie die Außenmauer gesprengt und sind in den Hof eingedrungen«, sagte Hilde zu Barbe.
Plötzlich vibrierten die Eisenstege unter schweren Schritten. Die Stahlriegel vor den Zellentüren wurden aufgeschoben. Eine nach der anderen.
Ratsch – ratsch – ratsch.
Das Geräusch wurde lauter, schließlich war ihre Zelle an der Reihe.
Die Tür wurde aufgerissen, und zwei bewaffnete Rotarmisten sprangen herein. Hinter ihnen rief jemand.
Wild blickte sich Barbe um. Sie verstand ebenso wenig wie Hilde, was hier vor sich ging, hatte nur den Namen »Goebbels« mitbekommen.

Suchend gingen die Rotarmisten durch die Zelle. Schließlich sprach Michalina sie an. Die Soldaten waren überrascht, in einer für sie verständlichen Sprache angeredet zu werden. Dennoch blieben sie vorsichtig und ließen die Frauen nicht aus den Augen. Nach einer kurzen Unterredung mit Michalina verschwanden sie wieder.

Bange blickten die Häftlinge ihre Zellengenossin an. Diese brach plötzlich in schallendes Gelächter aus.

»Was ist?«, fragte Hilde.

Michalina brauchte einige Augenblicke, um sich wieder zu fassen. »Die glauben, Goebbels ist hier! Im Knast versteckt! Und sie sagten, sie brauchen Goebbels lebend.«

»Eigentlich genau der Ort, wo er hingehört«, brummte Hilde und richtete sich auf. »Aber wie kommen die nur darauf? Und was heißt das jetzt? Können wir raus?«

Michalina zuckte mit den Schultern und verließ die Zelle.

Als auch Hilde mit Barbe im Schlepptau auf den Gang trat, kam ihr die Stimmung im Zellentrakt merkwürdig vor. Sie hatte erwartet, dass die Häftlinge bei der ersten sich bietenden Gelegenheit alles stehen und liegen lassen würden, um dem Zuchthaus zu entkommen. In den verschüchterten Grüppchen auf den Eisenstegen war von Aufbruchstimmung allerdings nur wenig zu spüren. Es schien kaum glaubhaft, dass der Alptraum endlich vorbei sein sollte. Selbst Hilde tat sich schwer mit dieser Vorstellung. Sie hätte erleichtert sein müssen nach den Wochen der Todesfurcht. Die Verhaftung, das abgekartete Spiel bei der Verhandlung vor dem Volksgerichtshof, das Todesurteil – das alles hatte Hilde nun hinter sich gelassen, aber dieses Wissen drang noch nicht zu ihr durch.

Ein Soldat sprach ihnen aufmunternd zu: »Wy moschete poiti!«, und gestikulierte in Richtung Ausgang.

Michalina brauchte diese Aufforderung zu gehen nicht. Eilig stürmte sie zur Treppe. Hilde wiederum ließ sich wie benommen von dem Strom der Häftlinge zum Ausgang treiben. Mechanisch setzte sie einen Fuß vor den anderen.

Als sie die Treppe hinabstiegen, konnte sie beobachten, wie das Wachpersonal im Erdgeschoss mit erhobenen Händen zusammengetrieben wurde. Einer nach dem anderen wurde kritisch gemustert. Die Soldaten wollten sicherstellen, dass ihnen der Propagandaminister nicht durch die Lappen ging.

Vor den Gefängnismauern sah es apokalyptisch aus. Der strahlend blaue Himmel wurde immer wieder von Rauchschwaden verdunkelt. Überall lagen Tote, die einen schienen zu schlafen, während andere grässlich verstümmelt waren. Bestürzt starrte Barbe auf einen jungen Soldaten, unter dessen Brustkorb ein Teil seines Bauches zu fehlen schien. Ein tonnenschweres Kettenfahrzeug hatte Knochen, Muskeln, Gedärme und die Kleidung zu einem Brei zusammengepresst.

Obwohl es Michalina vorhin nicht schnell genug gehen konnte, aus dem Gefängnis herauszukommen, stand sie nun orientierungslos auf der Straße.

Hilde fasste sie am Arm und machte sie auf einen Sanitätertrupp aufmerksam. »Frag sie, in welcher Richtung es sicher ist!«

Michalina sprach mit einem Soldaten, der mit einem frisch verbundenen Arm erschöpft an der Mauer saß. Neben ihm wurde gerade ein weiterer Soldat verarztet. Etwas hatte ihn geblendet, und nun wurden seine Augen bandagiert.

»Die wollen zum Reichstag«, übersetzte Michalina. »Wir sollten besser in die andere Richtung gehen.«

»Wat woll'n die denn beim Reichstag?«, fragte Barbe. »Da jibt's doch nüscht!«

Wenn man darüber nachdachte, war Barbes Einwand durchaus

berechtigt. Der Reichstag war schon längst nicht mehr das Zentrum der Macht. Auch die gegenüberliegende Kroll-Oper, in der Hitler nach dem Reichstagsbrand sein Marionettenparlament tagen ließ, konnte diesen Nimbus nicht für sich beanspruchen, denn in Wirklichkeit wurden die Geschicke des Deutschen Reichs in der Neuen Reichskanzlei entlang der Voßstraße und in Bormanns Parteikanzlei in der benachbarten Wilhelmstraße entschieden.

»Wahrscheinlich machen die Herren Generäle ihre Schlachtplanung mit dem Baedeker«, meinte Hilde.

Michalina scharrte unruhig mit den Füßen. »Ich muss gehen, Frau Hilde. Meine Kinder.«

Da kam Hilde ein Gedanke. Sie zog ihre Augenbrauen zusammen und sagte: »Nein, wir können noch nicht gehen. Wir haben etwas Wichtiges vergessen.«

Barbe blickte sie verständnislos an. »Na wat denn? Willste etwa wieder ins Kittchen?«

Hilde zog Barbe und Michalina mit sich. »Ja, solange sie uns noch reinlassen. Und ihr zwei kommt mit!«

7

Samstag, 28. April 1945 – Sonntag, 29. April 1945
4 bis 3 Tage vor der Kapitulation der Berliner Truppen

Das war eine wahrhaftige Odyssee«, sagte Emil, als er nach mehreren Stunden von der Pumpe zurückkam. »Es ist sehr voll. Ich werde es in den frühen Morgenstunden noch mal versuchen.« Prustend stellte er die zwei vollen Eimer ab.

»Ist es denn sicher draußen?«, fragte Frau Naujocks. »Können wir raus?«

Emil wiegte seinen Kopf hin und her. »Ich habe in der Schlange eine sehr nette Dame aus Pankow getroffen. Dort sind die russischen Soldaten bereits durchgezogen. Sie konnte berichten, dass es üblicherweise gegen sechs Uhr nachmittags gefährlich wird. Dann sind viele unserer Eroberer stark angetrunken und gehen auf Frauenjagd. Außerdem soll man sich tunlichst von Hinterhöfen und engen Gassen fernhalten. Die Offiziere sollen sich dem schwachen Geschlecht gegenüber zwar korrekt verhalten, aber sie schreiten gegen die Zügellosigkeit der einfachen Soldaten nur selten ein.«

Von Herrn Naujocks kam eine laute Unmutsbekundung. »Wenn man bedenkt, dass dieser lose Sauhaufen uns besiegen konnte!«

Lisa hatte die letzten Stunden über Zeit gehabt, ihre Mitbewohner zu beobachten, und war zu dem Schluss gekommen, dass Herr Naujocks wohl ein Simulant war. Die Verletzung durch den Splitter schien für ihn ein willkommener Anlass zu sein, laut zu jammern, damit er nicht mit Emil zur Pumpe laufen musste.

Theresia saß Lisa gegenüber und erhitzte auf der Kochplatte eine geöffnete Dose mit eingemachtem Suppengrün. Obwohl der Herd augenscheinlich improvisiert war, bewunderte Lisa dessen Konstruktion. Der Rahmen bestand aus Backsteinen. In der Mitte war eine Klappe angebracht, durch die man Zugriff auf das innere Gitter hatte. Theresia hatte dort Holzscheite in Brand gesetzt. Das Feuer heizte eine darüberliegende Kochplatte auf, während ein Rohr den Rauch aus dem Kellerfenster abziehen ließ.

Die feindselige Frau mit den geflochtenen Haaren war damit beschäftigt, Socken zu stopfen. Sie stellte sich dabei sehr ungeschickt an, was kein Wunder war. Theresia hatte Lisa zugeflüstert, dass sie in der Nachbarschaft als eine sogenannte *Anhangfrau* bekannt war. Wer sich wie sie von einem NS-Bonzen aushalten ließ, besaß anscheinend wenig Erfahrung, wenn es um Haushaltsdinge ging.

Plötzlich begann es, draußen zu knattern. Zuerst hielt es Lisa für eine Fehlzündung, aber es wollte nicht mehr aufhören. Als weitere Schüsse fielen, schwoll der Lärm bedrohlich an.

»Was ist denn da draußen los?«, flüsterte Herr Naujocks und rückte noch weiter in seine geschützte Ecke.

Vor dem Kellerfenster hasteten Soldaten vorbei. »Ich glaube, das ist ein Überfall auf die Soldaten«, rief Lisa.

Theresia schlug sich die Hände vor den Mund. »Das sind bestimmt Werwölfe!«

Lisa nahm sie am Arm und zog sie in einen sicheren Winkel.

Jetzt wurde unablässig gefeuert.

Irgendwann setzte Granatenbeschuss ein. Der Boden vibrierte. Lisas Mund war trocken, sie schluckte Staub und befürchtete, dass das Haus auf sie herabstürzen würde.

Fast ebenso plötzlich wurde es wieder still. Dafür war nun ein hastiges Poltern auf der Treppe zu hören, und unvermittelt

bohrte sich ein angeschärfter Spaten durch die provisorische Tür, bis die Latten auseinanderfielen.
Vier Rotarmisten sprangen in den Keller und sicherten den Raum mit ihren Maschinenpistolen. Dann ergriffen sie Emil und Herrn Naujocks.
»Soldatt!«, riefen sie. »Soldatt!«
Emil schüttelte benommen den Kopf. Herr Naujocks zeigte auf sein verbundenes Bein. Das alles schien die Eindringlinge nicht zu überzeugen. Am Kragen wurden die beiden Männer nach draußen gezogen. Einer der Soldaten schwenkte seine Maschinenpistole, um auch die Frauen hinauszutreiben.
Sie stürzten die Treppe hoch und folgten den Rotarmisten in den Hinterhof. Im Innenhof zwischen den Schutthaufen standen bereits zwei weitere Männer aus dem Nachbarhaus, die Beine gespreizt, die Hände hinter dem Kopf verschränkt. Vom brennenden Nachbarhaus stieg pechschwarzer Qualm in den Himmel. Die bewaffneten Soldaten umringten die Männer.
Emil und Herr Naujocks wurden zu ihnen in die Reihe gestoßen und dann abgetastet. Lisa hörte nur das leise Stammeln von Herrn Naujocks. »Kein Soldat. Kein Soldat.«
»Immer die Ruhe bewahren«, sagte sein Nachbar. Er war einen guten Köpf größer als die anderen. Sein rechtes Auge schielte in eine andere Richtung. Wahrscheinlich war es ein Glasauge. »Nur keine Angst zeigen«, fügte er beruhigend hinzu.
Plötzlich fiel ein Schuss, und einer der Rotarmisten kippte um. Hektik brach aus, als die Soldaten in Deckung gingen. Lisa stürzte in einen Durchgang. Auch Theresia und Emil suchten dort Schutz. »Sie befinden sich bei uns im Dachstuhl«, keuchte er. »Die Werwölfe haben sich bei uns verschanzt!«
Fassungslos beobachteten sie, wie ein Trupp der Russen das Haus sturmreif schoss. Schließlich hastete einer der Soldaten

geduckt zu einem Steinhaufen und warf eine Handgranate durch das Fenster.

»Achtung!«, rief Emil und zog Lisa und Theresia weiter weg.

Nach der Detonation der Handgranate drang eine Qualmwolke ins Freie. Lisa spürte, wie einige Mauerbrocken ihren Rücken trafen. Obwohl sie den Kragen des Mantels vor den Mund presste, hatte sie den Eindruck, Sand zwischen die Zähne zu bekommen.

Als sie kurz zum Hauseingang zurückblickte, konnte sie gerade noch erkennen, wie ein weiterer Soldat vorrückte und mit seinem Flammenwerfer einen Feuersturm in das Erdgeschoss schickte.

»Unser Haus«, stammelte Theresia. »Unser Haus. Meine Güte, was machen die? Wo sollen wir denn unterkommen?«

Lisa tastete nach dem Schlüssel zum Gärkeller.

Sie wusste, dass es die Lösung war.

»Kommen Sie mit!«, rief sie. »Ich bringe Sie woanders unter!«

Als Oppenheimer am folgenden Morgen beim Erwachen rote Troddeln über seinem Gesicht hängen sah, brauchte er eine Weile, um diesen Sinneseindruck einzuordnen. Schließlich erinnerte er sich wieder: an die russischen Offiziere, das improvisierte Feldgefängnis, und als sei das alles nicht bereits irritierend genug gewesen, an diese Vorhölle aus Plüsch und Samtvorhängen, in die man ihn schließlich einquartiert hatte.

Er konnte immer noch nicht einschätzen, wo er sich befand. Der Schlafraum machte den Eindruck eines hochpreisigen Bordells – vom Vierpfostenbett über die rot bespannten Wände bis hin zu der Reproduktion eines Gemäldes von *Leda mit dem Schwan,* das Oppenheimer recht verstörend fand, weil es ihn viel eher an den *Nachtmahr* von Johann Heinrich Füssli erin-

nerte. Die Weitläufigkeit des Gebäudekomplexes und die kalten Korridore passten hingegen nicht zu diesem Eindruck.
Er hatte seit dem vergangenen Abend niemanden mehr zu Gesicht bekommen. Wollten sie ihn schmoren lassen, oder hatten sie ihn etwa vergessen? Wäre nicht seine Sorge um Lisa gewesen, hätte er nichts dagegen gehabt, hier noch eine Weile eingeschlossen zu bleiben, in dem weichen Bett mit einem frühlingshaft blauen Himmel vor dem Fenster. Zum ersten Mal seit mehreren Wochen schmerzten seine Gelenke beim Aufstehen nicht. Die Springfedern knarzten, als er sich aufsetzte. Es war ruhig hier, fast so ruhig wie in den Katakomben der Brauerei. In der Ferne zwitscherte eine Amsel. Dass wieder ein Vogel zu hören war, bestätigte Oppenheimers Verdacht, dass ihn die Offiziere in ihrem geschlossenen Militärfahrzeug der US-Marke Studebaker in einen Außenbezirk gebracht hatten, wo die Kämpfe schon seit einigen Tagen beendet waren.
Bei der Fahrt durch die zerstörten Häuserschluchten hatte die Gegend sogar noch wüster ausgesehen als nach den Bombenangriffen. Eingestürzte Gebäude, abrasierte Hauswände mit Tapeten, wo es einstmals Wohnungen gegeben hatte, dazwischen ein Gitternetz aus abgebröckelten Steinen, wo sich früher Wände und Fußböden befunden hatten. In einer aufgerissenen Ruine konnte man Kachelöfen bestaunen, die wie übereinandergestapelt an einer Hausecke emporwuchsen.
Fast kein einziges Eckhaus war beim Vorrücken der Sowjetarmee unversehrt geblieben. Überall sah man im Erdgeschoss schwarz verrußte Mauerdurchbrüche, durch die Soldaten eingedrungen waren, um die Gebäude zu sichern. Bei manchen Häusern ließ sich von der Straße aus bis ins Nachbarhaus blicken, wo sich die russischen Soldaten von Loch zu Loch vorgearbeitet hatten.

An den noch intakten Gebäuden hingen nahezu an jedem Fenster weiße Bettlaken – ein Zeichen der endgültigen Kapitulation. Auf Oppenheimer wirkten sie fast wie Segel an einem auf Grund gelaufenen Schiff. Mit jedem Lufthauch kam Leben in die Fassaden. Die Laken blähten sich auf, als wollten sie Atem holen und sich in Bewegung setzen, doch die herabhängenden Straßenbahn- und Stromleitungen entlang der Straßen ließen nicht zu, dass sich die Gebäude von ihrem angestammten Platz fortbewegten.
Je weiter sie sich vom Gärkeller entfernt hatten, umso besser waren die Straßen geräumt. Und an den Fassaden gesellten sich zu den weißen Tüchern der Besiegten immer häufiger auch die roten Flaggen der Sieger.
Schließlich waren sie am frühen Nachmittag an ihrem Ziel eingetroffen. Es schien sich um ein Verwaltungsgebäude zu handeln, zum Schutz der Außenmauern waren immer noch Sandsäcke davor aufgeschichtet. Am Eingang war es zu einer kurzen Diskussion mit einem Aufseher gekommen, woraufhin Oppenheimers Name in eine riesige Kladde notiert und er dann von einem Feldwebel mit geübten Griffen abgetastet wurde. In diesem Moment war sich Oppenheimer bereits sicher, dass er eingekerkert werden sollte. Zu seiner Verwunderung wurde er jedoch nicht in den Keller geführt, sondern in den zweiten Stock, einen langen Korridor entlang und an unzähligen Türen vorbei bis zu dem Schlafzimmer.
Trotz der komfortablen Unterbringung hatte sich Oppenheimer den Großteil der Nacht über unruhig hin und her gewälzt. Immer wieder fragte er sich, wie es Lisa wohl erging. Er versuchte, sich davon zu überzeugen, dass er das Richtige getan hatte, als er ihr riet, sich an Emil zu wenden. Ganz allein in dem Gärkeller wäre es für sie zu gefährlich gewesen, denn früher oder später

musste man damit rechnen, dass Plünderer auftauchen würden. Und dann wäre sie Freiwild.

Als hinter dem Fenster laute Rufe erklangen, stand Oppenheimer auf und blickte hinaus auf einen Innenhof. Zwei Aufseher führten eine Truppe abgerissen aussehender Kriegsgefangener herein. In der gegenüberliegenden Ecke war eine Grube ausgehoben worden, wahrscheinlich als Latrine, denn die Männer zogen ihre Hosen herunter und verrichteten dort ihre Notdurft. Unterdessen stritt sich ein Gefangener in russischer Uniform mit den Wärtern und bekam dann von ihnen unter Gelächter die Erlaubnis, sich mit blankem Hinterteil in einer abseits gelegenen Ecke hinzuhocken.

Wenige Minuten später hörte Oppenheimer, wie von außen das Türschloss geöffnet wurde. Die beiden Offiziere, die ihm bereits bekannt waren, betraten das Zimmer. Einer von ihnen hatte mittlerweile seinen Sprachschatz erweitert und befahl: »Mitkommen.«

Oppenheimer nahm Hut und Luftschutzkoffer und setzte sich in Bewegung. Was immer auch der Grund dafür gewesen sein mochte, dass er entführt worden war, er würde ihn in Kürze erfahren.

Am Morgen war Theresia zusammen mit Emil und zwei weiteren Herren aus der Nachbarschaft zur Pumpe gelaufen in der Hoffnung, dass ihr hohes Alter sie vor Übergriffen schützen würde. Die übrigen Frauen trauten sich nicht aus dem Gärkeller heraus, und Herr Naujocks tat weiterhin sein Bestes, um sich vor allen Anstrengungen zu drücken.

Eine merkwürdige Gruppe Menschen hatte während des Werwolf-Überfalls im Gärkeller Unterschlupf gesucht. Neben den Bewohnern von Emils Mietwohnung hausten dort jetzt auch vier weitere Personen aus dem Nachbarhaus, die zwei alten Herren, die Lisa mit erhobenen Händen im Hinterhof gesehen hatte, und deren Gattinnen. Sie kannte nicht einmal deren Namen, doch weil ihre Wohnungen ebenfalls ausgebrannt waren, hatte sie es nicht übers Herz gebracht, sie abzuweisen.

Mehrmals war Lisa in der Nacht eingenickt, nur um von Maschinenpistolensalven wieder geweckt zu werden. Einmal war sogar das Hämmern einer Flak zu hören gewesen.

Doch in den frühen Morgenstunden war draußen alles wieder ruhig – abgesehen von den Tieffliegern, die wiederholt ihr Viertel überflogen. Es waren dreieinhalb Stunden vergangen, ehe Emil, Theresia und die beiden anderen Nachbarn zurückkamen.

»Ich bin froh, wieder hier zu sein«, sagte Emil und rang nach Luft. »Sie haben die ganze Siedlung durchkämmt.«

»Wo sind die Soldaten?«, fragte Frau Naujocks.

»Das weiß ich nicht. Wir haben niemanden gesehen. Alles ist menschenleer, abgesehen von der Warteschlange vor der Pumpe.«

»Tote«, sagte Theresia und rang die Hände. »Überall Tote dort draußen.«

»Sehen Se's mal positiv«, meinte eine der Nachbarsfrauen, eine mollige Person, der man die Hungerjahre nicht ansah. »Vielleicht haben wir's jetzt hinter uns!«

Kaum dass sie es gesagt hatte, schreckte sie zusammen, denn vor der Außentür des Transportgangs erklangen Rufe.

»Sie sind schon da«, sagte Theresia mit tonloser Stimme.

Instinktiv wichen die Anwesenden vom Eingang zurück und scharten sich im Schatten der Gärbottiche zusammen. Wer immer dort Einlass begehrte, konnte nichts Gutes im Schilde führen.

»Die können uns doch nicht für Werwölfe halten«, jammerte Herr Naujocks.

»Na wat denn, vier olle Männeken und een Haufen Weiber?«, wisperte die rundliche Nachbarin nervös.
»Bestimmt verduften die wieder«, brummte der ältere Herr mit dem Glasauge.
Dieser fromme Wunsch ging nicht in Erfüllung.
Erst begann jemand, von draußen gegen die Tür zu hämmern, dann waren es die dumpfen Schläge von Gewehrkolben. Als die Tür immer noch nicht nachgeben wollte, folgte die Salve einer Maschinenpistole.
Die innere Tür der Klimaschleuse hatten sie offen stehen lassen, und so stürmten die Eindringlinge ungehindert ins Kellergewölbe. Plötzlich schienen überall Schritte widerzuhallen. Es klang nach einer ganzen Armee, obwohl es nicht viel mehr als ein Dutzend Männer waren.
Ihre Maschinenpistolen schussbereit, verteilten sie sich im Keller. Lisa spürte, wie die vor ihr stehende Theresia nach hinten wich und sie dabei Zentimeter für Zentimeter zurückdrängte. Aber es gab kein Entrinnen.
Hinter Lisas Rücken ertönte eine unfreundliche Stimme. Als sie herumwirbelte, nahm sie zunächst nur einen struppigen Bart wahr. Erst danach erkannte sie, welch merkwürdige Uniform der Mann trug, ein Sammelsurium aus Überbleibseln und Lumpen. Lisa hatte so etwas bislang nur beim notorisch schlecht ausgerüsteten Volkssturm gesehen, und so war sie sich im ersten Augenblick nicht sicher, ob sie nun einen russischen Soldaten oder einen deutschen Freischärler vor sich hatte.
Doch als der Mann den Mund öffnete, gab es keinen Zweifel mehr.
»Stoj!«, befahl er und richtete die Maschinenpistole auf sie.

Vor Oppenheimer auf dem Tisch lag ein rechteckiger Gegenstand, der fein säuberlich in Wachspapier eingewickelt war. Und obgleich die Luft wegen des allgegenwärtigen Zigarettenqualms zum Schneiden dick war, glaubte Oppenheimer, den Geruch aus dem Paket wiederzuerkennen.

Sie hatten ihm befohlen, das Präsent zu öffnen. Oppenheimer zögerte, denn er befürchtete eine Falle.

Die Geschehnisse in den letzten vierundzwanzig Stunden passten nicht zu dem, was ihm erzählt worden war und was er selbst befürchtet hatte. Er musste herausfinden, was tatsächlich der Wahrheit entsprach.

Oppenheimer glaubte, verstanden zu haben, dass er sich jetzt in einem Feldquartier befand. Es war letztendlich nicht viel mehr als ein requiriertes Haus, in dem unzählige Rotarmisten aus und ein gingen.

Zuerst hatte man ihm den Luftschutzkoffer abgenommen, dann wurde er in einen separaten Raum geführt, wo er vor einem roh gezimmerten Tisch auf einem Hocker Platz nehmen sollte. Die Fenster waren von draußen vernagelt, so dass nur einige in Flaschenhälse gesteckte Kerzen das Zimmer erhellten.

Ihm gegenüber saßen drei Personen. Die interessierten Blicke der Uniformträger ließen erahnen, dass sie Oppenheimer bereits erwartet hatten.

Noch ehe etwas gesagt wurde, hatte einer der Herren den in Wachspapier eingewickelten Würfel vor Oppenheimer hingestellt, vor dem er jetzt immer noch saß.

Mit tiefer Stimme brummte er ein paar russische Worte. Daraufhin sagte der rechts außen sitzende Mann: »Sie dürfen es öffnen.« Er war der Dolmetscher. »Es gehört Ihnen«, fügte er hinzu. »Als Zeichen unseres guten Willens.«

Oppenheimer räusperte sich kurz und machte sich schließlich

daran, das Geschenk auszupacken. Als er eine Ecke des Wachspapiers anhob, stockte ihm der Atem.

Sein Geruchssinn hatte ihn nicht getrogen. Vor ihm lag eine Portion Gänseschmalz. Es musste ein ganzes Pfund sein. So etwas Kostbares hatte er schon seit langem nicht mehr gesehen. Nur mühevoll widerstand er dem Drang, sich etwas davon in den Mund zu stecken. Für einen Moment überlegte er, ob dies vielleicht nur eine besonders perfide Art von Foltermethode war. Also fragte er zaghaft: »Für mich?«

Der Dolmetscher nickte. »Ja, das gehört Ihnen. Sie dürfen es mitnehmen.«

Als sich Oppenheimer bedankt und das Schmalz wieder säuberlich im Wachspapier verpackt hatte, beugte sich der Dolmetscher vor, um ihm heißen Tee in ein Glas einzuschenken. Erst jetzt, nachdem das Rätsel um den verpackten Gegenstand gelöst war, hatte Oppenheimer die nötige Ruhe, um seine Gesprächspartner genauer zu betrachten.

In der Mitte saß ein mit Schulterklappen und Medaillen ausstaffierter Offizier. Seine Haare auf dem runden Kopf waren raspelkurz geschnitten, seine Ohrläppchen auffallend fleischig. Oppenheimer schätzte, dass er etwa zehn Jahre jünger als er selbst war. Bei jeder Kopfbewegung ließ sich beobachten, wie über dem hochgeschlossenen Kragen die Speckpolster in Bewegung gerieten. Der Dolmetscher stellte ihn als Oberst Aksakow vor.

Der neben ihm sitzende Hauptmann hieß Pogodin. Er schien in etwa gleichaltrig wie der Übersetzer zu sein, wahrscheinlich gerade mal in den Zwanzigern. Obwohl Pogodin nicht so ausladend dekoriert war wie Aksakow, fiel er mit seinen hohen Wangenknochen, den eisblauen Augen und dem blonden Haar eher auf als sein Vorgesetzter.

Höflich nippte Oppenheimer an dem Tee. Er war heiß und so bitter, dass es ihm den Mund zusammenzog. Er hatte das ungute Gefühl, dass jede seiner Bewegungen genau studiert wurde. Um die Stille zu unterbrechen, fragte er schließlich: »Ich bin also nicht gefangen?«

Nach ein paar gemurmelten Worten von Aksakow sagte der Dolmetscher: »Als Repräsentanten der sowjetischen Nation möchten wir uns für die Verzögerung entschuldigen. Wir hoffen, dass Ihre Nachtunterkunft nicht zu unbequem war.«

Um ein Haar hätte Oppenheimer ungläubig aufgelacht. Damit stand also fest, dass er nicht bei Nacht und Nebel verschleppt werden sollte. Eine Erklärung, was er hier überhaupt machte, war das allerdings nicht. Um seine wachsende Irritation nicht zu zeigen, erwiderte er: »Vielen Dank für alles. Aber ich denke, ich sollte jetzt wieder zurückgehen.«

Bei der Übersetzung dieser Ankündigung kam Bewegung in die Herrenrunde. Oberst Aksakow stützte sich auf die Tischplatte, bis sein rundliches Gesicht gefährlich nahe an die Kerzen geriet, und redete auf Oppenheimer ein. Er brauchte kaum seine Stimme zu erheben, um den Raum zum Dröhnen zu bringen. Oppenheimer stutzte kurz, als er kurz etwas in Aksakows Mundhöhle aufblitzen sah. Es waren mehrere Zahnkronen aus poliertem Stahl.

»Vorher wollen wir uns mit Ihnen unterhalten«, übersetzte der Dolmetscher. »Ich habe ein Angebot für Sie. Sicher werden Sie es interessant finden.«

Mit verschränkten Armen lehnte sich Oppenheimer auf dem Stuhl zurück. »Ich höre.«

»Was halten Sie davon, Ihre Fähigkeiten in den Dienst des friedliebenden sowjetischen Volkes zu stellen?«

Oppenheimer zog seine Brauen hoch. »Ich weiß nicht, was ich dazu sagen soll«, antwortete er wahrheitsgemäß.

»Es wird Ihnen an nichts fehlen, und Sie werden die Möglichkeit bekommen, weiterhin Ihrem Beruf nachzugehen. Was vorher geschehen ist, spielt keine Rolle. Ihre Verbindung zu faschistischen Parteiorganisationen wird aus dem Lebenslauf entfernt.«

Oppenheimer setzte sich auf. »Moment, ich war niemals in der Partei. Ich bin kein Parteimitglied.«

»Otschen choroscho«, sagte Aksakow zufrieden grinsend, was der Dolmetscher mit »sehr gut« übersetzte, und hob seine Hände. Wieder blitzte der Stahl in seinem Mund auf. Trotz Aksakows demonstrativer Gelassenheit spürte Oppenheimer, dass eine gewisse Spannung in der Luft lag. Dann bemerkte er, dass Aksakow immer wieder einen Blick in Pogodins Richtung warf. Es war merkwürdig, doch es schien so, als hätte in Wirklichkeit der Hauptmann das Sagen, obwohl er nichts weiter tat, als außerhalb des Lichtscheins auf dem Stuhl zu sitzen und in Ruhe zuzuschauen.

Schließlich sprach Oppenheimer aus, was er schon die ganze Zeit über geahnt hatte. »Ich befürchte, dass ich Ihnen nicht helfen kann. Sie haben wohl den Falschen erwischt.«

Die Mienen seiner Gesprächspartner blieben unbeweglich. Dann begann Aksakow zu sprechen, und der Dolmetscher übersetzte. »Sie sind nicht Dieter Roski?«

»Nein.« Oppenheimer machte eine bedauernde Geste, doch er hatte den Eindruck, dass die Männer nicht überzeugt waren. »Ich kann es beweisen«, fügte er hinzu. »Dazu brauche ich nur meinen Koffer.«

Aksakow wiederholte die Übersetzung. »Tschemodan?« Kritisch blickte er dabei in Oppenheimers Gesicht.

8

Sonntag, 29. April 1945
3 Tage vor der Kapitulation der Berliner Truppen

Lisa hatte den Eindruck, dass die Eindringlinge in dem Gärkeller nach etwas ganz Bestimmten Ausschau hielten. Sechs der Männer verteilten sich, um im hinteren Gebäudeteil einen Verschlag nach dem anderen aufzubrechen und zu durchstöbern. Sie waren so beschäftigt, dass selbst die mit Spirituosen gefüllte Kiste, aus der Oppenheimer den Whiskey für ihre Zahnpflege entwendet hatte, nicht mehr angerührt wurde, nachdem sie erst einmal inspiziert worden war.
Trotz der niedrigen Temperatur im Keller spürte Lisa, wie ihr der Schweiß auf die Stirn trat. Es gefiel ihr nicht, wie sie und die übrigen Insassen des Gärkellers von den Männern angegafft wurden. Einer schaltete seine Stablampe ein, um ein Gesicht nach dem anderen anzuleuchten. Schließlich teilten sie die Gefangenen nach den Geschlechtern in zwei Gruppen auf.
Lisa und die anderen Frauen wurden in einen hinteren Winkel des Kellers getrieben. Mit Waffen in Schach gehalten, konnten sie nicht erkennen, was weiter hinten bei den Männern vor sich ging. Es wurde gesprochen, es klang nach deutschen Sprachfetzen, der Hall war jedoch so stark, dass kaum etwas zu verstehen war. Und was sich Lisa zusammenreimte, ergab keinen Sinn.
Hatten die Eindringlinge tatsächlich nach den Ausweisen gefragt? Die Nachbarn kramten fahrig in ihren Anzügen, nur Emil

schüttelte den Kopf, denn er hatte seine Papiere in dem brennenden Haus verloren.
Das Verhalten der Männer erinnerte Lisa an eine Horde Gesetzloser im Wilden Westen. Aber sie befanden sich hier nicht im Schutz eines verdunkelten Kinosaals. Das hier war real. Und somit auch gefährlich.
Trotz des Zwielichts gelang es ihr allmählich, die Eindringlinge zu unterscheiden. Der laute Kerl mit der zerschlissenen Fellmütze schien der Anführer zu sein. Er kommandierte herum und gestikulierte aufgeregt. Zweifellos gefiel er sich in der Rolle. Zwei weitere Männer, die als Wachen abgestellt waren, wiesen mit ihren Maschinenpistolen in Richtung Ausgang. Zögernd setzten sich Emil und die anderen Männer in Bewegung. Frau Naujocks beobachtete dies mit weit aufgerissenen Augen. Furchtsam umfasste sie Lisas Arm.
»Wo wollen sie die hinbringen? Das können sie doch nicht tun!«
Als sogar einer der Bandenmitglieder widersprach, entstand ein hitziger Streit mit dem Anführer. Emil und die anderen Herren waren vor dem Transportgang stehen geblieben. Auch die Wächter verfolgten unschlüssig das Spektakel.
Die Zankerei wurde immer lauter, bis der Anführer dem renitenten Gefolgsmann einen so heftigen Kinnhaken verpasste, dass der Mann besinnungslos zusammenklappte und heftig auf dem Betonboden aufschlug. Der Bandenchef mit der Fellmütze schenkte ihm daraufhin keine Aufmerksamkeit mehr. Er wandte sich wieder den gefangenen Nachbarn zu, zeigte zum Ausgang und bellte einen Befehl. Lisa verstand, was er meinte. *Raus mit ihnen!*
Der Anführer starrte den Männern hinterher. Nachdem sie den Keller verlassen hatten, warf er einen kurzen Blick auf den Mann am Boden. Höhnisch grinsend registrierte er, wie sein Widersa-

cher leise zu stöhnen begann und das Bewusstsein wiedererlangte, doch von ihm schien vorläufig keine Gefahr mehr auszugehen.
Der Bandenchef drehte ihm den Rücken zu. Dann fiel sein Blick auf die zusammengetriebenen Frauen.
Lisa kam es so vor, als würde ihr Herzschlag für einen Moment aussetzen, denn er starrte ihr genau ins Gesicht. Plötzlich kam wieder Bewegung in den Anführer, und er näherte sich ihnen mit schweren Schritten. Fassungslos beobachtete Lisa, wie sein Schatten größer und immer größer wurde. Die zwei Wachposten wichen ehrfürchtig zur Seite, als er zwischen ihnen hindurchschritt.
Wenige Zentimeter von den Frauen entfernt blieb er stehen und schien zu überlegen, was er mit seinen weiblichen Gefangenen anstellen sollte.
Lisa senkte den Blick. Vielleicht war es besser, ihm nicht in die Augen zu schauen und nichts zu tun, um ihn herauszufordern. Sie befanden sich vollkommen in seiner Gewalt. Lisa ahnte allzu gut, was mit ihnen geschehen würde.

Zum Glück hatten Oppenheimers Bewacher den Luftschutzkoffer gut verwahrt, und so dauerte es nur wenige Minuten, bis ein Unterleutnant das Gepäckstück vor ihm auf den Tisch stellte. Obwohl Aksakow und Pogodin keinen einzigen Gesichtsmuskel bewegten, konnte Oppenheimer die Anspannung der beiden Männer spüren.
Als er den Deckel aufklappte, erkannte er sofort, dass jemand den Koffer durchsucht hatte. Das kleine Fotoalbum mit dem einzigen verbliebenen Foto von Oppenheimers verstorbener Tochter Emilia, der letzte Rest von dem Bargeld, das er in letzter Sekunde noch am Bankschalter abgeholt hatte, ehe er unterge-

taucht war, die sauber zusammengelegte Unterwäsche für alle Fälle – das alles hatte jemand auseinandergepflückt und dann einfach wieder in den Koffer gestopft.

Aber der Kontrolleur war nicht sorgfältig vorgegangen. Oppenheimer suchte nach der losen Naht im Innenfutter, von der nur er wusste. Sobald sie gefunden war, ging es ganz schnell. Er zog den aufgetrennten Stoff auseinander und griff in den Spalt zwischen Futter und Leder.

Seinen Ausweis auf den falschen Namen Herrmann Meier hatte Oppenheimer verbrannt, sobald er im Gärkeller untergekommen war, ebenso wie das vom Volkssturm ausgestellte Soldbuch. Doch er hatte es für sicherer gehalten, seine richtigen Papiere im Luftschutzkoffer zu verstecken, falls er sie mal benötigen sollte. Für Fälle wie diesen.

»Hier, das ist mein Ausweis«, sagte Oppenheimer und schob ihn über die Tischplatte.

Aksakow griff nach der Urkunde.

»Richard Israel Oppenheimer«, las er vor.

»Sie sagen also, dass das Ihr richtiger Name ist?«, hakte der Dolmetscher unaufgefordert nach.

Oppenheimer nickte. »Ja. Das heißt, bis auf den zweiten Vornamen. *Israel*. Der wurde mir nachträglich von den nationalsozialistischen Behörden verpasst, weil ich jüdisch bin. Aber Richard Oppenheimer, das ist korrekt so.«

Aksakow reichte den Ausweis an Pogodin weiter. Als dieser ihn ausgiebig inspiziert hatte und zu Oppenheimer zurückschob, wechselten die beiden Offiziere einen kurzen Blick.

Obwohl Oberst Aksakows Stimme genauso monoton klang wie bisher, konnte sich Oppenheimer des Gefühls nicht erwehren, dass die nächste Frage sehr wichtig war. Der Dolmetscher bemühte sich um eine korrekte Wiedergabe des Gesagten.

»Kennen Sie Dieter Roski?«
»Ich nehme an, dass Sie den Herrn meinen, der mit uns im Keller war?« Als keine Antwort kam, fuhr Oppenheimer fort. »Nun ja, er ist tot.«
»Waren Sie Augenzeuge?«
»Ja, ich habe mich dessen selbst vergewissern können. Er wurde von einem Deserteur getötet, weil dieser an die Zivilkleider wollte. Ich habe schon einige Leichen gesehen, und glauben Sie mir, Dieter, ich meine, Herr Roski, war gewiss tot.«
Aksakow überlegte, dann brummelte er etwas. »Sie können gehen.«
Oppenheimer legte den Ausweis zurück in das Geheimversteck und wollte sich bereits erheben, als er innehielt. Auf den Schmalzklumpen zeigend, fragte er schließlich: »Was ist mit dem hier?«
Mit einem zerstreuten Winken gab Aksakow zu verstehen, dass Oppenheimer ihn behalten konnte.
Als Oppenheimer seinen Koffer schloss und den Stuhl zurückschob, schauten die drei Männer regungslos zu. Fast wirkten sie auf Oppenheimer wie ein gelangweiltes Publikum in einem schlechten Theaterstück. Jedenfalls fühlte er sich unbehaglich.
Oppenheimer ging zur Tür, blieb dann jedoch davor stehen.
»Eine Frage noch: Wie komme ich zurück?«
Das war eine berechtigte Frage, denn auf dem Hinweg hatten sie mehrere Straßenkreuzungen passiert, die von russischen Militärposten versperrt wurden. Reflexartig hatten diese nach ihren Maschinenpistolen gegriffen, sobald sich ihnen jemand näherte. Es war mehr als fraglich, dass sie Oppenheimer ungehindert in Richtung Stadtmitte marschieren lassen würden.
Aksakow gab vor, den Sinn von Oppenheimers Frage nicht zu verstehen. Mit gerunzelter Stirn murmelte er etwas. »Berlin ist

Ihre Stadt«, übersetzte der Dolmetscher. »Da müssen Sie sich doch auskennen.«
Bei dieser Antwort ließ Oppenheimer die Schultern hängen. Natürlich, jetzt waren sie nicht mehr an ihm interessiert. Oppenheimer machte sich auf einen langen Rückweg gefasst.

Lisas Befürchtung, dass der Bandenchef blindwütig vor Geilheit über die gefangenen Frauen herfallen würde, hatte sich nicht bewahrheitet. Zumindest noch nicht.
Stattdessen ließ er sie in einen der Verschläge einsperren. Weil drinnen undurchdringliche Finsternis herrschte, konnte Lisa nicht einschätzen, wie lange sie nun schon hier ausharrten. Die ersten Minuten oder vielleicht Stunden war es draußen ruhig gewesen. Dass der Lärmpegel jetzt wieder anstieg, hielt sie für kein gutes Zeichen. Die mit ihr zusammen eingesperrten Frauen sahen das wohl ähnlich. Lisa spürte, wie die Frauen neben ihr beim geringsten Laut zusammenzuckten. Alles konnte geschehen, sobald sich die Tür zu ihrem Verschlag wieder öffnete. Sie hoffte, dass dies niemals geschehen würde.
Irgendwo in der Ferne grölte jemand. Vermutlich machten sich die Soldaten jetzt über den beträchtlichen Alkoholvorrat her. Schlurfende Schritte waren zu hören. Als sie dicht vor der Tür angekommen waren, verstummten sie.
Jemand stand vor dem Zugang, schien zu warten. Wollte er ihnen etwa Furcht einjagen?
Dann quietschte Metall, ein Riegel wurde zurückgezogen, die Türangeln knarzten, und der Gestank von Alkohol und Schweiß schlug ihnen entgegen.
In der Türöffnung befand sich ein Schatten mit einer Fellmütze auf dem Kopf. Es schien wieder der Anführer zu sein. Er schaltete eine Stablampe an. Der Lichtkegel wischte über die zusam-

mengekauerten Frauen und verharrte auf dem Gesicht einer Nachbarin.

Dann griff eine Hand aus dem Schatten hinter dem Lichtkegel nach dem Arm der Frau und zerrte sie zum Ausgang.

»Nein, nicht mich«, flehte die Bewohnerin des Nachbarhauses. »Bitte nicht!«

Sie schaffte es, sich loszureißen, und verschwand für einige Sekunden in der Dunkelheit. Als sie wieder vom Lichtkegel erfasst wurde, blickte sie sich gehetzt um. Dann kam ihr eine Idee.

»Nehmen Sie die hier!« Schützend zog sie eine Gestalt vor sich. Es war das Flüchtlingsmädchen aus Emils Keller. Sie hatte sich unter schäbiger Kleidung verborgen, aber jetzt befand sie sich unvermittelt im Zentrum des Interesses.

»Ist sie nicht hübsch?«, wisperte die Nachbarsfrau mit zitternder Stimme. »Ganz jung. Nicht so eine alte Frau wie ich.«

Fassungslos beobachtete Lisa, wie die Nachbarin von sich selbst ablenken wollte. Dass statt ihr eine Halbwüchsige vergewaltigt werden sollte, spielte für sie offenbar keine Rolle. Lisa dachte nicht mehr an den lüsternen Kerl, sie dachte nur noch an diese Ungeheuerlichkeit, die sich gerade vor ihren Augen abspielte. Sie wusste, dass sie es sich selbst nicht verzeihen würde, wenn sie dies zuließ. Vielleicht war es ein Fehler, doch sie griff ein.

»Was erlauben Sie sich eigentlich«, zischte Lisa die Nachbarin an. »Haben Sie eine Ahnung, was Sie dem Kind da antun wollen?«

»Nu lassen Sie doch«, murmelte eine Frau hinter ihr. Es war Theresia. »Merken Sie nicht, dass Sie uns alle in Gefahr bringen?«

»Das können Sie doch nicht zulassen!«, rief Lisa.

Plötzlich krallte sich die Hand des Anführers in Lisas Oberarm und riss sie aus der Kammer.

Er taxierte sie mit vom Alkohol verschleiertem Blick, als sich plötzlich jemand näherte. Laut schimpfend stapfte ein älterer Soldat auf sie zu und gestikulierte dabei erregt. Aus seiner Reaktion schloss Lisa, dass er sie nicht hier drinnen haben wollte. Der Anführer mit der Pelzmütze stritt eine Weile mit ihm, dann gab er jedoch nach.
Er packte Lisa am Nacken, dann wurde sie nach vorn gedrängt, direkt auf den Kellerausgang zu. Was immer der Anführer mit ihr vorhatte, hier war nicht der Ort, an dem es geschehen würde.

Oppenheimers Mund war trocken, als er am Abend durch die leeren Straßen hastete. Je näher er dem Gärkeller kam, um so eiliger hatte er es. Es konnte nicht mehr weit sein.
Als er vor einigen Stunden nach der Unterredung mit Aksakow ohne weiteren Kommentar entlassen worden war, hatte Oppenheimer bemerkt, dass draußen bereits die Dämmerung hereingebrochen war. Seiner Taschenuhr zufolge war es aber erst Nachmittag. Zunächst lag die Vermutung nahe, dass das ungewöhnliche Zwielicht den Regenwolken geschuldet war. Erst auf dem Weg zum Gärkeller hatte er schließlich erkannt, dass im Süden eine riesige Glocke aus Staub, Ruß und Qualm über der Innenstadt hing. Es war also noch nicht vorbei. Es wurde weiterhin gekämpft.
Zu Oppenheimers Verwunderung winkten ihn die Militärposten an den Straßenkreuzungen anstandslos in die Innenstadt durch. Offenbar waren sie nur misstrauisch, wenn jemand aus der Stadt hinauswollte. Obwohl ihm die Straßen wie enge Schneisen vorkamen, die sich anscheinend willkürlich zwischen Schutt und eingefallenen Gebäuden hindurchschlängelten, fand er die Route wieder, auf der er gestern zum Feldgefängnis eskor-

tiert worden war, und marschierte exakt denselben Weg zurück. Als er nach mehreren Kilometern auf die Gleise des S-Bahn-Rings traf, hatte er einen ersten Anhaltspunkt. Nachdem er den Ring im Uhrzeigersinn entlanggelaufen war, stieß er schließlich etwa zwei Stunden später auf den großen Bunker im Volkspark Humboldthain. Die Brauerei, in der Ede sie untergebracht hatte, lag zum Glück westlich von den übrigen Bierfabriken entlang der Schönhauser Allee, und so musste er nur noch wenige Straßenzüge entlanglaufen, um zum Gärkeller zu gelangen.

Auf diesen letzten paar hundert Metern kam Oppenheimer nur langsam voran, denn immer wieder waren Schüsse zu hören, vermutlich Scharmützel zwischen deutschen Freischärlern und russischen Soldaten. Offenbar war das Viertel noch nicht vollständig befreit. An jeder Ecke musste er damit rechnen, auf ein Widerstandsnest zu stoßen, und die in den Gebäuden verschanzten Scharfschützen zielten wahrscheinlich auf alles, was sich bewegte, egal, ob es sich dabei um Soldaten oder Zivilisten handelte.

Mittlerweile war es dunkel geworden, nur über der Innenstadt war der Nachthimmel in ein diffuses Leuchten getaucht.

Von Hauseingang zu Hauseingang huschend, näherte sich Oppenheimer seinem Ziel. Fast wäre er wie gewohnt schnurstracks zum Gärkeller gelaufen, aber dann erinnerte er sich daran, dass er Lisa geraten hatte, in Emils Wohnhaus Zuflucht zu suchen.

Die Lagerfeuer, die noch gestern vor der Brauerei gebrannt hatten, waren erloschen. Das Feldlager der Rotarmisten war ebenfalls verschwunden, also konnte es Oppenheimer wagen, sich von der Straße her zu nähern.

Er brauchte jetzt kein Licht, um sich zu orientieren, denn er wusste, dass er Emils Haus nach etwa zweihundert Metern auf der linken Seite vorfinden würde. Um eine ungefähre Orientie-

rung zu haben, zählte Oppenheimer seine Schritte, bis er über etwas Größeres strauchelte und durcheinanderkam.
Erst jetzt bemerkte er den süßlichen Verwesungsgeruch. Schrecken durchfuhr ihn, versetzte seinen Körper in Alarmzustand. Was war hier geschehen? Er musste seine Augen anstrengen, um erkennen zu können, dass einige der mutmaßlichen Geröllstücke auf der Straße in Wirklichkeit Leichen waren. Offensichtlich hatte hier ein Gefecht stattgefunden.
Eilig ging Oppenheimer weiter.
Als er Emils Haus erreichte, waren durch die oberen Fenster in der Hausfassade die Wolken zu erkennen. Qualm schlug ihm entgegen, denn in dem Gemäuer schwelte noch ein Brand.
Oppenheimer wurde von blankem Entsetzen gepackt. Von Emils Wohnhaus standen nur noch die Mauern.
Bewegungslos starrte er auf die Trümmer. Sein Verstand rebellierte gegen den Gedanken, dass sich Lisa irgendwo unter diesem erloschenen Scheiterhaufen befand. Instinktiv suchte er nach Gründen, warum es nicht so war. Vielleicht hatte sie sich ja nicht in dem Gebäude befunden, als es niedergebrannt wurde. Aber wo hätte Lisa sonst Zuflucht finden können?
Die Antwort lag auf der Hand. Oppenheimer musste zum Gärkeller.
Außer sich vor Sorge überquerte er die Straße, bis er auf das Eisengitter stieß. Oppenheimer brauchte eine Weile, ehe er den Durchbruch fand, durch den er auf das Brauereigelände gelangen konnte. Den steilen Erdhügel hinaufzuklettern war in der Dunkelheit nicht einfach, aber Oppenheimer war zu aufgeregt, um noch so etwas wie Müdigkeit zu spüren. Zweimal rutschte er auf dem feuchten Untergrund aus und kämpfte sich verbissen weiter nach oben.
Als sich Oppenheimer der Kellertreppe näherte, vernahm er Gemurmel. Die Stimmen klangen tief, also schien es sich um

Männer zu handeln. Als Oppenheimer einen vorsichtigen Blick nach unten wagte, sah er, wie sich eine Gestalt vor der Tür eine Zigarette anzündete. Die Zündholzflamme war so schwach, dass Oppenheimer von dem Gesicht nicht viel mehr erkannte als eine tiefe Narbe quer über dem rechten Auge. Der Geruch der brennenden Zigarette erinnerte Oppenheimer an das Kraut namens Machorka, das die Leute in Aksakows Feldquartier geraucht hatten. Von der zweiten Person war nur ein dunkler Umriss erkennbar. Dieser Mann kicherte heiser – ein merkwürdiges, unangenehmes Geräusch.

Das dort unten konnten nur russische Soldaten sein.

Nach dieser Entdeckung verharrte Oppenheimer unschlüssig am Kopfende der Treppe. Ein Teil von ihm bereitete sich auf den lautlosen Rückzug vor, während der andere Teil Gewissheit darüber verlangte, was mit Lisa geschehen war.

»Hilfe!«

Oppenheimer zuckte vor Schreck zusammen. Aus dem verlassenen Brauereigebäude ertönte der Schrei einer Frau.

Oppenheimer nahm seinen ganzen Mut zusammen und schlich zu dem Gebäudeteil, in dem noch vor wenigen Tagen sein Kellergenosse Dieter Ausschau gehalten hatte. Das Rascheln der Brennnesselsträucher ließ sich dabei kaum vermeiden. Nur wenn er sich langsam vorwärtsbewegte, würde ihn niemand hören.

Mit außerordentlicher Selbstdisziplin schaffte es Oppenheimer, unentdeckt bis zur Mauer zu gelangen. Gerade rechtzeitig, denn der Vollmond durchbrach die Wolkendecke und tauchte das Gelände in klares Licht.

Als Oppenheimer hörte, dass jemand die Treppe zum Gärkeller heraufkam, presste er sich an die kalten Steine.

»Tima! Tima!«, rief der Mann, während er auf die Brauerei zulief.

Der Fremde befand sich jetzt unmittelbar in Oppenheimers Nähe.
Schließlich trat ein Mann aus der Brauerei und gesellte sich zu ihm. Obwohl sie gerade mal drei Meter von Oppenheimer entfernt waren, bemerkten sie ihn nicht, sondern schlenderten plaudernd zur Kellertreppe. Die Männer rechneten nicht damit, beobachtet zu werden.
Als sie im Untergrund verschwunden waren und die Tür zum Gärkeller zufiel, atmete Oppenheimer auf.
Aber es war noch nicht vorbei. Erst musste er sich vergewissern, wer in dem leeren Gebäude nach Hilfe gerufen hatte.
Eine dunkle Vorahnung überkam Oppenheimer. Was wäre, wenn es Lisa gewesen war? Wenn sie in den Gärkeller zurückgekehrt war und ihn von Soldaten besetzt vorgefunden hatte?
Vorsichtig trat er in die Ruine der Brauerei und ließ seinen Blick durch das Erdgeschoss gleiten. Er hörte ein leises Schluchzen. Als er dem Geräusch folgte, erblickte er etwas auf dem Boden. Eine Frau saß in einem scharf umrissenen Rechteck aus Mondlicht und versuchte, ihre Kleider zu ordnen. Ehe sie den Rock über ihre Beine schob, registrierte Oppenheimer einen blendend weißen Strumpfhalter. Er war zerrissen, und der Strumpf, im Schatten nicht mehr als ein dunkler Schimmer, war herabgerutscht.
Als die Frau aufstand, erstarrte Oppenheimer.
Das durfte nicht sein.
Und doch war es so.
Oppenheimer wusste, dass sich ihm dieses Bild unauslöschlich in sein Gedächtnis einprägen würde.
Die Frau mit dem zerrissenen Strumpfhalter war Lisa.
Es kam Oppenheimer so vor, als würde er taumeln. In Wirklichkeit tat er nur einen einzigen Schritt in Lisas Richtung.

Ihr Kopf fuhr herum, die Augen geweitet in Erwartung einer neuerlichen Attacke.

»Ich bin zurück«, war die einzige Antwort, die Oppenheimer zustande brachte. Mehr gab es ohnehin nicht zu sagen. Er hatte jämmerlich versagt, er war zu spät gekommen.

Als Lisa ihren Mann erkannte, wich der Schrecken aus ihrem Gesicht. Von Erleichterung war allerdings nichts zu spüren. Dazu war zu viel geschehen.

Sie wusste zuerst nicht, wie sie reagieren sollte. Sie machte eine kurze Bewegung, ganz so, als wollte sie in Oppenheimers Arme laufen, nur um dann innezuhalten und geistesabwesend ihren Rock glatt zu streichen. Ihre Bewegungen waren fahrig. Nur mühsam hatte sie sich unter Kontrolle.

»Wir müssen fort«, flüsterte Lisa mit bebender Stimme. »Sonst kommt er noch mal zurück.«

Oppenheimer zögerte. Er spürte, wie in ihm eine unbändige Wut emporstieg. Für einen kurzen Moment war ihm alles egal. Er wollte in den Keller stürzen und die Soldaten mit bloßen Händen in der Luft zerreißen.

Dieser Moment währte nur kurz, denn sofort brachte Oppenheimers Verstand Vernunftgründe vor, weswegen er das nicht wagen sollte. Gegen die Waffen der Soldaten konnte er nichts ausrichten. Er würde nicht einmal an dem Wächter mit der Narbe über dem Auge vorbeikommen. Er musste jetzt an Lisa denken.

Obwohl ihm diese Überlegungen richtig vorkamen, blieb ein schales Gefühl zurück. War es die Vernunft, die ihn von diesem Ort fliehen ließ, oder nicht doch eher Feigheit? Oppenheimer wusste, dass es Momente gab, in denen sich beides nicht gegenseitig ausschloss. Und dies hier war eindeutig ein solcher Moment.

Ohne genau zu wissen, wohin, liefen er und Lisa quer über den Vorhof der Brauerei, damit sie nicht an der Treppe zum Gärkeller vorbeimussten.

Wenige Sekunden später flohen sie durch das geöffnete Werkstor in die Nacht.

9

Sonntag, 29. April 1945 – Montag, 30. April 1945
3 bis 2 Tage vor der Kapitulation der Berliner Truppen

Oppenheimer führte Lisa zu einem ausgebombten Haus, von dem er wusste, dass zumindest der Keller unbeschädigt geblieben war. Dort verbrachten sie, unbehelligt von russischen Soldaten, die Nacht. An Schlaf war allerdings nicht zu denken, dazu waren sie beide zu aufgewühlt. Immerhin gab es hier die Möglichkeit, für einige wenige Stunden zur Ruhe zu kommen, auch wenn das lediglich bedeutete, sich auf den Boden zu setzen und gegen eine Wand gelehnt zu dösen.

Nach einigen Stunden entschied Oppenheimer, dass es Zeit war, aufzubrechen. Er konnte einfach nicht länger stillsitzen. Ohne miteinander gesprochen zu haben, waren er und Lisa sich darüber einig, dass sie den Ort der Schandtat möglichst schnell hinter sich lassen wollten. Oppenheimer hüllte Lisa vorsorglich in seinen Mantel und gab ihr auch den Hut, damit sie nicht sofort als Frau erkannt wurde.

Es war früh am Morgen. Immer wieder reckten sich die Lichtsäulen der Flakscheinwerfer in die Höhe, ließen helle Punkte an der Wolkendecke umherschwirren. Als sie orientierungslos auf die Straße traten, sahen sie die Leute allesamt in die gleiche Richtung laufen. Weil Oppenheimer es nicht besser wusste, schloss er sich dieser Völkerwanderung an.

Das Ziel der Menschen war der alte Exerzierplatz des preußischen Militärs. Soviel Oppenheimer ausmachen konnte, waren

Hunderte, wenn nicht gar Tausende Zivilisten in der Großstadt gestrandet und hier zusammengekommen.

Der östliche Teil des Areals wurde seit etwa dreißig Jahren als Spiel- und Sportstätte genutzt, und bereits weit vor der Jahrhundertwende hatte der neu gegründete Fußballclub Hertha BSC den Exerzierplatz zu seiner Spielstätte auserkoren. Während der beiden Weltkriege wurde das Gelände zeitweise auch wieder militärisch genutzt. Auffällig waren allerdings die Baracken und Schrebergärten, die in der Friedenszeit wie Pilze aus dem Boden geschossen waren und jetzt sicherlich zum Teil als Behelfsheimsiedlungen für ausgebombte Familien genutzt wurden. Zwischen den unzähligen Bretterbuden und Zäunen drängten sich weitere versprengte Menschen.

»Lisa! Richard!«

Als Oppenheimer ihre Namen hörte, wandte er sich überrascht um. Wer in dieser Menschenmasse aus grauen Gestalten mit Luftschutzkoffern konnte sie kennen?

Zu seiner Überraschung stellte er fest, dass es Emil war. Erleichtert lächelnd kam er ihnen entgegen.

»Ihr seid also davongekommen?«, rief Emil.

»Das wollte ich gerade Sie fragen«, antwortete Lisa hastig. »Was haben die mit euch angestellt, als sie euch weggebracht haben?«

»Keine Sorge. Die Männer sind noch alle vollzählig. Wir wurden vor ein paar Stunden wieder entlassen, wenn man das so nennen mag.«

Verständnislos blickte Oppenheimer die beiden an, denn Lisa war in der Nacht zu aufgewühlt gewesen, um berichten zu können, was in seiner Abwesenheit alles vorgefallen war. »Wovon redet ihr überhaupt?«

In knappen Sätzen wurde er darüber informiert, dass die russischen Eindringlinge alle Männer aus dem Gärkeller abtransportiert hatten.

»Ich dachte, dass wir erschossen werden sollten, aber mitnichten«, schloss Emil seinen Bericht. »Wir wurden in ein Haus gebracht, und nach geraumer Zeit erschien ein Soldat. Er war nicht so grobschlächtig wie die Übrigen, wechselte nicht ein einziges Wort mit uns, sondern inspizierte uns nur. Als er verschwunden war, wurden wir laufengelassen.«
»Und was wollten die?«, fragte Lisa.
»Das entzieht sich meiner Kenntnis. Sie haben jemanden gesucht, so viel war offenkundig. Einer von ihnen sprach sogar Deutsch, doch er kommandierte uns nur herum, eine Erklärung lieferte er nicht.«
Oppenheimer runzelte bei dieser Schilderung die Stirn und fuhr sich reflexartig mit der Hand durch die regenfeuchten Haare.
»Was ist mit den Frauen?« Emil machte bei dieser Frage ein ernstes Gesicht.
Lisa senkte den Blick. »Ich denke, sie sind noch im Keller, mit den Soldaten. Nur ich bin entkommen.«
Emil zog den Kopf ein, als er begriff, was mit Lisa passiert war.
Aber konnte er wirklich verstehen, welche Veränderungen es in ihren Leben gegeben hatte? Dass Lisa tief erschüttert war und die Spuren der Schändung immer noch auf ihrer Haut trug, weil es nicht einmal Wasser gab, mit dem sie ihren Körper hätte reinigen können? Dass Oppenheimer immer wieder von finsteren Rachegedanken heimgesucht wurde und ihm gleichzeitig die Hilflosigkeit den Verstand zu rauben drohte, weil er wusste, dass es nur eine minimale Chance gab, den Täter zur Strecke zu bringen? Natürlich, er hatte den Namen *Tima* als Anhaltspunkt, aber was nutzte das alles, wenn Recht und Ordnung de facto abgeschafft waren und das Recht des Stärkeren galt?
In die peinliche Stille drang Motorengebrumm. Plötzlich jagte ein russischer Tiefflieger über den Platz hinweg. Beunruhigt

blickte Oppenheimer ihm nach. Er hatte große Menschenansammlungen schon immer gehasst, und bei Regen inmitten einer großen Menge im Freien zu kampieren war für ihn keine Lösung.

Es erschien ihm am aussichtsreichsten, sich nach Pankow durchzuschlagen, um bei Ede unterzukommen. Allerdings konnten sie nur dorthin gelangen, wenn es eine Möglichkeit gab, die russischen Militärposten zu umgehen. Da Emil nicht wusste, ob der Weg in Richtung Norden frei war, sprach Oppenheimer die erstbeste Person in der Menschenmenge an, einen Herren mit schlohweißem Schnauzbart, der mit verschränkten Armen auf seinem Koffer saß.

Bei der Frage, wie man nach Pankow komme, blickte der Mann überrascht auf. »Na, dann mal viel Glück! Aber die Schönfließer Brücke würd ick nich nehmen. Zu Fuß kommen Se zwar rüber, aber es wird da auch ziemlich wild jeballert.«

Gerade wollte Oppenheimer seinem Gesprächspartner danken, als sich ein weiterer Passant ins Gespräch einschaltete. »Die Brüder lassen niemanden aus der Stadt raus«, sagte dieser Mann. »Brauchen Se gar nicht erst versuchen.«

Oppenheimer nickte. Auf die dicken Rauchsäulen über der Innenstadt zuzulaufen wäre glatter Selbstmord. Abgesehen davon gab es nur noch die Möglichkeit, im Stadtbereich zu bleiben und die Kampfzone großräumig zu umgehen.

Als Oppenheimer sich die Karte von Berlin vorstellte, kam ihm eine Idee. »Natürlich«, murmelte er. »Schmude.«

Aufgeregt legte er die Hand auf Lisas Schulter.

»Erinnerst du dich an Schmude? Hildes Anwalt?«

Lisa starrte ihn für einen Moment ausdruckslos an, ehe sie antwortete: »Du meinst, der am Ku'damm jetzt ein Geschäft für Damenmode hat?«

»Ein Anwalt mit einem Modegeschäft?«, fragte Emil amüsiert.
»Na ja, er hat umgesattelt«, erklärte Oppenheimer kurz. »Wenn der Laden noch steht, können wir sicher dort unterkommen. Und falls nicht, werden wir früher oder später bestimmt auf jemanden von Hildes Unterstützern stoßen.«
»Du willst wirklich in die Innenstadt?«, fragte Emil zweifelnd. »Gerade jetzt, wo noch gekämpft wird?«
Voller Tatendrang rieb sich Oppenheimer die Hände. »Immer noch besser, als hier auf dem Präsentierteller zu sitzen. Bis wir da sind, dürfte es ohnehin vorbei sein. Willst du mitkommen?«
»Dein Optimismus in allen Ehren, Richard, aber ich denke, ich bleibe lieber hier. Früher oder später wird sich jemand um uns kümmern. Aber noch eine Warnung: Morgen ist Maifeiertag, und ich habe in Erfahrung gebracht, dass heute Sonderrationen mit Schnaps an die russischen Soldaten in der Etappe ausgegeben werden. Die Leute fürchten sich vor Übergriffen.«
Oppenheimer überlegte. Natürlich, das war eine Komplikation. »Vielen Dank. Ich werde aufpassen.« Damit packte er den Griff seines Koffers. »Nun denn, Emil.«
»Richard.« Sie gaben sich zum Abschied die Hand.

Trotz des Umwegs um die Kampfzone herum wäre es unter normalen Umständen bis zum Ku'damm ein Fußmarsch von vielleicht zwei bis drei Stunden gewesen. Als sie gegen Mittag gerade mal die Hälfte der Strecke zurückgelegt hatten, war absehbar, dass es Oppenheimer und Lisa an diesem Tag kaum schaffen würden, zu Schmude zu gelangen.
Immer wieder trug der Wind von Osten und Süden her die Geräusche von Schüssen mit sich, und so liefen sie zunächst in Richtung Wedding, um dem letzten Gefecht auszuweichen. Je weiter sie in Richtung Norden vordrangen, desto stiller wurde

es. Während es auf dem Exerzierplatz noch brechend voll gewesen war, schien sich hier keine Sterbensseele auf den Straßen zu befinden. Als es Oppenheimer schließlich sicher erschien, nach Westen abzubiegen, durchquerten sie Straßen, in denen die Kämpfe noch nicht lange vorbei waren. Auf den Straßen lagen immer noch Tote neben Trümmern und Möbelstücken, die der Volkssturm für Barrikaden zweckentfremdet hatte. Vorsichtig umrundeten Oppenheimer und Lisa Panzer voller Einschusslöcher und suchten einen Weg durch dieses Labyrinth. Einmal wechselten sie die Straßenseite, denn vor ihnen lag mitten auf dem Gehweg eine zerschmetterte Frauenleiche. Wahrscheinlich hatte sich die Frau in einem Akt der Verzweiflung aus dem offenen Fenster gestürzt.

Auf ihrem Weg durch die mit Schutt bedeckten Straßenzüge schwirrten immer wieder Granaten über ihre Köpfe hinweg, doch sie zielten auf das Regierungsviertel. Als die Spree in Sichtweite kam, züngelten am anderen Ufer Flammen in den Himmel, und ein Gemisch aus Staub und Ruß wehte ihnen entgegen. Schon nach wenigen Minuten begannen Oppenheimers Augen zu tränen. Er holte aus seinem Koffer die Motorradbrille, setzte sie Lisa auf und registrierte mit Genugtuung, dass sie damit eher wie ein Mann aussah.

Es stellte sich heraus, dass Emils Warnung berechtigt war. Bereits am frühen Nachmittag tauchte der erste betrunkene Soldat auf. Das tadellos auf dem Kopf sitzende Schiffchen mit dem roten Stern war ein merkwürdiger Kontrast zu dem vom Alkohol getrübten Blick des Mannes. In seinem Arm hielt er eine Messingbüste von Hitler, in der anderen Hand schwenkte er eine halbvolle Flasche.

»Woina kaput!«, rief er. »Gitler durak!« Das Messing vibrierte, als er auf Hitlers Kopf schlug.

Durak, das russische Schimpfwort für *Dummkopf*, hatte Oppenheimer vor über zwanzig Jahren in Berlins russischer Enklave bereits häufiger gehört. Angesichts der Tatsache, dass wenige hundert Meter von ihnen entfernt noch verbissen gekämpft wurde, fand er die Behauptung des Rotarmisten allerdings kühn, dass der Krieg, *Woina*, bereits zu Ende sei.

Lisa hielt kurz inne und ging dann mit großer Vorsicht weiter. Da es zu auffällig gewesen wäre, die Schritte zu beschleunigen, versuchte Oppenheimer, Lisa so gut es ging mit seinem Körper zu verdecken.

Nickend wiederholte Oppenheimer: »Gitler durak!«

Das Gesicht des Soldaten leuchtete auf, und er reckte ihm die Pulle entgegen. Mit einem flauen Gefühl begriff Oppenheimer, was von ihm verlangt wurde. Er sollte einen Zug aus der Flasche nehmen. Nun gut, wenn das der Preis dafür wäre, dass sie weitergehen konnten, war Oppenheimer bereit, ihn zu bezahlen.

Also nahm er die Flasche und setzte sie an. Obwohl er nur kurz nippte, war es für seine Konstitution bereits zu viel des Guten. Er hatte noch nie etwas Ähnliches getrunken. In Oppenheimers Rachen brannte es wie Feuer, und als er Luft holen wollte, schüttelte ihn ein Hustenreiz.

Der Soldat beäugte mittlerweile Lisa. Durchschaute er die Maskerade? Ahnte er, dass sich unter dem viel zu großen Hut und dem schlotternden Mantel eine Frau verborgen hielt?

Es war zu gefährlich, sich länger hier aufzuhalten. Oppenheimer gab die Flasche zurück, murmelte hustend weitere Dankesbezeugungen und schob Lisa sanft von dem Soldaten weg.

Aber der Mann wollte sie nicht so einfach gehen lassen. Er hielt Oppenheimer am Arm zurück und fragte: »Uhri?«

Zerstreut blieb Oppenheimer stehen, kramte seine Taschenuhr hervor und antwortete: »Halb drei.«

Er begriff zu spät, dass der Rotarmist keine Zeitansage bekommen wollte, denn wie selbstverständlich griff dieser nach der Taschenuhr und blickte sie mit glänzenden Augen an. Beglückt an der Rändelkrone drehend, tapste er mit seiner Trophäe davon. Oppenheimer war froh, dass der Soldat wenigstens Lisa keine Aufmerksamkeit mehr schenkte, und beschloss, so schnell wie möglich zu verschwinden.

Als sie an die nächste Straßenecke gelangten, befürchtete Oppenheimer, dass der Schluck Alkohol bei ihm bereits seine Wirkung getan hatte. Das Panorama erschien ihm zu befremdlich, um der Realität zu entsprechen.

Unter schwefelgelbem Himmel zerrte ein älterer Herr an einem Strick, an dessen Ende ein verwundeter Ochse hing. Das Tier kniete auf den Vorderbeinen und gab ein schmerzerfülltes Muhen von sich. Obwohl Oppenheimer fand, dass es kein schöner Anblick war, das Tier leiden zu sehen, war er nach all den Jahren voller Menschenopfer so abgestumpft, dass diese Regung nur noch wie ein verhallendes Echo in sein Bewusstsein vordrang.

Der Alte gab es schließlich auf, den Ochsen von der Straße zu zerren, und blickte sich suchend um.

»Können Se mir mal helfen?«, fragte er Oppenheimer. »Wat meinen Se, ob wir den schlachten dürfen?«

Oppenheimer war überfragt. »Tja«, setzte er an, »wahrscheinlich gehört er den Russen. Die haben viele Tiere mitgebracht. Am besten, Sie erkundigen sich vorher. Vielleicht können die ihn auch erschießen, das wäre, nun ja, humaner.«

Der Herr nickte zustimmend und drückte Oppenheimer dann den Strick in die Hand. »Können Se mal halten? Da is ja jemand.«

Damit ließ ihn der Mann stehen, neben ihm der verwundete Ochse. Oppenheimer warf Lisa einen Blick zu. Er wunderte sich, wie gefasst sie auf die Vorfälle der vergangenen Nacht reagierte. Sie hatte den ganzen Tag über kaum etwas gesagt, war einfach nur neben ihm durch die Stadt gelaufen. Ihre Bewegungen wirkten merkwürdig, was sich möglicherweise mit der zu großen Männerkleidung erklären ließ. Unverkennbar war jedoch, dass sie öfter verharrte, ganz so, als würde sie in der feindlichen Umgebung Gefahren wittern.

Sachte trat sie zum Ochsen heran und legte beruhigend ihre Hand auf dessen Kopf.

»Ist ja gut«, murmelte Lisa.

Als der ältere Herr in Begleitung zweier Soldaten zurückkam, hielt es Oppenheimer für besser, sich diskret zurückzuziehen. Er ließ den Strick fallen und trat einige Schritte zur Seite. Die Soldaten hatten verstanden, was von ihnen verlangt wurde. Einer zückte bereits seinen Nagant-Revolver und zielte.

Oppenheimer wollte das nicht mit ansehen. Er legte seinen Arm um Lisas Schultern und führte sie fort.

Ein Schuss ertönte hinter seinem Rücken, dann war das Wehklagen des Ochsen verstummt.

Die Stille währte nicht lang. Irgendwo in den Ruinen klapperte es metallisch, gefolgt von hektischem Geraschel. Wenige Augenblicke später schienen die Geräusche von überall her zu kommen.

Sie waren in dieser Straße beileibe nicht allein gewesen. Die Anwohner hatten im Schutz ihrer Keller genau beobachtet, was draußen vor sich ging. Und nun, da es was zu holen gab, wagten sie sich hervor. Bewaffnet mit Eimern, Töpfen und gezückten Messern.

Eilig hasteten sie zu dem toten Ochsen, um das beste Fleischstück zu ergattern. Schon nach wenigen Sekunden hatte sich eine Menschentraube gebildet, in der aufgeregt gedrängelt und geschubst wurde.

Die zwei russischen Soldaten sahen sich das Spektakel grinsend an. Der eine stieß seinen Kumpel mit dem Ellbogen in die Seite und raunte ihm etwas zu. Und tatsächlich stellten sich die Menschen verblüffend geschickt an, als es darum ging, Teile des Ochsen abzusäbeln. Es kam Oppenheimer so vor, als sei die abendländische Kultur auf die Grundbedürfnisse zusammengeschrumpft: ein Dach über dem Kopf, ein warmes Feuer und am besten noch ein ordentliches Stück Fleisch zwischen den Zähnen.

Keifend stritten sich Frauen darüber, wer die besten Teile bekam. Eine ältere Dame mit Kopftuch reckte triumphierend einen Fleischklumpen in die Höhe, an dem noch ein Stück dunkles Fell hing, und eilte zurück in den Schutz der Ruinen. Als sie die Straße überquerte, registrierte Oppenheimer, dass an ihren Armen Blut herablief und das Fleischstück bei jedem Schritt vibrierte.

Stückchenweise wurde das Tier fortgeschleppt. Nach wenigen Minuten hatte sich die Menschentraube wieder aufgelöst. Zurück blieben ein fast fleischloses Knochengerippe und ein Haufen dampfender Gedärme.

Oppenheimer bog mit Lisa in die nächste Straße ein, wo ihnen laut grölend vier angeheiterte Soldaten entgegenkamen.

»Es kommen immer mehr von denen«, murmelte er Lisa zu. »Wir suchen uns am besten einen sicheren Ort.«

So unauffällig wie möglich machten sie kehrt und wählten die erstbeste Seitengasse. Da ein Großteil der Straße unter Geröll begraben war, fiel es ihnen leicht, sich vor den Soldaten verborgen zu halten.

Nach einigen Minuten des Kletterns erspähte Oppenheimer ein Wohnhaus. Eine Seite war komplett weggerissen, das Treppenhaus und die andere Hälfte schienen allerdings noch halbwegs

intakt zu sein. Statt einer Haustür gähnte lediglich ein dunkles Rechteck in der Fassade.
Vor dem Eingang blieb Oppenheimer stehen. Man konnte nicht wissen, was sich dort im Schatten verborgen hielt.
»Warte mal«, flüsterte er und tastete sich vor. Als er sich vergewissert hatte, dass es keine Falle war, winkte er Lisa ins Gebäude.
Es war nicht ratsam, im Erdgeschoss zu übernachten. Dort gab es zwar Fluchtmöglichkeiten, doch ebenso groß war die Gefahr, dass jemand von draußen eindrang. Also stiegen sie die Treppe hoch. Oppenheimer überprüfte die Türen, und im dritten Stockwerk stießen sie auf eine unverschlossene Wohnung. Mit einem metallischen Klacken gab die Tür nach.
»Ist da jemand?«, rief Oppenheimer in die dunkle Wohnung. Die einzige Antwort war das Klatschen von Verdunklungspappe gegen die Fensterrahmen.
Er zog Lisa hinter sich in den schmalen Flur und schloss die Tür. Vor ihnen befand sich ein offener Durchgang zur Küche. Lisa legte den Hut ab und nahm die Motorradbrille vom Kopf. Erschöpft setzte sie sich an den Tisch und knöpfte den Mantel auf. Oppenheimer fühlte einen Stich in der Magengegend, als Lisa den Kragen zurückschlug und die Würgemale an ihrem Hals entblößte. Trotz des gedämpften Tageslichts waren die dunklen Flecken deutlich zu erkennen. Einen Moment lang glaubte er, kaum noch atmen zu können. Unbändiger Zorn kochte in ihm hoch, aber er wusste nicht, wohin damit.
Also versuchte er, sich irgendwie zu beschäftigen, und suchte in den Schränken nach Lebensmitteln. Es stellte sich heraus, dass die Bewohner so vorausschauend gewesen waren, Reserven anzulegen. Im Schrank fand Oppenheimer einige Konservendosen, Gummibonbons, Papiertüten mit Haferflocken und Pud-

dingmehl, ein Päckchen mit Mischkaffee und ganz hinten sogar ein paar Weinflaschen. Außerdem stand ein voller Topf mit Wasser auf dem Herd, seitlich daneben befanden sich auf dem Boden vier gefüllte Eimer.

»Wo die Leute wohl sind?« Lisa blickte sich verwundert um.

Dieser Gedanke beschäftigte auch Oppenheimer. Er fand es unverständlich, dass jemand Vorräte in einer unverschlossenen Wohnung lagerte. Und noch weniger konnte er sich erklären, warum die Plünderer hier noch nicht zugeschlagen hatten.

»Ich schau mich mal um«, sagte er. »Vielleicht finde ich Hinweise darauf, wo sie sind.«

Von der Küche führte eine Tür in ein kleines Esszimmer. Doch es war ebenso verlassen wie das dahinterliegende Schlafzimmer. Oppenheimer kehrte in den Flur zurück, um einen Blick in die übrigen Räume zu werfen. Es gab dort zwei weitere Türen, wahrscheinlich führten sie zum Bad und zum Kinderzimmer.

Und im Kinderzimmer sollte Oppenheimer auch die Bewohner antreffen. Oder zumindest deren sterbliche Überreste.

Aufgrund der fehlenden Verdunklungspappe war es dort ungewöhnlich hell, und ein frischer Wind blies herein. Als Oppenheimer durch den Türspalt spähte, fiel ihm als Erstes auf, dass auf dem Parkettboden eine abgeschossene Panzerfaust lag.

Insgesamt zählte er im Kinderzimmer vier Leichen. Nur wegen des sperrangelweit geöffneten Fensters war beim Betreten der Wohnung kein Verwesungsgeruch bemerkbar gewesen. Es war schwierig, hineinzugelangen, denn direkt hinter der Tür lag ein sperriger Deckenleuchter. An dem Deckenhaken in der Zimmermitte hing ein etwa vierzigjähriger Mann an einem Strick, während auf dem Bett eine Frau lag, zwei Kinder in ihren Armen. Die Körper der drei wirkten äußerlich unversehrt, also hatten sie vermutlich Gift genommen. In den letzten Monaten war es in

Berlin einfach gewesen, an toxische Substanzen zu kommen. Viele spielten mit dem Gedanken, ihrem Leben ein Ende zu setzen, sobald die russischen Truppen einmarschierten. Dieses Ehepaar hatte ernst damit gemacht, und nach einem letzten Schuss mit der Panzerfaust inmitten des Kampfgetümmels auch gleich die Kinder getötet. Waren das hier hundertprozentige Nazis oder einfach nur von der Propaganda verängstigte Leute? Oppenheimer wusste, dass es unmöglich war, diese Frage zu beantworten. Und letztendlich machte es auch keinen Unterschied.

Er bedeckte die Toten mit dem Bettlaken. Dann verließ er leise den Raum, schloss hinter sich ab und schob den Schlüssel unter den Türspalt hindurch. Lisa sollte das nicht mitbekommen.

Jedenfalls wusste er nun, dass sie allein hier waren. Da Oppenheimer keinen Schlüssel für die Haustür besaß, schob er kurzerhand eine Kommode davor in der Hoffnung, dass sie jetzt ein bisschen zur Ruhe kommen würden.

In der Küche nahm er seinen Mantel vom Stuhl, um ihn an die Garderobe zu hängen. Dabei fiel ihm das leise Rasseln von Tabletten auf.

Zögernd griff er in die Innentasche und zog die Medikamentenrolle mit seiner Notration *Pervitin* hervor. Dass er nicht mehr daran gedacht hatte, war ein kleiner Sieg. Noch vor wenigen Monaten hätte er alles dafür getan, um an die Tabletten zu kommen. Der Impuls, auf der Stelle eine davon zu schlucken, währte nur kurz. Er war abhängig, das ließ sich nicht beschönigen. Wenn er jetzt wieder damit anfing, das Teufelszeug zu nehmen, würde er wahrscheinlich nicht mehr davon wegkommen. Hilde hatte ihn gewarnt, dass man verflucht vorsichtig damit umgehen musste, und er wusste jetzt, wie recht sie gehabt hatte.

Außerdem gab es hier jemanden, der das Medikament weitaus dringender benötigte als er selbst.

Lisa befand sich irgendwo in den hinteren Räumen und inspizierte den Rest der Wohnung.
Über den gespenstischen Geräuschteppich hinweg hallten immer wieder schrille Rufe durch die verlassenen Straßenzüge und fanden ihren Weg in die Wohnung.
Oppenheimer trat an ein Fenster und blickte durch einen Spalt am Rande der Verdunklungspappe.
Er bekam mit, wie dort unten eine Frau gewaltsam in ein Gebäude gezogen wurde. Zwei Soldaten blieben vor dem Eingang stehen. Standen sie Schmiere oder warteten sie, um einer nach dem anderen die Frau zu schänden?
Zwei Rotarmisten und eine Soldatin im Rock näherten sich. Sie kümmerten sich kaum um die Vergewaltigung, die Soldatin rief den Wartenden sogar irgendeine, offensichtlich ironische, Bemerkung zu.
Weitere Hilferufe folgten, diesmal aus einer anderen Richtung. Es war bedrückend, daran zu denken, was in den Kellern der Nachbarschaft vor sich ging.
Lisa befand sich im Schlafzimmer. Hier waren die Fenster mit stabilen Holzplatten vernagelt, so dass von den Geschehnissen dort draußen kaum etwas zu hören war.
Als Oppenheimer eintrat, schlug ihm eine Wolke von Eau de Cologne entgegen. Lisa hatte in der Nähe des zerbrochenen Frisierspiegels eine Flasche des intensiv riechenden Duftwassers entdeckt und benutzte es jetzt, um sich notdürftig zu säubern.
Gerade rieb sie sich mit einem Tuch den Hals ein. Ihr stockender Atem verriet, dass es ihr schwerfiel, die Fassung noch länger zu wahren. Nach einem kurzen Zögern rieb sie mit dem Tuch auch ihre Brüste ab. Dabei wurden ihre Augen feucht, doch sie gab keinen Laut von sich. Während sie sich bemühte, ihren ge-

schundenen Körper zu säubern, liefen ihr die ersten Tränen über die Wangen.
Dann tränkte sie das Tuch wieder mit einem beherzten Schuss Kölnisch Wasser und wischte sich die Innenseiten der Schenkel ab.
Plötzlich konnte Oppenheimer es nicht mehr in dem Raum aushalten, konnte nicht länger zuschauen.
Er floh in die Küche. Er wusste nicht, ob das Wasser auf dem Herd bereits abgekocht war, also entkorkte er eine der Weinflaschen.
Als er mit der Flasche ins Schlafzimmer zurückkam, saß Lisa leise schluchzend auf der Bettkante.
Oppenheimer reichte ihr eine Pervitin-Tablette.
»Nimm die.« Obwohl er nur zu murmeln wagte, klang seine Stimme merkwürdig belegt. »Dann geht es dir besser. Aber nur eine. Damit darf man es nicht übertreiben.«
Lisa begutachtete die Tablette in ihrer Hand, dann warf sie sie in den Mund und spülte mit einem großen Schluck Wein nach.
Schweigend saßen sie nebeneinander, mit hängenden Schultern, am Rande der Erschöpfung. Oppenheimer fragte sich, wie viel Energie sie in den nächsten Tagen wohl noch aufbringen mussten.
»Das Wasser«, begann er. »Am besten, ich heize den Ofen ein und koche es ab. Mehr werden wir vorerst nicht brauchen. Wenn du willst, kann ich dir das Wasser aus den übrigen Eimern in die Wanne schütten, damit … um zu baden. Ist zwar kalt, aber besser als nichts.«
»Was ist mit den Bewohnern?«, fragte Lisa. »Das ist doch deren Wasser.«
Oppenheimer zuckte mit den Schultern. »Die brauchen es nicht mehr.«
Lisa verstand und stellte keine Fragen mehr.

10

Dienstag, 1. Mai 1945 – Mittwoch, 2. Mai 1945
1 bis 0 Tage vor der Kapitulation der Berliner Truppen

Was würde Alexei wohl sagen? Wie würde er das Verhalten seines älteren Bruders beurteilen? Gewiss hätte er etwas auszusetzen, wie es bei ihm so üblich war. Und tatsächlich war es in der Vergangenheit nur Alexei gelungen, ihn mit seinem moralischen Gehabe zur Weißglut zu bringen. Bis zuletzt wollte er nicht verstehen, dass es wichtigere Dinge gab als die immergleiche Prinzipienreiterei. Um zu überleben, musste man flexibel bleiben, durfte nicht auffallen. Beides waren Tugenden, an denen Alexei spektakulär gescheitert war.

Missmutig registrierte Aksakow, dass ihn die Gedanken an seinen Bruder immer dann überfielen, wenn der Zeitpunkt am wenigsten geeignet war. Natürlich mussten sie ausgerechnet jetzt wieder aus einem Hinterhalt seines Erinnerungsvermögens auftauchen, da er sich vor dem Generalmajor rechtfertigen sollte.

Erst als Aksakow begriff, dass der Generalmajor bloß einen Bericht von ihm verlangte, wurde er wieder ruhig. Die Tatsache, dass er zu seinem Vorgesetzten zitiert worden war, und dann auch noch in das neue Hauptquartier in Potsdam, von dem aus die gesamten Arbeiten der Sonderkommandos koordiniert wurden, verlor damit ihren Schrecken. Wenn Aksakow wusste, womit er zu rechnen hatte, konnte er sich darauf einstellen, konnte seine Antworten so vorbereiten, dass er keine Angriffsfläche bot.

Er wurde in ein Zimmer mit weißen Wänden geführt. Das einzige größere Möbelstück war ein mit Papier übersäter Tisch, hinter dem der Generalmajor saß. Aksakow zweifelte daran, dass ihm die spartanische Einrichtung gefiel, doch der Generalmajor ließ sich nichts anmerken. Das kurz geschnittene Haar verlieh dem Kopf einen weißblonden Schimmer, die gebügelte Uniform wirkte wie ein mit Orden übersätes, steifes Brett. Der Mensch, der in dieser Uniform steckte, erschien fast ebenso unbeweglich. Wenngleich Aksakow den Eindruck hatte, mit einer Mumie zu sprechen, blieb er vorsichtig. Er durfte sich nicht in Sicherheit wiegen. Ein Fehler konnte desaströse Konsequenzen haben, denn genau darauf warteten seine Vorgesetzten. Sie wollten ihm Vergehen zur Last legen, von denen bislang nur hinter vorgehaltener Hand geraunt wurde, weil sie sich nicht beweisen ließen.

Die Unterredung lief zunächst gut. Aksakow hatte in den vergangenen Jahren auf schmerzhafte Weise gelernt, wie groß der Unterschied zwischen dem war, was gesagt wurde, und dem, was gemeint war. Doch dieses Wissen half ihm, sich zu verbergen. Und zum Glück hatte ihm die Propagandaabteilung zu diesem Zweck eine große Menge von Standardfloskeln zur Verfügung gestellt. Aksakow hatte es zu einer Meisterschaft darin gebracht, sie zu benutzen. Inzwischen konnte er ganze Konversationen bestreiten, ohne mit einer einzigen Silbe seinen eigenen Standpunkt zu verraten. Auch als sich der Generalmajor nach den Fortschritten seiner Arbeit erkundigte, machte er von diesen Fähigkeiten Gebrauch.

»Mit der Unterstützung unserer siegreichen sowjetischen Truppen werden wir die Aufgabe zu einem erfolgreichen Ende führen, Genosse Generalmajor!« So oder ähnlich hatte Aksakow geantwortet. Kaum dass er diese Worte ausgesprochen hatte, hatte er sie auch schon wieder vergessen.

Obwohl er wusste, dass Vizechef Sawenjagin ihrer neuen Aufgabe einen großen Wert beimaß, war Aksakow zunächst irritiert gewesen, dass sein Vorgesetzter sie großspurig als *Mission* titulierte. Überall in den eroberten deutschen Gebieten wurden Industrieanlagen abgebaut und als Teil der Reparationsleistungen nach Russland verschickt. Die ganze Aktion geschah in Windeseile, noch bevor die Westalliierten eintrafen. Sie sollten vor vollendete Tatsachen gestellt werden.

Auch das *Volkskommissariat für innere Angelegenheiten,* oder kurz NKWD genannt, für das Aksakow arbeitete, war daran beteiligt. Und das, obwohl der Geheimdienst mit seinen bisherigen Aufgaben schon ziemlich ausgelastet war. Dazu gehörte vor allem, verdächtige Deutsche aufzugreifen, denen die Mitgliedschaft bei der SS oder den Werwölfen zur Last gelegt wurde, und ihnen in stundenlangen Verhören das Geständnis abzupressen, dass sie chemische Substanzen horteten, mit denen sie Brunnen und Flüsse vergiften sollten.

Doch im März war Volkskommissar Beria, Leiter des NKWD, auf die Idee gekommen, Ausrüstungen für das sowjetische Atomprojekt zu beschlagnahmen. Immerhin konnten heimische Betriebe diese Spezialgeräte nicht herstellen, und es gab ansonsten keine Möglichkeit, sie aus dem Ausland zu beziehen. Am besten war es natürlich, wenn es gelang, deutsche Physiker auf die eigene Seite zu ziehen und an Forschungsergebnisse zu gelangen, die mit Hitlers Uranbombenplänen zusammenhingen. Zu diesem Zweck wurden russische Atomphysiker in Phantasieuniformen gesteckt und nach Deutschland verfrachtet, wo Aksakow nun nach ihrer Pfeife tanzen musste.

Das Rennen um diese neue Waffentechnologie war schon seit geraumer Zeit in vollem Gang. Und es war offensichtlich, dass sich die Sowjetunion dabei nicht abhängen ließ. Aksakow konnte nicht einschätzen, wie weit der faschistische Feind damit gekommen war, aber er wusste so viel, dass die US-Alliierten bei der Entwicklung ihrer eigenen Uranbombe bereits große Fortschritte verzeichnen konnten. Trotz strikter Geheimhaltung war dem NKWD der Coup gelungen, zwei Physiker aus dem amerikanischen Entwicklerteam als Informanten anzuheuern, und so hatten Beria und seine Leute eine ungefähre Ahnung, was sich in den US-amerikanischen Labors abspielte.

Aksakow hätte es vor zehn Jahren weder für möglich gehalten, für die Geheimpolizei zu arbeiten, noch davon zu träumen gewagt, eines Tages in der deutschen Reichshauptstadt eingesetzt zu werden, dem Hort des faschistischen Ungeheuers, der von den russischen Soldaten nicht Berlin, sondern in einem Wortspiel meistens *Berlog,* das Biest, genannt wurde.

Aksakows Vater war unpolitisch gewesen. Als nach der Oktoberrevolution der Bürgerkrieg mit den weißrussischen Truppen ausgebrochen war, hatte er brav als Soldat gedient, danach arbeitete er als Polizist in Woronesch. Sein ältester Sohn war hingegen immer ein wenig großspurig gewesen und hatte sich selbst für einen Techniker gehalten. Und tatsächlich boten sich in diesem Sektor damals großartige Perspektiven, denn Russland war auf dem Weg, zu Europas größter Maschinenbauindustrie aufzusteigen, während die restliche Welt immer noch unter den Auswirkungen der Wirtschaftskrise ächzte. Auch Aksakow wollte zu einer glorreichen Zukunft beitragen, wollte mitbauen an einer besseren Welt mit Luftschiffen und modernen Hochhauskomplexen.

Dass er ohne seine Mitgliedschaft in der kommunistischen Jugendorganisation Komsomol kaum eine Chance gehabt hätte, einen Studienplatz zu ergattern, stellte Aksakow erst später fest. Wie so viele Knaben war er hauptsächlich deswegen beigetreten,

weil er die Geselligkeit mit Gleichaltrigen schätzte, und nicht wegen der einschläfernden ideologischen Schulungen, die sie mit schöner Regelmäßigkeit über sich ergehen lassen mussten. Doch selbst die Komsomol-Mitgliedschaft hatte ihn letztendlich nicht davor bewahrt, der Universität verwiesen zu werden, weil seine Noten nicht mit seiner Begeisterung mithalten konnten.
Schließlich hatte sein Vater keine andere Alternative gesehen, als ihm mittels Beziehungen eine Stelle bei der Polizei zu besorgen. Und Aksakow wäre wohl weiterhin ein einfacher Polizist in Woronesch geblieben, hätte randalierende Betrunkene festgenommen und Eigentumsdelikte aufgeklärt, wenn er nicht an Fortbildungen teilgenommen hätte, die letztendlich dafür sorgten, dass er vom NKWD übernommen wurde.
Zu dieser Zeit wurde die Geheimpolizei stark ausgebaut, da Stalin glaubte, im In- und im Ausland von Feinden umzingelt zu sein. Auch Aksakow war ein aktiver Teil der Säuberungswelle gewesen, die kurz vor dem Krieg das ganze Land erfasst hatte, denn er konnte nachvollziehen, dass es missgünstige Zeitgenossen gab, die den Sieg des Kommunismus nicht akzeptieren wollten. Und er fand, dass der Staat das Recht besaß, sich gegen diese Abweichler zur Wehr zu setzen. Die damit in Verbindung gebrachten Schlagworte hießen *Kosmopolitismus, Spekulantentum* oder schlichtweg *Abenteuerei.* Zuletzt wurde von Stalin auch immer häufiger der *Trotzkismus* als Feindbild heraufbeschworen. Natürlich war es nur ein dürftig verhüllter Schachzug gewesen, die Macht zu sichern, indem Stalins politische Gegner aus dem Verkehr gezogen wurden. Selbst das war aus Aksakows Sicht gerechtfertigt, wenn es dazu diente, die innenpolitische Lage zu stabilisieren.
Und so hatte er jahrelang Vernunftgründe dafür gesucht, dass er beim NKWD seine Pflicht erfüllte, mit dazu beitrug, dass in sei-

ner Heimat die Inquisition wütete, Menschen verurteilt wurden und dann auf Nimmerwiedersehen im Gulag verschwanden, sofern sie nicht auf der Stelle erschossen wurden. Aksakow hatte es sogar geschafft, die wahren Gründe hinter den zahlreichen Denunziationen – Rache, Neid oder blanke Furcht – zu verdrängen, denn so mancher Beschuldigte versuchte, sich aus der Affäre zu ziehen, indem er andere Personen als Volksfeinde anzeigte.

Die Säuberungswelle hatte in den letzten Vorkriegsjahren eine so große Eigendynamik entwickelt, dass sie vor keiner Bevölkerungsgruppe mehr haltmachte. Mehr als die Hälfte der Generalität der Roten Armee wurde denunziert, schließlich gerieten sogar die Jäger des NKWD selbst ins Visier der Staatsmacht.

Vor fast sechs Jahren war jedoch etwas geschehen, für das Aksakow keine Rechtfertigung mehr finden konnte. Stalins Nichtangriffspakt mit dem Deutschen Reich gab dem faschistischen Erzfeind freie Hand, in Polen einzumarschieren. Und als das Land militärisch angeschlagen war, rückten die russischen Truppen auf der anderen Flanke vor, um Ostpolen zu besetzen. Letztendlich widersprach dieser Vorgang vollkommen der bisherigen sowjetischen Außenpolitik, wenngleich in den Zeitungen mit zahlreichen rhetorischen Wendemanövern erklärt wurde, dass der Einmarsch mit der sozialistischen Zielsetzung vereinbar war. Wahrscheinlich hatten diese Diskrepanz auch andere außer Aksakow wahrgenommen. Aber wenn man überleben wollte, war es ratsam, sich in Schweigen zu hüllen, ebenso wenig wie man darüber sprach, dass Stalin streng genommen nicht einmal ein richtiger Russe war, weil er aus Georgien stammte.

Und so lernte Aksakow inmitten der immer stärker um sich greifenden Paranoia, sich zu verstellen, nicht zu fragen, sondern sich zu ducken und Menschenleben zu zerstören, in der Furcht, anderenfalls selbst ins Visier seiner Kollegen zu geraten. Wäre nicht diese verfluchte Sache mit seinem Bruder Alexei geschehen, hätte er mit dieser Strategie vielleicht sogar Erfolg gehabt.

»Und was ist mit dem Fall Roski?«

Die Frage des Generalmajors riss Aksakow aus seinen Überlegungen. Es wunderte ihn, dass sein Vorgesetzter so detailliert informiert war. Wahrscheinlich war die Sache mit diesem Roski ein undankbarer Auftrag, den sonst niemand übernehmen wollte und der dann Aksakow zugeschanzt worden war in der Hoffnung, dass er jämmerlich versagte.

»Unseren Erkenntnissen zufolge wurde dieser Roski getötet«, antwortete Aksakow.

»Gibt es dafür irgendwelche Beweise?«

»Wir haben einen Augenzeugen gefunden. Was ist mit dem Mann, der uns Roskis Aufenthaltsort mitgeteilt hat?«

Der Generalmajor verzog den Mund. »Er ist nicht mehr aufgetaucht. Jeder Gedanke an diese Kreatur ist ohnehin verschwendet, Genosse Oberst. Mit Zwischenhändlern geben wir uns nicht ab.«

»Ja, Genosse Generalmajor!«

»Mittlerweile befindet sich ein Physikerkollege von Roski in unserer Obhut. Interessante Dinge sind dabei ans Tageslicht gekommen. Roski soll vor einigen Wochen damit geprahlt haben, dass er einen Koffer mit wichtigem Forschungsmaterial zur Seite geschafft hat, um ihn später zu Geld zu machen. Dieser Koffer muss noch irgendwo in der Stadt kursieren.«

Der Generalmajor machte eine Pause, um diesen Satz wirken zu lassen. Aksakow tat ihm nicht den Gefallen, sich einschüchtern

zu lassen, sondern fragte ungerührt: »Darf ich fragen, was sich darin befand?«
Zufrieden registrierte er, dass er den Generalmajor in Verlegenheit gebracht hatte. Mit einer ungeduldigen Handbewegung wischte dieser die Frage beiseite und antwortete barsch: »Das kann der Mann nicht genau beantworten. Dokumente, Rohstoffe, so etwas in der Art. Auf jeden Fall erteile ich Ihnen den Befehl, diese Sache lückenlos aufzuklären. Falls dieser Roski tatsächlich tot sein sollte, lässt sich das nicht ändern. Aber den Koffer dürfen wir unter keinen Umständen verlieren!«
Aksakow nickte. Der Auftrag kam ihm so vor wie ein Katz-und-Maus-Spiel, bei dem er nichts anderes als den Kürzeren ziehen konnte. Für einen Moment war er so aufgebracht, dass er sich nicht einmal mehr an die passenden Floskeln erinnerte. Stattdessen murmelte er: »Dann benötige ich eine Eskorte.«
»Würden Sie das bitte genauer erklären, Genosse Oberst?«
Aksakow hob den Kopf. Was sollte er da großartig erklären? Zwar gab es mittlerweile in der Stadt erste Verhandlungen mit den kämpfenden deutschen Truppen, aber sie stellten lediglich einen Waffenstillstand in Aussicht, während Marschall Schukow nur eine bedingungslose Kapitulation akzeptieren wollte. Niemand konnte einschätzen, wie lange sich das noch hinziehen würde. Heute war bereits der erste Mai. Stalins Ziel, Berlin noch vor dem Maifeiertag einzunehmen, ließ sich also nicht mehr realisieren.
»In der betreffenden Gegend gibt es noch Feindaktivitäten«, führte Aksakow aus. »Wenn wir die Umgebung erkunden, müssen wir mit bewaffnetem Widerstand rechnen. Unsere Aktivitäten konzentrieren sich aktuell auf das Kaiser-Wilhelm-Institut in Dahlem und die Forschungsstellen in Lichterfelde. Für Erkundigungen im Fall Roski müssten wir von dort Personal abziehen.«

»Das ist nicht möglich«, antwortete der Generalmajor. Obwohl er keine erkennbare Reaktion auf diese unvorhergesehene Komplikation zeigte, verriet das deutlich hörbare Ausatmen, dass Aksakows Vorgesetzter nicht glücklich über die Situation war. »Kommen Sie morgen früh wieder«, fuhr er fort. »Ich werde Sie dann über meine Entscheidung in Kenntnis setzen.«

Aksakow salutierte. Er war froh, hier wieder rauszukommen.

Vor dem Eingang des Hauptquartiers wurde Aksakow bereits von seinem Adjutanten erwartet. Serjoscha, wie er sich nennen ließ, strahlte, als er ihn die Treppe herabkommen sah. Er war ein Kalmücke mit einem flachen Gesicht und asiatischen Augen. Sicher war Serjoscha nicht sein richtiger Name, wie so viele aus dieser Region führte er ihn nur, weil er den Klang mochte.

Aksakow hatte seinen Adjutanten mit der Zeit schätzen gelernt. Im Gegensatz zu den Fußsoldaten sahen Offiziere ihre tadellose Kleidung als Zeichen einer höheren Kultur an, auch Aksakow machte da keine Ausnahme. Und Serjoscha war besonders zuverlässig, wenn es darum ging, seine Uniformen auf Hochglanz zu bringen.

Sein Adjutant wollte sich bereits ans Steuer ihres Fahrzeugs setzen, als Aksakow abwinkte.

»Ich werde mir etwas die Beine vertreten«, rief er Serjoscha zu und lief los. Er brauchte einen gewissen Abstand, um sich eine Strategie zurechtzulegen. An der nächsten Straßenecke machte er kurz halt, um eine Papirossa aus der Schachtel herauszuklopfen. Aksakow suchte gerade in seiner Jackentasche nach einem Zündholz, als er neben sich das leise Zischen von entflammendem Schwefel vernahm.

Ein ältlicher Herr hielt ihm freundlich lächelnd ein angezündetes Feuerholz entgegen. Aksakow erkannte in seiner Miene den Ausdruck von Furcht. Am Arm des Mannes war eine weiße

Binde angebracht als Zeichen seiner persönlichen Kapitulation. Eine übergroße Vorsicht konnte als Schwäche interpretiert werden, und so beugte sich Aksakow wortlos vor und zog an dem Mundstück, bis der Tabak glühte.

Danach schüttelte der Mann das Zündholz aus, lüpfte zum Gruß seinen Hut, und ehe er weiterging, deutete er sogar eine Verbeugung an. Durch den aufsteigenden Qualm hindurch blickte Aksakow ihm nach.

Wenn man diese verhuschten Menschen betrachtete, war es kein Wunder, dass die Deutschen Nemez genannt wurden, abgeleitet von *nemoj,* dem russischen Wort für *stumm,* wenngleich diese Bezeichnung ursprünglich nur bedeuten sollte, dass die meisten dieser Fremden der russischen Sprache nicht mächtig waren. Die Politoffiziere des Propagandakorps hatten zuletzt die Losung ausgegeben, dass nicht jeder Deutscher ein Nazi ist. Es gab auch die vom Faschismus Verführten. Zu welcher dieser Kategorien gehörte wohl dieser alte Mann? Leider konnte man sie nicht unterscheiden, diese Fritzen. Es gab kein eingebranntes Kainsmal, an dem sich der Nazifeind erkennen ließ.

Wenn man den besiegten Deutschen begegnete, traf man auf zwei Reaktionen. Vor allem Offiziere der Wehrmacht und SS-Männer klammerten sich an ihrer eingebildeten Überlegenheit fest. Obwohl sie besiegt waren, gaben sie sich dermaßen überheblich, als hätten sie den Krieg gewonnen.

Die Übrigen, die Frontsoldaten und Zivilisten, verhielten sich hingegen eher devot. Aksakow konnte nicht sagen, welches Verhalten er schlimmer fand.

Steckten diese erbärmlichen Kreaturen hinter der Tötungsmaschinerie der Faschisten? Bei dieser Frage schossen Aksakow wieder die Bilder in den Kopf, die er in dem Lubliner Vorort namens Majdanek gesehen hatte. In den neun Monaten seit der

Befreiung des deutschen Vernichtungslagers war so viel geschehen, dass es ihm schwerfiel, den Überblick zu behalten. Nicht zuletzt Aksakow selbst hatte einen Wandel durchgemacht. Er griff nach der Feldflasche. Seitdem er sich auf deutschem Terrain befand, achtete er penibel darauf, dass sie stets mit Kognak gefüllt war. Es war das einzige Mittel, um seinen Ekel fortzuspülen.

Er bog in die Seitenstraße ein und ging die wenigen Meter zum Ufer des von Bäumen gesäumten Templiner Sees. Es war eine Überraschung für ihn, wie friedlich die Gegend wirkte, ausgerechnet Potsdam, der Hort des preußischen Militarismus. Nur in Richtung der Innenstadt zeugte der rötliche Himmel von den letzten Kämpfen.

Hier war der Krieg jedoch bereits vorbei. Die anwesenden Rotarmisten waren keine Soldaten, sondern hauptsächlich für die rückwärtigen Dienste verantwortlich, für Verwaltung, Lazarett oder Instandsetzungen. In einem Hinterhof sprach ein Kommandant zu seinem ausgeruhten und wohlgenährten Trupp und erklärte wortreich, dass der Sieg nahe sei und sie am Maifeiertag natürlich lustig sein dürften. Es folgte ein Hinweis darauf, die von Stalin erlassene Verordnung zu beachten, wonach die weibliche Bevölkerung zu schonen sei. Aber der Kommandant wirkte eher so, als würde er lediglich eine lästige Pflicht erfüllen. Am Ende seiner Rede schmunzelte er den Soldaten zu. Diese grinsten wissend zurück.

Da sah Aksakow es wieder – den Unterschied zwischen den Worten und den Taten.

Er musste sich beherrschen, um bei diesem Schauspiel nicht auszuspucken. Doch was sollte man anderes erwarten? Der Kommandant wusste, dass sich niemand an den Erlass halten würde, selbst wenn er von Stalin höchstpersönlich kam. Wahrscheinlich gingen alle davon aus, dass er ihn nur pro forma verordnet hatte, um das Gesicht zu wahren. Aksakow hatte allzu häufig erlebt, dass die Realität nicht dem Weltbild der sowjetischen Führung entsprach. Doch man versuchte, diese Diskrepanz so gut es ging zu ignorieren. Wenn man das nicht tat, konnte man in Stalins System nicht überleben.

Viele seiner Ideale hatte Aksakow abgelegt. Nicht zuletzt nach Majdanek wusste er, zu welchen Abscheulichkeiten der Mensch fähig war. Und er würde weiterhin Schlechtes tun, wenn er nicht gezügelt wurde. Auch Aksakow hatte Böses getan, Untaten begangen, derer er sich jetzt schämte.

Und er war sich bewusst, dass er wieder Schande über sich bringen würde.

Sie befanden sich nun schon seit zwei Tagen in der fremden Wohnung. Solange die Schießerei im Regierungsviertel angehalten hatte, erschien es Oppenheimer wenig aussichtsreich, sich zu Schmudes Laden durchzuschlagen, denn der Ku'damm lag, von ihnen aus gesehen, genau hinter der Kampfzone.

Nachdem Lisa das kalte Bad genommen hatte, schien sie sich wieder gefasst zu haben, was vielleicht aber auch zum Teil auf das Pervitin zurückzuführen war. Allerdings zeigte sich ebenfalls die aufputschende Wirkung des Mittels, denn als sie in der Nacht zum Dienstag in Decken gehüllt in dem fremden Schlafzimmer verbrachten, war sie die ganze Zeit über wach gewesen. Oppenheimer scheute sich davor, sich zum Schlafen auszustrecken, da er sich in dieser Position ungeschützt fühlte. Lisa erging es ähnlich, und so saßen sie gegen die Wand gelehnt auf der Matratze.

Aber in der vergangenen Nacht war auch Lisa endlich zur Ruhe gekommen. Oppenheimer war immer wieder eingedöst, wegen der großen Anspannung gelang es ihm allerdings nicht, durchzuschlafen. Irgendwann hatte er bemerkt, dass Lisa neben ihm eingenickt war. Ihr Kopf lehnte an seiner Schulter, der Atem ging regelmäßig. Behutsam deckte er sie zu.

Die Wirkung des Pervitins war verflogen, und der Körper holte sich die nötige Ruhepause. Es war für Oppenheimer ein schwacher Trost, dass es ihr wenigstens vergönnt war, in den Schlaf zu fliehen.

Während der Nachtstunden drangen durch die zerborstenen Fenster immer wieder beunruhigende Geräusche in die Wohnung. Gelegentlich löste sich ein Schuss, schrille Hilferufe von Frauen ertönten. Tagsüber sah man nur selten Passanten und wenn doch, trugen die Männer in der Regel weiße Armbinden, während die Frauen rote Kopftücher umgebunden hatten. Oppenheimer fragte sich, ob die Parteibonzen jemals auf die Idee gekommen waren, dass ihre Hakenkreuzfahnen einmal auf diese Weise wiederverwendet würden.

Wenigstens hatten sie fürs Erste genug zu essen. Zuzüglich zu den Lebensmitteln, die sie in der Wohnung gefunden hatten, hatte Oppenheimer immer noch den Schmalzblock bei sich im Koffer und einige Reste aus dem geplünderten Verpflegungsmagazin. Auch das abgekochte Wasser würde noch für einen Tag reichen. Falls bis dahin immer noch gekämpft wurde, musste er jedoch Nachschub besorgen, so viel war klar.

Der frühe Morgen war kühl. Oppenheimer kam es so vor, als sei der durchdringende Brandgeruch in den letzten Stunden noch intensiver geworden.

Als von draußen ein lautes Poltern ertönte, schreckte er hoch. Lisa bekam davon nichts mit, und so schob sich Oppenheimer an den Rand des Bettes und versuchte gleichzeitig, Lisa möglichst sanft auf die Matratze gleiten zu lassen. Er musste die Ur-

sache des Geräuschs ausfindig machen. Wenn Leute im Haus herumliefen, waren sie hier nicht mehr sicher.
Auf Zehenspitzen schlich Oppenheimer in den Flur und beugte sich über die querstehende Kommode, um an der Wohnungstür zu lauschen. Als er weitere Geräusche wahrnahm, wurden seine Befürchtungen bestätigt.
Jemand befand sich bei ihnen im Haus.
Die ungebetenen Besucher versuchten gar nicht erst, ihre Anwesenheit zu verheimlichen, sondern redeten ungeniert durcheinander. Die lauter werdenden Geräusche im Treppenhaus verrieten, dass sie in die oberen Stockwerke vordrangen.
Mit pochendem Herzen schlich Oppenheimer ins Schlafzimmer. Er musste Lisa schütteln, damit sie ihre Augen aufschlug.
»Da kommt jemand«, murmelte er gehetzt. »Wir müssen weiter.«
Schlagartig war Lisa hellwach. Eilig warf sie die Decke zur Seite, während er bereits in die Küche lief, um seinen Koffer zu holen. Schon gestern hatten sie so viele Lebensmittel wie möglich darin verstaut, denn es war absehbar, dass sie früher oder später wieder fortmussten. Lisa stopfte noch einige letzte Trockenkonserven in die Manteltaschen, als Oppenheimer vorsichtig durch das Fenster blickte.
Trotz des Regens hing immer noch gelber Schwefel in der Luft. Allerdings herrschte in den Straßen deutlich mehr Betrieb als gestern. Und vor allem sah man jetzt mehr Zivilisten.
Kein Zweifel, etwas war geschehen.
Nachdem er und Lisa mit vereinten Kräften die Kommode von der Wohnungstür weggeschoben hatten, spähte Oppenheimer durch den schmalen Türspalt ins Treppenhaus. Die Luft schien rein zu sein.
»Los jetzt«, flüsterte er und wagte sich vor. Als er über das Treppengeländer schaute, erkannte er, dass im Erdgeschoss die

Wohnungstüren offen standen. Eine ältere Frau mit Kopftuch tauchte auf, ihre Arme voller Textilien.
Anscheinend fühlten sich die Nachbarn mittlerweile so sicher, dass sie damit begannen, leerstehende Wohnungen auszuräumen.
»Keine Russen«, sagte Oppenheimer mit normaler Stimme.
Auf der Straße bemerkte er einen an die Haustür gekleisterten Papierfetzen. Auf Deutsch und Russisch wurde bekanntgegeben, dass die Rotarmisten fortan keine Privatwohnungen mehr betreten durften und sich von Zivilisten fernhalten sollten.
Die nicht mit Plündern beschäftigte Bevölkerung begann derweil mit den Aufräumungsarbeiten, eine Tätigkeit, die in den vergangenen Monaten immer stärker ins Hintertreffen geraten war. Unweit von ihnen entfernt unterhielten sich zwei Frauen. Eine davon stützte sich auf einen Reisigbesen.
»Und wat is mit dem Adolf?«, fragte sie.
»Keene Ahnung«, sagte die andere Frau. Sie trug in ihren Armen ein paar Decken. Es war diejenige, die gerade vorhin aus der unteren Wohnung gekommen war. »Hab noch nix jehört. Aber Goebbels soll Befehl jegeben haben, dass man seine Familie verjiftet.«
»Ach, dit gloob ick nich. Is doch nur Propaganda von die anderen.«
»Jedenfalls hat meine Nachbarin mit dem Detektor jehört, dass se heute um vier Uhr die Kapitulation unterzeichnen wollen.«
»Wird aber ooch Zeit, dasses wieder Frieden gibt.«
»Na, ick weeß nich. Himmler soll ja noch in Breslau kämpfen. Und Dönitz will im Norden ooch weitermachen.«

Oppenheimer und Lisa gingen zur nächsten Straßenecke. Obwohl nur zwei Tage vergangen waren, hatte sich das Stadtbild erneut verändert. Mitten auf der Kreuzung saß ein russisches

Soldatenmädchen auf einem Holzpodest. Es trug Feldbluse und Rock, unter der Baskenmütze quollen Locken hervor. In den Händen hielt die junge Frau ein rotes und ein gelbes Fähnchen, wohl um den Verkehr zu regeln, doch weil gerade kein Betrieb war, hatte sie es sich in einem Korbsessel gemütlich gemacht und betrachtete versonnen ein Wasserglas mit roten Nelken, das vor ihren Füßen stand.

Oppenheimer tauschte einen Blick mit Lisa. »Sieht so aus, als sei das Schlimmste vorüber.«

»Du meinst, wir können jetzt zu Schmude?«

»Versuchen wir es«, sagte Oppenheimer und lief schnurstracks auf die Rauchwolken zu. Der Ku'damm konnte von dem Brandherd nicht weit entfernt sein.

Sobald nach einigen Straßenzügen die leere Hülle des Lehrter Bahnhofs vor ihnen aufgetaucht war, fiel es Oppenheimer leicht, sich zu orientieren. Obwohl sie sich gleich gegenüber dem Reichstag befanden, schien es praktisch unmöglich zu sein, die Spree zu überqueren. Die Brücken waren allesamt demoliert, Moabit war vom Rest der Stadt so gut wie abgeschnitten.

Als sie die Spree entlang nach Westen marschierten, trafen sie auf einen Passanten, der zu berichten wusste, dass zumindest die Weidendammer Brücke intakt geblieben war. Wenngleich dies bedeutete, dass sie mehrere Kilometer wieder zurücklaufen mussten, um das Ufer zu wechseln, machten die beiden kehrt. Zum Glück stießen sie wenig später auf einen Herrn in einem Boot. Gegen eine Lebensmittelkonserve als Bezahlung war er gern bereit, sie in dem winzigen Boot zum gegenüberliegenden Ufer zu rudern. Bei der Überfahrt erzählte ihnen der Bootsmann, dass er angesichts der Nahrungsknappheit eigentlich vorgehabt hatte, in dem trüben Wasser zu angeln. Weil aber viele Leute versuchten, über die Spree zu gelangen, hatte er durch

Zufall eine profitable Einkommensquelle gefunden. Geschäftstüchtig, wie er war, ruderte er freundlich grinsend zwischen den beiden Flussufern hin und her.
Gerade waren sie am Südufer der Spree angelangt, als in der Ferne wieder Schüsse ratterten. Instinktiv blickte sich Oppenheimer nach einer Deckung um. Irgendwo in der Nähe der Siegessäule wurden unzählige Leuchtkugeln in den Himmel geschossen, fast sah es so aus, als hätte jemand ein Munitionslager in die Luft gejagt. Erst mit einiger Verspätung verstand Oppenheimer, dass dort kein weiteres Scharmützel stattfand, sondern eine improvisierte Siegesfeier. Die farbigen Leuchtkugeln tanzten vor einem Vorhang aus schwarzem Qualm, was vermuten ließ, dass in der Innenstadt unvorstellbare Brände tobten.
Aus einem Trümmerberg reckte sich an der Straßenkreuzung Am Knie immer noch das altbekannte Hochhaus in den Himmel, wenngleich die Seitenwände von Bomben und Granatentreffern geradezu abrasiert waren, so dass nur noch ein schmaler Streifen des Gebäudes aufrecht stand. Oppenheimer wunderte sich, dass die Ruine noch nicht zusammengebrochen war. Um in die Hardenbergstraße einzubiegen, musste er zunächst mit Lisa eine Haubitze umrunden, hinter der unzählige Leichen auf dem Boden lagen. Die siegreichen russischen Truppen hatten nicht einmal die Zeit gehabt, ihre eigenen Toten zu bergen, doch immerhin hatte man ihre Gesichter bedeckt.
Selbst auf dieser breiten Hauptstraße war das Vorankommen schwierig. Der Straßenbelag war vollständig unter Schutt und Splittern verborgen, und bei jedem Schritt hörte Oppenheimer das Klimpern leerer Patronenhülsen. Die Straßenlampen standen jetzt inmitten einer Flutwelle von Geröll, der Bürgersteig war unter abgeknickten Stahlträgern und Trümmern begraben, aus denen immer wieder menschliche Extremitäten hervorrag-

ten, gekleidet in Uniformen von Wehrmacht, SS und Roter Armee, dazwischen Armbinden des Volkssturms und Braunhemden der SA, Hitlers letztem Aufgebot.

Bei der S-Bahn-Unterführung am Bahnhof Zoo lagen hinter zwei Maschinengewehren mehr als ein Dutzend Leichen in SS-Uniformen. Die Blutlachen waren noch nicht einmal getrocknet. Oppenheimer vermutete, dass es sich um eines der letzten Widerstandsnester handelte. Das Bahnhofsgebäude war nur noch ein stählernes Gerippe, in dem die Scheiben fehlten, während weiter hinten wie zum Trotz der graue Betonquader des Zoobunkers auf der Erde ruhte. Aus dem benachbarten Zoologischen Garten drang das hungrige Trompeten der Elefanten. Als dann auch noch vereinzelte Schüsse erklangen, entschied Oppenheimer, dass die Situation hier immer noch zu brenzlig war, und bog lieber nach rechts in die Joachimsthaler Straße ab. Um zu Schmudes Laden zu gelangen, war dies ohnehin die kürzeste Route.

Als sie in den Mittagsstunden aufgebrochen waren, hatte Oppenheimer erwartet, in der Innenstadt einen gigantischen Friedhof vorzufinden. Doch trotz der allgegenwärtigen Toten konnte nichts der Realität ferner sein. Um den eingefallenen Dachstuhl der Gedächtniskirche herum schien es vor Leben geradezu zu pulsieren. Überall saßen erschöpfte Rotarmisten, rauchten Zigaretten oder banden sich Lappen um das Schuhwerk, sogar bei einigen der leblosen Körper stellte sich auf den zweiten Blick heraus, dass es sich lediglich um völlig übermüdete Soldaten handelte, die sich auf den Trümmern der Hauptstadt ausgestreckt hatten.

Den Besiegten war jedoch kein Atemholen gestattet. Als Oppenheimer mit Lisa bei den verkohlten Überresten des Café Kranzler den Ku'damm betrat, sahen sie, wie ein langer Zug deutscher Kriegsgefangener den ehemaligen Boulevard ent-

langschlurfte, darunter auch faltige Greise und milchbärtige Knaben. Sie alle waren von der Niederlage gezeichnet, die einen froh darüber, dass nun alles vorbei war, während bei anderen Tränen flossen. Neben ihnen liefen Frauen und Kinder, augenscheinlich bemüht, die geschlagenen Helden aufzumuntern.
Als sie einige hundert Meter den Ku'damm entlanggelaufen waren, blieb Oppenheimer stehen und schaute sich suchend um. Irgendwo musste Schmudes Geschäft sein, allerdings hatte sich das Straßenbild seit seinem letzten Besuch stark verändert.
»Ist es hier?«, fragte Lisa.
»Tja, ich denke schon.« Die zugemauerten Schaufenster kamen ihm irgendwie bekannt vor, wirklich einladend sah das Gebäude jedoch nicht aus. Jemand hatte durch die Geröllhalde eine Schneise zur Vordertür gebahnt. Das dort angebrachte Schild verhieß nichts Gutes.
Es war eine von Hand geschriebene kyrillische Botschaft. Darüber prangte ein Totenkopf mit zwei gekreuzten Knochen. Wer auch immer dieses krude Schild gemalt hatte, an ihm war kein großer Künstler verlorengegangen.
»Sieht nicht so aus, als wollten sie jemanden reinlassen.« Oppenheimer kratzte sich am Kopf. »Vielleicht versuchen wir es besser auf der Rückseite, da gibt es noch einen Büroeingang.«
Nach einer mühseligen Kletterei über Steinhaufen gelangten sie in die schmale Einfahrt zum Hinterhof. Das Gitter war herausgerissen worden, und so bekamen sie ohne Probleme Zutritt. Nun, wo sie die Menschen hinter sich gelassen hatten, atmete Oppenheimer auf. Ohne Trümmerteile auf dem Boden wurden seine Schritte unwillkürlich schneller. Lisa lief hinter ihm her. Für einen Moment vergaß Oppenheimer seine Vorsicht, als er am Ende der dunklen Einfahrt die wohlvertrauten Hausfronten wiedererkannte.

Völlig ahnungslos tappten sie in eine Falle.
Als Oppenheimer schnurstracks zum Büroeingang lief, bekam er nicht mit, dass sich am Rande seines Blickfelds etwas bewegte. Aus einer Ecke schoss eine Hand hervor und griff nach Lisa. Erst ihr erstickter Schrei versetzte Oppenheimer in Alarmbereitschaft. Er wirbelte herum. Ein betrunkener Rotarmist versuchte, Lisa fortzuzerren. Wahrscheinlich hatte er auf der kleinen Zugangstreppe des Nachbarhauses gehockt. In seinem festen Griff wirkte Lisa hilflos. Sie schlug auf ihn ein, doch ohne erkennbare Wirkung.
Oppenheimer erstarrte, als er sah, wie sich der Soldat bei Lisas Anblick die Lippen leckte. Eine Welle des Zorns schoss durch seinen Körper.
Eine Waffe war nirgendwo zu entdecken, also riss er aus einem Berg aus aufgetürmten Baumaterialien einen Spaten heraus. Er packte den Holzstiel mit beiden Händen und hob ihn drohend in die Luft. Plötzlich war ihm alles egal. Er kümmerte sich nicht darum, dass der Soldat ihn ohne weiteres erschießen konnte, kümmerte sich nicht darum, dass sich nur wenige Meter von ihnen entfernt andere russische Soldaten befanden, die ihn überwältigen konnten. In diesem Moment war Oppenheimer zum Töten bereit.
Der Angreifer war größer als Lisa, das vereinfachte die Sache. Breitbeinig baute sich Oppenheimer vor dem Soldaten auf, spannte seine Muskeln an, rechnete sich in Sekunden aus, in welchem Bogen er mit dem Spaten zuschlagen musste, um den Kopf seines Widersachers zu treffen, kalkulierte, welche Wucht er in den Schlag legen musste, um den Schädel zu spalten.
Der Soldat fror mitten in der Bewegung ein. Wahrscheinlich war ihm eine solche Reaktion noch nicht untergekommen. Mit Sicherheit hatte er das irre Funkeln in Oppenheimers Augen registriert und ahnte, dass sich dieser Mann wehren würde.

Oppenheimers Stimme donnerte durch den Innenhof. »Lass gefälligst die Pfoten von ihr!«
Instinktiv wollte der Soldat nach seinem Revolver greifen, aber es blieb bei einem leichten Zucken des Arms.
In dieser Position verharrten sie für eine Weile, Oppenheimer achtete nicht auf die Regentropfen, die an seinem Kopf herabperlten, seine ganze Aufmerksamkeit galt dem Soldaten. Nicht die kleinste Bewegung entging ihm.
Schließlich registrierte Oppenheimer, wie der Rotarmist tief Luft holte und mit einem Ruck Lisa von sich wegstieß. Wie um seine Selbstachtung zu bewahren, hob er das Kinn, drehte sich betont gemächlich um und trottete dann in Richtung Ku'damm. Oppenheimer bewegte nicht einen Muskel, blieb kampfbereit stehen. Erst als der Soldat verschwunden war, ließ er seine Arme sinken und beugte sich zu Lisa vor.
»Alles in Ordnung?«, fragte er, während er ihr beim Aufstehen half.
Lisa konnte nach diesem Schrecken noch keinen klaren Gedanken fassen, geschweige denn einen zusammenhängenden Satz hervorbringen. Sie nickte wortlos.
Dafür sprach jetzt jemand anders. »Da habt ihr noch mal Schwein gehabt.«
Als die Stimme an Oppenheimers Ohren drang, glaubte er für einen Augenblick, sich verhört zu haben. Doch als er sich umdrehte, gab es keinen Zweifel.
Eine wohlvertraute Gestalt trat aus dem Schatten des Nebengebäudes. In der Hand hielt sie eine Schusswaffe. Jetzt, da der Rotarmist verschwunden war, betätigte sie mit dem Daumen den Sicherungshebel.
Es war Hilde.

Teil 2

ASCHE

11

Mittwoch, 2. Mai 1945 – Freitag, 4. Mai 1945
6 bis 4 Tage vor dem Kriegsende in Europa

Oppenheimer konnte seine Erleichterung kaum in Worte fassen, und so starrte er Hilde nur mit offenem Mund an. Sie hatte es also geschafft, zu überleben – Freisler und den Volksgerichtshof und auch das verhasste Naziregime. Insgeheim hätte sich Oppenheimer niemals mit dem Gedanken abfinden können, dass sie tot war. Dazu war die Hilde aus seinen Erinnerungen zu laut, zu widerborstig, zu lebendig gewesen.

Sie trug einen einfachen Kittel und ein Kopftuch. Da sie sonst immer auf ihr Äußeres geachtet hatte, war das für Oppenheimer die auffälligste Veränderung. Hilde war jetzt Mitte fünfzig, und nach den Prüfungen der letzten Monate hätte es ihn nicht gewundert, einer vorzeitig gealterten Frau zu begegnen. Doch nichts konnte der Wahrheit ferner sein. Trotz der unförmigen Kleidung wirkte Hildes Körper straffer als zuvor. Wahrscheinlich hatte sie im Gefängnis an Gewicht verloren.

»Kommt schnell rein«, raunte sie ihnen statt einer Begrüßung zu. Misstrauisch blickte Hilde sich um, ehe sie die Hintertür zu Schmudes Büro aufschloss. Auch hier prangte ein großes Schild mit kyrillischen Buchstaben und einem aufgemalten Totenschädel.

Eilig schlüpften sie ins Gebäude. Für einen Moment konnte Oppenheimer nichts sehen, so dunkel war es.

»Was ist das für ein Schild?«, fragte er in die Finsternis hinein.
Dicht neben sich hörte er Hildes Stimme. »Gegen Plünderer«, sagte sie. Dann rief sie unvermittelt: »Alles in Ordnung!«
Sobald sich Oppenheimers Augen an die Dunkelheit gewöhnt hatten, konnte er ein schummrig beleuchtetes Rechteck wahrnehmen. Er erinnerte sich, dass dort hinten der Verkaufsraum mit den zugemauerten Schaufenstern sein musste. Hilde bewegte sich darauf zu.
Während Oppenheimer mit Lisa hinter ihr hertrottete, fragte er: »Haben die Russen versucht, hier reinzukommen?«
»Na, die sind doch nicht blöd. Auf dem Schild steht, dass hier drin eine Seuchenstation ist. Mit einer ausdrücklichen Warnung vor Typhus.«
Oppenheimer blieb stehen. »Was?«
»Keine Bange, das ist alles Quatsch. Aber es war die beste Möglichkeit, um uns die Kerle vom Leib zu halten.«
Als sie den Verkaufsraum betraten, sah Oppenheimer flackernde Kerzen. Schmudes Laden war kaum noch wiederzuerkennen, denn quer durch den Raum waren Schnüre gespannt, an denen Bettlaken hingen. Auf dem Boden davor kauerten Gestalten vor ausgerollten alten Werbeplakaten und waren damit beschäftigt, die Rückseiten zu beschriften. Eine der Personen stand auf und kam ihnen entgegen, eine Frau mit aschblonden Haaren und spitzem Gesicht.
»Das ist Michalina«, erklärte Hilde. »Sie hat den russischen Text geschrieben. Aber jetzt schreiben wir eine deutsche Übersetzung. Gestern wollte doch tatsächlich jemand bei uns einsteigen. Natürlich ein Volksgenosse. Klar, jetzt fangen die auch schon an.«
»Ist er weg?«, fragte Michalina.
Hilde nickte ihr zu. »Er ist abgehauen.« Mit einem Seitenblick auf Oppenheimer erklärte sie: »Den Halunken in unserer Ein-

fahrt hatten wir schon entdeckt. Da habe ich mich mit dem Schießeisen im Hinterhof postiert, um unsere lustige Damenrunde zu bewachen.«

Als Hilde die Anwesenden mit Oppenheimer und Lisa bekannt gemacht hatte, klärte sich auf, was sie mit dieser Bemerkung meinte, denn in dem ehemaligen Modegeschäft waren nicht weniger als zwölf Frauen und vier Kinder untergebracht. Ein Gesicht darunter kam Oppenheimer bekannt vor, doch er brauchte eine Weile, ehe er Schmudes Verkäuferin Fräulein Schneider wiedererkannte. Statt Schminke hatte sie nun einen schwarzen Farbklecks auf der Wange, und ihr rotes Haar war unter einem Kopftuch verborgen. Selbst unter diesen ungewöhnlichen Umständen war sie immer noch attraktiv, und schon bald bemerkte Oppenheimer, dass sich an ihrer Unfreundlichkeit ebenso wenig geändert hatte.

Außerdem lernte Oppenheimer nun auch Schmudes Familie kennen. Seine Gattin Inge schaffte es, selbst in einer abgewetzten Küchenschürze und mit einem alten Kopftuch auf dem Kopf eine gewisse Eleganz auszustrahlen. Wahrscheinlich lag es an ihrer aufrechten Körperhaltung. Es war ein offenes Geheimnis, dass Frau Schmude der eigentliche Kopf hinter dem Modegeschäft gewesen war.

Eindringlingen mit aufgespannten Laken eine Krankenstation vorzutäuschen, mochte an sich eine gute Idee sein, und durch die zugemauerten Schaufenster konnte ohnehin niemand ins Gebäude gelangen, die Eingangstür und rückwärtigen Fenster waren jedoch für hartgesottene Plünderer kein ernstzunehmendes Hindernis. Daher übernachteten die Frauen allesamt im oberen Stockwerk, wo Schmude extra zu diesem Zweck einige Lagerräume ausgemistet hatte.

»Die Russen wagen sich ungern die Treppen rauf«, erklärte Hilde mit einem maliziösen Lächeln. »Häuser mit mehreren Stock-

werken sind wohl die wenigsten von ihnen gewohnt. Aber wozu sich auch anstrengen? Es gibt genügend Frauen hier in Berlin, deren Ehemänner sich nicht wehren. Was denkst du, warum das Schwein vorhin so blöd aus der Wäsche geschaut hat? Wenn man nicht den Schwanz einzieht, dann respektieren die einen.«
Oppenheimer blickte unwillkürlich zu Boden, als er daran dachte, dass er keinesfalls ein so guter Beschützer gewesen war, wie Hilde glaubte.
»Entschuldigung, aber habt ihr zufällig Seife?«, unterbrach Lisa sie.
Kopfschüttelnd meinte Hilde: »Da sind wir noch nicht drangekommen. Aber hier ist viel Platz, da verteilt sich der Gestank.«
Während sie noch im Verkaufsraum plauderten, drang ein schwacher Lichtschimmer herein. Abrupt verstummten die Frauen und blickten alarmiert zum Hintereingang. Der einzige Laut außer den schweren Schritten war ein metallisches Klicken, als Hilde ihre Pistole entsicherte.
Plötzlich rief jemand: »Alles in Ordnung!«
Es war Schmude. Erleichtert atmeten die Anwesenden auf. Wenige Augenblicke später erschien er mit einem vollen Wassereimer. Ein junger Mann befand sich bei ihm, der ebenfalls zwei Eimer schleppte.
»Man glaubt es kaum, aber die Feldküche hier an der Ecke gibt Essen an die Bevölkerung aus«, platzte es aus Schmude heraus. »Ausdrücklicher Befehl von Stadtkommandant Bersarin.«
Die Begrüßung bei Schmudes Ankunft war stürmisch. Laut rufend liefen der fünfjährige Sohn Kurth und seine um zwei Jahre jüngere Schwester Bettina auf ihren Vater zu und gaben keine Ruhe, bis er sie umarmte. Als Schmude schließlich bemerkte, dass sich Oppenheimer in seinem Geschäft befand, riss er die Augen auf. »Richard?«
»In voller Lebensgröße«, erwiderte Oppenheimer grinsend.

»Na, ein Glück, dass du es geschafft hast«, sagte Schmude und trat eilig näher, um ihm die Hand zu schütteln. Oppenheimer vergaß zunächst, ihm die Linke zur Begrüßung zu reichen, denn an Schmudes rechten Armstumpf war nur die künstliche Hand einer Schaufensterpuppe geschnallt. »Ja, und deine Frau ist auch da. Wie habt ihr das denn geschafft?«

»Ganz einfach, Franz, einmal quer durch Berlin«, erklärte Oppenheimer. »Wir wollten eigentlich zu Ede, aber da war kein Durchkommen.«

Als einige der Frauen zu den gefüllten Eimern drängten, erinnerte sich Schmude an etwas. »Ach ja, aufpassen«, rief er ihnen über die Schulter zu. »In einem der Eimer ist Brühe. Aber wir müssen sie vorher verdünnen, die ist sonst zu fettig. Ein paar Leute in der Schlange haben die Suppe auf der Stelle wieder ausgekotzt.«

Mit dieser Bemerkung zog er seinen Mantel aus und warf ihn zusammen mit dem Hut achtlos auf den nächstbesten Stuhl. Frau Schmude zog ihre geschwungenen Augenbrauen hoch, als sie sah, wie nachlässig ihr Ehemann mit den Kleidern umging.

»Franz, häng die Sachen ordentlich hin, sonst verknittert alles«, ermahnte Inge ihren Mann, ehe sie den Suppeneimer in die Büroküche trug.

»Ah, ertappt«, sagte Schmude. »Ich müsste es besser wissen.« Reumütig sammelte er Mantel und Hut zusammen, um sie an die Garderobe im Durchgang zur Hintertür zu hängen.

Als er wieder zurückkam, fügte er hinzu: »Ich ruhe mich erst mal etwas aus, später muss ich mit Gerda aber noch eine weitere Runde zur Wasserpumpe machen.«

Oppenheimer sagte dieser Name nichts. »Wer ist Gerda?«

»Das ist sie«, erwiderte Schmude und winkte die Gestalt heran, die Oppenheimer zunächst für einen jungen Mann gehalten hatte. »Sie wagt sich als Einzige mit mir nach draußen. In der Wasserschlange ist es für Frauen noch zu gefährlich. Sie werden in Seitengassen abgedrängt und belästigt. Aber unsere Gerda ist ja gut getarnt.«

Oppenheimer konnte dieser Beobachtung nur zustimmen. Genau wie Lisa steckte Gerda in Männerkleidern, doch bei ihr war die Illusion ungleich perfekter. Die makellos gebundene Krawatte, der Kurzhaarschnitt unter dem Hut, der sauber ausrasierte Nacken – selbst aus kurzer Distanz war kaum erkennbar, dass es sich bei ihr um eine Frau handelte.

»Ich hab auch noch was anderes«, sagte Gerda und öffnete ihre Anzugjacke. Aus dem umgeschnallten Holster blitzte Oppenheimer der Knauf eines Jagdmessers entgegen.

Angesichts dieser Bewaffnung fiel Oppenheimer nur ein lahmer Kommentar ein. »Ich sehe schon, ihr wisst euch zu helfen.«

Gerda reagierte kaum darauf, sondern musterte ihn misstrauisch. »Sind Sie etwa dieser Kommissar?«

Überrascht antwortete Oppenheimer: »Äh, ja. Hat Franz bereits über mich gesprochen?«

Hilde klopfte ihr kumpelhaft auf den Rücken. »Brauchst dir nichts zu denken, Gerda, der ist harmlos. Schwarzmarktgeschäfte interessieren ihn nicht, solange er seinen Kaffee kriegt. Barbe hat nach dir gefragt. Sie ist gerade mit den Kindern hochgegangen.«

Gerda warf Oppenheimer noch einen letzten Blick zu, dann verschwand sie in Richtung der Treppe.

»Eine ehemalige Zulieferin von mir«, erklärte Hilde mit einem Augenzwinkern. »Sie hatte hervorragende Kontakte zu den Fremdarbeitern. Da habe ich zuletzt ne Menge Krempel verkauft.«

»Tja, hättest du dir gedacht, dass wir das Kriegsende in einem Haus voller Frauen erleben?«, fragte Schmude.

Oppenheimer gluckste amüsiert. Schmudes Humor hatte also in den vergangenen Wochen keinen Schaden erlitten.
»Wo kommen die Mädchen denn alle her?«, fragte er.
Schmude lachte kurz auf. »Tja, es hat damit angefangen, dass ich eine Nachbarin hier einquartiert habe, ehe die Russen angerückt sind. Ich hab ja genug Platz. Und dann kamen immer mehr. Ein paar hat Hilde noch angeschleppt.«
»Die können wirklich von Glück reden.«
»Na ja, zumindest fast alle«, fügte Hilde mit grimmiger Miene hinzu. »Ein paar von ihnen wurden auch verschlissen.«
Bei dieser neuen Bezeichnung für Vergewaltigungen spürte Oppenheimer einen Stich in seiner Brust.
Ungerührt fuhr Hilde fort: »Das alles wird unter den Deutschen eine große Verbitterung hinterlassen, egal, was in der nächsten Zeit geschieht. Den Krieg haben die Russen gewonnen, aber den Frieden drohen sie jetzt zu verlieren.«
Rasch warf Oppenheimer Lisa einen Seitenblick zu, doch sie hatte anscheinend unbeteiligt zugehört. Ihr Schutzschild war wieder hochgefahren, sie ließ nichts an sich herankommen.
Oppenheimer war immer noch überrascht, Hilde unversehrt vorzufinden. »Wie hast du es nur geschafft, davonzukommen?«
»Die Rote Armee hat dabei auch ein wenig geholfen. Aber wenigstens bin ich ab sofort amtlich beglaubigte Regimegegnerin. Hier, lies.«
Hilde zog ein ausgefülltes Formular hervor und reichte es an Oppenheimer. Es war eine Entlassungsurkunde aus dem Gefängnis.
Kritisch musterte er die Signatur. »Das sieht mir aber verdächtig nach deiner Handschrift aus.«
Hilde hob die Hände. »War halt keiner mehr da, als wir in die Registratur kamen. Zum Glück hab ich noch daran gedacht. Ich

musste das schon Michalina erklären: In Deutschland gilt man nichts, wenn man nicht die richtigen Dokumente hat.«

Oppenheimer reichte ihr das Schriftstück zurück. »Gut, wo kommen wir dann unter?«

Auf seine Frage hin setzte sich Schmude in Bewegung. »Oben findet sich bestimmt noch ein lauschiges Plätzchen für euch beide.«

Am Fuß der Treppe nahm Oppenheimer Hilde kurz beiseite. »Was meinst du, kannst du Lisa untersuchen? Als Ärztin.«

Hilde schaute ihn zunächst fragend an. Oppenheimers eindringlicher Blick ließ sie verstehen. »Natürlich«, sagte sie. »Ich werde sie untersuchen. Ihr habt Glück, dass ihr hergekommen seid. Falls etwas ist, kann ich sie behandeln. Otto hat hier einige Medikamente aus seiner Apotheke gebunkert. Das andere gehört wohl zum Krieg. Er bringt beim Mannsvolk nur das Schlechte zum Vorschein.«

Hildes Gesicht verschwamm, als Oppenheimers Augen feucht wurden. Doch anstatt sich alles von der Seele zu reden, presste er seine Lippen zusammen und versuchte, die Gefühle mit einem Räuspern zu unterdrücken.

Sanft legte Hilde ihm die Hand auf die Schulter. »Das schaffen wir schon. Lisa ist bei mir in den besten Händen.«

Oppenheimer wusste, dass sie recht hatte, und doch tröstete es ihn nicht.

Aksakows Männer waren voller Tatendrang. Übermütig ließ der Fahrer den Motor aufjaulen und schoss durch die Einfahrt des Hinterhofs. Während der Fahrtwind durch die offenen Seiten in den Geländewagen blies, erblickte Aksakow um sich herum zufriedene Gesichter. Ein Einsatz in der Stadt versprach mehr Aufregung als die stumpfsinnige Routine beim Befüllen von Kisten mit Laborequipment.

Es hatte länger als erwartet gedauert, bis Aksakow die Suche nach Roskis Koffer in die Wege leiten konnte. In der Nacht zum Mittwoch war in der Innenstadt ein letzter Ausbruchsversuch von SS-Truppen über die Weidendammer Brücke erfolgt. Nach einem Scharmützel unweit des Gärkellers in Gesundbrunnen konnte der feindliche Vorstoß schließlich entlang der Schönhauser Allee mit dem massiven Einsatz russischer Truppen vereitelt werden. Auch Aksakow und seine Leute befanden sich die ganze Zeit über in höchster Alarmbereitschaft, aus den Labors voller Geräte und Kisten wurden sie allerdings nicht abgezogen.

Obwohl es jetzt bereits Freitag war und das letzte Aufflackern der Kämpfe beendet schien, war ihre Fahrt zum Gärkeller nicht ungefährlich. Es war zumindest denkbar, dass sich ein letzter Rest versprengter SS-Leute in den Ruinen der Umgebung festgesetzt hatte. Immerhin waren Aksakows Männer bis an die Zähne bewaffnet und damit auf alle Eventualitäten vorbereitet. Bei der Jagd auf russische Deserteure hinter der Kampflinie waren sie wiederholt in heikle Situationen geraten, und ob es sich nun um Scharmützel mit Partisanen oder auch um Kämpfe mit regulären Feindtruppen handelte – Aksakow wusste, dass er seinen Leuten vertrauen konnte, wenn es hart auf hart kam.

Nur eine Ausnahme gab es. Pogodin.

Mit qietschenden Reifen bogen die zwei Einsatzfahrzeuge in eine Seitenstraße ein. Als Aksakow im vorderen Fahrzeug für einen kurzen Moment die hellen Haare des Hauptmanns erblickte, verdüsterten sich seine Gedanken. Es schien unmöglich zu sein, diese Filzlaus abzuschütteln. Obwohl Pogodin offiziell nicht an dem Einsatz teilnehmen sollte, hatte er es sich nicht nehmen lassen, sie zu begleiten. Aksakow wusste, was das hieß. Er musste heute besonders vorsichtig sein, denn der Haupt-

mann würde jeden seiner Schritte genauestens beobachten und ihn schon beim kleinsten Missgeschick anschwärzen.
Jungkommunisten wie Pogodin, die frisch vom Komsomol kamen, waren als Spitzel besonders beliebt. Vielleicht ging man stillschweigend davon aus, dass sie noch nicht so stark mit dem Leben in Berührung gekommen waren, um ihre politische Einstellung ins Wanken geraten zu lassen. Hinzu kamen auf offizieller Ebene die *Politruks,* politische Offiziere, deren Aufgabe in der Bewahrung der ideologischen Hygiene bestand. Diese beiden Kontrollebenen existierten in jedem Truppenteil. Niemand konnte sich in der trügerischen Sicherheit wiegen, unbeobachtet zu sein. Dass man Aksakow den Informanten Pogodin direkt vor die Nase gesetzt hatte, war freilich wenig subtil.
Als ihre Einsatzfahrzeuge die breite Einfallstraße zur Innenstadt entlangjagten, blieb Aksakows Blick an einem provisorisch aufgestellten Holzschild hängen. Er musste die Aufschrift nicht lesen, um zu wissen, was darauf stand.
Da ist es, das faschistische Nest Berlin.
Obwohl die ehemalige Reichshauptstadt nur noch ein qualmender Kehrichthaufen war, standen diese Propagandatafeln zur Stärkung der Kampfmoral immer noch herum. Überall auf dem Weg nach Berlin hatten diese und ähnliche Schilder sie begleitet. Vor zerstörten russischen Dörfern hingen penible Auflistungen, wie viele Häuser verbrannt und wie viele Einwohner von den deutschen Bestien getötet worden waren, jedes Mal mit der Aufforderung, diese Schandtaten zu rächen und die Faschisten zu vernichten.
Als Aksakow zum ersten Mal in das deutsche Reichsgebiet vorgedrungen war, hatte er überall Anzeichen dafür entdeckt, eine feindselige Umgebung zu betreten. Ihr Weg nach Berlin führte durch eine Schlammwüste zwischen Fichtenwäldern hindurch,

und das bei einem Wetter, das immer wieder zwischen nasser Kälte und frühlingshaften Temperaturen pendelte.
Aksakow hatte vor seiner Ankunft damit gerechnet, einen finsteren Steinkoloss bezwingen zu müssen oder vielleicht ein Banditennest, wie es in der Propaganda beschworen wurde. Jetzt, wo er hier war, erschien alles anders. Letztendlich war Berlin eine Großstadt wie jede andere auch. Gelegentlich dachte Aksakow an seinen ersten Besuch in Moskau zurück, an die überwältigenden Eindrücke, die er als Halbwüchsiger begierig aufgesogen hatte, Jahre bevor er dort an den weiterführenden NKWD-Schulungen teilnehmen sollte. Allerdings schien in Berlin alles wesentlich kleiner zu sein. Selbst die viel gerühmte Reichsautobahn war eine Enttäuschung. Aksakow fand die Berichte über die Größe dieses Bauwerks maßlos übertrieben, in Wirklichkeit war die Autobahn nur eine öde Betonpiste und nicht einmal ansatzweise vergleichbar mit den monumentalen Entwürfen von Architekten wie Boris Iofan oder Alexei Schtschussew, die in den Vorkriegsjahren damit beschäftigt gewesen waren, auf Stalins Geheiß hin gewaltige Prunkbauten hochzuziehen.

Heute hing ein schwerer Maihimmel über den Berliner Ruinen. Die Trümmer warfen das Brummen ihrer Motoren ungedämpft zurück. Nach der Überquerung der S-Bahn-Gleise bogen sie ab und näherten sich einer Parkanlage. Es war für Aksakow eine weitere Überraschung gewesen, wie grün Berlin trotz allem war. An manchen Tagen wirkte die Stadt geradezu freundlich. Nicht dazu ins Bild passen wollten allerdings die grauen Flaktürme und die von Schüssen durchsiebten Bäume.
Und dann gab es noch die grellrot angestrichenen Pfähle. Mit den weißen Holzsternen auf der Oberseite erschienen sie wie ein Riss in der grünen Bepflanzung. An jeder Säule befand sich

unter Glas ein handgeschriebener Zettel, auf dem, zusammen mit dem Todesdatum, der Name des darunter begrabenen Sowjethelden verraten wurde. Fast überall kam man mittlerweile an diesen improvisierten Grabhügeln vorbei, aber das war nur eine vorübergehende Lösung. Mit Sicherheit würde man die Toten bald aus diesen Notgräbern wieder ausgraben und auf einen Kriegsfriedhof umbetten.

Immerhin, sie hatten es hinter sich gebracht, kannten kein Leid mehr. Und all die anderen – Aksakow, seine Männer, selbst Pogodin – gehörten zu den Überlebenden, so, wie sie schon vor Beginn des Krieges zu den Überlebenden gehört hatten, nach einer Ära des Tumults von Revolution und Gegenrevolution, Seuchen und immer wiederkehrenden Hungersnöten.

Aksakow nahm wahr, wie sich ihr Tempo verringerte. Zu Roskis letztem Aufenthaltsort konnte es also nicht mehr weit sein. Bei diesem Gedanken schob er alle anderen Überlegungen beiseite, die nicht unmittelbar mit dem Einsatz zusammenhingen. Jetzt gab es keinen Aufschub mehr, unter den Argusaugen von Pogodin musste er seinen Wert beweisen.

Seine Leute würden zunächst die benachbarten Häuser absuchen, um Roskis Leiche zu bergen, wenngleich sich Aksakow keine große Hoffnung machte, dort noch etwas vorzufinden. Danach würde der Gärkeller an die Reihe kommen.

Kieselsteine wurden aufgewirbelt, als sie auf dem Innenhof der alten Brauerei abbremsten und die Geländewagen zum Stehen kamen.

Aksakow stieg aus und versuchte, das flaue Gefühl in seinem Magen mit einem Schluck aus der Feldflasche zu besänftigen.

Dieser Oppenheimer hatte von einem Haus mit weggerissenem Dachstuhl berichtet. In der Nachbarschaft befanden sich vier passende Gebäude, und tatsächlich entdeckten Aksakows Leute nach kurzer Zeit einen Toten. Leider hatten mittlerweile die Flammen eines brennenden Nachbarhauses auf den offenen Dachstuhl übergegriffen, so dass sie nur verkohlte Holzbalken vorfanden und zwischen den Steinhaufen einen ebenso verbrannten Kadaver.

Obwohl eine zweifelsfreie Identifizierung unter diesen Umständen unwahrscheinlich war, packten sie die sterblichen Überreste in ein Segeltuch. So konnte Aksakow später wenigstens etwas vorweisen. Auf der Suche nach der Kellertreppe mussten sie zunächst das Brauereigebäude umrunden. Aksakow hatte den Eindruck, dass Pogodin seine Anstrengungen mit einem ironischen Blick quittierte. Als er sich ihm kurz zuwandte, war das Grinsen jedoch aus dessen Gesicht gewichen. Hatte er sich das nur eingebildet? Es hieß, dass die Augen das Fenster in die Seele seien, an der blauen Iris des Hauptmanns prallte hingegen jeder indiskrete Blick ab.

Ein Ruf erklang. Wie um dem Hauptmann zu trotzen, wandte Aksakow ihm den Rücken zu und folgte seinen Männern im Laufschritt um die nächste Ecke. Sogar zwischen dem wuchernden Gestrüpp waren die roten Backsteinflanken schon von weitem zu erkennen. Vor den Treppenstufen angelangt, hielt er inne. Obwohl sich Aksakow in Pogodins Anwesenheit dazu gedrängt fühlte, in Aktion zu treten, ermahnte er sich, nicht überstürzt zu handeln.

Er zog seine Tokarew-Pistole, signalisierte seinen Leuten, ihm zu folgen, und stieg dann vorsichtig die Treppe hinab. Von der Außentür hingen nur noch Einzelteile in den Angeln, dahinter tat sich ein düsterer Schlund auf. Wenn sie Pech hatten, waren hier bereits Plünderer am Werk gewesen.

Aksakow spähte durch die Türöffnung in die Dunkelheit. Beißender Uringestank schlug ihm entgegen. Es kostete eine gewisse Überwindung, weiterzugehen und sich dieser Luft auszusetzen. Fast kam es ihm vor, als würde im Inneren dieses Kellers ein Tier hausen, ein wildes Biest, das nicht gestört werden durfte. So geräuschlos wie möglich schlich Aksakow durch den schmalen Gang, bis er auf eine weitere Tür traf. Im Gegensatz zur Außenpforte war sie noch intakt. Als er sich näherte, um zu lauschen, verriet ihm ein Windzug, dass sie nur angelehnt war. Aksakow holte tief Luft, stieß die Tür auf und sprang, die Pistole im Anschlag, in den Kellerraum.

12

Freitag, 4. Mai 1945
4 Tage vor dem Kriegsende in Europa

Und wie heißt das jetzt? Etwa *Heil Dönitz?*«, fragte der wartende Herr vor Oppenheimer.

»Tja, es hat nicht den richtigen Klang«, pflichtete ihm sein Gesprächspartner verständnisvoll nickend bei.

Oppenheimer stand an der Seite von Schmude und Gerda in einer Schlange vor der nächstgelegenen russischen Feldküche. Wenn man darüber nachdachte, war die Frage des fremden Herrn berechtigt. Sogar Oppenheimer hatte mitbekommen, dass Hitler gestorben war, denn glücklicherweise besaß Schmude einen Detektorempfänger, der ohne externe Stromzufuhr funktionierte. Vorgestern Abend war auf dem Radiosender Hamburg um halb zehn Uhr abends eine wichtige Meldung angekündigt worden. Die Wartezeit bis dahin wurde von bedeutungsschwangerer Musik von Wagner und Bruckner überbrückt, bis schließlich Großadmiral Dönitz vors Mikrophon trat und ankündigte, dass Hitler an der Spitze seiner Truppen kämpfend gefallen sei. Wenn man seiner Ankündigung Glauben schenken konnte, war Dönitz nun der offizielle Nachfolger des verblichenen Führers.

Abgesehen davon glich die Lage einem heillosen Durcheinander. Göring hatten die Westalliierten anscheinend in seiner Alpenvilla eingesperrt. Von Reichsführer SS Himmler berichteten die Auslandssender brühwarm, dass er immer noch bemüht war, Kapitulationsverhandlungen aufzunehmen, was jedoch im Sande verlief, weil er sich auf keinen Fall dem russischen Erzfeind ergeben wollte. Über Goebbels kursierten zunächst Gerüchte, dass er sich noch rechtzeitig mit dem Flugzeug nach Spanien abgesetzt habe, dann hieß es wieder, dass er im Bunker des Propagandaministeriums ums Leben gekommen sei.

Die *Ostmark* hieß jetzt wieder Österreich, München wurde kampflos von den US-Amerikanern besetzt, und auch die restlichen deutschen Truppen in Italien trennten sich von ihren Waffen. Mussolini wiederum hatte das Pech, bei einem Fluchtversuch erschossen zu werden. Oppenheimer fand es erstaunlich, zu hören, dass die Leiche des *Duce* von einer wütenden Menge misshandelt worden war, als man sie in Mailand auf einem öffentlichen Platz zur Schau gestellt hatte.

Berlin besaß bereits seit dem 28. April einen Stadtkommandanten, nämlich Nikolaj Bersarin, Oberbefehlshaber der sowjetischen 5. Stoßarmee. Offenbar war es russischer Brauch, dass dieser Posten an den Kommandanten vergeben wurde, dessen Truppen die Stadt als Erste eingenommen hatten. Weil Berlin aber von mehreren Armeen gleichzeitig erobert worden war, wusste niemand so recht, warum letztendlich die Wahl auf Bersarin gefallen war.

Auf der anderen Seite der Weltkugel tobte der Krieg unablässig weiter, aber diese Tatsache drang kaum ins Bewusstsein der Berliner Bevölkerung. Oppenheimer hatte den Eindruck, dass der Krieg zumindest in Europa allmählich dem Ende zuging, nicht zuletzt deshalb, weil die Auflösungserscheinungen in der nationalsozialistischen Führungsriege immer offener zutage traten. Auch die Leute in der Schlange vor der russischen Feldküche spürten diese Gezeitenwende. Selten zuvor wurde so offen über Hitler gelästert.

»Für den Adolf is keen Galgen zu hoch«, schimpfte hinter Oppenheimer ein älterer Herr mit einem Kneifer auf der Nase. Freilich, jetzt brauchte es keinen Mut mehr, um gegen Hitler Partei zu ergreifen. Sicher standen in der Schlange auch Personen, die vorher offen gegen Deserteure und andere Volksfeinde gehetzt hatten, doch nun drehten sie ihre Fahne mit dem Wind – oder wagten es höchstens, zu murren, dass Hitler selbst keinesfalls böse gewesen sei, sondern nur schlechte Mitarbeiter gehabt habe. Die bislang allgegenwärtigen Männer mit Hitlerbärtchen standen inmitten der Menschenmenge und fuhren sich mit den Fingern über eine ungewohnt kahle Oberlippe.

Stockend strebte die Schlange der russischen Feldküche entgegen. Auf einem Fahrzeuganhänger stand ein gigantischer Bottich, aus dem aromatische Dämpfe aufstiegen. Ein Soldat schöpfte die Suppe mit einer Kelle in Krüge, Eimer, Gefäße jeglicher Art, die ihm entgegengestreckt wurden. Ein Koch in einer wattierten Jacke schnitt einen Berg Zwiebeln.

Überrascht wandte sich Oppenheimer um, als Hufgeklapper an sein Ohr drang. Ein herrenloses Pferd trottete die Straße entlang. An der nächsten Kreuzung röhrte ein Motor, Rotarmisten kurvten laut johlend in einem deutschen Zivilfahrzeug umher. Derweil versuchte auf der gegenüberliegenden Straßenseite ein russischer Soldat, einer Passantin das Fahrrad zu entreißen. Mit eisernem Griff hielt er die Lenkstange umklammert, während die Besitzerin noch auf den Sattel saß und ihn laut beschimpfte. Immer wieder wehte Oppenheimer Qualm ins Gesicht, denn mysteriöserweise gingen in Berlin immer noch Häuser in Flammen auf. Die Brände waren anders als bei den Bombardierungen, wo sich das Feuer meistens vom Dachstuhl ausgehend ausbreitete. Dass sich jetzt die Flammen vom Erdgeschoss in die Höhe fraßen, war ein deutliches Zeichen für Brandstiftung. Wer

die Verantwortlichen dafür waren, blieb jedoch bis auf weiteres ungeklärt.
Bei den umstehenden Leuten war von Erleichterung über das Ende der Kämpfe nur wenig zu spüren. Stattdessen schien sich eine gewisse Selbstmordstimmung breitzumachen, was kein Wunder war, denn das alles beherrschende Gesprächsthema unter der Zivilbevölkerung waren die Schändungen der Frauen und Mädchen. Auch die beiden Herren vor Oppenheimer sprachen darüber. Und wie fast alle anderen nahmen sie dabei kein Blatt vor den Mund.
»Haben Sie gehört, was in Dahlem geschehen ist?«, fragte der eine. »Die Russen müssen da gehaust haben wie die Wilden, kaum vorstellbar. Es hat Mordfälle gegeben. Frauen und deren Töchter, erst wurden sie vergewaltigt und dann auch noch erhängt. Sie sollen aber bereits vorher tot gewesen sein. Sicher Lustmord.«
Der andere Herr brummte zustimmend. Auch er hatte eine Geschichte zu erzählen. »Wissen Sie, selbst die alte Frau Sperber von nebenan hat es erwischt. Da kam einer an, sagte nur: ›Du alt, du gesund‹, und verging sich dann an ihr. Und vorgestern hat sich ein Offizier von ihnen bewirten lassen. Er meinte zuerst, ›Ich russischer Offizier, nix fick fick‹, aber dann gab es später doch fick fick.«
»Ach, die sind alle gleich. Sie kennen doch das Fräulein Burggraf? Die haben sie gleich ein Dutzend Mal rangenommen. Alle Kleider haben sie ihr vom Leib gerissen. Gestern hat sie sich die Pulsadern aufgeschnitten. Armes Mädel.«
Obgleich Oppenheimer aus eigener Erfahrung wusste, dass es immer Sadisten gab, hätte er all diese Berichte unter normalen Umständen nicht für bare Münze genommen. Aber in diesen verrückten Zeiten bot sich Triebtätern ein ideales Betätigungs-

feld, zudem sie keine Strafen zu befürchten hatten. Es gab zu viele rechtlose Menschen, die gequält werden konnten. Nein, die Umstände waren nicht mehr normal. Nicht nach allem, was mit Lisa geschehen war.
Hilde hatte sie eingehend untersucht, doch bis auf ein paar blaue Flecken schien Lisa glücklicherweise äußerlich nicht verletzt worden zu sein. Soweit Hilde es mit den zur Verfügung stehenden Mitteln beurteilen konnte, gab es bislang auch keine Anzeichen für eine Geschlechtskrankheit. Es war allerdings noch zu früh, um die psychischen Auswirkungen einzuschätzen.
In der Nacht wälzte sich Lisa immer noch unruhig hin und her. Selbst das leiseste Geräusch reichte aus, um sie aufschrecken zu lassen. Einige Male hatte sie Oppenheimer voller Furcht angestarrt, bis sie sich daran erinnerte, wer neben ihr lag. Aber zum Glück kam das immer seltener vor.
Oppenheimer hatte Sehnsucht nach einer Pervitin-Tablette, die ihm dabei helfen konnte, diese Dinge nicht an sich herankommen zu lassen. Aber es gab keine Alternative, als sich dem auszusetzen und das alles auszuhalten, bis es hoffentlich einmal vorbei war.
Auch Schmude stand mit einer umwölkten Stirn neben ihm. Obwohl es ihm gelungen war, seine Frau Inge und die beiden Kinder in Sicherheit zu bringen, konnte man nicht wissen, was ihnen sonst noch widerfahren war. Entgegen seiner offenen Art war Schmude auffallend wortkarg, wenn es um die jüngste Vergangenheit ging.
Gerda blickte ebenso betreten drein. Oppenheimer hatte in den vergangenen Tagen mitbekommen, dass sie an Hildes Mitgefangener Barbe Gefallen fand. Die beiden waren ein nettes Paar, und es war geradezu herzerfrischend zu sehen, wie das klassische Rollenverhalten von den beiden eingehalten wurde. Stän-

dig schwirrte Gerda herum und versuchte, Barbe jeglichen Wunsch von den Lippen abzulesen. Und die hatte keine Scheu, sich wie eine Prinzessin bedienen zu lassen. Bei Tageslicht war Gerdas Weiblichkeit allerdings offensichtlich. Nur die russischen Soldaten waren blind dafür, die Möglichkeit, dass sie eine Frau in Männerkleidern vor sich hatten, schien ihre Vorstellungskraft zu übersteigen.

»Man sollte irgendwo hingehen, wo es keine Männer in Uniformen gibt«, knurrte Gerda.

Oppenheimer nickte.

»Viel Glück bei der Suche«, kommentierte Schmude zynisch. »Ich bin noch nicht fündig geworden.«

Plötzlich ertönte Kinderlachen. Vor einem brennenden Haus fuhr der Rotarmist mit dem erfolgreich geklauten Fahrrad vorbei. Von der ehemaligen Besitzerin war nichts mehr zu sehen. Stattdessen saß jetzt ein Junge mit kurzen Hosen auf der Lenkstange, während sich auf dem Gepäckträger ein kleines Mädchen freudestrahlend an den Rücken des stämmigen Soldaten klammerte. Bei der Feldküche hatte sich der russische Koch nach vorn gebeugt und sprach mit breitem Lächeln auf ein Kind ein, das an der Hand seines Vaters in der Schlange stand. Dann packte der Soldat einen schweren schwarzen Brotlaib, hackte ihn mit einem großen Messer in drei Teile und reichte ein Stück dem Vater.

Trotz all der schaurigen Geschichten konnten die russischen Sieger auch sehr gutmütig sein. Oppenheimer fiel es schwer, sich auf ihr Verhalten einen Reim zu machen.

Auch Gerda hatte diese Szene beobachtet. »Die rücken mehr raus, wenn man ein Kind dabeihat. Ich glaube, nächstes Mal nehmen wir Kurth mit.«

Schmude warf Gerda einen kurzen Blick zu. »Wir können es mal versuchen. Schaden wird es sicher nicht.«

Schließlich stand Oppenheimer vor der Gulaschkanone, reichte seine beiden Eimer hoch und beobachtete, wie eine knallrote Flüssigkeit hineingeschöpft wurde. Als er die Eimer wieder entgegennahm, tanzten schillernde Fettaugen auf der Suppe. Mit den Eimern von Schmude und Gerda hatten sie so viel Vorrat, dass die Suppe, mit Wasser gestreckt, für drei bis vier Tage reichen würde.

Während Oppenheimer in den ersten Tagen nach der Ankunft bei Schmude noch richtiggehend ausgelaugt gewesen war, spürte er jetzt eine immer größer werdende Unruhe in sich. Er hatte sich lange genug ausgeruht, schließlich gab es noch einige Dinge zu regeln. Sobald der Weg nach Pankow halbwegs passierbar war, musste er sich bei Ede melden.

Und dann war da noch die Sache mit Lisas Vergewaltigung. Oppenheimer wusste noch immer nicht, was er tun konnte, damit diese Schandtat verfolgt wurde. Trotz allem stand für ihn fest, dass er es zumindest versuchen würde.

Aksakow hätte sich kaum gewundert, in dem Brauereikeller einen Hort des Bösen vorzufinden oder das Schreckgespenst seiner Kindheit, die alte Hexe Baba Jaga, auf einem Berg von Menschenschädeln thronend. Im Vergleich zu diesen Hirngespinsten war der reale Anblick geradezu ernüchternd.

Das Kellergewölbe war größer, als Aksakow erwartet hatte. Die Lichtkegel der Stablampen schwirrten umher, nur um sich über ihren Köpfen in der Dunkelheit zu verlieren. Überall standen große Fässer, weiter hinten entdeckten sie vor der Seitenwand ein abgebranntes Lagerfeuer. Der Boden war von Unrat übersät – abgebrochene Flaschenhälse, Bettzeug, halb geleerte Lebensmittelkonserven, in den weiter abgelegenen Ecken befanden sich Kothaufen. Zunächst glaubte Aksakow, die Überreste eines Gelages zu erkennen. Die zahlreichen Patronenhülsen auf dem Boden waren allerdings ein Hinweis darauf, dass hier ein Kampf stattgefunden hatte.

Als einzige Lebewesen schienen lästige Schmeißfliegen übrig geblieben zu sein. Ungeachtet dessen wagte Aksakow seine Anweisungen nur zu flüstern. Falls sie auf ein Überraschungsmoment bauen konnten, wollte er es nicht preisgeben.

In zwei Gruppen aufgeteilt, huschten seine Leute lautlos über den Boden. Aksakow führte den ersten Trupp nach links, während Pogodin sich mit dem Rest der Männer in die entgegengesetzte Richtung vorwagte.

Auf ihrer Seite war es besonders tückisch, weil die großen Gärbottiche ideale Verstecke boten. Aksakow ließ die vorderen Fässer von jeweils zwei Männern umrunden. Erst danach wagten sie es, sich der Lagerstelle zu nähern.

Am erloschenen Feuer entdeckten sie einzelne Blutspuren. Gleich in der Nähe lag der erste Tote. Er trug eine wattierte Jacke, wie man sie nur bei Rotarmisten antraf.

»Dort hinten liegen noch drei weitere Leichen, Genosse Oberst!«

Aksakow schnellte bei diesen Worten herum. Hinter ihm stand Pogodin. Obwohl er in einer feindlichen Umgebung routinemäßig auf jedes noch so leise Geräusch achtete, hatte er ihn nicht bemerkt. So dienstbeflissen wie möglich fragte Aksakow: »Gibt es sonst noch etwas?«

»Ein SS-Mann ist unter den Toten. Sonst gibt es noch viele Verschläge, sie scheinen größtenteils leer geräumt zu sein. Wenn hier noch etwas Wertvolles zu finden war, ist es sicher bereits verschwunden.«

Natürlich, es hätte Pogodin so gepasst, dass Aksakow versagte, aber dieser wollte sich nicht so schnell geschlagen geben.

»Trotzdem, alles durchsuchen«, befahl er mit tonloser Stimme.

Nach einer halben Stunde ergebnislosen Suchens war selbst Aksakow bereit, seine Niederlage einzugestehen. Er wollte bereits den Befehl zum Rückzug geben, als er auf etwas aufmerksam wurde. Zwischen den Überresten des Gelages war es kaum zu sehen gewesen, doch Aksakow glaubte, auf dem grauen Zementboden eine Struktur zu erkennen. Als er sich bückte, um es genauer zu betrachten, wurde die Ahnung zur Gewissheit. Eine dunkelrote Schleifspur zog sich durch das Chaos, fort von der Feuerstelle in den Schatten der hinteren Gärbottiche.

Wortlos schnappte sich Aksakow die Stablampe eines Soldaten und richtete den Lichtkegel auf die blutige Spur. Mit der anderen Hand packte er seine Tokarew und setzte dann bedächtig einen Fuß vor den anderen.

Er wusste nicht, was ihn am Ende dieses Pfades erwartete. Wenn es ein verwundeter SS-Mann war, konnte er mit seiner Waffe schnell reagieren. Aber wenn er Glück hatte, würde Aksakow jemanden finden, der ihnen bei der Aufklärung dieses Vorfalls hier im Keller behilflich sein konnte.

Aus dem hinteren Gebäudeteil drang lautes Klirren. Pogodin und seine Leute waren immer noch damit beschäftigt, die einzelnen Verschläge zu durchsuchen. Je lauter sie dabei waren, umso besser. Bei diesem Lärm würde kaum jemand Aksakows Schritte hören können.

Als die Blutspur hinter einem der großen Fässer verschwand, schaltete Aksakow seine Lampe aus. Er gönnte seinen Augen einige Sekunden, um sich an die Dunkelheit zu gewöhnen.

Sowie sich erste Konturen in seinem Blickfeld abzeichneten, nahm er die Verfolgung wieder auf. Mit der schussbereiten Pistole in der Hand umrundete Aksakow den Gärbottich.

Zuerst sah er mit Lappen umwickelte Füße. Ein schmuddeliges Gemisch aus Dreck und Blut klebte an den Fußsohlen. Die da-

zugehörige Person lag regungslos auf dem Boden, die Arme neben sich ausgebreitet.
Aksakow trat mit der Stiefelspitze gegen den Mann und bellte einen Befehl.
»Aufstehen!«
Der Körper gab unter dem Tritt nach, doch das blieb die einzige Regung.
Eher pro forma rief Aksakow den Sanitäter. »Schauen Sie sich den mal an.«
Der Sanitäter kniete nieder und rollte den Körper zur Seite. Als er den Puls ertastet hatte, bemerkte Aksakow, wie der Arzt plötzlich erstarrte.
»Verflucht noch mal«, murmelte er.
»Was ist?«, wollte Aksakow wissen.
Statt einer Antwort beugte sich der Sanitäter nach vorn, riss den Mantel des Mannes auf und presste dann sein Ohr auf dessen Brustkasten.
»Ich glaube, der lebt. So grade eben.«
Aksakow wurde unruhig. Vielleicht war das hier der Hinweis, auf den er gehofft hatte.
»Wie sind die Überlebenschancen?«
Der Sanitäter richtete sich auf und blickte Aksakow an. »Nicht gerade groß. Selbst wenn wir ihn hier vor Ort versorgen, dürfte er im Lazarett krepieren. Falls er es bis dorthin überhaupt noch schafft.«
Aksakows Entschluss war schnell gefasst. Nur mit der bestmöglichen medizinischen Versorgung gab es noch eine geringe Chance, dass der Zeuge nicht elend verrecken würde. »Er muss ins Militärhospital. Auf der Stelle.«
Aksakow hatte den allgegenwärtigen Pogodin bereits in seinem Nacken gespürt, noch ehe er zu ihnen getreten war. Zweifellos

wollte er ergründen, was die plötzliche Aufregung verursacht hatte.
Aksakow blickte ihn an und befahl: »Genosse Hauptmann, rufen Sie umgehend einen Sanitätswagen für einen dringenden Krankentransport. Dieser Verwundete hat oberste Priorität!«
Pogodin salutierte und verschwand nach draußen.
»Und Sie« – Aksakow richtete seinen Zeigefinger auf den Sanitäter – »ich gebe Ihnen den strikten Befehl, diesen Mann hier am Leben zu halten. Sie begleiten ihn während des Transports und weichen nicht von seiner Seite!«

13

Dienstag, 8. Mai 1945
Kriegsende in Europa

Meine Fresse!«, rief Hilde, das Gesicht gerötet, als sie von dem Pumpengang zurückkam. Da sich Frauen mittlerweile auf die Straßen trauen konnten, war sie zusammen mit Gerda vor zwei Stunden aufgebrochen. Etwas schien auf ihrem Weg geschehen zu sein.

Als Oppenheimer Hilde hörte, bremste er ab. Er war gerade dabei, in den weitläufigen Geschäftsräumen von Schmudes ehemaligem Modesalon ein zusammengeflicktes Fahrrad zu testen. Das Fahrgestell war ihm vor einigen Tagen auf einem Trümmerhaufen ins Auge gefallen. Wahrscheinlich hatte es ein Rotarmist fortgeworfen, nachdem die Kette abgesprungen war. Zwar mussten auch noch weitere Teile ausgewechselt werden, was allerdings kein großes Problem darstellte. Noch immer lagen fast überall kaputte Zweiräder in den Straßen herum, und so brauchte Oppenheimer nur die Augen offen zu halten, um an Ersatzteile zu kommen. Die Arbeit an dem Fahrrad war eine willkommene Ablenkung, damit er sich nicht vollends in düsteren Gedanken verlor. Zudem war es ratsam, einen fahrbaren Untersatz zu haben, wenn er Ede in Pankow besuchen wollte.

Abgestützt auf den Zehenspitzen, richtete sich Oppenheimer auf dem Fahrradsattel auf und blickte Hilde fragend an. »Was ist denn los?«

»Ich glaube, mir ist Bersarin über den Weg gelaufen«, sagte Hilde ein wenig atemlos.
Für einen kurzen Moment glaubte Oppenheimer, sich verhört zu haben. »Was? Du meinst den Stadtkommandanten?«
Hilde antwortete mit einem kurzen Nicken.
»Wie ist das denn passiert?«
»Ach, der kam einfach an. Ich stand gerade an der Pumpe. Da lief einer in einem Pullöverchen rum und hat mit den Leuten gesprochen. Ich hab erst bemerkt, dass es ein hohes Tier ist, als ich sah, dass ein Dolmetscher um ihn herumsprang.«
»Hast du mit ihm geredet?«
»Ich hab ihm gesagt, dass er am besten erst mal Lebensmittel für die Bevölkerung ranschaffen soll. Bersarin hat mir versprochen, dass er das machen wird, und ging dann wieder weiter. Ich weiß nicht, aber der scheint sich wirklich darum zu kümmern.«
Oppenheimer war so verblüfft, dass er nicht wusste, was er sagen sollte. Im antifaschistischen *Deutschen Volkssender* aus Moskau hatte er aufgeschnappt, dass die Berliner Bevölkerung umgehend Brot erhalten solle und dass Ingenieure und Techniker mit dem Flugzeug eingetroffen seien, deren Aufgabe es war, die Friedrichstraße wiederherzustellen, die an einigen Stellen in den darunterliegenden U-Bahn-Schacht eingebrochen war. Bei solchen Meldungen vermutete Oppenheimer immer Propaganda, doch Hildes Bericht über ihre Begegnung mit Bersarin ließ das in einem anderen Licht erscheinen.
»Und, gibt es schon Brot?«
»Beim Bäcker ist ein ziemliches Gedränge. Ware hatte er noch nicht da, aber immerhin sollen bald Kohle und Mehl kommen. Nur müssen wir uns heute noch beim Wirtschaftsamt in irgendwelche Lebensmittellisten eintragen. Es reicht, wenn eine Person pro Haushalt aufkreuzt. Die beim Amt fragen nach dem

Beruf und wollen wissen, ob man in der Partei war. Klar, dass das jeder bestreitet.«

Bei dieser Ankündigung wurde Oppenheimer unruhig. »Dann gehe ich wohl besser gleich hin.«

Hilde nickte und packte die Wassereimer, um sie in die Küche zu schleppen. Oppenheimer stieg vom Fahrrad, klappte den Seitenständer herunter und ließ es vor einem der herabhängenden weißen Bettlaken stehen.

In der Büroküche zündete Hilde Holzscheite an, um das Pumpenwasser abzukochen. Zum Glück hatte Schmude hier keinen elektrischen Herd installiert, sondern ein altmodisches Ungetüm aus Gusseisen.

»Und was gibt es sonst noch?«, fragte Hilde. Sie wusste genau, dass Oppenheimer vor dem Radio saß, wenn er nicht gerade damit beschäftigt war, das Fahrrad wiederherzustellen.

Schmunzelnd berichtete er: »Göring behauptet jetzt, dass er gegen Hitler gewesen sei. Man hätte ihn sogar zum Tode verurteilt. Als ich das hörte, wusste ich nicht, ob ich lachen oder kotzen soll.«

Hilde verzog den Mund. »Wahrscheinlich kommt der Dicke mit dieser Tour sogar noch durch. Von Hitler heißt es jetzt, dass er eine halbe Stunde vor seinem Tod seine Sekretärin geheiratet haben soll.«

»Interessant. Wie ein Romantiker ist mir der *Gröfaz* nie vorgekommen. Jedenfalls scheint Dönitz die Kapitulation hinausgezögert zu haben, um möglichst viele deutsche Soldaten vor der russischen Kriegsgefangenschaft zu schützen. Aber drei Armeen, die sich in Mecklenburg den Briten ergeben wollten, wurden zu den Russen geschickt, weil Montgomery deren Kapitulation nicht akzeptieren wollte.«

Mit diesen Worten gesellte er sich zu Hilde und kippte einen Teil des Wassers in den Kessel, der auf der Herdplatte stand.

Erhitzt von der körperlichen Tätigkeit, gönnte sich Hilde eine kurze Pause und setzte sich an den Küchentisch.
»Und im Osten geht es immer noch weiter?«, fragte sie.
Oppenheimer zuckte mit den Schultern. »Man sollte meinen, dass die Kämpfe jetzt abflauen, da die offizielle Kapitulation unterzeichnet wurde, aber die Nazi-Besatzer in Prag wollen vor den Widerstandsgruppen einfach nicht kapitulieren. Im Radiosender Böhmen wurde die Nachricht von der Unterzeichnung der Kapitulationsurkunde sogar als Feindlüge angeprangert.«
»Diese Arschgeigen wissen nicht, wann der Ofen aus ist. Da massakrieren sie lieber weiter die Zivilbevölkerung.«
Obwohl Oppenheimer bereits seinen Mantel angezogen hatte, setzte er sich zu Hilde an den Tisch. »Nun ja, die bedingungslose Kapitulation soll eigentlich heute Abend um eine Minute nach elf Uhr in Kraft treten. Mal schauen, ob die sich daran halten. Aber da gibt es so ein U-Boot, die Besatzung hat von alldem wohl nichts mitbekommen und versenkte gestern an der Küste Schottlands noch auf den letzten Drücker zwei britische Frachtschiffe.«
»Na, die können sich wenigstens damit rausreden, dass sie irgendwo in den Tiefen des Ozeans herumschwammen. Im Radio wird wohl immer noch die Siegesfeier in Reims übertragen?«
Oppenheimer nickte und drehte dann verlegen den Hut zwischen den Händen. Was er jetzt zu berichten hatte, würde Hilde sicherlich nicht gefallen. »Es werden laufend Ansprachen gehalten. Sie werfen dem deutschen Widerstand vor, dass er es nicht aus eigener Kraft geschafft hat, Hitler und seine Spießgesellen zu stürzen.«
Oppenheimer konnte deutlich erkennen, wie Hilde das Blut in den Kopf schoss. »Herrgott noch mal, die haben leicht reden. Die verstehen doch gar nicht, was hier los war. Die deutschen

Opfer aus der Anfangsphase sind für die nur Zahlen. Bei uns war schon der Terror los, als die anderen Länder noch mit der braunen Bande Verträge und Abkommen geschlossen haben. Einen ernsthaften Boykott aus dem Ausland hat es viel zu spät gegeben.«

»Chamberlain und die anderen wollten keinen weiteren Weltkrieg riskieren.«

»Aber zu akzeptieren, dass sich Hitler einfach so einen Teil der Tschechoslowakei unter den Nagel reißt, war doch völlig plemplem. Und daraufhin glaubte Adolf, sich alles leisten zu können, und ist völlig übergeschnappt. Was hätte ich denn sonst noch machen sollen?« Hilde gestikulierte aufgeregt. »Etwa Bomben basteln? Es gab so viele Mitläufer, da hätten wir schon die halbe deutsche Bevölkerung ausradieren müssen.«

»Zu viele Leute haben Hitler damals nicht ernst genommen«, stellte Oppenheimer fest. »Und als er dann an die Macht kam, war es zu spät.«

»Das ist doch nur eine Ausrede dafür, dass sich die Leute viel zu wenig für Politik interessiert haben. Vielleicht ist Hitler am Ende nur wegen der Unpolitischen durchgekommen. Die sich einen Scheißdreck darum geschert haben. Was hab ich mir den Mund fusselig geredet, aber kaum jemand wollte es hören. Ein paar Leute haben schon damals darüber getratscht, dass ich Kommunistin sei. Diese blöden Ideologien, funktioniert doch alles nicht. Hoffentlich wissen es die Leute jetzt besser.«

Hilde war eine temperamentvolle Frau, doch Oppenheimer hatte sie selten so aufgebracht gesehen. Für eine Weile arbeitete sie mit grimmiger Miene in der Küche weiter, während Oppenheimer immer noch am Tisch saß und nicht wusste, wie er sie beruhigen konnte. Inge, Schmudes Frau, hatte im oberen Stockwerk wohl Hildes laute Stimme gehört und stieg die Treppe herab, um in die Küche zu spähen. Als sie bemerkte, dass gerade dicke Luft herrschte, verschwand sie ebenso schnell wieder, wie sie aufgetaucht war.

Um die Atmosphäre aufzulockern, versuchte Oppenheimer, ein harmloses Thema anzusprechen. »Ich glaub, das Rad funktioniert jetzt. Morgen werde ich schauen, dass ich Ede besuche.«

Hilde knurrte erst zustimmend, dann sagte sie: »Wenn du zum Wirtschaftsamt gehst, kannst du gleich noch was mitnehmen. Warte mal eben.«

Mit diesen Worten verschwand Hilde nach draußen und streckte ihm beim Zurückkommen die Pistole entgegen, mit der sie den Rotarmisten bedroht hatte.

Zuerst verstand Oppenheimer nicht, was sie damit wollte. Als Hilde seinen irritierten Blick sah, erklärte sie: »Draußen hängen Zettel herum. Anscheinend gibt es wieder so etwas wie eine Stadtverwaltung. So ein Heini hat angeordnet, dass alle Schusswaffen abgegeben werden müssen. Wenn in einem Haushalt eine aufgefunden wird, droht eine Kollektivstrafe für alle Mitbewohner.«

Oppenheimer erhob sich und nahm die Waffe an sich.

»Und wo soll ich damit hin?«

»Was weiß ich. Wirf das Ding meinetwegen in den Lietzensee. Ich würde es ja selber machen, aber ich muss noch dringend zu Otto.«

Oppenheimer musste lächeln, als er an Herrn Seibold dachte, der nach Hildes Verhaftung seine allgegenwärtige Furcht überwunden und tapfer wie ein Löwe mit ihm gekämpft hatte, um sie aus den Klauen der NS-Justiz zu retten.

»Willst du schauen, ob seine Apotheke noch steht?«

»So ähnlich.« Dann fügte Hilde mit einem hinterhältigen Lächeln hinzu: »Ich muss nach Schöneberg, aber vorher brauche ich noch ein Präsent. Anscheinend haben sich bei mir Russen einquartiert.«

»Du meinst, auf deinem Grundstück?«

Hilde nickte. Das hieß also, dass das herrschaftliche Anwesen ihres Erbonkels in den letzten Wochen nicht zerstört worden war. Das war wenigstens ein Lichtblick. »Und was ist mit den zugeteilten Mietern?«, fragte Oppenheimer.

»Alle abgehauen, soviel ich weiß. Oder rausgeschmissen, was auf dasselbe hinausläuft. Ich hol mal jemanden, der auf den Kessel aufpasst.« Mit diesen Worten ging sie zur Treppe und rief Oppenheimer über die Schulter zu: »Und du bring das Ding da fort!«

»Vorsicht, Scheiße!«, hörte Oppenheimer von oben, als er mit seinem zusammengebastelten Rad auf die Straße trat. Es war kein Fluch, sondern eine ernstgemeinte Warnung, denn kurz darauf platschte aus derselben Richtung eine Ladung Kot auf den schuttbedeckten Gehweg.

Es war ein sonniger Tag, und die Ruhe wurde zum Reinemachen genutzt, was letztendlich bedeutete, dass die Bewohner die Hinterlassenschaften der russischen Plünderer aus ihren Wohnungen schaufelten. Offenbar hatten nur wenige von denen Verständnis für den Nutzen sanitärer Einrichtungen und hatten deshalb in den verwüsteten Zimmern allzu häufig Exkremente hinterlassen.

»Können Se sich dit vorstellen?«, sagte eine Dame, als sie mit einer vollen Schippe aus einem Hauseingang trat und Oppenheimer erblickte. Offenbar war sie derart erbost, dass sie ihrem Mitteilungsdrang selbst Fremden gegenüber nachgeben musste. »Lauter Kacke hab ick hinter meinem Sofa jefunden. Die ham die Rückenlehne wohl wie 'n Donnerbalken jenutzt. Hosen runter und loofen lassen!«

Oppenheimer nickte ihr mitfühlend zu.
Einige der Frauen waren bereits dazu übergegangen, ihre Bettlaken zu waschen. Inmitten der Geschäftigkeit war die größte Veränderung allerdings bei den Männern zu beobachten. Jetzt liefen sie aufrecht durch die Häuser, um mit fester Stimme alle Waffen einzufordern. Mit dieser neuen Aufgabe besaßen sie wieder eine Daseinsberechtigung, waren nicht mehr zum stillen Dulden verurteilt, mussten sich nicht mehr um Dinge kümmern, die sie als Hausfrauenarbeit geringschätzten.
Irgendwann tauchten mit lautem Kettengedröhn russische Panzer auf dem Ku'damm auf. Sie waren mit Flieder geschmückt, lachende Soldaten und Soldatinnen saßen auf der Karosserie. Oppenheimer wehte Benzinqualm entgegen, ein Geruch, den er in den letzten Jahren der Holzvergaser schon fast vergessen hatte. Vermutlich wurde irgendwo eine Siegesfeier abgehalten, und sicher würde es nicht die letzte bleiben, denn in der Bevölkerung hielt sich hartnäckig das Gerücht, dass auch bald die Amerikaner nach Berlin kommen würden. Viele klammerten sich an diese Hoffnung, weil Berlin damit nicht mehr länger vom restlichen Deutschland abgeschnitten sein würde.
Wie aufgetragen begann Oppenheimer, zum Lietzensee zu radeln. Der anfangs so feste Tritt in die Pedale wurde zögerlich, als ihm bewusst wurde, dass er in seiner Manteltasche den Tod mit sich führte. Selbstjustiz fand er unverändert verabscheuungswürdig, nicht zuletzt deshalb, weil er in seiner Zeit als Kommissar wiederholt mit den Resultaten konfrontiert worden war. Er wusste, dass eine Reaktion im Affekt die Lage meistens nur noch schlimmer machte. Allerdings fragte er sich, ob man diese Prinzipien noch aufrechterhalten sollte, wenn keine Rechtsstaatlichkeit mehr existierte, wenn Anarchie ausgebrochen war und das Recht des Stärkeren herrschte.

Oppenheimer rang mit sich selbst. Irgendetwas in ihm sträubte sich, die Waffe abzuliefern. Wenn er sie nicht mehr hatte, würden sie ohne Schutz dastehen. Auf Dauer war es zweifellos zu gefährlich, die Pistole in Schmudes Geschäft aufzubewahren, weil allzu schnell der Verdacht aufkommen konnte, etwas gegen die russischen Besatzer im Schilde zu führen. Aber vielleicht gab es ja eine Alternative. Und wenn jemand eine Lösung wusste, dann sicher Ede.
Oppenheimer blieb mit seinem Rad am Straßenrand stehen, denn er hatte sich zu einem Entschluss durchgerungen: Er würde die Waffe nicht abgeben.

Von dem Exodus der Anwohner im nördlichen Teil von Karlshorst bekam Aksakow nichts mit. Am 5. Mai hatten die Leute über Megaphon den Befehl erhalten, ihre Wohnungen innerhalb von vierundzwanzig Stunden zu räumen, weil der Bezirk zum sowjetischen Sperrgebiet erklärt wurde. Neben dem Hauptquartier der Sowjetischen Militäradministration und unzähligen zu Lagerhäusern umfunktionierten Gebäuden befand sich dort inmitten von Wohnhäusern und Villen auch das Militärhospital, in dem jetzt der Verwundete aus dem Gärkeller untergebracht war.
Als Aksakow vor einer Stunde die Nachricht übermittelt wurde, dass dieser Mann sich wieder bei Bewusstsein befand, war er sofort aufgebrochen. In den letzten Tagen hatte es auf der Kippe gestanden, ob der Gefangene die schweren Schussverletzungen überleben würde, doch seine Konstitution erwies sich als außerordentlich zäh.
Aksakows Adjutant Serjoscha fuhr mit ihrem Auto quer durch die parkähnliche Gartenanlage auf das moderne Gebäude zu, bei dem als einziges Ornament an der Fassade zwei große Uhren und eine kleine Statue des Antonius von Padua angebracht

waren, und blieb dann mit laufendem Motor vor dem überdachten Zugang stehen. Noch ehe Serjoscha es schaffte auszusteigen, um die hintere Wagentür zu öffnen, sprang Aksakow bereits heraus und eilte in die Klinik.

Der Generalmajor war alles andere als erfreut darüber gewesen, dass sie nur noch Roskis Leiche aufgefunden hatten. Und noch ungehaltener war er darüber, dass es Aksakow nicht gelungen war, Roskis Koffer ausfindig zu machen. Der Verwundete war nun der einzige Anhaltspunkt, mit dem sich die leidige Angelegenheit vielleicht doch noch aufklären ließ.

Als Aksakow die Treppe zum zweiten Stock hinaufeilte, nahm er gleich zwei Stufen auf einmal. Erst gestern waren die letzten einheimischen Patienten mit Militärlastwagen nach Friedrichshagen abtransportiert worden, um die weiteren Gebäudeteile für die Militäradministration und als Gefängnis zu nutzen. Und so wirkten einige Bereiche des großzügigen Kliniktrakts wie ein verlassenes Geisterhaus, in dem nur noch die Seelen verstorbener Patienten umherirrten.

Das Krankenzimmer, in das man den Verwundeten verfrachtet hatte, war bereits von weitem erkennbar, denn es standen zwei Wächter davor. Als sich Aksakow den khakifarbenen Gestalten näherte, nahmen sie Haltung an.

»Irgendwelche Vorkommnisse?«, fragte er.

»Abgesehen vom Klinikpersonal hat niemand den Raum betreten, Genosse Oberst!«

Aksakow nickte kurz und betrat das Krankenzimmer. Als er neben dem Bett stand, blickte er abschätzig auf den Patienten hinab. Zuerst fiel ihm die Narbe im Gesicht auf. Die über dem rechten Auge verlaufende Furche war bereits verheilt, ein Andenken an eine ältere Verwundung. Der Mann war wach, und sein Blick war unverhohlen feindselig.

Die Leute des NKWD hatten in den vergangenen Tagen ihre Hausaufgaben gemacht, sie kannten den Namen dieses Kerls, wussten, dass er sich nach der Schlacht um Berlin zusammen mit anderen Kumpanen nicht mehr bei seiner Einheit gemeldet hatte. Mit anderen Worten, er war ein Deserteur. Aksakow musste nun sein Wissen so geschickt einsetzen, dass er an die gewünschten Informationen kam.

Obwohl in der Nähe ein Stuhl stand, entschied sich Aksakow, stehen zu bleiben, in der Hoffnung, den Mann mit seiner Präsenz und makellosen Montur einzuschüchtern. Frontschweine wie er waren Aksakow bereits zur Genüge über den Weg gelaufen, so dass er sich keine Illusionen machte. Diese Männer waren weder die von der sowjetischen Propaganda beschworenen Nachfahren des Nationalhelden Alexander Newski, noch gehörten sie zu den idealtypischen Sowjetmenschen, kerngesund, tapfer, bärenstark und mit einem Hang zur Melancholie als einzigem Laster, wie sie vom Volksdichter Twardowski verklärt wurden.

Aksakow begann nicht mit einer Frage, sondern mit einer Feststellung. »Artem Rudenko«, sagte er betont langsam und versuchte, dabei einen unangenehmen Ton in seine Stimme zu legen. »Welches böse Schicksal hat dich nur an Land gespült?«

Rudenko zuckte zusammen, als er unvermittelt seinen Namen hörte. Spätestens jetzt wusste er, dass er chancenlos war.

»Machen wir es kurz«, fuhr Aksakow fort. »Sag mir, mit wem du in diesen Keller eingebrochen bist und was ihr dort gesucht habt.«

Mit rauher Stimme fragte Rudenko: »Und dann? Lasst ihr mich dann laufen?« Er kam unverkennbar vom Land, denn er sprach ein Gemisch aus Russisch mit ukrainischen Wortfetzen, und, wie es unter Bauern üblich war, er verschluckte die Konsonanten.

»Dann werden wir dafür sorgen, dass man dich gesund pflegt und du als Deserteur angeklagt wirst.«
Rudenko antwortete höhnisch: »Dann ist es besser, wenn ihr mich gleich krepieren lasst.«
Aksakow verzog seinen Mund. Natürlich, dieser Kerl glaubte, dass er nichts zu verlieren hatte.
Aksakow würde ihn eines Besseren belehren. Er ratterte die Daten herunter, die er bekommen hatte. »Geboren irgendwann im Jahre 1921 in einem Dorf nahe Brjansk. Das genaue Datum ist nicht feststellbar. Die Eltern waren als Konterrevolutionäre bekannt und sind Anfang 1934 gestorben.«
Rudenko fauchte ihn an: »Ihr Schweine habt uns erst alles Getreide weggenommen, und dann habt ihr uns aus den Städten vertrieben. Sie sind verhungert!«
Aksakow hatte Mühe, sich unter Kontrolle zu halten. Vor ihm lag der Mensch, der er selbst hätte sein können, wenn sein Vater nicht nach Woronesch umgezogen wäre, um dort als Polizist zu arbeiten, sondern wenn er sein ganzes Leben in einer armseligen Bauernkate verbracht hätte. Niemand hatte es leicht im Leben, doch diese rückständigen Bauern waren unablässig damit beschäftigt, sich zu beklagen. Immer noch verharrten sie in der Vergangenheit, zehrten von der Bitterkeit, welche die Kollektivierung der Landwirtschaft hinterlassen hatte. Aksakow hatte gelernt, in ihnen potenzielle Feinde zu sehen, die kein Verständnis für die historische Notwendigkeit besaßen, die Höfe in Kolchosen zu organisieren. Starrsinnig hielten sie an alten Traditionen fest, von denen so manche älter als das Zarenreich waren, sofern sie sich nicht sogar nach der korrupten Ordnung vorrevolutionärer Zeiten zurücksehnten.
Leute wie Rudenko sahen nicht, welche Fortschritte es bereits gab: Grundschulen in den entlegensten Dörfern, eine wachsen-

de Wirtschaft und Vollbeschäftigung, die Verheißung auf funkelnagelneue Traktoren und Erntemaschinen, mit denen die Agrarproduktion enorm gesteigert werden konnte. Für sie war Stalin nur jemand, der sie verhungern ließ.

Aksakow räusperte sich und fuhr dann fort. »1941 zum Arbeitsbataillon eingezogen worden, danach Ausbildung für den Fronteinsatz.«

»Seitdem gehöre ich zu den *Helden von Stalingrad.*« Bei dieser Feststellung begann Rudenko, leise zu lachen, ganz so, als ob er diese Schicksalswende selbst nicht fassen konnte.

»Diese Ehrenbezeichnungen nutzen dir nichts«, beeilte sich Aksakow zu sagen. »Nicht bei uns.«

Die Soldaten, deren Einsatz in Stalingrad dazu beigetragen hatte, die militärische Wende gegen den faschistischen Feind herbeizuführen, genossen im Allgemeinen ein hohes Ansehen. Dass sich ein Gauner wie Rudenko unter ihnen befand, war für Aksakow eine Beleidigung all der anderen tapferen Männer. Rudenko war davongekommen, nicht weil er besonders mutig war, sondern weil er die im Arbeitslager erlernten Überlebensstrategien eingesetzt hatte und geübt darin war, sich ausschließlich von gefrorenen Kartoffeln und Aas zu ernähren. Aber vielleicht noch gravierender war es, dass diese Erfahrung nicht dazu beigetragen hatte, ihn zu einem positiven Sowjetmenschen zu transformieren.

Aksakow kramte in seinen Gedanken nach den Informationen, von denen er wusste, dass sie besonders wichtig waren. »Eine Schwester, Uljana, verheiratet mit Illja Kirijenko, wohnhaft in Mariupol, zwei Söhne.« Er machte eine Pause, um diese Details wirken zu lassen. Rudenkos Gesicht lief rot an, nur die Narbe blieb merkwürdig blass.

Aksakow rückte einen Stuhl an die Seite des Bettes, setzte sich hin und beugte sich nach vorn, so dass er in Rudenkos Ohr flüstern konnte. »Wenn du nicht spurst, dann werden wir deine Schwester und ihre ganze Familie als ukrainische Nationalisten brandmarken und sie nach Sibirien verfrachten. Du weißt, dass wir das können. Ein Befehl von mir und fertig. Also, du hast die Wahl.«

Rudenko schluckte, sein Blick flackerte. Er war kurz davor zu kapitulieren.

»Was wollt ihr denn wissen?«, fragte er.

»Das habe ich bereits gesagt. Mit wem bist du in den Keller eingebrochen?«

Zuerst presste Rudenko seine Lippen zusammen, dann sagte er schließlich: »Grigorjew heißt er.«

»Und weiter?«

»Keine Ahnung. Alle nennen ihn nur Tima. Wir wollten ein bisschen Kriegsbeute sammeln.«

Diese Ausrede klang nicht unglaubwürdig, doch für Aksakows Geschmack war sie zu harmlos.

»Und warum hast du dich bei deiner Einheit nicht zurückgemeldet?«

»Wieso? Der Krieg ist doch aus.«

Aksakow verengte seine Augen zu Schlitzen. War Rudenko wirklich so blöd, wie er zu sein vorgab?

»Und wo ist dieser Grigorjew jetzt?«

»Weiß nicht. Plötzlich kamen Fritzen in Uniform und haben geschossen …«

»Und dabei wurdest du verwundet«, beendete Aksakow den Satz. »Feine Kameraden hast du, wenn sie dich einfach so liegen lassen. Warum willst du sie dann noch schützen?«

In Rudenkos Miene war Unsicherheit zu erkennen. »Ich weiß eben nichts.«

»So weit waren wir doch schon«, erwiderte Aksakow gereizt. Aber es war noch nicht geklärt, was Grigorjews Trupp an den

Ort getrieben hatte, wo kurz zuvor der Atomphysiker Roski ums Leben gekommen war. Aksakow misstraute Zufällen wie diesem. »Was habt ihr da eigentlich gesucht?«

»Was?«

»In dem Keller. Was gab es da zu holen?«

Rudenko zögerte. Er wollte nicht zu viel verraten. »Die haben gesagt, da gibt es Alkohol.«

Drohend erhob Aksakow seine Stimme. »Vorsicht, deine Schwester und ihre Brut befinden sich schon so gut wie in Sibirien.«

Eine Weile druckste Rudenko noch herum, bis er schließlich gestand: »Wir haben einen Mann gesucht. Einen Fritzen. Keine Ahnung, warum der so wichtig war. Und der soll einen Koffer bei sich gehabt haben.«

»Wie war der Name von dem Fritzen?«

»Weiß nicht.«

»Und was ist mit diesem Koffer?«

»Keine Ahnung, Tima wollte nicht damit rausrücken, was dadrinnen ist. Ich hab nur mitgekriegt, dass es Geld bringt. Viel mehr Geld als die ganzen Sachen da im Keller.«

»Und habt ihr diesen Koffer gefunden?«

»Den kompletten Keller haben wir ausgeräumt, aber der Koffer war nicht da. Wir sind nicht fertig geworden, weil wir plötzlich von den Fritzen angegriffen wurden.«

Aksakow lehnte sich zurück. Sein Verdacht hatte sich bestätigt. Das gewaltsame Eindringen in die Brauerei war nur der Teil eines größeren Plans. Er musste dringend herausfinden, wer dieser Grigorjew war und woher er seine Informationen bekommen hatte.

Als sich Aksakow beim Öffnen der Tür noch einmal zu Rudenko umdrehte, registrierte er dessen unruhigen Blick. Sicher überlegte er jetzt, was geschehen würde. Sein eigenes Schicksal war bereits besiegelt, aber Aksakow ließ bewusst die Frage offen, was mit Rudenkos Schwester geschehen würde. Er würde den Teufel tun, dieses Druckmittel aus der Hand zu geben.

Auf dem Korridor fragte sich Aksakow, ob Rudenko wohl noch etwas anderes verheimlichte. Er blieb im Treppengang stehen und zündete sich eine Papirossa an. An die Wand gelehnt, blickte er gedankenverloren auf das Muster des Fliesenbodens, ebenso ockergelb wie die Wände und hellblau mit kleinen dunklen Quadraten voneinander abgesetzt. In dieser verfahrenen Sache war es zweifelsohne besser, gründlich vorzugehen, allein schon, damit er sich selbst absichern konnte. Also traf er den Entschluss, den Gefangenen noch einmal verhören zu lassen. Aksakow nickte vor sich hin. Es war der Zeitpunkt gekommen, einen Spezialisten hinzuzuziehen.

Das NKWD hatte mehr als genug davon.

14

Mittwoch, 9. Mai 1945
116 Tage vor dem Kriegsende im Pazifik

Ede strich mit der flachen Hand über seine Glatze. Oppenheimer hatte den vierschrötigen Ganoven selten so schweigsam erlebt und ahnte, das sich da nichts Gutes anbahnte. Obwohl es absehbar gewesen war, dass Ede nicht gerade erfreut darüber sein würde, dass jemand sein geheimes Lager aufgespürt hatte, war Oppenheimer erleichtert darüber, es überhaupt zu der räudigen Eckkneipe mit dem Namen *Edes Bierhahn* geschafft zu haben. Als er nach dem täglichen Gang zur Pumpe losgefahren war, hatte ihn Hilde nämlich vor Fahrradfallen gewarnt. Anscheinend machten sich die russischen Soldaten mittlerweile einen Spaß daraus, Radfahrern auf der Straße aufzulauern, um dann gleich zu dritt mit erhobenen Waffen deren Zweirad einzufordern.

Auch ohne das waren die Straßen bereits tückisch genug, weil sie immer noch mit Löchern, Granaten oder gar entwurzelten Bäumen übersät waren. Auf der breiten Ost-West-Achse war Oppenheimer mit dem Rad immerhin recht gut vorangekommen. Am Fuß der Siegessäule wurde es jedoch kritisch, denn unzählige russische Soldaten lungerten dort herum, aßen, tranken und spielten auf einem Grammophon altmodische Tanzmusik. Einer der Männer war bei Oppenheimers Erscheinen aufgestanden und hatte ihm »Stoj!« entgegengerufen. Oppenheimer war sich bewusst gewesen, dass diese Aufforderung, anzuhalten, die Ouvertüre dafür war, ihm das Fahrrad zu entwenden, daher hatte er fest entschlossen in die Pedale getreten und war zum Glück knapp entwischt.

Mittlerweile hatte sich Ede dazu durchgerungen, sein Problem mit dem entdeckten Lager philosophisch zu deuten, und murmelte: »Wie gewonnen, so zerronnen.«

»Die hatten Waffen dabei«, versuchte Oppenheimer, sich zu rechtfertigen. »Außerdem befand ich mich zu dem Zeitpunkt bei den Russen in Haft.«

Mit einem Stoßseufzer lehnte sich Ede zurück und ließ seinen Blick durch das winzige Hinterzimmer schweifen, in dem er gewöhnlich seine vertraulichen Geschäfte abwickelte. »Na, zum Glück hab ick bei den anderen Lagern noch Dusel jehabt. Und wat is mit dem Herrn Doktor, den Paule bei euch unterjebracht hat?«

»Doktor? Meinst du etwa diesen Roski?«

Ede nickte.

Oppenheimer wurde verlegen, doch es brachte nichts, die Sache zu beschönigen. »Er wurde getötet. Von einem Fahnenflüchtigen, der an die Zivilkleider wollte.«

Erneut seufzte Ede.

»Aber den Koffer habe ich versteckt«, beeilte sich Oppenheimer hinzuzufügen. »An einem sicheren Platz. Es ist unwahrscheinlich, dass ihn jemand finden wird.«

Bei der Erwähnung des Koffers merkte Ede auf. Interessiert zog er eine Augenbraue hoch. »Der Koffa is noch im Keller?«

»Wenn du willst, kann ich ihn holen.«

Oppenheimer wollte bereits aufstehen, doch Ede winkte ab. »Warten Se mal, Herr Kommissar, wen dit Ding da jut unterjebracht is, dann hilft et nich, die Pferde scheu zu machen. Ick hab da jrad een Problem, weil der Manni noch nich aufjetaucht is. Der weeß als Einziger, wat sich mit dem Koffa anfangen lässt.«

Oppenheimer kannte viele der zwielichtigen Gestalten, mit denen Ede zusammenarbeitete, manche davon sogar noch aus seiner Zeit als Kommissar, aber diesen Namen hörte er zum ersten Mal. »Wer ist Manni?«

»Manni?« Ede zog amüsiert seine Mundwinkel hoch. »Ach, der is nur so 'n Knilch. Jroße Fresse, aber nich viel dahinta. Ick hab mit dem nie wat zu tun jehabt. Aber der hat diesen Roski anjeschleppt und wusste nich, wohin mit dem. Hat jesagt, dass et sich für mich lohnen würde, ihm zu helfen, also hab ick et mal riskiert.«

Edes Andeutungen waren recht wolkig, also hakte Oppenheimer nach. Schließlich wollte er wissen, in welche Sache er da hineingeraten war. »Was soll das heißen? Wollte Roski dir Geld geben, wenn du ihn in der Brauerei unterbringst?«

Als Ede den Kopf schüttelte, tanzte die Reflexion der tief hängenden Deckenlampe auf seiner fettigen Kopfhaut. »Nee, Kohle hat der keene jehabt, aba im Koffa hat er wat dabeijehabt, wat er vakoofen wollte. Er wollte aber nich verraten, wat dadrinne is. Hat nur jemeint, dass er eenen Käufer finden will. Wenn Manni jetz nicht mehr auftauchen tut, steh ick mit nüscht da.«

Oppenheimer nickte. »Das war dann wohl eine schlechte Investition.«

»Eben. Ick muss mit jedem Heller rechnen. Ick hab noch andere Investitionen, vastehn Se …«

»Mit anderen Worten, ich soll mich umschauen, ob ich diesen Manni ausfindig machen kann.«

»Na ja, wenn Se zwischendrin mal Zeit hab'n, könnten Se ja mal een bissken rumfragen. Ick werd mich ooch erkenntlich zeigen!«

Oppenheimer sagte nur halbherzig zu, weil er wenig Hoffnung hatte, durch Zufall über Hinweise auf Mannis Verbleib zu stolpern. Trotz der schlechten Nachrichten schien Ede erfreut darüber zu sein, dass er unversehrt bei ihm aufgekreuzt war. Und dann gab es noch eine weitere Angelegenheit, die Oppenheimer keine Ruhe ließ.

»Ähm, Ede«, begann er und senkte seine Stimme zu einem vertraulichen Murmeln, obwohl es sowieso niemand gewagt hätte, sie hier zu belauschen, »ich hab eine Schusswaffe. Kann ich die bei dir irgendwo deponieren?«

Ede verstand nicht, was Oppenheimer andeuten wollte. »Soll ick se Ihnen abkoofen oder wat?«

Hastig erwiderte Oppenheimer: »Nein, das nicht. Möglicherweise brauch ich sie noch mal, man kann ja nicht wissen. Es wäre mir nur recht, wenn sie an einem sicheren Platz aufgehoben wird.« Mit diesen Worten holte Oppenheimer Hildes Pistole aus seiner Manteltasche. Als sie vor ihm auf der Tischplatte lag, war er froh, sich ihrer entledigt zu haben. Es war höchst riskant gewesen, bewaffnet quer durch die Innenstadt zu fahren. Für den Fall einer Kontrolle hatte er sich die lahme Ausrede zurechtgelegt, dass er nach der Sammelstelle suchte, doch zum Glück war es ihm erspart geblieben, auf diese Notlüge zurückzugreifen.

Der Ganove kniff kurz die Augen zusammen, ehe er mit einem breiten Lächeln seine Hand auf die Waffe legte und sie dann zu sich herzog.

»Natürlich, Herr Kommissar, dit mach ick schon. Wenn Se mal een bissken herumballern woll'n, dann sagen Se mir vorher Bescheid. Ick kenn da nen diskreten Übungsplatz.«

»Nun, das wird vermutlich nicht nötig sein, aber vielen Dank.«

Zur Verabschiedung begleitete Ede ihn in den Schankraum und spendierte zur Feier des Wiedersehens sogar ein Glas Bier.

Oppenheimer riss gierig die Augen auf, als ihm Karlheinz hinter dem Tresen einen Humpen füllte und diesen dann vor ihn auf das polierte Holz knallte. Er hatte schon seit mehreren Monaten kein Bier mehr bekommen. Zuerst war er sprachlos, dann stieß er hervor: »Wo hast du das denn her?«

»Allet in den letzten Monaten jebunkert. Jetzt, wo der Krieg durch is, kann man wieder Pinke damit machen. Ick such jrad wat näher in Richtung Innenstadt. Dieser Tage muss man sich nämlich die besten Plätze sichern.«

Der erste Schluck aus dem Bierhumpen war für Oppenheimer eine Wohltat. Der Schaum kribbelte immer noch angenehm auf seiner Oberlippe, als er sich interessiert Ede zuwandte. Es war für ihn eine Überraschung, dass sich der Ganove auf seine alten Tage noch verändern wollte. Offenbar hatte Oppenheimer dessen unternehmerischen Ehrgeiz unterschätzt. »Willst du eine weitere Kneipe aufmachen?«

»Ah wa, Kneipe«, sagte Ede und fügte begeistert hinzu: »Ick will ja nich bis zum Lebensende Budiker bleiben. Ick mach jetzt auf Impresario. Die Russkis hatten noch nich mal den Reichstag einjenommen, da hat Stadtkommandant Bersarin schon wieder Vergnügungsstätten erlaubt.«

Oppenheimer nickte zustimmend. »Klingt gut. Da gibt es ja die verschiedensten Möglichkeiten, Kabarett, Theater …«

»Na wat denken Se denn? Nackte Hupfdohlen!« Ede klopfte ihm mit der Pranke auf die Schulter, während Karlheinz unbeirrt Gläser polierte und das Schauspiel mit einem unergründlichen Blick beobachtete. »An den richtigen Stellen jut jepolstert und so.« Ede geriet regelrecht in Verzückung. »Wat meinen Se, wie viele eensame Männer jetzt in Balin rumlungern? Die janze Soldaten, jetzt, wo mit Schänden nix mehr is. Die gucken sich doch bestimmt gern een bissken Frischfleisch an und trinken wat dazu. Wobei, Herr Kommissar, nich falsch vastehen, keene Tippselschicksen. Ick verlang nich, dass die Mädels mit den

Kunden ins Bett jehen. Is deren Privatsache, ick misch mich da nich ein. Wenn Se wollen, fein, wenn nich, is ooch jut.«

Zustimmend prostete Oppenheimer ihm bei diesem Gedanken zu. Er hatte geahnt, dass Ede nicht gerade eine seriöse Art des Entertainments vorschwebte, aber wie ein Zuhälter war er ihm niemals vorgekommen. »Du suchst also einen freien Laden dafür?«

»Na ja, is schwer, wat Vanünftijes zu finden. Is in der Innenstadt ja allet kaputt.«

Gerade als Oppenheimer ein Gedanke gekommen war, spürte er in seinem Nacken einen Luftzug. Ein Rotarmist war eingetreten und stapfte zum Tresen.

»Schnaaps?«, fragte der Soldat.

Karlheinz musterte seinen neuen Kunden mit derselben Gleichmut wie jeden anderen Zecher. Nicht einmal sein Walrossbart zuckte, als er unter die Theke griff und eine Flasche mit einer klaren Flüssigkeit hervorholte.

»Korn?«

Dem Soldaten schien alles recht zu sein. Er nickte, zückte dann eine prallvolle Brieftasche, zog ein paar Geldscheine hervor und ließ sie fast schon verächtlich auf den Tresen flattern. Dann schnappte er sich kommentarlos die Flasche und verschwand wieder auf der Straße.

Oppenheimer hatte das merkwürdige Geschehen interessiert beobachtet. Überrascht fragte er: »Die zahlen jetzt?«

Ede nickte. »Irjendwie so ne Besatzungsmark. Besser als nix. Die vateilen dit wie Konfetti. Wollen nich mal Wechseljeld zurück, nich wahr, Karlheinz?«

Karlheinz zwinkerte Ede zu. Oppenheimer drehte gedankenversunken den Bierhumpen in seinen Händen. »Also mit deinem Nachtclub, Ede«, begann er, »ich wohne gerade am Ku'damm. Vielleicht gibt es da eine Lösung.«

Die olle Kiste steht also noch, dachte Hilde, als sie aus der Ferne ihr Anwesen betrachtete. Inmitten der allgegenwärtigen Verwüstungen wirkte die vor ihnen aufragende Villa wie der ferne Nachhall eines Traumes.

Hilde war zusammen mit Michalina aufgebrochen, da sie jemanden zum Übersetzen brauchte. Der Weg nach Schöneberg war ein einziger Hindernislauf zwischen Geröll, Pferdemist und Geschosskratern. Fast überall wurden die Anwohner von russischen Soldaten nach draußen getrieben, um die Straßen von Trümmern freizuschaufeln. Aber das war nicht die einzige Arbeit für die Besiegten, denn es gab noch die Toten, um die sich in den letzten Tagen niemand gekümmert hatte und die nun, umschwirrt von dichten Wolken schillernder Schmeißfliegen, verrotteten. Einige Zivilisten hatten die undankbare Aufgabe zugewiesen bekommen, die Leichen zu bergen, und das war bereits höchste Zeit, da in den letzten Tagen die Sonne immer stärker geworden war und die erste Hitzewelle dieses Jahres nicht mehr lange auf sich warten lassen würde. Taschentücher vor dem Mund, wickelten die Anwohner tote Körper in Verdunklungspappe, um sie zu einer nahe gelegenen Grünfläche zu tragen, die für provisorische Gräber genutzt wurde.

Abgesehen davon stank es überall nach Fäulnis, denn die Stadt erstickte im Müll. Die Kehrichttonnen waren mit Abfall und menschlichen Ausscheidungen überfüllt, und es war nicht absehbar, dass jemand die Tonnen in Kürze leeren würde.

Aber nicht nur die Aufräumarbeiten waren dafür verantwortlich, dass sich in den Ruinen wieder Leben regte. Auf dem Hinweg hatte Hilde einen Damensalon gesehen. Obwohl das Geschäft zerstörte Fensterfronten hatte und ohne elektrischen Strom auskommen musste, stand bereits ein Herr im weißen Kittel neben dem Eingang und sondierte die Straße nach Kun-

dinnen. Als Hilde und Michalina ihm entgegenkamen, grüßte er sie mit einer Verbeugung und murmelte: »Gnä' Frau.«
Hilde musste sich eingestehen, dass diese Strategie erfolgreich war. Unwillkürlich wurde ihr bewusst, dass sie wie die meisten anderen Frauen nur ein Kopftuch über ihr fettiges Haar gebunden hatte. Sehnsucht nach einem Friseurbesuch kam in ihr auf, nicht einmal der Hinweis auf einem Schild, dass die Kundinnen das warme Wasser zum Haarewaschen selbst mitbringen mussten, hätte Hilde abgeschreckt.
Zum Glück war die Brücke über die S-Bahn-Gleise noch intakt. Um darübergehen zu können, mussten sich Hilde und Michalina durch einen schmalen Spalt in einer Straßensperre aus Trümmersteinen hindurchzwängen. Der einstmals ebene Bahndamm war von Bombentreffern vernarbt, verbogen wie dünner Draht ragten die dicken Schienenstränge in die Höhe, in der Nähe standen einige zerfledderte Bahnwagen, und über allem hing immer noch der unangenehme Brandgeruch.
Vor Staunen riss Michalina ihre Augen weit auf, als sie vor Hildes Anwesen standen. »Das gehört alles dir, Frau Hilde?«, stammelte sie ehrfürchtig.
Hilde wiegte ihren Kopf hin und her. »Eigentlich schon. Mal schauen, was die Russen dazu sagen.«
Dass die Villa des Erbonkels, abgesehen von einem weggerissenen Teil des Dachs, noch intakt war, ließ die Szene besonders irreal wirken. Mit einem kurzen Blick hatte sich Hilde vergewissert, dass nicht einmal das abseits gelegene Chauffeurhäuschen größere Beschädigungen aufwies, in das sie umgezogen war, nachdem das Wohnamt im Hauptgebäude zwangsweise Mieter eingewiesen hatte.
Auf dem umzäunten Grundstück herrschte ein Betrieb wie in einem Taubenschlag. Über dem Hauptportal der Villa war mitt-

lerweile eine rote Flagge drapiert, durch die sperrangelweit geöffnete Tür liefen unzählige Personen hin und her, laute Stimmen ertönten, Motoren knatterten im Hinterhof. Der einstmals kunstvoll gestutzte englische Rasen war verwildert, doch es wollte ihm nicht gelingen, die überall herumliegenden leeren Blechdosen, Überreste von Lagerfeuern und Pferdeäpfel zu überdecken.

»Na, dann woll'n wir mal«, sagte Hilde und schritt mit hocherhobenem Kopf die Auffahrt entlang. Wenn Hilde sich schon in die Höhle des Löwen wagte, wollte sie auch mit einem großen Auftritt Eindruck schinden.

Als sie die Steinstufen zum Eingang erklomm, sah sie, dass seitlich des Portals ein altes Bettgestell stand. Auf den nackten Sprungfedern fläzte sich ein Soldat und genoss den Sonnenschein. Er schien nicht damit zu rechnen, dass fremde Personen die Dreistigkeit besaßen, die Treppe heraufzukommen. Dementsprechend überrascht fuhr er zusammen, als er die ältere Dame mit einer weiteren Frau im Schlepptau ankommen sah.

Er brauchte einige Augenblicke, um seine Überraschung zu überwinden, dann griff er reflexartig nach seiner an der Wand lehnenden Maschinenpistole, war allerdings zu verblüfft, um sie auf die Neuankömmlinge zu richten.

»He, Towarischtsch«, sprach Hilde ihn mit dem russischen Wort für »Genosse« an. »Wer hat hier in dem Laden was zu sagen?«

Als Michalina übersetzte, starrte er die Frauen bestürzt an. Schließlich gelang es ihm, sich wieder zu fassen. Er murmelte etwas und wies ins Gebäude.

»Wir sollen zum Oberst gehen«, übersetzte Michalina flüsternd.

Hilde nickte dem Wächter kurz zu und betrat das Haus. Als die Mieter eingezogen waren, hatten sie zu Hildes Verdruss die weitläufige Vorhalle genutzt, um bei schlechtem Wetter die Wä-

sche aufzuhängen. In den Wänden befanden sich immer noch die zu diesem Zweck eingeschlagenen Haken. Der Oberst war natürlich im ehemaligen Kaminzimmer einquartiert, einem repräsentativen Raum, den Hildes Onkel nur zu offiziellen Empfängen genutzt hatte und ansonsten stets verschlossen hielt.
Sie mussten vor der Tür eine Weile warten. Neugierig scharten sich Soldaten um sie. Auf diese Situation war Hilde jedoch vorbereitet. Zum Glück war ihr eine lebhafte Diskussion mit Dr. Haller über Geschlechtskrankheiten in den Sinn gekommen. Vor einigen Monaten hatte sie mit ihm zusammen im Reichstag in der improvisierten Entbindungsstation der Charité zusammengearbeitet. Haller war der festen Überzeugung gewesen, dass die deutschen Soldaten die Gonorrhoe aus Frankreich mitgebracht hätten, um sie danach in Russland zu verbreiten. Umgekehrt würde nun aus dem Osten mit den Rotarmisten die Syphilis zurückkommen. Hilde stimmte ihm insofern zu, dass die Ausbreitung derartiger Krankheiten zunehmen würde, aber den Rest hielt sie für Unfug, weil es im Umkehrschluss die absurde Behauptung nahelegte, dass es vorher in Deutschland keine Geschlechtskrankheiten gegeben hätte.
Als ihr vor ein paar Tagen an der Pumpe berichtet worden war, dass die russischen Soldaten tatsächlich eine große Furcht vor Geschlechtskrankheiten hatten, war sie auf die Idee gekommen, sich vor ihrem Antrittsbesuch in der Kommandantur mit den *Pyrimal*-Vorräten aus der Apotheke von Otto Seibold einzudecken. Allerdings konnte er von dem begehrten Medikament gegen Geschlechtskrankheiten nur ein Dutzend Schachteln rausrücken, weil in den letzten Tagen gleich mehrere russische Sanitätseinheiten sein Geschäft als Selbstbedienungsladen genutzt hatten. Als sich die Soldaten jetzt um Hilde und Michalina drängten, erkannte sie, dass es nicht genügend Medikamente

sein würden, um einen guten ersten Eindruck zu machen. Nachdem sie die zwölf Schachteln verteilt hatte, zückte sie daher einen Block und begann damit, Apothekenrezepte auszustellen. Als die Soldaten bemerkten, dass es etwas zu holen gab, wurde das Gedränge noch dichter. Nach einer Weile stellte Hilde fest, dass sich die angegebenen Namen zu wiederholen schienen. Einige Soldaten nuschelten absichtlich, so dass sie kaum etwas verstand.

»Grischa Stepanow, Sergei Iwanow, Anatol Stepanow, dann wieder ein Illja Iwanow«, raunte sie Michalina zu. »Sind die alle verwandt?«

Ihre Begleiterin musterte die Männer mit abfälligem Blick. »Das ist in Russland wie Meier und Müller. Alles falsche Namen.«

»Na, soll mir egal sein«, sagte Hilde und fügte dann mit einem zynischen Grinsen hinzu: »Da bezwingen sie den Adolf, aber wenn sie sich was einfangen, stellen die sich an wie Zimperlieschen.«

Der Rezeptblock wurde schon recht dünn, als eine laute Stimme die Gruppe der Männer auseinandertrieb. Der Uniform nach zu urteilen musste das der Oberst sein. Er hatte ein breites Gesicht, sein kurz geschnittenes Haar glänzte wie Plüsch.

Offenbar hatte man ihm nicht mitgeteilt, dass Damenbesuch gekommen war, denn als er Hilde und Michalina erblickte, fuhr seine Hand zum obersten Knopf seiner Uniform, um sich zu vergewissern, dass er geschlossen war. Allerdings passten die wässrigen Augen nicht zu dem zackigen Auftreten eines russischen Offiziers.

Die Fensterläden im Kaminzimmer waren halb geschlossen. Ein heller Lichtstreifen lief quer über den Boden zum Bett und dem mit Papieren überfüllten Schreibtisch. Der Oberst nahm in dem dahinter stehenden Sessel Platz wie auf einem Thron.

»Mir gehört das Haus«, begann Hilde. »Ich lasse euch gern hier wohnen, aber dafür will ich wieder ins Nebengebäude einziehen.«

Als Michalina übersetzte, zog der Oberst verwundert seine Augenbrauen hoch. Offenbar war ihm ein solches Gesuch noch nicht untergekommen.

»Das Grundstück ist jetzt Eigentum der Roten Arbeiter- und Bauernarmee«, lautete seine schroffe Antwort.

»Das seh ich selber, aber braucht ihr wirklich den ganzen Platz für euch selbst? Die paar Quadratmeter machen doch nichts aus.«

Der Oberst tat sein Bestes, sich die Irritation nicht anmerken zu lassen. Mechanisch ratterte er die Feststellung herunter, dass die Rote Armee das komplette Gelände requiriert habe. Die Diskussion lief eine Weile hin und her, bis Hilde darauf zu sprechen kam, dass sie Hitler nicht bekämpft habe, um nach dem Sieg über die Tyrannei plötzlich obdachlos dazustehen.

»Jeder behauptet, gegen Hitler gewesen zu sein«, erwiderte der Oberst.

»Aber ich habe es schriftlich«, sagte Hilde und holte die Entlassungsurkunde aus ihrer Bluse hervor. »Verdammt noch mal, ich war im Knast, weil ich die braune Bande nicht unterstützen wollte.«

Der Oberst nahm das Blatt an sich und begutachtete es, ohne die Miene zu verziehen. Seine Stimme drückte mildes Desinteresse aus. »Nichts zu machen.« Er reichte ihr die Urkunde zurück.

»Ihr sagt doch, dass ihr euch um die Bevölkerung kümmern wollt.« Hilde ließ nicht locker. »Ich bin Ärztin und muss meine Praxis wiedereröffnen. Das ist für die medizinische Versorgung der Nachbarschaft essenziell!«

Dass Hilde eine ausgebildete Ärztin war, schien auf den Oberst einen so starken Eindruck zu machen, dass sich seine Haltung schlagartig veränderte und er sie nun mit einer gewissen Hochachtung behandelte.

»Genossin Doktor, es tut mir leid«, übersetzte Michalina. »Ich kann Ihnen momentan keine andere Antwort geben. Wir werden die Angelegenheit in Betracht ziehen, aber das dauert eine Weile.«

»Soll ich etwa Bersarin fragen, wenn ich ihn das nächste Mal sehe?«

Der Oberst ging auf diese Bemerkung nicht ein. Stattdessen nahm er zwei Wassergläser, holte hinter dem Schreibtisch eine Schnapsflasche hervor und füllte sie bis zum Rand.

»Trinken wir zum Abschied auf den Sieg der Sowjetarmee!« Es klang wie ein Befehl.

Hilde nickte. »Gern.«

Der Oberst schob ihr eines der Gläser hin.

»Die nennen das Zeug *Samogon*«, wisperte Michalina.

Hilde schnüffelte kurz an der Flüssigkeit, und ja, es handelte sich eindeutig um Alkohol.

Mit ausgestrecktem Arm hob der Oberst das Glas empor. Nach einem Trinkspruch kippte er den Inhalt auf ex hinunter. Dann sah er Hilde auffordernd an.

Sie blickte kurz ins Glas, prostete dann dem Oberst zu und trank ihr Glas ebenfalls in einem Zug aus. Das Zeug kratzte im Hals wie die Hölle, danach breitete sich eine wohltuende Wärme in Hildes Körper aus. Fast konnte man den Fusel mit ihren selbstgebrannten Schnäpsen vergleichen.

Mit fester Hand stellte sie das leere Glas auf die Tischplatte, holte tief Luft und fragte dann: »Was Stärkeres habt ihr nicht da?«

Bei dieser Bemerkung prustete der Oberst los.

Hilde witterte eine Chance, ihn aus der Reserve zu locken. »Warum kürzen wir die Sache nicht ab? Wenn ich mehr von diesem Samogon vertrage, darf ich bleiben, falls nicht, verschwinde ich und belästige euch nicht mehr.«

Entgeistert starrte Michalina sie an.

»Na los, übersetz das!«

Auch der Oberst warf Hilde einen verwunderten Blick zu, doch als er bemerkte, dass sie diesen Vorschlag ernst meinte, rief er laut nach seinem Adjutanten und befahl ihm, weitere Flaschen zu bringen. Die Augen des Obersts funkelten amüsiert, während er seine Kontrahentin musterte.

Sobald sich unter den Soldaten herumgesprochen hatte, dass ein Kampftrinken stattfinden sollte, an dem kein Geringerer als der Oberst teilnahm, erschienen die ersten Neugierigen. Noch ehe der Adjutant mit Armen voller Schnapsflaschen zurückkehrte, war bereits ein Pulk von Zuschauern anwesend.

Die Soldaten standen verlegen im Zimmer herum. Hilde wunderte das nicht, denn sie hatte beobachtet, dass viele Russen in Gegenwart von Frauen unsicher wurden, sobald sie sich nicht mehr hinter lautem Gepolter und Kameraderie verstecken konnten. Und dass nun ausgerechnet eine Frau als Herausforderin am Tisch dem Oberst gegenübersaß, schienen sie nicht zu verstehen. Aber je mehr Männer ins Zimmer drängten, umso weniger war von der anfänglichen Verunsicherung zu spüren.

Als der Oberst die erste Flasche entkorkte, hörte Hilde hinter ihrem Rücken geflüsterte Bemerkungen, unterdrücktes Gekicher.

Der Oberst schenkte die beiden Gläser so voll, dass der Schnaps den Rand berührte. Er wollte seiner Kontrahentin nichts schenken.

Wortlos kippte er den Inhalt des zweiten Glases hinunter. Dann war es an Hilde. Es war praktisch unmöglich, das Glas zu erheben, ohne dabei den Fusel zu verschütten. Hilde legte den Kopf in den Nacken und spülte das Gesöff mit einer raschen Bewegung den Rachen hinunter.

Der Oberst wartete auf erste Reaktionen und runzelte die Stirn, als bei Hilde keine Anzeichen von Schwäche erkennbar waren. Da sie im Zuchthaus die letzten Monate über keinen Tropfen Alkohol bekommen hatte, war es ein wenig riskant, sich auf ein Wetttrinken einzulassen. Doch nach einigen Durchgängen registrierte Hilde mit stiller Genugtuung, dass sie sich immer noch auf ihre Konstitution verlassen konnte. Natürlich zeigte der Hochprozentige eine gewisse Wirkung, abgesehen von einem leichten Zittern ihrer Hände konnte sie sich jedoch gut unter Kontrolle halten.

Allerdings schien der Oberst ähnlich trinkfest zu sein. Stoisch soff er ein Glas nach dem anderen weg und musste dabei nicht einmal den oberen Knopf seiner Uniform lockern. Das einzige Anzeichen des Alkoholkonsums war sein immer stärker geröteter Kopf.

Dieser sogenannte Samogon war ein heimtückisches Gesöff. Das letzte Mal hatte Hilde einen solch scharfen Schnaps bei dem Versuch gekostet, aus gepressten Weintrauben einen Grappa zu brennen. Aber ihr Erzeugnis hatte wenigstens noch so etwas wie Aroma besessen. Dieser Klare hier wurde wohl ausschließlich zu dem Zweck hergestellt, sich möglichst effektiv besinnungslos zu saufen. Hilde graute es, als sie sich vorstellte, was die Flüssigkeit mit ihren Magenschleimhäuten anstellen würde.

Bei der sechsten Runde spürte sie bereits eine gewisse Kurzatmigkeit und ahnte, dass der kleine Wettkampf interessant werden würde. Aber um die finale Entscheidung wurden die umstehenden Soldaten betrogen.

Hilde hörte zunächst nur, wie etwas Schweres mit einem dumpfen Geräusch auf dem Holzboden landete. Allerdings war es nicht der Oberst gewesen. Statt von seinem Stuhl zu gleiten, blieb er mit bewundernswürdiger Balance auf seinem Platz sitzen. Als hinter Hildes Rücken aufgeregtes Stimmengewirr ausbrach, bemerkte sie, dass etwas faul war, denn auch der Oberst fixierte mit versteinerter Miene etwas hinter ihr.

Als sie sich schließlich umwandte, klaffte in der Menschenmenge eine Lücke. Ein Soldat war zusammengebrochen und lag mit schmerzverzerrtem Gesicht auf dem Boden. Die Kameraden redeten besorgt auf ihn ein, doch außer unartikuliertem Stöhnen brachte der Mann nichts hervor.

Der Oberst schritt zu den Soldaten hinüber, dann wandte er sich an Hilde und gab einen Befehl.

»Machen Sie ihn wieder gesund, Genossin Doktor!«, übersetzte Michalina.

15

Mittwoch, 9. Mai 1945 – Montag, 14. Mai 1945
116 bis 111 Tage vor dem Kriegsende im Pazifik

In den letzten Tagen war es in Schmudes Geschäft leer geworden. Die Übergriffe der Rotarmisten waren deutlich zurückgegangen. Nur wenn neue Truppenteile eintrafen, konnte es für Frauen auf den Straßen noch einmal gefährlich werden, weil dann das Plündern und Schänden für einige Tage wieder von neuem losging. Trotzdem bestand die Hoffnung auf eine baldige Normalisierung, so dass bereits die Kinder von ihren Eltern abgeholt wurden und sich sogar die Frauen nach Hause wagten. Die beiden jungen Damen, mit denen sich Oppenheimer und Lisa eine Rumpelkammer teilen mussten, waren auch verschwunden, endlich hatten sie den Raum nun für sich allein. In der ersten Nacht ohne indiskrete Nachbarn konnten sie jedoch kein Auge zumachen, weil das Ehepaar Schmude im Zimmer nebenan einen lautstarken Streit austrug, an dem zu allem Überfluss Oppenheimer schuld war.

Seine Nachricht, dass Ede an einer Übernahme von Schmudes Geschäft interessiert war, hatte wie eine Bombe eingeschlagen. Schmude selbst war dem Vorschlag gegenüber aufgeschlossen, weil er ohnehin nicht wusste, was er ohne Kleider und Stoffe anfangen sollte. Obwohl er selbst nur Mieter war, fand er nichts dabei, Ede gegen eine Gebühr hier einziehen zu lassen. An Schmudes glänzenden Augen ließ sich ablesen, wie sehr ihm die Idee gefiel, dass sich Damen in seinem Geschäft zur Abwechslung gänzlich textilfrei präsentieren sollten. Nur die Strategie, seiner Frau diese Neuigkeit möglichst schonend beizubringen, war offenbar gescheitert.

»Die machen ja einen ganz schönen Radau«, wisperte Lisa Oppenheimer zu, als sie auf den Pferdedecken beieinanderlagen.

Es ließ sich ohnehin nichts beschönigen, also verriet er den Grund für die Auseinandersetzung. »Ede will hier einziehen, um eine Bar aufzumachen. Mit exotischen Tanzdarbietungen und so, du weißt schon.«

Plötzlich hörte er aus der Dunkelheit neben sich Lisas Gekicher. »Und das ausgerechnet bei der Inge. Die tut doch immer so etepetete.«

»Tja, das hat ihr wohl auch niemand an der Wiege gesungen«, stellte Oppenheimer amüsiert fest.

Er war froh, dass sich Lisa wieder um andere Dinge kümmerte, anstatt vor sich hin zu brüten. In diesem Moment vergaß er die Befangenheit, die er in den vergangenen Tagen Lisa gegenüber verspürt hatte. Es war fast wieder so, als sei nichts geschehen, wieder so wie in den ersten Tagen im Gärkeller, als sie froh darüber waren, beisammen zu sein nach all den Monaten, in denen Oppenheimer offiziell als tot gegolten hatte.

Die Holzdielen knarrten leise, als sich Lisa zur Seite drehte. Oppenheimer nahm die Wärme ihres Körpers wahr, noch ehe sie den Kopf auf seine Schulter legte. Sanft umarmte er sie.

Es war ein ruhiger Moment, Worte waren überflüssig. Einfach nur dazuliegen und in die Dunkelheit zu schauen genügte.

Endlich waren sie zur Ruhe gekommen.

Doch dieser Zustand währte für Oppenheimer nicht lang. Schon bald legte sich erneut der Gedanke an die Schändung wie Mehltau über ihr Beisammensein. Ein intimer Kontakt mit Lisa war für ihn noch nicht denkbar, dazu war er viel zu verunsichert. Er wusste nicht, wie er mit ihr umgehen sollte, wusste nicht, ob es ihm überhaupt jemals wieder möglich sein würde, mit ihr zu schlafen, ohne dass ihn aus dem Hinterhalt seiner Erinnerung düstere Gedanken überfielen. Die Befürchtung, dass alles, was er tat, falsch sein könnte, lähmte Oppenheimer. Er setzte seine Hoffnung darauf, dass sich dieses Problem eines Tages lösen würde. Es war wohl besser, Lisa in Ruhe genesen zu lassen.

Und dann gab es noch Oppenheimers andere Probleme. Schon jetzt bereute er es, Ede beim Abschied seine Zusage gegeben zu haben, innerhalb von zwei Wochen den Aufenthaltsort von Manni ausfindig zu machen. Da Ede so kulant gewesen war, sie in den letzten Kriegstagen zu verstecken, glaubte er, ihm diese Bitte nicht abschlagen zu können. Die Hinweise waren jedoch mehr als dürftig. Offenbar wohnte Manni in Kreuzberg oder hatte dort zumindest einen Stützpunkt, doch meistens war er in der Stadt unterwegs gewesen, um Schwarzmarktgeschäfte abzuwickeln. Oppenheimer schwante bereits, dass ihm eine mühselige Suchaktion bevorstand.

Schritte auf dem Gang rissen ihn aus seinen Gedanken.

Lisa setzte sich auf. »Was meinst du, ob das Hilde ist?«

»Das will ich doch hoffen«, sagte Oppenheimer und schlug die Decke zur Seite. »Ich erkundige mich mal, wo sie so lange geblieben ist.«

Oppenheimer hangelte sich umständlich an den offenen Regalen nach oben, bis er auf den Beinen stand. Der Form halber klopfte er an die Tür, ehe er Hildes Zimmer betrat.

»Herr Richard!«, sagte Michalina und knöpfte eilig ihre Bluse zu.

Oppenheimer brauchte eine Weile, um Worte zu finden. »Wo kommst du denn plötzlich her?«

»Bin zurückgelaufen. Wollte nicht bei die Russen schlafen«, erklärte Michalina. »Ein Soldat ist umgefallen. Frau Hilde sagt, er ist vergiftet. Jetzt beobachtet sie ihn.«

Da er Gewissheit über Hildes Verbleib hatte, wollte sich Oppenheimer diskret wieder zurückziehen. Michalina winkte ihn allerdings zurück, da sie dringend etwas mitzuteilen hatte.

»Der Oberst mit Schmalz«, begann sie, »wie heißt der?«

Zunächst war Oppenheimer überfragt, was sie damit meinte, bis er sich daran erinnerte, dass er Hilde und den Übrigen die Episode über seine Entführung aus dem Gärkeller geschildert hatte.

»Aksakow war sein Name. Warum fragst du?«

Michalina schüttelte vehement den Kopf. »Kann nicht stimmen. Aksakow ist im Gulag.«

Oppenheimer fühlte sich wie vor den Kopf gestoßen. Interessiert erkundigte er sich. »Wo hast du das denn her?«

»Die Soldaten bei Frau Hilde im Haus. Die haben von Aksakow gehört. Der sitzt für, wie sagt man, Mitleid mit dem Feind?«

»Jaja, das verstehe ich schon. Aber warum? Da kann doch was nicht stimmen.«

»Aksakow war gegen Vergewaltigungen, sagen die. Mehr weiß ich nicht.«

Und tatsächlich blieb dies alles, was Michalina ihm mitteilen konnte. Oppenheimer lief gedankenversunken zu seinem Raum zurück. War dies womöglich der entscheidende Zufall, auf den er seit Lisas Vergewaltigung gewartet hatte?

Wie vom Blitz getroffen blieb Oppenheimer stehen. Wenn sich dieser Aksakow gegen die Übergriffe der russischen Soldaten ausgesprochen hatte, würde er dann nicht auch ein offenes Ohr für ihn haben? In der Bevölkerung wurde davon geredet, dass Stalin Vergewaltigern höchstpersönlich drakonische Strafen an-

gedroht habe. Vielleicht war Aksakow daraufhin rehabilitiert worden, oder er hatte eine andere Möglichkeit gefunden, um seine Linientreue zu demonstrieren.
Im Zimmer des Ehepaars Schmude war es inzwischen still geworden. Und auch Lisa war eingeschlummert, als Oppenheimer wieder neben ihr unter die Decke schlüpfte.
Er fühlte plötzlich, wie die Mattigkeit der vergangenen Tage von ihm abfiel. Die unliebsame Angelegenheit mit Manni war vergessen, denn endlich hatte Oppenheimer wieder ein Ziel vor Augen, sah die Möglichkeit, den Täter für dessen Verhalten zur Rechenschaft zu ziehen.
Er nahm sich vor herauszufinden, wer dieser Oberst Aksakow in Wirklichkeit war.

Oppenheimer fiel es schwer, zu akzeptieren, dass er momentan nicht mehr tun konnte, als auf die Tür zu starren. Wie lange er hier schon saß und nervös darauf wartete, bei Oberst Aksakow vorgelassen zu werden, ließ sich ohne seine Taschenuhr kaum einschätzen. Die zunehmend härter erscheinende Sitzfläche des Stuhls sprach dafür, dass bereits viel Zeit verstrichen war.
Zum Glück besaß Oppenheimer einen guten Orientierungssinn, und so hatte er das Gebäude, in dem ihn Aksakow verhört hatte, fast auf Anhieb wiedergefunden. Allerdings musste er einen kleinen Umweg in Kauf nehmen, weil er fast in eine Straßensperre hineingeradelt wäre, an der Rotarmisten wahllos Passanten zum Trümmerschippen abkommandierten. Als Oppenheimer am Ziel angelangt war und Aksakow sprechen wollte, wurde dies von den Offizieren zuerst nur mit einem verwunderten Blick quittiert, ehe sie ihn baten, Platz zu nehmen.
Es war jetzt bereits Montag. In den Tagen davor war es Oppenheimer nicht möglich gewesen, Aksakow aufzusuchen, weil Ede

ihn die ganze Zeit über in Beschlag genommen hatte. Jetzt, wo er eine Gelegenheit sah, in die Innenstadt zu expandieren, wollte er diese auch beim Schopf packen und war bereits am Donnerstag ohne Vorankündigung in Schmudes Geschäft aufgetaucht. Um sich im besten Licht zu präsentieren, hatte er als Präsent einen Fresskorb voller Dosenkonserven dabeigehabt, der sogar den Widerstand von Frau Schmude ins Wanken brachte. Nach diskreten Verhandlungen in der verschlossenen Küche kam Ede breit grinsend wieder heraus und murmelte Oppenheimer zu, dass man sich geeinigt habe und die *Mamsell,* wie er Inge nannte, eine nette Person sei. Sein Plan, das Nachtlokal bereits in einer Woche zu eröffnen, weckte in Oppenheimer gewisse Zweifel darüber, ob Ede auch wusste, worauf er sich eingelassen hatte.

Gleich danach nahm Ede Oppenheimer mit zur nächsten Kommandantur, weil er eine Ausschankerlaubnis benötigte. Wie auch die anderen Berliner hatte sich Ede schnell an die veränderten Umstände angepasst. Wenn sie neue Geschäfte aufmachen oder alte wiedereröffnen wollten, taten sie das sicherheitshalber erst, nachdem ihnen die zuständige Kommandantur eine Befugnis erteilt hatte. Auch sonst funktionierten die Kommandanturen als erste Anlaufstelle für Anliegen jeglicher Art, und so war für Oppenheimer die bis auf den Gehsteig reichende Schlange der Bittsteller wenig überraschend.

Sie mussten eine Stunde auf dem Gehweg neben auseinandergebauten Autos warten, ehe sie vorgelassen wurden. Zu diesem Zeitpunkt war Oppenheimer noch immer keine Erklärung eingefallen, warum Ede ihn überhaupt mitgenommen hatte. Vielleicht wollte er einen Leumundszeugen parat haben, doch es stellte sich heraus, dass diese Vorsichtsmaßnahme nicht notwendig war. Als sie vorgelassen wurden, saß der Kommandant hinter einem Schreibtisch voller Schmierzettel, während eine

Frau Übersetzungen in Russisch und akzentfreiem Deutsch herunterratterte. Edes Vorschlag, am Ku'damm ein Vergnügungslokal zu eröffnen, wurde vom Kommandanten wohlwollend zur Kenntnis genommen. Es sei wichtig, dass sich die Lebensumstände wieder normalisierten, und da kam Edes Betriebsamkeit gerade recht. Der Kommandant erkundigte sich, was Ede zur Eröffnung des Lokals am dringendsten benötigen würde, nahm daraufhin ein weißes Blatt Papier, notierte etwas darauf, ließ es von Ede unterzeichnen und legte es auf einen Stapel mit anderen handgeschriebenen Notizen. Amüsiert stellte Oppenheimer fest, dass statt mit knallenden Stempeln wie in preußischen Amtsstuben hier ein Pakt noch mit Handschlag besiegelt wurde. Weniger Glück hatten allerdings die Mitglieder der deutschen KP. In der Schlange befanden sich unzählige übrig gebliebene Genossen, die nun hofften, mit ihren hervorgekramten Parteibüchern Eindruck zu schinden. Sie alle verließen das Gebäude wie geschlagene Hunde, weil der Kommandant ihnen vorwarf, sich nicht genügend zur Wehr gesetzt zu haben, als sich Hitler an die Macht manövriert hatte.

Erst jetzt, wo Oppenheimer selbst wie ein Bittsteller auf Aksakow wartete, konnte er nachfühlen, wie es ihnen ergangen war. Einfach still dazusitzen war eine Geduldsprobe. Insbesondere nach den letzten hektischen Tagen, in denen der Strom der Zulieferungen für Edes Nachtbar nicht mehr abreißen wollte. Und je voller es in Schmudes Laden wurde, je mehr gehämmert und gesägt wurde, umso akuter wurde auch die Frage, wo Oppenheimer mit Lisa unterkommen sollte, denn Ede hatte ihnen unmissverständlich klargemacht, dass es für Untermieter keinen Platz mehr geben würde.

Unterdessen hatte es neue Anweisungen gegeben, die den Schluss zuließen, dass die neue Verwaltung keine Ahnung hatte, was sie überhaupt tat. Am Donnerstag wurde der Befehl erteilt, dass die Zivilbevölkerung alle Radiogeräte, Telefone und Schreibmaschinen abzuliefern habe. Es kursierte das unbestätigte Gerücht, dass die Geräte für den Transport nach Russland vorgesehen waren. Oppenheimer sah in dieser Anweisung keinen Sinn, selbst unter der Herrschaft der Nationalsozialisten hatte er unter Lebensgefahr Feindsender gehört, und er sah nicht ein, dass ihm nun jemand den freien Zugang zu Informationen verwehren durfte. Aber nicht jeder besaß den Mut, sich den Anweisungen zu widersetzen, und so brachten einige Berliner ihre Apparate folgsam zu den angeordneten Sammelstellen. Als sich am nächsten Tag schließlich herumsprach, dass die Geräte doch nicht abgegeben werden müssen, waren sie bereits verschwunden. Und so hatte über Nacht so manches Radio und Telefon einen neuen Besitzer gefunden.

Viel besorgniserregender fand es Oppenheimer jedoch, dass Hilde immer noch nicht aufgetaucht war. Er nahm sich vor, auf dem Rückweg einen Abstecher zu ihrem Anwesen zu machen, um sich nach dem Verbleib seiner guten Freundin zu erkundigen. Missmutig fragte sich Oppenheimer, ob er heute überhaupt noch zu irgendetwas kommen würde, als plötzlich die Tür aufging.

Er wurde in dasselbe stickige Zimmer geführt, in dem man ihn vor mehr als zwei Wochen vernommen hatte. Fast schien es so, als wäre die Zeit seitdem stehengeblieben. Die Fenster waren immer noch mit Latten zugenagelt, und hinter dem Tisch bot sich ihm dasselbe Triptychon dar: in der Mitte Aksakow, flankiert von Hauptmann Pogodin und dem Dolmetscher.

Oppenheimer musste sich zurückhalten, um nicht allzu forsch aufzutreten. Den Hut zwischen seinen Händen knetend, begann er: »Ich habe ein Problem und hoffe, dass Sie mir helfen können.«

Die Mienen seiner Gesprächspartner waren genauso unbeweglich wie beim letzten Mal. Aksakow brummelte etwas, woraufhin sich der Dolmetscher nach dem genauen Grund seines Besuchs erkundigte. Oppenheimers Schilderung, dass Lisa während seiner Abwesenheit vergewaltigt worden war, rief keine nennenswerte Reaktion hervor.

Aksakow überlegte kurz, dann erwiderte er ein paar Worte. Trotz des einschläfernden Tonfalls des Dolmetschers hatte es die Antwort in sich. »Das hat Ihrer Gattin sicher nicht geschadet. Unsere Soldaten sind allesamt kerngesund.«

Für einen Moment war Oppenheimer sprachlos. Obwohl er auf einem Stuhl saß, hatte er den Eindruck, als würde ihm der Boden unter den Füßen weggezogen. War dieser Oberst wirklich so begriffsstutzig, oder tat er nur so? Augenblicklich war sich Oppenheimer sicher, dass dies nicht der Aksakow sein konnte, der die Ausschreitungen der Rotarmisten verhindern wollte.

»Genosse Stalin hat doch gesagt, dass es nicht toleriert wird«, stammelte Oppenheimer betreten.

Für einen Moment herrschte Schweigen. Verdrossen verzog Aksakow seinen Mund. Schließlich wollte er wissen: »Gibt es Augenzeugen?«

»Nein, soweit ich weiß gibt es keine.«

Jetzt schaltete sich zum ersten Mal Pogodin ein. »Bei einer Vergewaltigung lässt sich nur mit Beweisen etwas machen«, ließ er übersetzen. »Niemand wird bei uns ohne Grund angeklagt.«

Oppenheimer wusste nicht, worüber er sich mehr wundern sollte: darüber, dass Pogodin zufolge in den sowjetischen Gebieten so etwas wie Rechtsstaatlichkeit existierte, oder darüber, dass der Hauptmann überhaupt einen Ton von sich gab. Seine Stimme war das genaue Gegenteil von Aksakows monoton brummendem Bass, nämlich hell und melodisch. Der Hauptmann hätte vermutlich einen guten Tenor abgegeben.

»Sie haben völlig recht, zu viele unserer Soldaten verhalten sich undiszipliniert«, fuhr Pogodin fort. »Aber die Situation hier ist eine andere. Als die deutschen Imperialisten bei uns eingefallen sind, haben sie hinter der Front Bordelle mit Frauen aus den eroberten Gebieten eingerichtet. So etwas gibt es bei uns nicht. Viele Männer spüren daher einen gewissen Druck und holen sich einfach, was sie haben wollen.«

Oppenheimer presste die Lippen zusammen. Sein Lehrmeister Ernst Gennat hatte ihm damals bei der Mordkommission beigebracht, dass man immer nach der Ursache für das Fehlverhalten eines Straftäters suchen musste. Nur mittels dieser Erkenntnis sei eine Prävention möglich, aber Oppenheimer fand es abwegig, dass er in seiner Lage mit den Vergewaltigern sympathisieren sollte. Für ihn waren es Tiere, nichts weiter. Und solche Tiere gehörten bestraft.

»Diese Schweine könnten sich gefälligst zusammenreißen«, murmelte er, selbst auf die Gefahr hin, dass er Pogodin und Aksakow vor den Kopf stieß. »Es ist geschehen, als ich hier war, direkt in der Brauerei.«

An Aksakows aufmerksamen Blick ließ sich ablesen, dass sein Interesse geweckt war. Bei seiner nächsten Frage schien er die Worte genau abzuwägen.

»Dieter Roski hatte einen Koffer dabei. Können Sie sich daran erinnern?«

Obwohl Oppenheimer allzu gut wusste, wovon Aksakow sprach, tat er so, als müsse er überlegen. »Einen Koffer, sagen Sie?«

Noch während er diese ausweichende Frage formulierte, ging Oppenheimer in Gedanken seine Optionen durch. Natürlich, es musste der Koffer sein, den er für Ede versteckt hatte. Wenn

Aksakow etwas wollte, was ihm nur Oppenheimer liefern konnte, war es keine gute Strategie, diesen Trumpf bereits aus der Hand zu geben.
»Ich glaube, einen Koffer gesehen zu haben«, antwortete Oppenheimer bewusst zweideutig. »Roski hat ihn immer bei sich getragen.«
»Wo ist der Koffer geblieben?«, wollte Aksakow wissen.
Oppenheimer deutete ein Kopfschütteln an. »Keine Ahnung«, sagte er so harmlos wie möglich.
Aksakows Blick wurde kalt.
Wahrscheinlich hatte Oppenheimer zu harmlos getan, und so beeilte er sich hinzuzufügen: »Wenn Sie möchten, könnte ich mich für Sie umhören. Ich kenne mich in Berlin aus, ich war Kriminalkommissar. Aber als die Nazis an die Macht kamen, wurde ich entlassen.«
Der Oberst verstand genau, was Oppenheimer damit andeutete. Natürlich würde er ihnen helfen, aber nur, wenn es eine Möglichkeit gab, die Vergewaltiger zu fassen. Für eine Weile hing diese unausgesprochene Forderung in der Luft. Doch dann lehnte sich Aksakow abrupt zurück, und ihr Kontakt jenseits aller Worte war unterbrochen.
Es folgte wieder das gelangweilte Gebrummel, das man von ihm gewohnt war. »Wo können wir Sie finden, falls wir Sie benötigen?«
Zuerst war Oppenheimer überfragt und gab dann einfach die Adresse von Schmudes Laden an. Obwohl er nicht wusste, wo er unterkommen würde, war es so gut wie abgemacht, dass Oppenheimer bald in Edes Spelunke aushelfen sollte. Er war so froh gewesen, überhaupt eine Arbeit angeboten zu bekommen, dass er sofort zugesagt hatte. Also war es am wahrscheinlichsten, dass man ihn dort antraf.

Aksakow nickte und murmelte dann: »Wir kommen auf Sie zurück.«
Das klang nach einem leeren Versprechen.

Nach dieser ernüchternden Unterredung radelte Oppenheimer in Richtung Schöneberg. Immerhin war er früh genug fertig geworden, so dass er sich wenigstens nach Hilde erkundigen konnte. Ab zehn Uhr abends galt für Zivilisten mittlerweile eine Ausgangssperre. Es hieß, dass die russischen Streifen schnell zu ihren Schusswaffen griffen, und Oppenheimer hatte nur wenig Lust, die Probe aufs Exempel zu machen.
Obwohl sich Hildes Anwesen verändert hatte, erkannte er es sofort wieder. Russische Transporter parkten am Straßenrand, wie eine Ameisenkolonne verfrachteten unzählige Rotarmisten Gegenstände aus der Villa in die bereitstehenden Wagen.
Beim Chauffeurhäuschen, in dem Hilde bislang gewohnt hatte, waren alle Fenster weit aufgerissen. Als Oppenheimer wie gewohnt in die kleine Seitengasse abgebogen war und das Grundstück über den Nebeneingang betrat, hielt ihn niemand auf.
»Hilde?«, rief er in das Gebäude hinein. Es war jetzt zwar Nachmittag, doch der Sonnenschein war immer noch so hell, dass die Türöffnung inmitten der grellweißen Hauswand wie ein dunkles Rechteck wirkte. »Hilde, bist du da?«
»Verflixt und zugenäht!«, drang es von innen heraus.
Als Oppenheimer dies hörte, war er beruhigt. Hilde war also nichts geschehen.
Jetzt, wo er seine gute Freundin gehört hatte, wagte er es auch, das Häuschen zu betreten. Sicherheitshalber nahm er das Fahrrad mit hinein und stellte es in Hildes ehemaliger Arztpraxis ab. Die Aktenschränke und der Schreibtisch waren verschwunden, nur die zwei altersschwachen Besucherstühle waren übrig geblieben.

Aus dem Wohnzimmer hörte er Gepolter, gefolgt von einem genervten Aufstöhnen. Oppenheimer wollte gerade dorthin, als ihn ein merkwürdiger Anblick zurückhielt. An der Stelle, wo einstmals Hildes Sessel gestanden hatte, steckte auf halber Höhe ein Wasserhahn in der Wand.
»Ah! Wo kommst du denn her?«
Hilde stand vor Oppenheimer in der Tür, doch er war zu verdattert, um zu antworten. Stattdessen wies er zu dem Wasserhahn hin.
»Was soll das da? Bolschewistische Dekorationskunst?«
Hilde folgte seinem Blick und stemmte dann ihre Hände in die Hüften. »Von wegen! Ein Schlaumeier dachte, dass überall Wasser rauskommt, sobald er einen Hahn in die Wand schlägt.«
Oppenheimer nickte. »An sich eine gute Idee. Sollte man sich patentieren lassen.«
Hilde lief geschäftig zum Ausgang, während sie gleichzeitig auf ihn einredete. »Die Soldaten haben die Bude als eine Art Restaurant genutzt. Jeder hat sein eigenes Futter mitgebracht. Und jetzt muss ich die ganzen Abfälle entsorgen.«
Oppenheimer folgte ihr nach draußen. Durch den zugewucherten Vorgarten kämpfte sich Hilde zum Fahrradschuppen vor.
»Suchst du was?«
Hilde hielt kurz inne. »Michalina hat euch sicher von dem kranken Rotarmisten erzählt?«
»Hast du ihn wieder gesund gepflegt?«
»Von wegen. Heute früh ist er abgekratzt. Er hat sich ziemlich gequält. Die Jungs hier haben ein blödes Spiel: Sie legen ihre Alkoholrationen zusammen, damit sich einer von ihnen besinnungslos saufen kann. Das verläuft nach einem bestimmten Turnus, so wie ich es mitbekommen habe. Aber unser Soldat wollte auch seinen Spaß haben und hat einfach etwas anderes

konsumiert und sich dabei vergiftet. Er hat irgendwas von einem Lager gesagt, wenn ich das richtig verstanden habe. Zum Glück hatte ich dein Soldatenwörterbuch dabei.«

»Ich hab mich schon gewundert, wo es abgeblieben ist«, murmelte Oppenheimer. »Ich dachte, Michalina ist bei dir, um zu übersetzen.«

Bei diesem Thema umwölkte sich Hildes Stirn. »Die habe ich schon länger nicht mehr gesehen. Gelegentlich übernachtet sie hier. Sie sucht immer noch nach ihren Kindern. Sie wurden von der SS verschleppt, um sie zu germanisieren.«

»Meinst du etwa diese Irren vom *Lebensborn?*«

Hilde nickte. »Das ist, wie eine Stecknadel im Heuhaufen zu suchen.«

Oppenheimer dachte an den Fall zurück, den er vor einem Jahr im Auftrag der SS lösen sollte. Damals war er im Zuge der Ermittlungen auch auf den *Lebensborn* gestoßen. »Ich kenne doch dieses Heim in Klosterheide. Vielleicht kann man dort etwas erfahren. Wenn die Kinder jetzt bei Pflegeeltern sind, könnte es allerdings schwierig werden.«

»Die Chancen sind richtig scheiße«, fasste Hilde zusammen. »Jedenfalls wird Michalina froh sein, wenn die Rotarmisten bei mir wieder ausgezogen sind. Die kann sie nicht ausstehen.«

Oppenheimer war überrascht. »Ich dachte, sie hätte sich gefreut, von denen befreit zu werden.«

»Tja, das ist aber nur eine Seite der Medaille«, erklärte Hilde. Mit gesenkter Stimme fuhr sie fort: »Vergiss nicht, dass sich Stalin vor dem Kriegseintritt erst mal zusammen mit Hitler Polen unter den Nagel gerissen hat. Jetzt hat Stalin das Land komplett unter seiner Fuchtel und kann dort anstellen, was er will. Keiner kontrolliert diesen Kerl, die polnische Exilregierung in London erkennt er nicht an, jetzt ist nur die Frage, wie sich die anderen

Alliierten verhalten, wenn es Verhandlungen über das Nachkriegseuropa gibt.«

»Priwet babuschke!«, rief ein Soldat im Vorbeigehen. Hilde winkte ihm kurz zu und rief: »Priwet!«

»Sie nennen dich Babuschka?«, fragte Oppenheimer amüsiert.

Hilde neigte den Kopf. »Tja, ich weiß allerdings nicht, ob ich das als Kompliment auffassen soll.«

Die Tür zum Schuppen stand offen, doch es war dort nur Platz für eine Person. Und so zwängte sich Hilde allein hinein und suchte mit lautem Geklapper nach der Flüssigkeit, die den Tod des Soldaten verursacht hatte. Gleichzeitig war ihre gedämpfte Stimme zu hören. »Irgendwo muss es doch sein!«

Schließlich tauchte Hilde wieder auf, ihr Kopftuch voller Spinnweben, und in der Hand schwenkte sie triumphierend einen Metallkanister.

»Da haben wir den Unheilstifter! Kannst du dir vorstellen, dass jemand so blöd ist, das hier zu saufen?«

Sie zog den Stopfen heraus. Ein scharfer Gestank wehte Oppenheimer entgegen, instinktiv zog er den Kopf zurück.

»Puh, was ist das?«

»Industriealkohol. Die haben das Zeug extra vergällt, damit es nicht weggesoffen wird. Das hat unseren Iwan aber nicht abgeschreckt. Kein Wunder, dass er solche Krämpfe hatte. Na, das hat er jetzt davon. Das sollte ich eigentlich dem Oberst zeigen, sonst kommen noch mehr von seinen Leuten auf die Idee.«

Oppenheimer zog die Mundwinkel nach unten. »Jetzt, wo der Soldat gestorben ist, werden sie dich wohl nicht hier wohnen lassen, oder?«

Hilde machte eine wegwerfende Geste. »Ach was, die ziehen sowieso aus. Die werden mit Sack und Pack versetzt.«

»Also deswegen räumen sie die Villa.«

»Das ist alles Zeug von den verjagten Mietern. Umso besser, dann brauch ich nicht entrümpeln. Auf jeden Fall kann ich wieder hierherziehen. Morgen werde ich meine Sachen holen.«

»Hast du eventuell noch etwas Platz für mich und Lisa?«

In knappen Worten schilderte Oppenheimer, dass Ede in Schmudes Laden einen Amüsierbetrieb eröffnen wollte und keinen Platz mehr für sie hatte.

»Meinetwegen könnt ihr gern alle in die alte Bruchbude ziehen. Auch Franz und seine Familie. Dann weiß ich wenigstens, mit wem ich es zu tun habe. Früher oder später werden sie bestimmt wieder Mieter hier einweisen, so kaputt, wie die Wohnungen in der Innenstadt sind. Aber ich habe gehört, dass es hier nebenan in Friedenau in einigen Straßen schon wieder Strom und Wasser geben soll. Die Anwohner kriegen auch Sonderrationen, weil sich der Ortsteil den Russen kampflos ergeben hat.«

»Da haben die Leute ja Glück gehabt. Dann ist es also in Ordnung, wenn ich mit den anderen hierherkomme? Ich möchte dich nicht aus heiterem Himmel überfallen.«

»Je früher, umso besser«, sagte Hilde und ging zur Villa.

Oppenheimer entschied sich, draußen auf sie zu warten. Er spürte eine große Erleichterung darüber, dass er für die nächste Zeit eine Bleibe gefunden hatte. Er konnte kaum zum Ausdruck bringen, wie dankbar er Hilde war, doch er ahnte, dass sie das ohnehin nur als Gefühlsduselei abtun würde.

Als sie einige Minuten später wieder aus der Villa herauskam, registrierte Oppenheimer, dass sich Hilde in den letzten Tagen verändert hatte.

»Deine Augen«, murmelte er bestürzt.

»Was ist damit?«

»Die sind irgendwie gelb.«

»Wahrscheinlich Leberschock«, lautete Hildes Selbstdiagnose. »Unsere russischen Besatzer können sehr gastfreundlich sein.«
Oppenheimer wunderte sich ein wenig, denn es widersprach seiner Erfahrung, dass Hilde Alkohol gut vertrug. »Eine Frage habe ich noch: Bist du bei deinen Schwarzmarktgeschäften mal einem Manni über den Weg gelaufen? Ede sucht ihn. Ich weiß nur so viel, dass er aus Neukölln kommt.«
Hilde zog beim Nachdenken ihre Nase kraus. »Manni? Meine Güte, du kommst auch immer mit Sachen an. Der Name sagt mir nichts. An deiner Stelle würde ich mal Gerda fragen, die hat bessere Kontakte als ich.«
Oppenheimer nickte. Vielleicht half das ja weiter. Dennoch wusste er, dass seine Zeit sehr knapp bemessen war. Ede wollte in zwei Wochen Resultate sehen, aber bis dahin musste er gleichzeitig beim Ausbau von Schmudes Laden mithelfen und zudem noch nach Schöneberg umziehen. Oppenheimer hatte keine Ahnung, wie er das alles schaffen sollte.

16

Donnerstag, 17. Mai 1945
108 Tage vor dem Kriegsende im Pazifik

Ede lehnte sich so weit auf dem Stuhl zurück, bis die Lehne knarzte. »Wie is der Name?«, rief er von seinem Platz aus der jungen Frau zu.

»Rita.« Selbst für die winzige zusammengeschusterte Bühne in Schmudes ehemaligem Laden war ihre Stimme zu leise, dafür besaß diese Rita andere Qualitäten. Schauwerte – genau das, wonach Ede suchte. »Mein Künstlername ist *Rio Rita*«, fügte sie hinzu. »Kennense nich die alte Platte?«

Lustigerweise war Oppenheimer die Aufnahme sogar bekannt. Ein gewisser Eddie Saxon hatte das Lied mit seinem Orchester eingespielt. Soweit er wusste, war der bürgerliche Name des Interpreten Otto Dobrindt. Vor Hitlers Machtergreifung hatte sich niemand etwas dabei gedacht, wenn Tanzmusiker schicke angelsächsische Pseudonyme führten. Obwohl in dem Lied das schönste Fräulein von Granada besungen wurde, waren die Haare jener Rita tatsächlich feuerrot.

Ede wollte sich auf solche Diskussionen ohnehin nicht einlassen, denn er hatte schlichtweg keine Zeit dazu.

Und auch Oppenheimer war in den vergangenen Tagen derart eingespannt gewesen, dass er kaum noch mitbekommen hatte, was um ihn herum vor sich ging. Er hatte lediglich gerüchteweise gehört, dass die Leute nicht einmal mehr vor dem Adlon haltmachten, wenn sie nach Trophäen suchten. Unmittelbar nach der Kapitulation Berlins war das Nobelhotel in Flammen aufgegangen, man vermutete eine achtlos weggeworfene Zigarette als Brandursache. Eine völlig enthemmte Meute deutscher Zivilisten hatte danach am Pariser Platz den unversehrten Seitenflügel gestürmt und war dann schwer bepackt mit goldgerahmten Spiegeln, gepolsterten Stühlen und Matratzen wieder abgezogen.

Am Sonntag hatten die Glocken zum Sieg der Alliierten geläutet, doch ob die erwartete Riesenparade zu diesem Anlass wirklich stattfand, bekam Oppenheimer nicht mit. Viel wichtiger für die Bevölkerung war ohnehin die Tatsache, dass die altersschwachen Wasserpumpen von russischen Technikern sukzessive durch automatische Wasserhydranten ersetzt wurden. Das stundenlange Warten war nun Vergangenheit, jetzt sprudelte ein dicker Wasserstrahl aus den Hähnen.

Nur im Regierungsviertel blieben die Pumpen bis auf weiteres trocken, denn in der letzten Phase der Schlacht um Berlin hatte jemand unter dem Landwehrkanal die Decke des Nord-Süd-Tunnels gesprengt und damit in der Innenstadt den gesamten S-Bahn-Tunnel und auch große Teile des U-Bahn-Netzes geflutet. Doch niemand wusste etwas Genaues, auch das bald kursierende Gerücht, dass die SS die Sprengung veranlasst hatte, war nicht vollständig geklärt.

In den vergangenen Tagen hatten es Edes Leute immerhin geschafft, Schmudes Laden komplett auszuräumen und einen schweren Wirtstresen mitsamt einer roh gezimmerten Bühne aus Sperrholz einzubauen. Oppenheimer wunderte sich, wo Ede das ganze Baumaterial aufgetrieben hatte. Der Tresen kam ihm jedoch bekannt vor, und so vermutete er, dass der selbsternannte Impresario für die Neueröffnung wohl seine Kneipe in Pankow ausschlachtete.

Die zugemauerten Fensteröffnungen wurden so belassen, denn Ede fand, dass Tageslicht bei einer Nachtbar ohnehin keine Rolle spielte. Am Dienstag war ein Künstler gekommen, um die Backsteine in den Fensteröffnungen von außen erst weiß zu grundieren und dann mit Wandbildern zu verzieren. Oppenheimer fand die Gemälde, auf denen Herren mit Hut leicht bekleidete Damen anstarrten, recht amateurhaft, aber die Werbewirksamkeit ließ sich nicht bezweifeln. Kaum hatte der verhinderte Picasso das Wort *Neueröffnung* auf die Steine gepinselt, als auch schon die ersten nach Arbeit suchenden Frauen erschienen waren. Aufgehübscht, so gut es ging, standen sie in einer Schlange vor Edes Nachtclub, fast alle mit gewellten Haaren, die meisten mit kurzen Röcken, um ihre Beine gebührend in Szene zu setzen, einige sogar mit hochhackigen Schuhen, die irgendwie die Kriegswirren überstanden hatten.

Beine waren allerdings nur ein Teil von dem, was Ede interessierte. »Rio Rita, wie ooch immer«, murmelte er. Dann erhob er seine Stimme. »Leg erst mal die Bluse ab.«

Rita zögerte einen Moment und begann dann, ihr Oberteil aufzuknöpfen. Obwohl sie keine Aufforderung dazu bekommen hatte, ahnte sie, worauf sie sich eingelassen hatte, und legte auch gleich noch ihren Büstenhalter ab.

»Ick gloob, die Kleene hat Talent«, murmelte Ede beeindruckt.

Auf der Bühne wurde zwar nichts dargeboten, was Oppenheimer noch nicht gesehen hatte, dennoch rutschte er unruhig auf seinem Stuhl herum.

»Na, hat die nich een paar stramme Dinger?«, frage Ede beifallheischend.

Oppenheimer fiel auf die Schnelle nur eine einzige Antwort ein, die nicht allzu schmierig klang. »Nun ja, ein Naturschauspiel.«

Aus irgendeinem Grund war es ihm peinlich, dass er einfach nur untätig dasitzen sollte, um enthüllte Busen zu begaffen. Und so wandte er sich Ede zu und fragte: »Du hast jetzt die Adresse von diesem Manni?«

Ede blickte ihn kurz irritiert an, bis er sich daran erinnerte, dass es ja noch diese andere Sache gab.

»Wir machen erst ma Pause!«, rief er in den Saal. Während sich Rita wieder anzuziehen begann, winkte er den Kleenen Hans herbei. Der baumlange Ganove hatte das Schauspiel die ganze Zeit über, die Arme verschränkt, aus einer Ecke heraus beobachtet.

»Verteil an die Damen erst mal een paar Stalin-Torten«, wies Ede ihn an. Hans nickte und begann dann, auf dem Tresen belegte Brote auszulegen. Die Lebensmittel zogen gierige Blicke auf sich, wenig später war der Tresen von den Frauen umlagert.

Mit einem verschmitzten Lächeln sah Ede zu, wie sich die Damen um die Butterbrote zankten. Er wirkte zufrieden wie ein Zirkusdirektor bei der Fütterung seiner hungrigen Löwen. Dann holte er aus seiner Westentasche einen Zettel hervor und reichte ihn Oppenheimer. »Paule hat Mannis letzten Wohnort rausjefunden. Irjendwo im Schlesischen Viertel. Aber dort hat ihn keener mehr jesehen.«

»Das ist wenigstens ein Anhaltspunkt. Ich werde mal die Nachbarn fragen, vielleicht ist denen was aufgefallen.« Oppenheimer steckte den Zettel ein. »Bin ich dann entlassen, oder brauchst du mich noch?«

Ede dachte kurz nach. »Nee, Herr Kommissar, erledigen Se dit besser erst mal für mich. Heute kommen noch 'n paar Scheinwerfer, aber dit schaffen wir schon alleene.«

Oppenheimer war verblüfft darüber, welchen Aufwand Ede hier trieb. »Wir bekommen tatsächlich Scheinwerfer? Wie bist du denn daran gekommen? Sind die irgendwo vom Laster gefallen?«

Ede quittierte diese Anspielung mit einem glucksenden Lachen. »Dit woll'n Se nich wissen, Herr Kommissar. Schauen Se sich die Dinger morjen mal an. Ick rechne damit, dass Se die Lampen bedienen können, wenn's wieder Strom jibt.«

Oppenheimer nickte erleichtert. Also das sollte seine Aufgabe in Edes Nachtclub sein. Als Beleuchter zu fungieren ging wenigstens als seriöse Beschäftigung durch.

Eine Stuhlreihe hinter Oppenheimer hatten es sich unterdessen zwei junge Frauen mit ihren belegten Stullen gemütlich gemacht.

»Und biste ooch verschütt jegangen?«, fragte die eine, ganz so, als sei dies ein normales Gesprächsthema beim Mittagessen.

»Ach, nur ein Mal«, erwiderte die andere lakonisch. »Die Russen sind bei uns ganz schnell durchgaloppiert. Einer von denen hat mich im Flur erwischt und gegen die Wand gedrückt. Der war aber fix fertig. Und wie war's mit dir?«

»Ick hab nich jezählt. So sechs oder sieben vielleicht. Eener von denen hatte nicht mal 'n Bart, der war aufjeregter als ich. Der war schon fertich, ohne ihn rinjesteckt zu ham.« Nach einer kurzen Pause fügte sie hinzu: »Und? Gehste ins Krankenhaus?«

»Was gibt es dort?«

»Dort ham se ne Untersuchungsstation eenjerichtet. Wenn man jeschändet wurde, soll man da hin und sich untersuchen lassen.«

»Mal schauen. Zum Glück hat der eine Iwan bei mir nichts kaputt gemacht. Ich bin ja unten recht eng, mein Mann musste immer aufpassen. Na ja, wenigstens ist er jetzt nicht hier, wer weiß, wie er sich drüber aufgeregt hätte. Aber die großen Casanovas sind die Russen ja nicht gerade. Nach allem, was ich gehört habe, ist das richtig kümmerlich.«

»Eene Nachbarin von mir war mal mit nem Russen zusammen, damit er een bissken Futter anbringt. Die wollt ihm mal zeigen, wie man ne Frau im Bett richtig behandelt. Irjendwann is er dann jetürmt. Der hielt se wohl für völlig abartig.«

Die beiden Frauen kicherten.

Oppenheimer versuchte, seine Bestürzung zu verbergen. Betont beiläufig stand er auf und suchte das Weite.

In seinen Jahren bei der Polizei war er mehrmals Vergewaltigungsopfern begegnet, aber keines von ihnen hatte jemals ein ähnliches Verhalten an den Tag gelegt. Und es war ihm auch nur selten zu Ohren gekommen, dass sich die Leute wie jetzt völlig ohne Scham über sexuelle Details unterhielten. Unfeine Dinge, die man vor einigen Monaten keinesfalls ausgesprochen hätte, waren mittlerweile Teil der alltäglichen Konversation.

Der moralische Kompass hatte sich verschoben. Dass vielen Frauen ein ähnliches Schicksal widerfahren war, sorgte vermutlich dafür, dass sie die sexuellen Übergriffe leichter thematisieren konnten. Sie befanden sich nicht allein in dieser Situation, waren nicht isoliert und mussten sich nicht schämen. Unter diesen besonderen Umständen konnten die Vergewaltigungsopfer ihre Schändungen gemeinsam verarbeiten. Oppenheimer ahnte, dass es ein wichtiger Teil des Heilungsprozesses sein würde, wenngleich sensiblere Naturen bestimmt einen dauerhaften Schaden zurückbehielten.

Oppenheimer fragte sich, ob Lisa auch jemanden gefunden hatte, mit dem sie über diese Dinge offen sprechen konnte. Vielleicht Hilde? Oder Gerda und Barbe, die mit ihnen zusammen in die leerstehende Villa eingezogen waren? Er hoffte es für Lisa.

Gleichzeitig wusste Oppenheimer, dass er selbst nicht mit ihr über die Vergewaltigung reden konnte. Allein der Gedanke daran reichte bereits aus, um bei ihm Kurzatmigkeit auszulösen.

Die Fahrt zu Mannis Wohnort dauerte nicht so lange, wie Oppenheimer befürchtet hatte. Er brauchte nicht einmal eine Stunde, um dorthin zu gelangen. An den Anblick der frisch aufgestellten Wegweiser mit kyrillischer Beschriftung hatte er sich immer noch nicht gewöhnt. Andernorts waren große Tafeln mit dem Abbild Stalins aus dem Boden geschossen. Der *Generalissimus* war im Halbprofil abgebildet, doch der starre Pinselschwung des Künstlers ließ ihn seltsam wächsern aussehen, als sei er bereits zu Lebzeiten einbalsamiert.

Oppenheimer kam auf seinem Weg an einigen Straßenbahnwagen vorbei, die in der Straßenmitte auf den Gleisen standen, die Scheiben eingeschlagen, die Polstersitze herausgerissen. Unweit davon entfernt waren einige Arbeiter unter Aufsicht von Rotarmisten damit beschäftigt, die Schienen aus dem Boden zu reißen. Einige Kilometer weiter versuchten wiederum andere, die Oberleitungen instand zu setzen. Das alles sprach nicht für eine reibungslose Organisation. Offenbar hatte niemand eine Ahnung davon, was die anderen machten.

Den ganzen Weg über wehte Oppenheimer Staub ins Gesicht. Ede erklärte, dass Pankow im Vergleich zur Innenstadt der reinste Luftkurort wäre, und Oppenheimer war geneigt, ihm zuzustimmen. Er hoffte, dass es bald regnen würde, um die Luft rein zu waschen. Angesichts der erbarmungslosen Sonne schien das allerdings nur ein frommer Wunsch zu sein. Mehr als einmal glaubte Oppenheimer, dass vor seinen Augen die Hitze flimmerte, nur um später festzustellen, dass es tatsächlich Fliegenschwärme waren. Zwischen Ruinen und Abfallhaufen fanden sie ein ideales Umfeld, um sich unkontrolliert zu vermehren.

Sobald er die Wrangelstraße erreicht hatte, fuhr er direkt auf die grellrote Tabor-Kirche zu. Das Dach schien beschädigt zu sein, und der Turm wirkte wegen des fehlenden Helms wie abrasiert.

Oppenheimer bog in eine der Seitenstraßen ein. An der Fassade des Hauses, in dem der kleine Ganove Manni wohnte, war ein großes Transparent aufgespannt. *Das war die Neuordnung Europas,* stand darauf zu lesen. *4,5 Millionen Antifaschisten wurden allein im KL Auschwitz grausam ermordet! Darum: Ausrottung des Nazismus mit allen Wurzeln!*

Auf seinem Weg hatte Oppenheimer bereits ähnliche Transparente entdeckt, die darauf hinwiesen, dass sich dort der Sitz einer der neu gegründeten *antifaschistischen Gruppen* befand.

Mannis Wohnhaus war von eingeschlagenen Granatsplittern gezeichnet. Im Erdgeschoss stand ein Fenster offen. Tabakqualm und die Fetzen einer hitzigen Diskussion drangen auf die Straße.

»Natürlich gehören auch die Soldaten an der Front und die Ausgebombten zu den Opfern des Faschismus, aber ich denke, dass wir diesen Begriff nicht zu weit fassen dürfen. Die Menschen, für die wir uns einsetzen, müssen heldenmütig für die Freiheit des deutschen Volkes eingetreten sein.«

»Aber das ist doch keine vernünftige Definition«, ertönte eine zweite Stimme. »Ich bin dafür, dass nur Personen mit einer Strafe im Zuchthaus oder im Konzentrationslager in Frage kommen. Das allein soll die Voraussetzung sein, um im antifaschistischen Deutschland noch ein offizielles Amt bekleiden zu dürfen.«

»Und was ist dann mit den Antifaschisten, die so gewitzt waren, sich nicht schnappen zu lassen?«

Nach dieser provokanten Frage brandeten laute Unmutsbekundungen auf.

Als Oppenheimer die Klingelschilder inspizierte, fiel ihm jedoch ein, dass er nicht einmal Mannis Nachnamen kannte. Gedankenverloren kramte er Edes Zettel hervor, doch außer der Adresse waren dort keine weiteren Angaben zu finden. Das ein-

zige zu dem Spitznamen passende Schild wies auf einen Manfred Kisch im ersten Stock hin.
Es wäre fahrlässig gewesen, das Fahrrad einfach auf der Straße stehen zu lassen. Also hob Oppenheimer es notgedrungen auf seine Schulter, um, mit dem Drahtesel bepackt, die Stufen des Treppenhauses zu erklimmen.
Gerade wollte er mit der linken Hand die Haustür aufdrücken, als sie aufschwang und ein junger Mann mit offenem Hemdkragen auftauchte. Unter einer schwarzen Baskenmütze quollen lange Haare hervor. Irritiert schaute er Oppenheimer an, dann drängelte er sich wortlos an ihm vorbei.
»Entschuldigung«, sagte Oppenheimer, »aber können Sie mir sagen, ob Herr Kisch gerade da ist?«
Der junge Mann war in Eile und antwortete über seine Schulter: »Keine Ahnung. Kenn mich hier nicht aus.«
Oppenheimer hatte sich so etwas gedacht. Jemand mit einer derart langen Mähne wäre in der Hitlerzeit sogar in einer Großstadt wie Berlin aufgefallen. Wahrscheinlich war er vor kurzem erst aus dem Ausland zurückgekehrt. Da Berlin vom Westen Deutschlands immer noch so gut wie abgeschnitten war, kam dafür am ehesten Russland in Frage. Beim Blick durch das offene Fenster sah Oppenheimer ähnlich verwegen aussehende Gestalten. Missmutig registrierte er, dass es wenig bringen würde, sich bei den Mitgliedern der antifaschistischen Gruppe nach Manni zu erkundigen. Nur ein langjähriger Anwohner konnte ihm weiterhelfen.
Das Fahrrad in den ersten Stock zu schleppen war noch mühseliger, als sich Oppenheimer das vorgestellt hatte, denn die Treppenstufen waren höher, als es der Norm entsprach.
Keuchend gelangte er ans obere Ende der Treppe. Dort setzte er das Fahrrad ab und wartete, bis er wieder zu Atem gekommen

war, dann klopfte er an Manfred Kischs Wohnungstür, doch niemand antwortete. Nach einigen Sekunden klopfte er kurzerhand nebenan, wo ihm eine Frau, die ein kariertes Kopftuch trug, öffnete. Oppenheimer stellte fest, dass sein Mund derart ausgetrocknet war, dass er kaum schlucken, geschweige denn ein Wort formulieren konnte.

»Wat is mit Ihnen«, fragte die Frau, die Stirn gerunzelt. »Jehts Ihnen nich jut?«

Anscheinend machte Oppenheimer einen derart bemitleidenswerten Eindruck, dass die Frau ihm auf der Stelle ein Glas Wasser brachte.

Als er sich wieder mitteilen konnte, griff Oppenheimer auf die Notlüge zurück, dass er mit Herrn Kisch um zwei Ecken verwandt sei. Kaum hatte Oppenheimer es ausgesprochen, beschlich ihn auch schon das ungute Gefühl, dass seine Erklärung ziemlich unglaubwürdig wirkte. Die Frau fand es allerdings völlig selbstverständlich, dass sich jemand nach dem Verbleib ihres Nachbarn erkundigte, da in Berlin seit der Beendigung der Kampfhandlungen ohnehin zahllose Personen unterwegs waren, um sich zu vergewissern, dass ihre Bekannten und Verwandten noch am Leben waren.

Und Oppenheimer hatte Glück, denn bei Manfred Kisch schien es sich tatsächlich um den verschollenen Manni zu handeln.

»Ach, den hab ick schon lang nich mehr jesehen«, fügte die Nachbarin hinzu. »Wissense, sonst kriegt man ja früher oder später mit, wenn se mal zum stillen Örtchen müssen.«

Bei dieser Bemerkung zeigte sie mit dem Daumen zum Ende des Korridors. Auf der hintersten Tür befand sich ein altes Emailleschild mit der verschnörkelten Aufschrift *Abort*.

»Und wie lange ist er schon nicht mehr hier aufgetaucht?«

»So seit Anfang April nich mehr.«

Nachdenklich rieb sich Oppenheimer das Kinn. Wie er es verstand, war Manni dafür verantwortlich gewesen, im Auftrag von Dieter Roski den Kontakt zu Ede herzustellen. Kurz vor dessen Tod war Oppenheimer zufällig Zeuge davon geworden, wie sich sein Kellergenosse vor der Brauerei mit jemandem vertraulich unterhalten hatte. Er ging jede Wette darauf ein, dass es Manni gewesen war.

Zu diesem Zeitpunkt war der kleine Gauner bereits aus seiner Wohnung ausgeflogen, zumindest, wenn man der Nachbarin Glauben schenken konnte. Also musste Manni irgendwo in der Stadt noch einen anderen Unterschlupf haben. Und tatsächlich bestätigte die Nachbarin, dass sich Herr Kisch öfter mal mehrere Wochen lang nicht blicken ließ.

»Aber ick gloob, am Dienstagmittag war er wieder da«, erklärte sie. »Janz kurz, ick hab ihn nich ma jesehn. Hat ziemlich jerumpelt in seiner Kamma. Vielleicht hat er wat jesucht.«

Je mehr sich Oppenheimer mit der Angelegenheit beschäftigte, desto mysteriöser kam sie ihm vor. Musste Manni wichtige Dinge verschwinden lassen, weil er untertauchen wollte? Ede hatte ihn zu diesem Zeitpunkt bereits vermisst, wenn Manni also nicht wollte, dass ihn jemand sah, war es völliger Wahnsinn, am helllichten Tag in seine eigene Wohnung zu spazieren. Das alles passte nicht zusammen.

Oppenheimer folgerte, dass er dringend Mannis Zimmer in Augenschein nehmen musste. Vielleicht entdeckte er ja Hinweise auf seinen Aufenthaltsort. Um in die Wohnung hineinzukommen, musste er zunächst eine Möglichkeit finden, seine Gesprächspartnerin diskret abzuwimmeln.

»Warum sucht ihr denn alle nach dem Manni? Jehört ihr zum selben Verein oder wat?«, fragte die Nachbarin wie nebenbei, um Konversation zu machen.

Oppenheimer horchte auf. »Hat sich sonst noch jemand nach ihm erkundigt?«

»Hab ick doch jrad jesagt.«

So gut es ging beschrieb Oppenheimer der Nachbarin Paule und den Kleenen Hans, aber von Edes Helfern schien es niemand gewesen zu sein.

»Nee, der hatte een Grübchen, hier inner Mitte.«

»Ein gespaltenes Kinn?«

»Ja. Keene Ahnung, wie er sich da rasieren tut.«

»Wann ist denn dieser Fremde aufgetaucht?«

Die Nachbarin kniff die Augen zusammen und fixierte die gegenüberliegende Wand. »Dit war, jetzt warten Se mal, Sonntach, denk ick.«

Das war zwei Tage bevor jemand offensichtlich Mannis Bude durchsucht hatte.

Oppenheimer bedankte sich für diese Auskünfte, ganz so, wie es ein Verwandter tun würde, wenn er endlich Hinweise auf den Verbleib seines Schwagers erhalten hatte.

Leider schaute ihm die Nachbarin neugierig hinterher, so dass er das Fahrrad wieder einige Stufen die Treppe herunterhieven musste, ehe er hörte, dass die Wohnungstür im oberen Stockwerk zufiel. Sobald das Geräusch im Flur verhallt war, machte Oppenheimer auf der Treppe kehrt, mit einem sperrigen Fahrrad auf der Schulter keine einfache Aufgabe.

Mittlerweile war die Diskussion in der antifaschistischen Gruppe so hitzig geworden, dass die Stimmen sogar vom Erdgeschoss bis in den ersten Stock drangen. Das kam Oppenheimer gerade recht, denn so brauchte er nicht zu befürchten, dass die knarzenden Bodendielen ihn verrieten.

Vor Mannis Wohnungstür angelangt, bückte er sich, um das Schloss zu untersuchen. Die Metallverblendung war im Bereich des Schlüssellochs stark verkratzt, seitlich davon ragten Splitter aus dem Türstock. Oppenheimer kannte diese Anzeichen allzu gut. Jemand war bereits vor ihm hier gewesen. Und dieser Jemand war bei Manni eingebrochen.

Ein leichter Druck reichte aus. Das Schloss bot keinen Widerstand, die Tür schwang auf.

In Mannis Bude war es ziemlich finster, denn obwohl die Verdunklungspflicht in Berlin seit Samstag offiziell aufgehoben war, hatte niemand daran gedacht, die schwarze Pappe vor den Fenstern zu entfernen. Eilig schob Oppenheimer sein Fahrrad in die Wohnung und schloss die Tür hinter sich.

Abgestandene Luft empfing ihn, die Hitze hatte sich hier drinnen gestaut. Schon nach wenigen Sekunden bildete sich auf seiner Stirn ein Schweißfilm. Es roch nach Staub und Schmutzwäsche. Und da war noch irgendetwas anderes, Oppenheimer konnte nicht genau sagen, was es war. Seine Haut begann zu jucken. Er ahnte, dass er es in Mannis Räuberhöhle nicht lange aushalten würde.

Oppenheimer wartete, bis sich seine Augen an das schwache Licht gewöhnt hatten. Die Muster, die sich vor ihm aus den Schatten herausschälten, blieben ungeordnet. Oppenheimer hatte ein solches Chaos erwartet. Die Schränke standen sperrangelweit offen, auf dem Boden lagen herausgerissene Schubladen, das alles wild garniert mit Wäsche und anderen Habseligkeiten. Der Eindringling hatte Mannis Bude auf den Kopf gestellt und sich nicht darum gekümmert, seine Spuren zu verwischen.

Oppenheimer wusste, dass er in diesem Durcheinander nur zufällig auf verwertbare Hinweise stoßen würde, falls sie nicht bereits entfernt worden waren.

Die Wohnung bestand aus einem einzigen Zimmer. Das Bett war mit dem zerborstenen Lattenrost und der aufgeschlitzten

Matratze nicht mehr zu gebrauchen. An der Wand stand ein gusseiserner Ofen, aus dem ein Rohr zur Decke führte und bis zum Kaminschacht an der gegenüberliegenden Wand reichte. Der emaillierte Topf mit den Lebensmittelresten war ein Hinweis darauf, dass der Ofen auch gleichzeitig als Herd benutzt wurde. Angeekelt zuckte Oppenheimer zurück, als er sah, dass darauf Fliegenmaden herumkrochen.

Inmitten der Verwüstung gab es jedoch einen Platz, der ungewöhnlich aufgeräumt aussah. Neugierig trat Oppenheimer zum Schreibtisch. In einer Wohnung hätte man üblicherweise einen Esstisch erwartet und keinen soliden Bürotisch. Enttäuscht registrierte Oppenheimer, dass die Sicherheitsschlösser an den Schubladen bereits geknackt worden waren. Aufs Geratewohl zog er eine nach der anderen auf. Außer einem Sammelsurium von Werkzeugen war nichts mehr zu finden.

Nach einer ergebnislosen Suche schaute sich Oppenheimer die Schreibtischplatte genauer an. Kratzer und Dellen zeugten davon, dass Manni den Schreibtisch als Werkbank zweckentfremdet hatte. Ein flacher Block lag am hinteren Ende. In dem Zwielicht wirkte er dunkel, nur eine abgefeilte Ecke schimmerte matt. Interessiert wandte sich Oppenheimer dem Block zu und wog ihn in der Hand, doch es war nichts weiter als ein einfaches Stück Metall.

Der Tisch war mit dunklen Spänen übersät, Manni schien also mit diesem Metall gearbeitet zu haben. Oppenheimer ahnte, dass er damit wohl Falschgeld hergestellt hatte. Zu dieser Erklärung passte allerdings nicht, dass nirgends ein Vergrößerungsglas auffindbar war. Ohne ein solches Gerät waren die feinen Metallsticharbeiten für Druckplatten kaum zu realisieren. Auch fand sich hier nirgends ein Probedruck.

Alarmiert fuhr Oppenheimer zusammen, als aus unmittelbarer Nähe Gesprächsfetzen zu ihm drangen. Im Treppenhaus unter-

hielt sich jemand. Die Stimmen näherten sich Mannis Wohnungstür.
Rasch wich Oppenheimer in die dunkelste Ecke zurück, presste sich flach gegen die Wand, als würde die reine Willenskraft ausreichen, um mit ihr zu verschmelzen. Im Stillen verfluchte er sich dafür, dass er so unachtsam gewesen war. Anstatt sich möglichst schnell wieder davonzustehlen, hatte er minutenlang in der Wohnung zugebracht.
Erleichtert atmete Oppenheimer auf, als die Stimmen zu einem leisen Gemurmel wurden und schließlich verstummten. Er trat aus dem Schatten und griff nach dem Lenker seines Fahrrads. Er musste sich beherrschen, um nicht panikartig aus dem Haus zu fliehen. Er presste sein Ohr gegen die Tür, bis er sich vergewissert hatte, dass sich niemand mehr im Treppenhaus aufhielt. Noch ehe Oppenheimer die Tür öffnete, überlegte er es sich anders. Er hastete zurück in den Raum und nahm die Metallplatte an sich.

17

Donnerstag, 17. Mai 1945 – Freitag, 18. Mai 1945
108 bis 107 Tage vor dem Kriegsende im Pazifik

Aksakow hatte es eilig. Sich nach Rudenkos Befinden zu erkundigen ließ sich schnell erledigen, da er vor zwei Tagen mit seiner Einheit ebenfalls nach Karlshorst verlegt worden war und das Militärhospital praktischerweise nur wenige Straßenzüge von der neuen Unterkunft entfernt war. Mittlerweile hatten die Sowjettruppen den besetzten Teil von Karlshorst komplett abgeriegelt und offiziell zur Sperrzone erklärt, die Einheimische nur noch in Begleitung und mit einem *Propusk,* wie der Passierschein genannt wurde, betreten durften. Immer mehr russische Armeeangehörige zogen in die leerstehenden Wohnungen ein. Hier war man unter seinesgleichen, und so wurde anstatt des ungelenk klingenden deutschen Ortsnamens immer häufiger die russische Bezeichnung *Karlowka* benutzt.

Obwohl eine heikle Aufgabe auf ihn wartete, genoss er es, sich zur Abwechslung an der frischen Luft zu bewegen. In solchen Momenten gelang es Aksakow sogar, die Ironie darin zu erkennen, dass die Verhörspezialisten des NKWD zunächst abwarten mussten, bis Rudenko wieder genesen und sichergestellt war, dass er nicht sofort das Zeitliche segnete, wenn sie ihn folterten, um ihm den Aufenthaltsort von Grigorjews Bande zu entlocken. Zurzeit erholte sich Rudenko im Militärkrankenhaus bereits seit fast zwei Wochen von den Verletzungen, nichtsahnend, dass seine Zeit abgelaufen war.

Aksakow tat alles, um seine Aufgaben zufriedenstellend zu erfüllen. Jeden Tag waren er und seine Leute damit beschäftigt, Apparaturen auseinanderzumontieren und in Kisten zu verpacken. Außerdem mussten Konstruktionspläne erstellt werden, um es den Technikern in Russland zu ermöglichen, die Teile wieder korrekt zusammenzubauen. Über Arbeitsmangel konnte sich Aksakow also nicht beklagen. Und doch hatte ihn der Generalmajor bereits zwei weitere Male nach Potsdam ins Hauptquartier zitiert, um sich nach den Fortschritten bei der Suche nach Roskis Koffer zu erkundigen. Alarmiert registrierte Aksakow, dass die Atmosphäre mit jedem Besuch frostiger wurde.

Es flirrte vor seinen Augen, als er aus der Sonne ins schattige Krankenhaus trat. Der für Rudenko zuständige Arzt konnte ihm nicht viel sagen. Immerhin war er im Bilde darüber, dass bereits Offizier Tsymbal eingetroffen war, um Rudenkos Zustand zu begutachten.

Als Aksakow die Tür des Krankenzimmers öffnete, fiel ihm der Neuankömmling sofort auf. Tsymbal war ungewöhnlich kleinwüchsig, Aksakow schätzte ihn auf maximal ein Meter sechzig. Unter dem olivfarbenen Oberteil der Uniform steckte ein durchtrainierter Körper, zu dem die viel zu kurzen Beine nicht zu passen schienen. Unbeweglich stand Tsymbal vor dem schlafenden Rudenko.

Obwohl sich Aksakow mit Tsymbal in den vergangenen zwei Wochen mehrmals unterhalten hatte, fühlte er sich in dessen Gegenwart unwohl. Er spürte instinktiv, dass von diesem Menschen eine Gefahr ausging. Aksakow konnte nur hoffen, nicht in Tsymbals Visier zu geraten. Nicht einmal die Tatsache, dass Aksakow für dieselbe Behörde arbeitete, bot ihm Sicherheit. Dazu war das NKWD zu unübersichtlich, die Aufgaben des Polizeiapparats zu vielfältig, das Potenzial für Verdächtigungen zu

groß. Er kannte mehrere Kollegen, die sich im Verhörzimmer plötzlich auf der falschen Seite des Tischs wiedergefunden hatten, weil sie nicht die gewünschten Ergebnisse lieferten und daraufhin als konterrevolutionär verdächtigt wurden.
Und auch Aksakow hatte mittlerweile einen Eindruck davon bekommen, wie es sich anfühlte, zu den Verdächtigen zu gehören. Er wusste, dass es in so einem Fall nur einen Ausweg gab, und zwar anderen die Schuld zuzuschieben. Leider hatte er nach der Geschichte mit Alexei, seinem älteren Bruder, erfahren müssen, wie gut er darin war und wie bereitwillig er dieses perfide Spiel mitspielte, um sich selbst zu retten. Ein beunruhigender Gedanke.
Aksakow wollte Rudenko nicht aufwecken, er hatte Dinge zu besprechen, von denen der Gefangene besser nichts mitbekam, also kündigte er sich mit einem diskreten Hüsteln an.
Fast unmerklich neigte Tsymbal den Kopf zur Seite. Natürlich hatte er Aksakows Anwesenheit längst bemerkt. Die Schultern hoben sich, als er tief durchatmete und sich der Tür zuwandte.
»Der Gefangene ist jetzt so weit wiederhergestellt, dass wir mit der Befragung beginnen können?«, begann Aksakow das Gespräch, als sie sich in einen stillen Seitengang zurückgezogen hatten. Die Feststellung geriet ihm zu einer Frage, weil letztendlich alles von Tsymbals Ermessen abhing.
»Er scheint mir jetzt kräftig genug«, antwortete Tsymbal.
Aksakow wunderte sich erneut über Tsymbals sanfte Stimme. Bei ihrem ersten Treffen hatte er einen aufbrausenden Grobian erwartet. Zweifelsohne gab es bei der Geheimpolizei auch solche, Tsymbal gehörte allerdings nicht zu dieser Sorte. Die technokratische Gewissenhaftigkeit, mit der er sein Handwerk beherrschte, vermittelte den Eindruck, als betrachte er die Folterungen als eine abstrakte Herausforderung.

»Wir werden noch heute mit den Vorbereitungen beginnen«, versprach Tsymbal.

Aksakow nickte zufrieden. »Und wie lange wird es dauern?«

Tsymbal blickte ihn mit ausdruckslosen Augen an. »Das kommt darauf an, welches Ziel wir verfolgen. Soll der Gefangene einfach nur gebrochen werden, oder gibt es eine andere Direktive?«

»Wir müssen wissen, wo sich Grigorjews Bande aufhält. Alles andere ist zweitrangig.«

»Das dauert vielleicht zwei Tage, maximal drei«, antwortete Tsymbal nach einer kurzen Denkpause.

Unwillkürlich fragte sich Aksakow, welche Methoden Tsymbal in diesen zwei Tagen bei Rudenko anwenden würde. Es war ein offenes Geheimnis, dass die für den Verwaltungsbezirk Moskau zuständige NKWD-Kommandantur mitten in der Hauptstadt ein zentrales Gefängnis für politische Gefangene besaß, direkt im Verwaltungsgebäude am Lubjanka-Platz.

Die Geheimpolizei war bereits wenige Monate nach der Oktoberrevolution in das palastartige Gebäude mit der gelben Fassade eingezogen. Die Bezeichnungen für die Behörde wandelten sich im Laufe der Zeit mehrmals, von Tscheka bis hin zu GPU, bis die Geheimpolizei schließlich vom NKWD übernommen wurde, doch das Lubjanka-Gefängnis blieb eine Konstante. Der von Aksakow sehr geschätzte Architekt Schtschussew hatte vor einigen Jahren sogar den Auftrag erhalten, die Lubjanka zu erweitern, weil die Zahl der Mitarbeiter ständig anwuchs.

Die Verhöre und Folterungen fanden im Keller statt. Es hieß, dass die Verliese phantasievoll ausgestattet waren. Die Probanden wurden in winzige Kästen gesteckt, in denen unzählige hungrige Wanzen auf ihr Blut warteten, oder in weiß gekachelte Zellen mit einem erbarmungslos hellen Licht, in spezielle Räume, wo sie Feuchtigkeit, Eiseskälte und Hunger ausgesetzt wurden. Und die Folterer in der Lubjanka und den anderen Gefängnissen der Geheimpolizei ersannen immer neue Methoden, um den Häftlingen Geständnisse zu entlocken.

Als hätte Tsymbal Aksakows Gedanken erraten, erklärte er: »Wahrscheinlich werden wir improvisieren. Hier in Berlin gibt es noch keine speziellen Einrichtungen für unsere Bedürfnisse. Zuerst versuchen wir, den Gefangenen unter Druck zu setzen. Eine lange Phase des Schlafentzugs vor der eigentlichen Vernehmung hat sich als besonders effektiv herausgestellt. Mit dem Verhör beginnen wir am besten in der Nacht von Freitag auf Samstag. Bis dahin wird er so orientierungslos sein, dass er nach wenigen Tagen zusammenbricht.«

Aksakow war nicht überzeugt, denn er kannte die Gefahren dieser Methode nur allzu gut. Die Verhörspezialisten vom NKWD hatte man in den Jahren der Säuberungswelle darin geschult, die gewünschten Aussagen zu liefern. Ob sie dann tatsächlich auch der Wahrheit entsprachen, war nebensächlich. »Wie gesagt, wir brauchen kein Geständnis, sondern zuverlässige Informationen.«

Tsymbals Vertrauen in seine eigenen Fähigkeiten war unerschütterlich. »Keine Angst, Genosse Oberst. Wenn Rudenko etwas weiß, dann bekommen wir es aus ihm heraus.«

Ohne groß nachzudenken, betrat Oppenheimer Hildes Grundstück wie gewohnt durch das schmale Tor in der Seitengasse. Obwohl Hilde jetzt nicht mehr ihren Kopf riskierte, wenn sie sich mit Nichtariern traf, wagte er es nicht, über die breite Auffahrt zu radeln. Es war schwierig, alte Gewohnheiten wieder abzulegen.

Den ganzen Tag über hatte er dabei geholfen, Edes Nachtbar für die am Sonntag anstehende Eröffnung herzurichten. Es war das

Pfingstwochenende, aber um Feiertage kümmerte man sich momentan nicht, weil ohnehin kaum jemand einer regulären Arbeit nachging. Strom gab es in Edes Schuppen immer noch nicht, also sollte Oppenheimer statt als Beleuchter nun als Inspizient einspringen. Seine Aufgabe bestand darin, die Bühnenauftritte zu koordinieren, damit es möglichst kurze Pausen zwischen den Darbietungen gab.

Oppenheimer musste sich eingestehen, dass ihm die Vorstellung nicht unangenehm war, hinter dem Vorhang mehr oder minder bekleidete Frauen zu organisieren. Am nächsten Tag sollte das komplette Ensemble an einem letzten Trockendurchlauf teilnehmen. Ede bestand darauf, dass diese Generalprobe in Echtzeit stattfand, was bedeutete, dass sich um Punkt achtzehn Uhr der erste Vorhang vor dem leeren Saal öffnen würde. Obwohl Oppenheimer nur hinter den Kulissen wirkte, spürte auch er mittlerweile ein leichtes Lampenfieber.

Er hatte sich bei den letzten Vorbereitungen so lange in Schmudes ehemaligem Geschäft aufgehalten, dass es bei seiner Rückfahrt bereits dämmerte, außerdem fiel ihm auf, dass auf den Straßen verhältnismäßig viel Betrieb herrschte. Frauen und Männer waren mit dem Rad unterwegs, und merkwürdigerweise schienen sie alle in dieselbe Richtung wie Oppenheimer zu fahren.

Wenige Kilometer weiter erkannte er schließlich, was der Grund dafür war. In Friedenau brannten in den Wohnungen die ersten Lichter. Oppenheimer kam es beinah wie eine weihnachtliche Festbeleuchtung vor. An fast jeder Ecke standen kleine Grüppchen von Schaulustigen und konnten sich nicht sattsehen an den hell erleuchteten Fenstern.

Es war eine Enttäuschung für Oppenheimer, dass die Lampen im benachbarten Schöneberg noch nicht eingeschaltet waren, aber er war schnell vorangekommen, so dass die Straßenzüge noch in das sanfte Licht des frühen Sommerabends getaucht waren.

Als er sein Fahrrad auf Hildes Grundstück schob, öffnete sich die Tür zu ihrem Häuschen, und ein älterer Herr trat rückwärts gehend heraus, damit beschäftigt, sich überschwenglich zu bedanken. Wiederholt verbeugte er sich vor Hilde und presste wie ein Bittsteller den Hut auf die Brust.

»Abermals vielen Dank«, sagte er nachdrücklich. »Ich weiß nicht, wie ich das wiedergutmachen kann.«

Der Mann ging noch einen weiteren Schritt rückwärts, kollidierte mit Oppenheimer und drehte sich irritiert um. »Ja, vielen Dank«, wiederholte er und schüttelte dann voller Inbrunst auch noch Oppenheimers Hand.

»Was ist hier eigentlich los?«, fragte Oppenheimer, sobald der Herr verschwunden war. »Hast du ihn von einer Krankheit geheilt?«

Hilde öffnete die Haustür, so weit es ging, und stellte sich dann in den kühlen Luftzug.

»So ähnlich. Ich hab ihm ne Bescheinigung unterschrieben, dass er kein richtiger Nazi war. Parteigenossen müssen jetzt Leumundszeugen vorweisen, damit sie nicht zur Zwangsarbeit verdonnert werden.«

Das war Oppenheimer nicht neu. Selbst Lisa hatte Zeugen für ihre Unbescholtenheit vorweisen müssen, ehe ihr von den neuen Behörden der Umzug nach Schöneberg gestattet wurde.

»Und? War er ein richtiger Nazi oder nicht?«, fragte Oppenheimer.

Hilde zuckte desinteressiert die Schultern. »Keine Ahnung. Auf jeden Fall hielt er es für besser, sich mir gegenüber unterwürfig zu zeigen, anstatt Leichen auszubuddeln und Kloaken zu säubern. Zumindest mir hat er keine Scherereien gemacht, also Schwamm drüber.«

Oppenheimer war überrascht, dass Hilde einen solchen Großmut an den Tag legte – vor allem angesichts ihrer scharfen Kritik an den Nazi-Mitläufern. Noch eine weitere Sache war verwunderlich: Hilde war von oben bis unten mit weißem Staub bedeckt und hielt in ihren Händen Hammer und Meißel.

Oppenheimer wies auf die Werkzeuge. »Aber die Bescheinigung hast du nicht in Stein gehauen?«

Hilde brauchte eine Weile, ehe sie den Scherz verstand. »Ach, ich klopfe gerade die Wand auf, hinter der die Bücher versteckt sind.«

Oppenheimer erinnerte sich an Hildes Sammlung verbotener Literatur. Als er zum ersten Mal in das ehemalige Chauffeurhaus getreten war, hatten die Bücher alle Wände in Beschlag genommen. Vor ihrer Verhaftung Ende Januar war es Hilde noch rechtzeitig gelungen, sie kistenweise in einen Nebenraum zu verfrachten und die Türöffnung zuzumauern.

Oppenheimer fragte mit einem zynischen Grinsen: »Brauchst du gerade dringend *zersetzendes Schrifttum?*«

Natürlich scheiterte er kläglich damit, Hilde aus der Reserve zu locken. »Das nicht, aber meine Fachbücher benötige ich schon. In Berlin wird jetzt endlich der Ärzteeinsatz koordiniert. Sauerbruch hat einen Posten im Magistrat bekommen, als Stadtrat für das Gesundheitswesen. Das ist ein wichtiger Schritt, damit die Bevölkerung medizinisch versorgt wird. Anfangs werde ich wohl wieder bei der Charité aushelfen. Dann komm ich wenigstens an Medikamente für meine eigenen Patienten.«

»Hm, das wundert mich.« Als Hilde ihn verständnislos anblickte, präzisierte Oppenheimer: »Ich meine die Sache mit Sauerbruch. Natürlich, er ist ein bedeutender Chirurg, aber steckte er nicht mit den Nazis unter einer Decke? Er hat doch irgendein Kriegsverdienstkreuz bekommen, wenn ich das richtig im Gedächtnis habe.«

»Ganz so eindeutig ist das nicht. Er hat sich unter anderem gegen das Nazi-Programm zur *Tötung des lebensunwerten Lebens* ausgesprochen, aber gegen Hitler und die übrigen Holzköpfe konnte er nicht viel ausrichten. Außerdem soll Sauerbruch Kontakte zu Widerstandskämpfern gepflegt haben. In seiner Biographie gibt es einige Brüche, das schon, aber die meisten Leute mit der nötigen Erfahrung für Führungspositionen sind ja irgendwie belastet. Damit werden wir uns in Zukunft sicher noch häufiger herumschlagen müssen.«

Im gleichen Moment ertönte das Knattern eines Benzinmotors. Reifen quietschten. Als sich Oppenheimer und Hilde umblickten, sahen sie, wie ein Militärfahrzeug vor einem Nebenhaus hielt und bewaffnete Soldaten hineinstürmten.

»Oha, da tut sich was«, kommentierte Hilde. Neugierig stellte sie sich an den Gartenzaun. Obwohl es nicht lang dauerte, bis die Soldaten wieder auftauchten, hatten sich bis dahin bereits einige Anwohner um das Fahrzeug geschart.

Hilde reckte sich. »Kannst du was erkennen?«

»Ich weiß nicht«, murmelte Oppenheimer. »Ich glaube, sie führen jemanden ab.«

Mit einem Mal begann Hilde zu lachen und klatschte in die Hände. »Haha, das war sicher ein untergetauchter Goldfasan. Ich hab schon gehört, dass immer noch welche aufgespürt werden.«

So unmittelbar, wie bei Hilde der Frohsinn ausgebrochen war, erstarrte ihre Miene wieder. Als Oppenheimer ihrem Blick folgte, sah er, wie sich eine blonde Frau aus der Menschenmenge herauslöste. Ohne das zweiteilige Kostüm hätte Oppenheimer die Dame zuerst fast nicht erkannt, doch ihre kühle Reaktion bei Hildes Anblick ließ keinen Zweifel zu. Es war Frau Wendland, die vor dem Volksgerichtshof gegen Hilde ausgesagt hatte. Hilde machte aus ihrem Herzen keine Mördergrube und streckte ihr die Zunge heraus. Offenbar war es immer noch hell genug, dass Frau Wendland die unfeine Reaktion erkennen konnte. Pikiert wandte sie sich ab und beschleunigte ihre Schritte.

»Dumme Pute«, grollte Hilde. »*Die da* kriegt von mir keine Bescheinigung. Das weiß sie wohl, angeschissen kam sie noch nicht. Aber Leute wie die Wendland kommen immer durch. Sicher findet die es immer noch völlig gerechtfertigt, dass sie mich angeschwärzt hat. Olle Nazisse.«

»Hast du zufällig Gerda gesehen? Die ist schon seit Tagen verschwunden. Ich muss noch was mit ihr bereden.«

»Die zieht bald zu Barbe ins Haupthaus«, erklärte Hilde. »Da wirst du sie bestimmt häufiger antreffen. Hast du mitbekommen, dass die Russen dachten, dass Gerda mein Sohn ist und Barbe meine Tochter?« Mit einem hintersinnigen Lächeln fügte sie hinzu: »Wenn die wüssten.«

Oppenheimer war davon unbeeindruckt. »Wahrscheinlich sind unsere Besatzer geordnetere Verhältnisse gewohnt.«

Als er die Villa betrat, war Schmude im oberen Stockwerk damit beschäftigt, verstaubte Möbelstücke in sein Zimmer zu schleppen. Unterdessen liefen seine beiden Kinder laut kreischend von einem leeren Zimmer ins nächste, ganz so, als sei das riesige Gebäude ihr persönlicher Spielplatz.

Oppenheimer wollte gerade die Stufen erklimmen, als Lisa ihn ins Kellergeschoss rief. Die ehemalige Großküche im unteren Stockwerk hatte sich für alle Hausbewohner als Treffpunkt herauskristallisiert. Lisa stand lächelnd in der Tür, sie hatte wohl gehört, dass Oppenheimer von der Arbeit zurückgekehrt war.

»Hast du das schon gesehen?«, fragte sie, als Oppenheimer die Stufen nach unten schritt, und wedelte dabei mit einigen Papierstücken. »Sie haben Lebensmittelkarten verteilt. Keine vorläufigen mehr, die richtigen jetzt.«
»Da sieht man mal, für wie dumm uns Goebbels verkauft hat«, kommentierte Frau Schmude aus der Küche. »Er hat doch immer behauptet, dass die Russen uns verhungern lassen wollen. Aber die neuen Zuteilungen sind teilweise sogar höher als bei den Nazis. Selbst auf der Hungerkarte gibt es pro Tag schon fünfundzwanzig Gramm echten Bohnenkaffee.«
Oppenheimer stutzte. »Hungerkarte?«
»So nennt man die unterste Kategorie fünf«, erklärte Lisa. »Die ist für die *sonstige Bevölkerung*. Mitglieder der NSDAP, Berufslose, Hausfrauen und so weiter. Kategorie eins ist für Schwerarbeiter, aber da fallen auch geistige Berufe drunter.«
»Und was habe ich bekommen?«
»Du bist Kategorie zwei: Arbeiter.«
Oppenheimer nickte. »Na immerhin.«
Für eine Weile standen sie zusammen um den Küchentisch herum und betrachteten die Papierbogen. Oppenheimer spürte, wie ihm das Wasser im Mund zusammenlief, als er über die schmackhaften Mahlzeiten nachdachte, die man mit diesen Zutaten kochen konnte.
Mit einem Stoßseufzer murmelte er: »Hach, so eine vernünftige Graupensuppe wär doch mal was. Bedrucktes Papier ist ja schön und gut, aber wir wissen noch nicht, ob man damit in den Geschäften überhaupt etwas bekommt.«
Frau Schmude hatte sich mit dieser Frage offenbar bereits beschäftigt. »Im Radio wurde gesagt, dass Butter sehr knapp ist, aber Brot gibt es jede Menge. Wenigstens kümmert sich wieder jemand um unsere Belange.«

Lisa runzelte die Stirn. »Es ist schon interessant, aber irgendwie scheinen sich die Russen mehr um uns zu sorgen als die Westalliierten. Die regen sich immer noch darüber auf, dass wir nichts gegen Hitler unternommen haben. Und dann wird dauernd darüber spekuliert, ob es nicht besser wäre, Deutschland in einen reinen Agrarstaat zu verwandeln. Wahrscheinlich sind die erst zufrieden, wenn hier alles nur noch ein riesiger Kartoffelacker ist.«

Ungläubig lachte Oppenheimer. »Wahrscheinlich sind die Sowjets so nachsichtig, weil sie uns zum Kommunismus bekehren wollen. Und für die Westmächte sind wir ein besetzter Feindstaat, den man nur mit einer Militärregierung unter Kontrolle bekommt.«

Barbe hatte eines der Zimmer im oberen Geschoss bezogen, also hoffte Oppenheimer, dort auch Gerda zu finden. Obwohl die Tür nur angelehnt war, klopfte er kurz an den Rahmen.

Als er in das Zimmer schaute, saß Barbe zusammen mit Schmudes Kindern auf dem Boden neben einer Lampe, und sie versuchten, aus Stoffresten etwas zusammenzunähen, was entfernt nach Puppen aussah. Gerda saß abseits davon an einem Tisch, vor ihr ein Berg aus Damenschuhen, und bemühte sich, im schwachen Schimmer eines Hindenburglichts herauszufinden, wie viele komplette Paare hier versammelt waren.

Oppenheimer nickte zu den Schuhen hin. »Restbestände von Franz?«

Als Gerda ihn sah, schien sie erleichtert zu sein, jemanden zum Reden zu haben, blieb aber in ihren Antworten so einsilbig wie sonst auch. »Für Tauschgeschäfte.«

»Ich verstehe«, sagte Oppenheimer. Er setzte sich auf einen freien Stuhl und beugte sich dann vertraulich vor. »Deswegen bin ich auch hier. Ich wollte fragen, ob du deine Kontakte beim Schwarzmarkt aktivieren könntest. Ich suche jemanden, den du vielleicht kennst. Manni nennt er sich. Eigentlich heißt er Manfred Kisch, aber niemand scheint ihn so zu nennen.«

Bereits als Oppenheimer den Spitznamen des Gauners ausgesprochen hatte, blitzten Gerdas Augen auf.

»Manni kenn ich«, stellte sie fest, doch das blieb vorerst alles, was sie zu diesem Thema verraten wollte.

Oppenheimer fühlte sich wie auf heißen Kohlen, denn er hatte nach einem langen Tag in Edes Nachtbar weder die Energie noch die Geduld, um Gerda die Angaben zu Manni aus der Nase zu ziehen.

»Ich soll ihn für Ede aufspüren. Er muss dringend mit ihm sprechen.«

»Was springt da für mich bei raus?«

Für einen Moment schwieg Oppenheimer. Eigentlich hätte er sich denken können, dass eine Schwarzmarkthändlerin wie Gerda nur etwas tat, wenn sie auch eine Gegenleistung erwarten konnte.

»Ich werde Ede fragen, was sich machen lässt«, murmelte er. Es war die erstbeste Lösung, die ihm in den Sinn kam. »Gleich morgen werde ich mit ihm sprechen. Er lässt sich ja nicht lumpen, wenn man gute Arbeit leistet.«

Gerda dachte ausgiebig darüber nach. Schließlich räusperte sie sich und fragte: »Und was is mit Manni?«

Oppenheimer war froh, dass er seinen Kummer über diese unliebsame Aufgabe mit jemandem teilen konnte. »Verschwunden ist er, zumindest aus seiner Wohnung. Vielleicht hat ihm jemand bei der Befreiung eine Kugel verpasst, keine Ahnung. Aber in den Tagen vor der Kapitulation lief er noch herum, das weiß ich ziemlich sicher.«

»Manni is wie ne Katze. Der hat neun Leben. Stirbt nicht so einfach. Sicher taucht er auf, wenn man es am wenigsten vermutet.«

»Du kannst mir also helfen?«

Gerda wiegte ihren Kopf hin und her. Fast glaubte Oppenheimer, seine Worte wie Murmeln in ihrem Kopf herumrollen zu hören. Schließlich sagte sie: »'n Türsteherposten in Edes Nachtbar. Das will ich.«

Oppenheimer glaubte, sich verhört zu haben. Türsteher waren normalerweise bullige Kerle mit gestählten Muskeln und nicht zierliche Frauen.

»Ja, natürlich«, sagte er verdattert und fügte wenig überzeugt hinzu: »Ich werde es ihm vorschlagen.«

Gerda nickte. Damit schien die Konversation für sie beendet zu sein.

Oppenheimer stand auf und war bereits im Begriff, die Tür zu öffnen, als er glaubte, an seiner linken Wange einen Windhauch zu spüren. Fast gleichzeitig hörte er an der Tür ein dumpfes Pochen.

Viel zu spät bemerkte er, dass dicht an ihm ein Gegenstand vorbeigeschossen war. Wenige Zentimeter vor seinem Gesicht steckte jetzt ein Messer in der Tür, das noch von dem Aufprall vibrierte.

Oppenheimer erkannte es wieder. Es war Gerdas Messer.

Überrascht fuhr er herum, aber Gerda saß seelenruhig am Tisch und grinste ihn nur an.

Währenddessen blickten Barbe und Schmudes Tochter bestürzt zu ihr hinüber. Nur Kurth strahlte Gerda an, offensichtlich fasziniert von diesem zirkusreifen Trick.

»Aba doch nich vor den Kindern!«, maulte Barbe. Gerda wischte diesen Vorwurf beiseite, blickte Oppenheimer herausfordernd an und zeigte auf das Messer.

»Das macht mir keiner so leicht nach.« Eine gehörige Portion Stolz schwang in ihrer Stimme mit. »Sag Ede, ich will Türsteher bei ihm werden. Das ist meine Bezahlung.«

18

Sonntag, 20. Mai 1945 – Montag, 21. Mai 1945
105 bis 104 Tage vor dem Kriegsende im Pazifik

Aksakow hatte es kommen sehen. Nun stand er vor Rudenkos totem Körper. Das zusammengekrümmte Bündel Mensch auf dem Boden würde niemandem mehr etwas verraten.

Seine Entscheidung, Rudenko verhören zu lassen, hatte sich auch gleichzeitig als dessen Todesurteil herausgestellt.

Ob es eine kluge Entscheidung war, Tsymbal einzuschalten, konnte er noch nicht sagen. Dazu musste er zuerst in Erfahrung bringen, ob Rudenko vor seinem Tod irgendetwas verraten hatte.

Aksakow war in den letzten Tagen mehrmals vorstellig geworden, um sich nach dem Verlauf des Verhörs zu erkundigen. Unmittelbar nach der Unterredung mit Tsymbal hatte dieser seine Foltermaschinerie in Gang gesetzt.

Um die größte Kontrolle über seinen Gefangenen zu haben, wurde Rudenko kurzerhand in ein leerstehendes Haus gebracht.

Ungläubig hatte Aksakow verfolgt, wie wenig Requisiten Tsymbals Leute benötigten. Ihnen reichten bereits zwei Zimmer, eine Treppe, ein Gang und ein paar Stühle. Die Fenster wurden mit Brettern zugenagelt, damit der Gefangene keinen Hinweis auf die Tageszeit erhielt, während ein Stromgenerator dafür sorgte, dass ständig Licht brannte.

Gedankenverloren blickte Aksakow zur Wand, an der ein langes Kabel entlanglief. Tsymbals Leute hatten es im ganzen Haus auf dem Putz installiert. Es war Teil eines genial einfachen Warnsystems. Diese Stromleitung wies in regelmäßigen Abständen lockere Steckkontakte auf. Wenn der Gefangene sich zu wehren begann, reichte eine kurze Armbewegung, um den Stromfluss zu unterbrechen und einen Alarm auszulösen.

In der Nacht vom Donnerstag auf den Freitag wurde Rudenko zum ersten Mal zum Verhör abgeführt. Es stellte sich jedoch heraus, dass es nur eine Aufwärmphase war, um den Häftling unter Druck zu setzen. Wächter holten Rudenko, die Hände auf dem Rücken zusammengebunden, aus seinem neuen Zimmer und trieben ihn die Treppe hinauf. Im Büroraum ließen sie ihn allein mit dem Vernehmungsbeamten zurück, doch Rudenko sollte nicht einmal die Möglichkeit bekommen, sich hinzusetzen.

Unmittelbar nach seinem Eintreffen erhob sich der Vernehmungsbeamte und schritt zu einer Seitentür, ohne auch nur eine einzige Frage gestellt zu haben. Dort standen weitere Wächter parat, die den Befehl bekamen, den Gefangenen sofort wieder zurück in sein Zimmer zu führen.

Kaum hatte sich Rudenko dort wieder in sein Bett gelegt, um sich auszuruhen, als schon wieder zwei Wächter in sein Zimmer stürmten, um ihn erneut zum Verhör abzuholen. Kaum stand er vor dem Vernehmungsbeamten, wurde er wieder in sein Zimmer gebracht.

Dieses Hin und Her ging zwölf Stunden lang. Ohne eine einzige Frage gestellt zu haben, hatte es Tsymbal geschafft, seinen Gefangenen beträchtlich zu zermürben.

Als sich Rudenko im Büro des Vernehmungsbeamten schließlich hinsetzen durfte, blieben die Wächter im Zimmer und zwan-

gen ihn dazu, die langen Stunden des Verhörs auf der vordersten Kante des Stuhls zu sitzen. Für einen Beobachter sah das harmlos aus, doch Aksakow wurde versichert, dass diese Position schon nach wenigen Minuten höllische Schmerzen verursachte.
Zwischen den Verhören gab es mehrstündige Pausen, die ebenfalls genutzt wurden, um den Willen des Gefangenen zu brechen. Die Wächter führten Rudenko in einen Gang, wo es ihm gestattet war, sich auf einem weiteren Stuhl niederzulassen. Allerdings musste er die ganze Zeit über aufrecht sitzen bleiben, ohne die Lehne zu berühren, einzuschlafen oder vom Stuhl zu gleiten.
Dies zog sich bis in die Mittagsstunden des folgenden Sonntags hin. Tsymbal hatte erklärt, dass es Gefangene gäbe, die eine solche Behandlung bis zu sechs Tage aushielten. Rudenko war allerdings so schwach, dass er bereits nach zweieinhalb Tagen zusammenbrach.
Aksakow musterte die Leiche. Als er die Mitteilung bekommen hatte, dass der Deserteur während des Verhörs gestorben war, kam das für ihn doch ein wenig überraschend. Er hatte nicht damit gerechnet, nicht bei einem stämmigen Kerl wie Rudenko, der sowohl die menschenunwürdige Behandlung im Arbeitsbataillon als auch die Hölle von Stalingrad überlebt hatte.
Knallende Stiefelschritte ertönten am Ende des Gangs. Aksakow richtete sich auf und sah, wie Tsymbal auf ihn zukam. Er blickte auf den Toten hinab, als sei er ein Ungeziefer.
»Wie ist das geschehen?«, fragte Aksakow.
»Er ist tot vom Stuhl gefallen«, antwortete Tsymbal.
»Aber er sah doch gesund aus. Zwei Wochen lang haben wir ihm Zeit gegeben, sich auszukurieren.«
»Menschen sterben, sobald ein gewisser Punkt erreicht ist. Das ist nun mal so.«

Aksakow fand diese lakonische Feststellung nicht zufriedenstellend, aber er hütete sich davor, jemanden wie Tsymbal zu kritisieren. »Hat er wenigstens verraten, wo sich Grigorjew mit seiner Bande befindet?«

Ohne seinen Gesichtsausdruck zu verändern, antwortete Tsymbal: »Er wusste nichts.«

»Das Verhör wurde trotzdem weitergeführt?«

»Natürlich, um sicherzugehen.«

Aksakow nickte. Trotz Tsymbals offen zur Schau gestellter Zuversicht in seine Fähigkeiten schien selbst er Zweifel zu haben. Oder er hatte Rudenko einfach weiter malträtieren lassen, weil er ein Sadist war. Vielleicht traf sogar beides zu, jedenfalls würde er nicht eingestehen, versagt zu haben.

»Danke, das war dann alles«, sagte Aksakow, salutierte knapp und begab sich zum Ausgang.

Draußen lehnten zwei von Tsymbals Wächtern an einer Hauswand und genossen Machorka paffend den Sonnenschein. Bei Aksakows Anblick standen sie stramm und salutierten.

Aksakow wollte direkt zu seiner Unterkunft gehen, als ihm einer der Wachen nachlief. »Genosse Oberst?«, rief er.

Sowie sich Aksakow umgedreht hatte, stand der Unterleutnant wieder stramm.

»Was gibt es?«, fragte Aksakow ohne großes Interesse.

»Der Todesfall«, begann der Wächter zu stammeln. »Es ist nicht mit rechten Dingen zugegangen.«

Aksakow blickte ihn derart intensiv an, dass dem Unterleutnant der Angstschweiß auf die Stirn trat. »Soll das etwa heißen, dass der Gefangene ermordet wurde?«, fragte er mit tonloser Stimme.

Das war eine ungeheuerliche Unterstellung, und so wagte der Unterleutnant nur zu nicken.

»Haben Sie irgendwelche Beweise?«

Nach dieser schroffen Frage zog der Unterleutnant den Kopf ein und murmelte etwas, das Aksakow als Aufforderung interpretierte, ihm zu folgen.

Neugierig geworden umrundete Aksakow mit dem Wächter das Gebäude, in dem Rudenko verhört worden war. Es war zweistöckig mit Flachdach. Unauffällig, funktional, obwohl die Aufschrift für Aksakow nicht zu entziffern war, konnte er so viel erraten, dass sich dort früher ein Geschäft befunden hatte.

Der Unterleutnant führte Aksakow zu einer kleinen Holzkiste. Als er den Deckel zur Seite klappte, traute dieser seinen Augen nicht. Am Boden der Kiste lag ein toter Polarfuchs. Die kleinen Ohren und das braune Sommerfell waren unverkennbar. Sicher war das zusammengerollte Wesen das Maskottchen dieser NKWD-Einheit gewesen. Die russischen Truppen hatten so manche Tiere als Glücksbringer bei sich, einige Einheiten hatten sogar Kriegswaisen adoptiert und sie den ganzen Weg bis nach Berlin mitgeschleppt.

»Er hat dasselbe Wasser gekriegt wie der Gefangene«, erklärte der Unterleutnant. »Es muss vergiftet gewesen sein.«

Aksakow hatte den Eindruck, sich inmitten eines Alptraums zu befinden, aus dem es kein Erwachen gab. Diese Angelegenheit wurde immer mysteriöser. Und gleichzeitig spürte er, wie er unvermittelt in seine Polizeiroutine verfiel und nach einer Lösung des Falles suchte.

»Wo kam das Wasser her?«, fragte Aksakow.

»Wir haben einige Kanister an der nächsten Pumpe gefüllt und sie in der Küche gelagert. Aber ein paar davon wurden umgeworfen. Wahrscheinlich sollten wir denken, dass es ein Besoffener war. Jede Wette, dass der Mörder dafür verantwortlich war.«

»War das Gebäude nicht bewacht?«

Der Unterleutnant schüttelte den Kopf. »Draußen waren keine Posten aufgestellt. Wir hatten den Gefangenen ohnehin die ganze Zeit unter Kontrolle. Er konnte uns nicht entwischen.«
Unschlüssig stellte sich Aksakow in den Schatten des Gebäudes, nahm die Mütze ab und tupfte sich mit einem Tuch den Schweiß von der Stirn.
Der Unterleutnant war ein aufgeweckter Bursche und letztendlich intelligenter, als ihm guttat. Er stellte Fragen, die besser unerwähnt blieben. Aksakow musste ihm zustimmen, dass es möglich erschien, von draußen ins Haus zu gelangen, das Wasser zu vergiften und dann die Beweise zu vernichten.
Wenn es tatsächlich so abgelaufen war, wie konnte der Eindringling dann sicherstellen, dass nur Rudenko das Wasser bekam? Von Rudenkos Tod profitierten lediglich Grigorjews Deserteure, von denen keiner eine Chance hatte, unkontrolliert ins Sperrgebiet zu gelangen. Das alles wies darauf hin, dass es Kollaborateure in Aksakows eigenen Reihen gab.
Bei diesem Gedanken schüttelte er den Kopf. Es würde nur Ärger bringen, der Sache nachzugehen und darauf zu drängen, dass an Rudenko eine Autopsie vorgenommen wurde, um die Todesursache zu bestimmen. Ohne Rückendeckung seiner Vorgesetzten konnte er nichts tun.
In Gedanken ließ Aksakow die Ermittlungen Revue passieren, suchte nach einem konkreten Hinweis. Doch außer offenen Fragen und Vermutungen konnte er nichts vorweisen. Abgesehen von Rudenko hatte er keinen Anhaltspunkt. Und Rudenko ließ sich nicht mehr befragen. Die Ermittlung war vorbei, noch ehe sie richtig begonnen hatte.
»Melden Sie das Ihrem Vorgesetzten.« Mit dieser knappen Antwort setzte Aksakow seine Mütze wieder auf und ließ den Unterleutnant stehen. Wenn jemand einen Mordverdacht äußerte,

sollte er von anderer Stelle kommen. Aksakow fand es bereits schwierig genug, dem Generalmajor beizubringen, dass ein Held von Stalingrad daran gestorben war, dass er zu lange auf einer Stuhlkante hockte.

Plötzlich erinnerte er sich an den Fritzen, der sich Oppenheimer nannte und behauptet hatte, bei der Polizei gearbeitet zu haben. Je weiter Aksakow lief, umso zielstrebiger wurden seine Schritte. Ihm war klargeworden, dass ihn nur noch ungewöhnliche Methoden weiterbringen würden.

Oppenheimer hatte eine Gänsehaut bekommen. Und das, obwohl er Sekunden zuvor noch geschwitzt hatte. Plötzlich fühlte er sich beobachtet. Als er sich umwandte, sah er nur den dunklen Schemen von sich selbst auf der weiß getünchten Steinwand. Die Gäste in Edes Nachtbar hatten die Temperatur steigen lassen. Der Schankraum vor der Bühne war bis auf den letzten Platz besetzt, die ersten Besucher mussten mit Stehplätzen vorliebnehmen. Jedes Mal, wenn sich eine Tänzerin vor ihnen entblätterte, begannen sie, laut zu johlen. Doch ein anderes Geräusch hatte Oppenheimer erstarren lassen.

Ein heiseres Kichern.

Edes Strategie war aufgegangen. Seit dem Kriegsende hatten die russischen Truppen bereits unzählige Siegesparaden veranstaltet. Sobald ein repräsentativer Platz von Schutt und Trümmern befreit war, konnte man damit rechnen, dass bald Hundertschaften mit Trompeten, riesigen Trommeln und lautem Tschingderassabum dort entlangmarschierten. Und von den siegestrunkenen Soldaten verweilte so mancher noch etwas länger in der Stadt auf der Suche nach Abenteuern.

In den letzten Tagen waren Oppenheimer wohl mehr entblößte weibliche Brüste und Hinterteile begegnet als im gesamten vergangenen Jahrzehnt. Zuerst hatte er sich ein wenig geniert und sich vorgestellt, wie er wohl mit seinem hochroten Kopf aussehen mochte. Am Samstag war ihm bei der Generalprobe sogar fast der Patzer unterlaufen, einen Einsatz zu verpassen, weil sich Rita nicht wie die übrigen Tänzerinnen nach ihrem Auftritt einen Mantel überwarf, sondern stattdessen im Evakostüm herumstolzierte. Er hatte den Eindruck, dass es ihr Spaß machte, ihn mit ihrer Nacktheit zu provozieren. Nichtsdestotrotz stellte sich bei Oppenheimer bereits nach wenigen Stunden ein gewisser Gewöhnungseffekt ein, so dass er von wippenden Brüsten und blanken Hintern nicht mehr über Gebühr abgelenkt wurde. Edes Vermutung, dass Rita zumindest auf der Bühne ein gewisses Talent besaß, schien sich zu bestätigen. Um ihren Auftritt anzukündigen, spielte die Zweimann-Kapelle jedes Mal mit Violine und Akkordeon eine klägliche Version des Gassenhauers *Rio Rita*. Oppenheimer konnte ihre Darbietung aus den Kulissen zwar nicht hinreichend würdigen, die Reaktion des Publikums war jedoch eindeutig. Jedes Mal, wenn Rita erschien, ging schon nach wenigen Sekunden ein Raunen durch die Menge. Besonders laut klatschte am Ende ein gutaussehender Jüngling mit schimmernden schwarzen Haaren, der sich einen Platz an einem der vorderen Tische erkämpft hatte. Dahinter waren von Oppenheimers Warte aus nur Schemen zu erkennen, denn Ede hatte aus seinem unergründlichen Fundus einige Karbidlampen organisiert und sie an der Bühnenkante an einer Metallschiene zu einem improvisierten Rampenlicht zusammengebaut, an dessen Helligkeit Oppenheimer sich noch immer nicht gewöhnt hatte.

Gerade war ihm durch den Kopf gegangen, welch merkwürdige Verkettung der Umstände dafür verantwortlich war, dass er jetzt in einer billigen Kaschemme als Inspizient arbeitete, als er die Stimme vernommen hatte.

Das heisere Kichern reichte aus, um Oppenheimer zurück in jene Nacht zu versetzen, von der er wünschte, dass es sie nie gegeben hätte. Erinnerungsfetzen drängten sich mit aller Macht in sein Bewusstsein. Die zerrissenen Strumpfhalter unter dem hochgerafften Rock, eine schluchzende Gestalt auf dem nackten Betonboden, von der er wusste, dass es Lisa sein musste, und es gleichzeitig doch nicht glauben wollte.

Oppenheimer wurde unruhig, als er schließlich begriff, dass sich einer dieser Halunken unter den Zuschauern befand.

Der Kicherer, der sich mit Lisas Vergewaltiger namens Tima vor der Brauerei unterhalten hatte.

Vorsichtig spähte er hinter dem Vorhang hervor. Es dauerte eine Weile, bis er das Kichern wieder hörte. Erst als er die Hand vor die Karbidlampen hielt, konnte er im Machorka-Dunst den entsprechenden Mann ausfindig machen.

Bei dem Anblick glaubte Oppenheimer, sich getäuscht zu haben. Das hagere Milchgesicht und die schlecht sitzende Uniform ähnelten eher einem Pennäler als einem brutalen Schurken, den er sich vorgestellt hatte. Aber als der junge Kerl wieder heiser kicherte, gab es keinen Zweifel mehr.

Noch ehe er es sich versah, hatte Oppenheimer bereits seinen Posten verlassen und schlüpfte seitlich in den Zuschauerraum. Dass eine auf ihren Auftritt wartende Tänzerin ihm verstört nachblickte, nahm er nur am Rande wahr. Es war aussichtslos, sich direkt zu dem Kicherer durchzukämpfen, ohne Aufsehen zu erregen, also drängelte Oppenheimer sich stattdessen zum Eingang. Früher oder später musste der Kerl dort vorbeikommen.

Mit düsterem Gesicht verharrte Oppenheimer am Eingang und spitzte seine Ohren. Erst jetzt fiel ihm ein, dass er unbewaffnet war. Fahrig blickte er sich um, griff sich von einem Tisch die erstbeste leere Flasche und schlug ihren Boden an der Steinwand ab.

Die Männer johlten wieder, als eine Tänzerin auf der Bühne den Verschluss ihres Büstenhalters öffnete und die Körbchen neckend vor die Brüste hielt. Und als die Beifallsbekundungen ein wenig abgeklungen waren, hörte Oppenheimer wieder das Kichern.

Aber es kam jetzt von draußen. Der Bursche musste unmittelbar vor der Eingangstür stehen, wahrscheinlich war er bereits hinausgegangen, noch ehe Oppenheimer den Eingang erreicht hatte.

Obwohl sich der Himmel draußen bereits rötlich verfärbt hatte, musste Oppenheimer nach den Stunden im schummrigen Licht die Augen zusammenkneifen, bis er seine Umgebung deutlich wahrnahm. Vier Männer standen in der Nähe, teilten sich eine Zigarette und plauderten angeregt auf Russisch. Wie ein Todesengel umkreiste Oppenheimer die Anwesenden, bereit, auf der Stelle zuzuschlagen. Nur leider ähnelte keiner von ihnen dem Milchgesicht.

Weitere Soldaten schlenderten den Ku'damm entlang. Die ersten grell geschminkten Frauen schäkerten mit ihnen, wurden handelseinig und verzogen sich dann mit den Männern in die Seitengassen. Es würde sicher nicht mehr lange dauern, bis immer mehr Straßendirnen auf die ehemalige Promeniermeile drängten, um sie gegen Abend in eine Art Freiluftbordell zu verwandeln.

Oppenheimer ließ die Schultern sinken und warf den abgeschlagenen Flaschenhals achtlos in die Einfahrt zum Hinterhof. Es war aussichtslos, in dieser Menge den Kicherer zu finden.

Er konnte nur hoffen, dass er so unvorsichtig sein würde, sich noch mal bei Ede blicken zu lassen. Oppenheimer schwor sich, dass er dann bereit wäre.

Bereits am nächsten Tag sollte Oppenheimer einen weiteren Hinweis auf Lisas Vergewaltiger bekommen. Dabei startete die neue Woche ausgesprochen harmlos mit Schmudes Hinweis, dass er beim täglichen Holzklauen bemerkt habe, wie an ihm gleich mehrere Fahrräder mit rasselnden Speichen vorbeigefahren waren. Die Berliner waren jetzt wohl auf den Trick gekommen, die Reifen von ihren Drahteseln abzumontieren, damit sie nicht von den Russen entwendet wurden. Oppenheimer nahm diese Idee dankbar auf und entfernte ebenfalls die Reifen, doch als er es geschafft hatte, sich schwer pustend bis zum Ku'damm zu strampeln, bereute er diese Entscheidung bereits wieder.

Völlig durchgeschwitzt stieg er vor Edes Nachtbar von seinem Fahrrad ab. Dann hielt er inne, weil er glaubte, eine bekannte Person zu erblicken, die eine am Straßenrand geparkte Limousine mit glänzender schwarzer Lackierung verließ. Die untersetzte Statur in der makellosen Uniform war unverwechselbar. Es war Aksakow.

Er schien bereits einige Zeit auf Oppenheimer gewartet zu haben. Ihm fiel wieder ein, dass er Edes Laden als Kontaktadresse hinterlassen hatte, jedoch ohne Angabe, zu welcher Zeit er dort anzutreffen war.

Aksakows Metallzähne blitzten auf, als er Oppenheimer ansprach und dabei zu dem Auto wies. Obgleich Oppenheimer von Aksakows Gebrummel so gut wie nichts verstand, war offenkundig, dass er mitkommen sollte.

So gut es ging versuchte Oppenheimer, Aksakow zu vermitteln, dass er das Rad noch schnell in Edes Etablissement abstellen wollte. Immerhin war er so geistesgegenwärtig gewesen, Hilde nach dem entliehenen Soldatenwörterbuch zu fragen, eine Übersetzung für *hinein* oder *drinnen* ließ sich jedoch nicht finden. Also stotterte er so etwas wie: »Maschina tam.« Dabei gestikulierte er mit ausgestrecktem Zeigefinger von seinem Fahrrad zur Nachtbar. Schließlich verstand Aksakow und nickte ihm mit einer betonten Gleichgültigkeit zu, wie sie wohl nur Russen in ihrem Repertoire hatten.

Die Autofahrt dauerte länger als erwartet, denn der Fahrer mit den asiatischen Gesichtszügen orientierte sich in Richtung Osten, überquerte die Spree auf der wundersamerweise intakt gebliebenen Schilling-Brücke und folgte dann dem Ufer entlang nach Süden. Wo immer sie auch hinfuhren, ihr Ziel schien nicht das Feldquartier zu sein, wo er Aksakow zum ersten Mal begegnet war.

Schon den ganzen Tag über war es unerträglich schwül gewesen. Trotz der heruntergekurbelten Seitenfenster herrschte im Inneren von Aksakows Wagen eine geradezu drückende Hitze. Die Atmosphäre zwischen ihnen blieb allerdings kühl. Der Oberst blickte angespannt geradeaus, ganz so, als würde er allein auf der Rückbank sitzen. Die einzige wahrnehmbare Bewegung waren die in den Kragen kullernden Schweißperlen.

Mittlerweile war Oppenheimers Überraschung so weit abgeklungen, dass er darüber nachdachte, weswegen ihn Aksakow bei Ede abgefangen hatte. Instinktiv überlegte er, ob er etwas verbrochen hatte, was von den Sowjetbehörden geahndet wurde, doch außer der gestrigen Episode mit dem kichernden Kumpanen des Vergewaltigers fiel ihm beim besten Willen nichts ein. Und dass jemand einkassiert wurde, nur weil er einem russischen Soldaten mit einer zertrümmerten Flasche nachlief, kam Oppenheimer höchst unwahrscheinlich vor.

Nicht einmal der Blick aus dem Fenster half, ihn auf andere Gedanken zu bringen, denn eine Wolkenwand zog über Berlin. Unter zuckenden Blitzen gaben Gebäude mit eingefallenen Außenwänden unfreiwillig den Blick auf Betonstreben, Holzböden und freiliegende Leitungen frei. Dazwischen menschenleere Straßen, auf denen eine geisterhafte Stille lastete. Trubel herrschte erst, als sie in der Nähe von Oberschöneweide an einer Werkshalle vorbeifuhren, vor der gleich mehrere Lastwagen in einer Reihe standen. Wegen des heranziehenden Unwetters wirkte selbst das gelbe Mauerwerk eigentümlich grau. Am großen Tor mühten sich Männer in russischen Uniformen damit ab, den Transport von Maschinenungeheuern zu koordinieren. Oppenheimer fand diesen Anblick deprimierend. Es kam ihm so vor, als würde der Kadaver der Stadt nun endgültig ausgeweidet.

Einige Kilometer weiter hielt ihr Auto an einem Kontrollpunkt. Der Fahrer reichte Papiere heraus, die der Wachposten genauestens durchblätterte, während er abwechselnd kritische Blicke auf Aksakow und Oppenheimer warf. Die Papiere wurden zurückgegeben, und die Fahrt ging weiter. Diese letzte Etappe endete schon nach wenigen Minuten vor einem weitläufigen Gebäudekomplex.

Oppenheimer erinnerte sich, dass hier vor einigen Jahren noch ein Krankenhaus untergebracht war. An diesem Verwendungszweck schien sich auch unter russischer Verwaltung nichts geändert zu haben. Als er hinter Aksakow eintrat, eilten Sanitäter durch die Gänge, während sich Krankenschwestern in gestärkten weißen Kitteln um bandagierte Patienten kümmerten. Sogar die Glühlampen brannten hier bereits.

Aksakow gab Oppenheimer einen Wink, ihm die Treppe nach unten zu folgen. Dankbar tauchte Oppenheimer in den kühlen Keller ein. Er hätte nichts dagegen gehabt, hier zu verweilen, das heißt, zumindest solange das Wetter draußen einer Waschküche glich. Allerdings ahnte er, dass sie zu einem anderen Zweck hierhergekommen waren.

In kühlen Räumen wie diesen wurden meistens Tote aufbewahrt.
Aksakow öffnete eine schwere Tür und schaltete im dahinterliegenden Raum die Deckenlampen an. Das Licht wurde von einem weißen Gegenstand auf einer Metallbahre zurückgeworfen. Aksakow enthüllte das Gesicht der Leiche und wies dann einladend zu ihr hin.
Oppenheimer trat an die Metallbahre. Da Aksakow ihm aufgrund der Sprachprobleme keinerlei Erklärung liefern konnte, blieb er vorsichtig. Die bange Frage, was hier gespielt wurde, war schlagartig vergessen, als er das Gesicht des Toten aus der Nähe begutachten konnte.
Über dem rechten Auge verlief ein Schatten, der Oppenheimer merkwürdig vorkam. Neugierig geworden beugte er sich vor. Und tatsächlich, es war eine tiefe Narbe.
Dieselbe Narbe hatte er an dem Abend gesehen, als Lisa vergewaltigt wurde. Es war der Soldat, der den Eingang zum Gärkeller bewacht hatte.
Zufrieden stellte Oppenheimer fest, dass die Abrechnung mit jeder Sekunde näher rückte.

19

Montag, 21. Mai 1945 – Donnerstag, 24. Mai 1945
104 bis 101 Tage vor dem Kriegsende im Pazifik

Eine Erklärung bekam Oppenheimer erst eine halbe Stunde später. Dazu wurde er von Aksakow in ein Nachbargebäude gebracht, wo Pogodin und der Dolmetscher zu ihnen stießen. Ähnlich wie im alten Feldquartier waren auch hier die Fensterläden geschlossen, so dass eine geradezu konspirative Stimmung herrschte.

Und die Enthüllungen von Aksakow hatten es wirklich in sich.

»Sie kennen diesen Toten?«, ließ er übersetzen.

Oppenheimer nickte. »Ich habe ihn in der Nacht gesehen, als meine Frau vergewaltigt wurde. Er war in der Nähe des Tatorts. Soviel ich erkennen konnte, bewachte er den Keller.«

»Ist ein Irrtum ausgeschlossen?«

»Die Narbe, ich kann mich genau an die Narbe erinnern. Ich konnte sie sehen, als er sich eine Zigarette anzündete.«

»Haben Sie noch andere Hinweise?«

»Es waren zwei weitere Männer anwesend. Von denen habe ich nicht viel gesehen, es war zu dunkel. Einer von ihnen hat heiser gekichert und den anderen Tima genannt.«

Pogodin beugte sich zur Seite und murmelte Aksakow etwas zu. Als sich Pogodin wieder aufrichtete, schien der Oberst etwas abzuwägen. Seine nächste Antwort war ein Name und musste nicht übersetzt werden.

»Timofej Grigorjew«, sagte Aksakow grimmig nickend.

Als ihn Oppenheimer fragend anblickte, präzisierte er. »Grigorjew ist ein *Chuligan* der übelsten Sorte. Er gehörte einer bewaffneten Bande an, die nach dem Vorrücken unserer Truppen die Region entlang des Dnjepr kontrollierte. Damals gab es unzählige dieser Rabauken, bis wir schließlich aufgeräumt haben, um die Ordnung wiederherzustellen. Auch Grigorjew wurde geschnappt und in ein Strafbataillon gesteckt. In der Presse werden diese Leute mittlerweile als Helden gefeiert, aber letztendlich bleiben sie doch Konterrevolutionäre. Zuletzt wurden die *Schtrafniki* im Kampf immer häufiger neben den regulären Truppen eingesetzt. So ist es Grigorjew wohl gelungen, Leute um sich zu scharen, mit denen er sich dann abgesetzt hat. Wir nehmen an, dass seine Bande von Deserteuren in den Brauereikeller eingedrungen ist, um zu plündern. Dabei wurde Ihre Frau vergewaltigt.«

Oppenheimers Stimme klang belegt, als er antwortete. »Sie kennen ihn also.«

Aksakow beugte sich nach vorn und verschränkte seine Hände. Offenbar wollte er weiter ausholen.

»Auf der Fahrt hierher konnten Sie beobachten, dass deutsche Industrieanlagen abgebaut werden, um sie in die Sowjetunion zu verschicken. Einige dieser Transporte gehen verloren, verschwinden auf Nimmerwiedersehen. Manchmal sind die Betriebe bei unserer Ankunft bereits ausgeplündert. Dahinter stecken Leute wie Grigorjew. Sie verkaufen die Waren weiter oder tauschen sie gegen Hehlerwaren ein, denn sie sind den Verlockungen des Kapitalismus erlegen und haben ihre Sowjeterziehung vergessen. Leute wie ihn müssen wir bekämpfen, sie schädigen Mütterchen Russland.«

Aksakow geriet immer wieder ins Stocken, weil er abwarten musste, bis der Dolmetscher die Erklärungen ins Deutsche übersetzt hatte. Während dieser unfreiwilligen Unterbrechungen saß er ruhig da und blickte Oppenheimer so eindringlich an, als wollte er auf den Grund seiner Seele schauen. Oppenheimer konnte sich nicht des Eindrucks erwehren, dass der Oberst bemüht war, ihm gegenüber aufrichtig zu sein. Und er ahnte, dass Aksakow einen Mitstreiter gewinnen wollte, jemanden, der Nachforschungen anstellen konnte, ohne großes Aufsehen zu erregen. Das alles ließ nur den Schluss zu, dass Aksakow bei der Verfolgung von Grigorjews Bande am Ende seiner Weisheit angelangt war.

Der Oberst formulierte es wesentlich unverfänglicher. »Sie haben erwähnt, dass Sie als Kriminalkommissar tätig waren. Genau diese Art von Fachmann benötigen wir jetzt, um die Deserteure zur Strecke zu bringen. Würden Sie die Augen für uns offen halten?«

Oppenheimer neigte beim Nachdenken den Kopf zur Seite. In den letzten Stunden war so vieles geschehen. War Oppenheimer vorher noch ohne Hoffnung gewesen, präsentierte sich ihm nun unerwartet die Aussicht auf Vergeltung. Einer von Grigorjews Leuten war ihm in Edes Nachtbar über den Weg gelaufen, und jetzt gab es sogar die Möglichkeit, die Kerle an die Sowjetbehörden zu verraten. Das klang zu gut, um wahr zu sein. Oppenheimer befürchtete, dass es bei der ganzen Sache einen Haken gab. »Wie würde die Bestrafung von Grigorjew und seinen Leuten aussehen?«, fragte er.

Als Aksakow lächelte, verengten sich seine Augen zu Schlitzen. »Wir wissen schon, wie wir mit ihnen umspringen müssen. Die kommen in ein Arbeitslager, oder wir richten sie hin. Auf jeden Fall werden sie nicht bei der Schwiegermutter zum Pfannkuchenessen eingeladen.«

Oppenheimer nickte. »Dann sollen sie wegen Hinterziehung verurteilt werden? Nicht weil sie Frauen vergewaltigt haben?«

Aksakow hob die Hände. »Hinterziehung, Sabotage, Vergewaltigung – macht das einen Unterschied? Sie werden nicht mehr lebendig die Freiheit genießen können, und nur das zählt.«
So gesehen hatte Aksakow recht. Also entschloss sich Oppenheimer, damit herauszurücken, dass er eine Spur hatte, wenngleich sie ihm ziemlich kalt erschien.
»Ich habe einen von Grigorjews Leuten wiedergesehen. Erst gestern.«
Diese Nachricht schlug ein wie eine Bombe. Nachdem der Dolmetscher Oppenheimers Enthüllung ins Russische übersetzt hatte, wurden Aksakow und Pogodin unruhig. Mit hochgezogenen Augenbrauen hakte der Oberst nach und ließ nicht locker, ehe er sich vergewissert hatte, dass Oppenheimer den Namen von Grigorjews Kumpan tatsächlich nicht kannte. Stattdessen ließen sie sich eine ausführliche Beschreibung geben.
»Wenn Sie ihn noch mal sehen«, ermahnte Aksakow Oppenheimer, »dann müssen Sie uns umgehend kontaktieren. Nur so können wir in Erfahrung bringen, wo diese Banditen ihr Lager haben.«
»Aber wie soll ich das anstellen«, wandte Oppenheimer ein. »Ich kann ja nicht einfach hier nach Karlshorst rausradeln, da bin ich ein paar Stunden unterwegs. Bis dahin ist er doch über alle Berge.«
Pogodin blickte Aksakow von der Seite an, ganz so, als würde er diesen Einwand teilen. Oppenheimer glaubte, im Gesichtsausdruck des Hauptmanns einen kaum verhüllten Spott zu erkennen. Aksakow bemühte sich, seinen Untergebenen zu ignorieren. Den Blick stur auf Oppenheimer gerichtet, begann er schließlich zu nicken.
»Genosse Pogodin und ich werden in den nächsten Wochen gelegentlich in dieser Nachtbar vorbeischauen. Sie haben recht, ich kann nicht garantieren, dass wir gerade dann vor Ort sein

werden, wenn sich Grigorjews Leute blicken lassen. In diesem Fall müssen Sie selbst die Initiative ergreifen. Wir brauchen vor allem die Namen der Verbrecher und ihren Aufenthaltsort, vergessen Sie das nicht.«

Mit dieser Bemerkung erhob er sich und brummte Pogodin etwas zu. Ihre Unterredung war beendet, und der Hauptmann hatte die Aufgabe bekommen, Oppenheimer zurück in die Stadt zu eskortieren.

Als sie zusammen auf der Rückbank desselben Fahrzeugs saßen, in dem Oppenheimer mit Aksakow nach Karlshorst gefahren war, herrschte zuerst ein beklommenes Schweigen, bis es von Pogodin gebrochen wurde.

»Ich werde zusehen, dass ich jeden zweiten Tag vorbeikomme.«

Oppenheimer blinzelte den Hauptmann überrascht an, denn er hatte Deutsch gesprochen. »Woher können Sie unsere Sprache?«, fragte er.

»Viele Offiziere wurden darin geschult«, antwortete Pogodin, als sei das selbstverständlich. »Wir verlangen keine Heldentaten von Ihnen. Es reicht, wenn Sie uns Bescheid geben, sobald einer von uns in dieser Bar vorbeikommt. Sind dort viele Soldaten?«

»Das lässt sich schwer einschätzen, der Laden wurde erst gestern eröffnet. Aber ja, es war sehr voll.«

»Was bekommt man dort geboten? Alkohol?«

»Den besten, der sich in Berlin auftreiben lässt. Das meint zumindest Ede, der Besitzer. Und dann gibt es noch künstlerische Tanzeinlagen.«

Pogodin schien diese Andeutung nicht so recht zu verstehen.

»Sie meinen, wie Ballett?«

Oppenheimer überlegte, ob er den Hauptmann über den dekadenten Westen aufklären sollte, doch weil ihm dies zu schwierig erschien, sagte er nur wolkig: »So ähnlich.«

Pogodin nickte, ohne wirkliches Interesse zu zeigen. Wahrscheinlich machte er nur belanglose Konversation, um die Situation zu entspannen. Als er seine Stimme senkte, ahnte Oppenheimer, dass Pogodin nach diesem Vorspiel nun ansprach, was ihm wirklich auf der Seele lag.
»Sie müssen aufpassen, wem Sie diese Informationen geben«, wisperte er. »Auf keinen Fall dürfen sie in die falschen Hände geraten.«
Oppenheimer stutzte. Die Brauen zusammengezogen, fragte er: »Ich denke, das sind einfache Deserteure. Was ist da so wichtig?«
Unschlüssig nestelte Pogodin an einem Manschettenknopf herum, bis er schließlich hinzufügte: »Wir wissen nicht, wie weit Grigorjews Verbindungen reichen.«
Oppenheimer verstand. »Das heißt, dass ihn jemand deckt? Von oben?«
»Es gibt Verdachtsmomente«, erwiderte Pogodin ausweichend. »Vielleicht gibt es einen Verräter in unseren eigenen Reihen, der ihm Informationen zuspielt. Es kann kein Zufall sein, dass sie uns immer dort zuvorkommen, wo es etwas zu holen gibt. Grigorjew weiß genau, wo er zuschlagen muss.«
Dass Oppenheimer möglicherweise in eine Palastintrige hineingeraten war, war eine unschöne Überraschung. Ihr Auto hielt an einer Kreuzung, wo eine Rotarmistin mit flatternden Fähnchen den Verkehr regelte. Einige Meter von ihr entfernt liefen zwei Kinder den Gehsteig entlang. Oppenheimer konnte spindeldürre Beine unter Jutesäcken erkennen. Wie auch die Erwachsenen waren die Kinder die meiste Zeit über damit beschäftigt, an den unmöglichsten Stellen Brennholz zusammenzuklauben.
Neben sich hörte er Pogodin sagen: »Sie dürfen niemandem verraten, dass ich Ihnen das gesagt habe. Zu Ihrem eigenen Schutz.«

»Aber wem kann ich dann überhaupt noch trauen?«
»Wir arbeiten daran, die Verräter zu überführen«, stellte Pogodin mit Nachdruck fest. »Bis dahin ist es besser, wenn Sie wichtige Informationen zuerst mir geben.«
Oppenheimer warf ihm einen scharfen Blick zu. »Mit anderen Worten heißt das, dass Oberst Aksakow ebenfalls verdächtig ist?«
»Ich kann das nicht bestätigen«, wiegelte Pogodin ab. »Aber auf jeden Fall müssen wir vorsichtig sein. Wer nach Grigorjew fragt, sticht in ein Wespennest.«

Die Umgebung des Reichstags bot einen trostlosen Anblick, aber das entsprach ziemlich genau Oppenheimers Gemütslage. Da es bereits am Tag zuvor zu regnen begonnen hatte, verwandelte sich der Tiergarten allmählich in eine Schlammwüste. Im Winter waren zahlreiche Bäume von der Bevölkerung gerodet worden, um sie zu verheizen, und jetzt im Sommer verschwanden sie Stück für Stück in bullernden Küchenherden, auf denen warme Mahlzeiten zubereitet wurden. Wie Termiten fraßen sich die Berliner in den Park vor, selbst vor den Bänken machten die Holzdiebe nicht halt. Der Baumbestand war so ausgedünnt, dass sich zwischen den übrig gebliebenen Bäumen hindurch mühelos die Ost-West-Achse erblicken ließ. Den breiten Straßenzug quer durch Berlin hatte man schon ein zweites Mal mit roten Tüchern und Fahnen für die Siegesfeier der vier Alliierten geschmückt. Oppenheimer begann allerdings, daran zu zweifeln, dass sie überhaupt noch stattfinden würde. Sogar eine Tribüne wurde bereits von emsigen Handwerkern errichtet, mit riesigen Konterfeis von Stalin, Roosevelt und Churchill.
Oppenheimer fand das recht interessant, denn nach Roosevelts plötzlichem Tod war ihm Truman als Präsident nachgefolgt. Ob die sowjetischen Künstler den neuen US-Präsidenten weniger

attraktiv fanden oder schlichtweg zu langsam arbeiteten, das ließ sich nicht beantworten, jedenfalls hatten sie von Truman noch keine Bildnisse parat und begnügten sich damit, Roosevelts Porträt mit schwarzem Trauerflor zu dekorieren.
Das Brachland zwischen dem Reichstag und dem großen Stern wandelten die ersten findigen Leute zu einer Art wildem Schrebergarten um, inmitten bröckelnder Betonbunker, vor sich hin rostender Flakgeschütze und Stacheldrahtgewirr. Mit allerlei Gerümpel improvisierten sie Zäune, um ihre Parzellen abzugrenzen, und hackten mit Spaten in der Erde herum in der Hoffnung, dass dort Steckrüben, Karotten oder sonstiges Gemüse gedeihen möge. Wie ein Spukschloss ragte in dieser verwunschenen Umgebung der Reichstag empor. Unzählige Geschosse und Granatsplitter hatten Kerben in die Außenfassade geschlagen, die Statuen waren von den Sockeln gestürzt, die Steinfiguren enthauptet, Finger oder ganze Hände abgerissen. Die Nischen, in denen sie gestanden hatten, waren jetzt bis zum oberen Rand mit kyrillischen Buchstaben vollgeschmiert.

Mittlerweile war es Donnerstag, und Oppenheimer wusste, dass die Zeit ablief. Ede erwartete an diesem Wochenende erste Resultate bei seiner Suche nach Manni, doch die Suche nach Lisas Vergewaltiger und das überraschende Wiederauftauchen von Aksakow hatte Oppenheimer zu sehr in Beschlag genommen, um sich noch um etwas anderes kümmern zu können. Außerdem hatte er nur vormittags die Möglichkeit, Erkundigungen bezüglich Manni einzuholen, denn Oppenheimer musste am späten Nachmittag pünktlich erscheinen, um seinem Dienst als Inspizient nachzukommen.
Immerhin hatte sich Gerda unter ihren Schwarzmarktkontakten umgehört, da Ede tatsächlich gewillt war, ihr eine Stelle als

Türsteherin zu geben, falls sie auf Mannis Spur stoßen sollte. Allerdings wollte er sie zuerst selbst in Augenschein nehmen, weswegen sich Oppenheimer mit Gerda am Reichstag verabredet hatte, um sie später auf dem Gepäckträger zu dessen Spelunke zu fahren, die von Ede mittlerweile *Rio Bar* getauft worden war, um Ritas Popularität bei den Rotarmisten gewinnbringend auszuschlachten.

Bis auf den Platz unmittelbar vor dem Reichstag hatten sich die Schrebergärtner noch nicht vorgewagt, wahrscheinlich, weil dort zu viel los war. Russische Soldaten machten Souvenirphotos, in Kompaniestärke in Reih und Glied vor dem Reichstag stehend oder einzeln rittlings auf einer Flak hockend, deren Rohr dann wie ein gigantischer Penis zwischen den Beinen hervorragte. Abgesehen davon hatten sich auch viele Einheimische hier versammelt. Oppenheimer war es schleierhaft, warum Gerda ihn ausgerechnet hierher beordert hatte, doch schließlich gelang es ihm, seiner maulfaulen Begleiterin eine Antwort zu entlocken.

»Hier is jetzt der Schwarzmarkt«, murmelte sie, ohne sich darum zu kümmern, ob sie auch zu verstehen war.

»Das heißt, Manni könnte hier sein?«

Gerda antwortete schulterzuckend: »Oder jemand, der ihn kennt.«

Damit erschien die Versammlung vor dem Reichstag in einem anderen Licht. In Grüppchen palaverten Rotarmisten mit Einheimischen, ließen sich etwas andrehen und verhökerten selbst Waren, von denen wohlweislich niemand wissen wollte, woher sie stammten. Manch einer zog bei sensiblen Transaktionen den Schutz der grau aus dem Boden ragenden Betonbunker vor. Wie schon in den letzten Kriegsjahren wurden bei diesen Geschäften Zigaretten als Ersatzgeld benutzt.

Suchend blickte sich Gerda um. Auch Oppenheimer hielt Ausschau, obwohl er nicht einmal wusste, wie Manni aussah.

Ein unrasierter Mann mit Schirmmütze löste sich von der Menge und trat an Oppenheimer heran. Grinsend schlug er seinen Mantel auf.

»Wat sagen Se, Herr Professor?«, fragte er. Im Innenfutter seines Mantels waren mit Sicherheitsnadeln einige Judensterne befestigt. »Nur fünfhunnert Mark, und eener von denen jehört Ihnen!«

Wirklich überrascht war Oppenheimer nicht. Er hatte in den vergangenen Wochen auf den Straßen bereits mehrere Passanten erspäht, die ihre Judensterne offen zur Schau stellten. Doch soweit er es beurteilen konnte, waren die Russen von dieser antifaschistischen Insignie herzlich wenig beeindruckt.

Als Antwort lachte Oppenheimer bitter auf. »Ich bin froh, dass ich das blöde Ding los bin«, murmelte er.

Gerda schlenderte unterdessen gemächlich zu einem Bunker hinüber und begann, ihn zu umrunden. Als Oppenheimer hinter ihr herhastete, erspähte er auf der Rückseite weitere Männer. Gerdas zielstrebiger Schritt ließ erahnen, dass sie einen von ihnen erkannt hatte.

Es war ein ältlicher Herr mit einem grauen Bart und einer Schirmmütze. Seine Regenjacke hatte er nur am obersten Knopf befestigt und wie ein Cape um seine Schultern geworfen. Das war auch besser so, denn die Innentaschen waren prallvoll mit Waren gefüllt, die er nach und nach hervorzog. Bei diesem Anblick fühlte sich Oppenheimer an Roskis Mantel mit den unergründlichen Blasebalgtaschen erinnert.

Gerda flüsterte dem Mann einige Worte zu und brachte ihn dann zu Oppenheimer.

»Hannes«, sagte sie, während sie mit dem Daumen auf den Mann wies. Das schien ihr als förmliche Vorstellung zu genügen.

»Ähm, Richard«, erwiderte Oppenheimer und gab dem Mann die Hand. Da Gerda keine Anstalten machte, etwas zu sagen, bestritt Oppenheimer die Konversation. »Wir suchen Manfred Kisch, Manni nennt man ihn wohl. Ist er hier wieder aufgetaucht?«

Der Schwarzmarkthändler namens Hannes schüttelte den Kopf. »Nee, kann ick nich behaupten, dasser hier war. Aber der taucht sicher wieder auf, der is wie ne Katze ...«

»Jaja, er hat neun Leben, ich weiß, Gerda hat mich schon darauf aufmerksam gemacht«, unterbrach Oppenheimer den Mann. In knappen Worten legte er dar, dass er einen Interessenten habe, der bereit war, mit Manni eine größere Transaktion abzuschließen.

»Ich war schon bei seiner Wohnung im Schlesischen Viertel, aber Fehlanzeige«, schloss Oppenheimer. »Haben Sie vielleicht eine Ahnung, wo er stecken könnte?«

Hannes zog seine Stirn kraus. »Soweit ick weeß, hat er noch 'n Lager. Dit soll sogar bombensicher sein. Würde mich nich überraschen, wenn er dort einfach jewartet hat, bis er befreit wurde.«

Aufmerksam hörte Oppenheimer ihm zu. »Haben Sie eine Ahnung, wo sich dieses Lager befindet?«

»So richtig verraten wollte er es nich. Hab es mir selbst zusammenjereimt. Es kann aber nich weit von seiner Wohnung sein. Da jibt et zwei bis drei Stellen, die in Frage kommen, aber ick hab mich da nich mehr drum jekümmert, denn so viele Waren hab ick ja nich, dass ick se irgendwo lagern muss. Der Manni is halt ein anderes Kaliber als icke.«

Oppenheimer wurde unruhig. »Zwei bis drei Stellen, sagen Sie? Können Sie mir vielleicht verraten, wo die sind?«

Hannes seufzte. »Is schwer zu beschreiben. Außerdem will ick den Manni nich verpetzen.« Er überlegte kurz. »Wat bieten Se mir denn?«

Offenbar war Redlichkeit nur eine Frage des Preises. Oppenheimer hatte sich vorher über einen Finderlohn keine Gedanken gemacht, also sagte er aufs Geratewohl: »Vielleicht eine Flasche Korn?« Er nahm an, dass es in Ordnung gehen würde, wenn er einen Bruchteil von Edes Beständen feilbot.

Zu Oppenheimers Erleichterung war Hannes nicht daran interessiert, noch zu feilschen. »Ne Pulle Korn jeht in Ordnung. Jetzt die Woche is bei mir schlecht, aber wenn wir uns vielleicht Montag anner Tabor-Kirche treffen?«

Oppenheimer drängte auf einen früheren Termin, doch Hannes ließ nicht mit sich reden. Wenigstens konnte er Ede nun berichten, dass er eine heiße Spur verfolgte. Nachdem sie einen Zeitpunkt ausgemacht hatten, kam Oppenheimer auf die letzte offene Frage zurück.

»Hat Manni schon mal Geldscheine gefälscht?«

Hannes stutzte. »Dit wär mir neu. Wie kommen Se darauf?«

»Ich habe bei ihm in der Wohnung Metallplatten gesehen. Vielleicht hängt es ja damit zusammen, dass er verschwunden ist.«

»Da erzählen Se mehr, als ick selber weeß. Manni als Fälscher? Ick dachte immer, der hätt für so wat zu viele Hummeln im Hintern. Aber wenn Se …«

Mitten im Satz brach Hannes ab. Ein kurzer Pfiff von oben hatte ausgereicht, um ihn erstarren zu lassen.

Dann tippte er hastig an seine Hutkrempe und stammelte: »Bis Montag dann.« Nach dieser abrupten Verabschiedung eilte er davon. Das vom Gegenwind aufgeblähte Cape ließ seinen Körper plump wirken, ein merkwürdiger Kontrast zu seinen flinken Beinen.

Völlig überrumpelt starrte Oppenheimer ihm nach. Dann erkannte er, wer den Warnpfiff abgegeben hatte. Es war ein junger Rotarmist, der auf der Oberseite des Bunkers Wache gehalten hatte, nun auf einen Schutthaufen sprang und ebenfalls das Weite suchte.

Gleichzeitig begann Gerda, an Oppenheimers Arm zu zerren. Sie zeigte auf ferne Gestalten in Reithosen. Mit geschulterten Gewehren näherten sie sich im Laufschritt. »Eine Militärpatrouille«, rief Gerda. »Schnell weg hier!«

Zum ersten Mal nahm Oppenheimer so etwas wie Furcht in Gerdas Stimme wahr.

Sie mussten einige Dutzend Meter zu Fuß laufen, ehe der Boden wieder so eben war, dass sich Gerda hinter Oppenheimer auf das Rad schwingen konnte. Es war eine höllische Anstrengung, das reifenlose Gefährt in Bewegung zu bringen, aber wenn sie schnell von hier verschwinden wollten, gab es keine Alternative. Gerda dirigierte ihn nach Süden in Richtung der Tiergartenstraße. Es war eine kluge Entscheidung, denn inmitten des abgeholzten Tiergartens hätten sie sich wie auf einem Präsentierteller befunden. Um etwaige Verfolger abzuschütteln, vollführte Oppenheimer einige Ausweichmanöver, bog in Seitenstraßen ab, umrundete Häuserblocks. Als er glaubte, dass niemand mehr ihren Spuren folgte, hielt er keuchend bei der erstbesten Wasserpumpe an.

Er wunderte sich ein wenig darüber, dass hier niemand um Wasser anstand. Als er unter Gerdas kritischem Blick den Pumpenschwengel bediente, rief ihm ein Fräulein im Vorbeigehen zu: »Das würde ich an Ihrer Stelle aber nicht trinken!«

Fragend blickte Oppenheimer auf. »Wie kommen Sie darauf?«

»Das ist verseucht. In den Tunneln schwimmen immer noch Leichen rum.«

Oppenheimer bedankte sich für diesen Hinweis und beließ es dabei, sich mit den feuchten Fingern kurz über das Gesicht zu fahren. Wie hatte er nur vergessen können, dass die S- und U-Bahnen unter seinen Füßen immer noch gesperrt waren, weil es den Technikern aus der Sowjetunion bislang nicht gelungen war, das eingedrungene Wasser abzupumpen? Es hieß, dass in Neukölln seit anderthalb Wochen wieder die ersten U-Bahnen fuhren, wenngleich mit langen Unterbrechungen, zudem mussten die Passagiere immer wieder umsteigen. Auch andere Strecken in den Außenbezirken des Netzes wurden allmählich wiederhergestellt, nur in der Stadtmitte blieb der Bahnbetrieb gestört, und es war nicht absehbar, wie lange sich dieser Zustand noch hinziehen würde.

Als Oppenheimer murrend wieder aufs Fahrrad stieg, hatte er plötzlich das Gefühl, beobachtet zu werden. Es stellte sich heraus, dass es kein Militärpolizist war, sondern ein Passant. Mit einem tief in die Stirn gezogenen Hut und einer bis zum Kinn zugeknöpften Jacke radelte er anscheinend ziellos durch den Nieselregen. Der halb mit Gemüse gefüllte Einkaufskorb über der Lenkstange sprach dafür, dass er gerade seinen Proviant aufstockte.

»Der fordert es aber heraus, was?«, bemerkte Gerda, als der Radfahrer das Tempo verringerte, um in die nächste Seitenstraße einzubiegen.

Oppenheimer verstand. Das Zweirad hatte teuer aussehende Weißwand-Reifen. Es war ein Wunder, dass sie noch niemand abmontiert hatte. Abgesehen davon schien der Mann harmlos genug zu sein, um ihn gleich wieder zu vergessen.

Um zu Edes Lokal zu gelangen, mussten sie den Landwehrkanal überqueren, was kein einfaches Unterfangen war. Zum Glück war der westliche Gehweg der Cornelius-Brücke noch passierbar, während vom anderen Teil des Steinbogens nur noch Trümmerhaufen im Wasser übrig geblieben waren.

Als sie sich der *Rio Bar* näherten, sah Oppenheimer vor dem Eingang eine Menschentraube stehen – merkwürdig, denn offiziell hatte das Etablissement noch nicht geöffnet. Noch größer war seine Verwunderung, als er unter den Schaulustigen Ritas roten Haarschopf erkannte.

Mit einem unguten Gefühl bremste er ab und wandte sich dann Gerda zu. »Ich glaube, mit dem Vorstellungsgespräch wird es heute nichts«, murmelte er. »Da ist irgendwas nicht in Ordnung.«

Kaum waren sie abgestiegen, als Rita ihnen bereits aufgeregt entgegeneilte. »Unglaublich«, ereiferte sie sich, »die Leute haben keine Achtung vor Kultur.«

»Was ist denn geschehen?«, fragte Oppenheimer.

Rita fuchtelte mit ihren Armen, so dass unter dem abgeschabten schwarzen Wollmantel ein buntes Sommerkleid aufblitzte. »Ja siehst du's nicht? Da hat jemand Feuer gelegt!«

20

Donnerstag, 24. Mai 1945 – Montag, 28. Mai 1945
101 bis 97 Tage vor dem Kriegsende im Pazifik

In der zerstörten Nachtbar sah Oppenheimer zunächst nur Edes hochroten Kopf. Er stand mit dem Rücken zum Eingang, die Arme angewinkelt, als wollte er in Aktion treten, nur schien er inmitten des verkohlten Durcheinanders nicht zu wissen, was er zuerst in Angriff nehmen sollte. In dieser Position verharrend, wirkte der Ganove geradezu wie eine Gestalt von shakespearehafter Tragik.

Die Kulisse war nicht weniger theatralisch. Verkohlte Tische und Stühle, Wasserlachen, ein vom Feuer weggefressener Bühnenvorhang, während der Tresen vor den zersprungenen Wandspiegeln absurderweise nicht einen einzigen Kratzer abbekommen hatte.

Nach der ersten Schrecksekunde wagte es Oppenheimer, sich Ede behutsam zu nähern. Hinter sich hörte er die zaudernden Schritte von Rita und Gerda.

»Das war kein Unfall?«

Auf Oppenheimers Frage hin kam wieder Leben in Ede. Er drehte seinen Kopf zur Seite und brummte: »Nie und nimmer. Ick kontrollier jeden Abend, dat die Lampen aus sind. Und Karlheinz ooch. Jemand is hinten einjebrochen. Ick hab et noch rechtzeitig mitjekriegt, sonst wär die janze Bude ausjebrannt.«

Oppenheimer nickte. Zum Glück war Ede in der vergangenen Woche ins obere Stockwerk gezogen, damit er nicht ständig nach

Pankow zurückfahren musste. Meistens schloss er seinen Laden erst, wenn für Einheimische bereits Ausgangssperre herrschte, weil ein großer Teil der russischen Kundschaft die Angewohnheit besaß, bis in die frühen Morgenstunden durchzuzechen.
Das offizielle Programm endete um neun Uhr, damit die Tänzerinnen, Musiker und Bühnenarbeiter wie Oppenheimer noch rechtzeitig nach Hause kamen. Zumindest theoretisch, denn weil es in Berlin kaum irgendwo eine Abendbeleuchtung gab, war es auf den Straßen nach Einbruch der Dunkelheit unverändert gefährlich. Immer noch wurden Frauen bedrängt und Wohnungen geplündert, manchmal hallten sogar Schüsse durch die Nacht. Daher bevorzugten es viele der Tänzerinnen, ebenfalls im oberen Stockwerk zu übernachten, falls sich unter den begeisterten Zuschauern keine Eskorte fand.
Keiner wusste so recht, was ab Montag geschehen sollte, wenn die Moskauer Zeit eingeführt wurde. Zwar war der Befehl schon eine Woche alt, doch aus unerfindlichen Gründen hatte sich die Umstellung verzögert. Oppenheimer fand, dass diese zentralistischen Bestrebungen der Besatzer völlig an der Realität vorbeigingen, denn es bedeutete, dass die wenigen verbliebenen Uhren um zwei Stunden vorgestellt werden mussten, so dass es bei Beginn der Ausgangssperre noch taghell sein würde. Die Frage, wie Edes Nachtbar mit dieser bürokratischen Hürde klarkommen würde, erschien jetzt angesichts der Verwüstungen allerdings nebensächlich.
Rita verschwand hinter der Bühne, um sich zu vergewissern, was mit der Garderobe geschehen war. Vor allem die Holzbühne hatte es erwischt, wahrscheinlich musste man das zusammengeschusterte Gestell komplett ersetzen. Der Rest der Zerstörungen war jedoch überschaubar. Tische und Stühle ließen sich schnell auswechseln, den schwarzen Ruß an der Wand

neben der Bühne konnte man überpinseln. Doch die wahren Kostbarkeiten lagerten woanders.

»Was ist mit den Getränken?«, fragte Oppenheimer.

Ede winkte ab. »Allet in Ordnung. Dit Zimma war denen zu jut jesichert.«

Da Gerda zu ihnen getreten war, hielt es Oppenheimer für seine Pflicht, sie Ede vorzustellen. »Ich hab Gerda mitgebracht.«

Ede blickte zu ihr hin, mit seinen Gedanken war er allerdings woanders. »Dit hat erst ma Zeit. Bis zum nächsten Wochenende müssen wir die Bude wieda flottkriegen.«

Oppenheimer nickte. Als ehemaliger Kommissar wusste er, dass solche Anschläge in Unterweltkreisen meistens einen ganz bestimmten Zweck erfüllen sollten. Ede hatte mit seiner Nachtbar einen guten Platz in der Innenstadt ergattert, um den ihn zweifellos viele kriminelle Elemente beneideten. Gerda kam zur selben Schlussfolgerung.

»Wer war das?«, fragte sie. »Etwa ein Konkurrent?«

Edes Blick wurde aufmerksam. Oppenheimer kannte Ede mittlerweile seit fast zwei Jahrzehnten und hatte gelernt, dessen Mienenspiel zu deuten. Gerdas schnelle Auffassungsgabe schien Ede zu imponieren.

Der Ganove schnaubte kurz auf, fast klang es wie ein angedeutetes Lachen. »Wenn ick dit rauskrieg, dann wern diese Schweinehunde wünschen, sich mit jemand anderem anjelegt zu haben.«

»Schöner Morgen, dieser Mittag!«, sagte Hannes zur Begrüßung. Mit dem Cape und der Schirmmütze hatte ihn Oppenheimer schon von weitem erkannt. Verschmitzt lächelnd stand der alte Schwarzmarkthändler vor der Tabor-Kirche. Zum Glück hatte auch er von der Umstellung auf die Moskauer Zeit gehört.

Kurzatmig stieg Oppenheimer vom Fahrrad. »Sind Sie schon weitergekommen?«, fragte er. »Wissen Sie, wo Manni seine Waren lagert?«

»Is allet hier in der Nähe, aber wir müssen schon ein bissken laufen.«

»Soll mir recht sein«, sagte Oppenheimer und schob das Fahrrad demonstrativ neben sich her, damit Hannes nicht auf die Idee kam, sich von ihm herumkutschieren zu lassen.

Dass Edes Nachtbar überfallen worden war, hatte auch seine guten Seiten, denn so wurde Oppenheimer unverhofft eine Fristverlängerung bei der Auffindung Mannis gewährt.

Es war angenehm, der verräucherten Bar für einige Tage entfliehen zu können, und Oppenheimer bekam nun auf den Pumpengängen wieder Dinge mit, von denen er sich in der Bar für Männerbelustigung abgeschnitten gefühlt hatte. Man spekulierte mittlerweile, dass sich die vier Siegermächte Berlin untereinander aufteilen wollten, doch vorerst blieb es bei Gerüchten. Von Hitler hieß es nun wieder, dass er doch irgendwie aus Berlin entkommen sei. Seine Paladine wurden unterdessen einer nach dem anderen aufgespürt. Robert Ley, Leiter der Einheitsgewerkschaft *Deutsche Arbeiterfront* und von der Bevölkerung wenig ehrfürchtig *Oberreichssäufer* genannt, hatte sich zur Tarnung einen Vollbart stehen lassen, während Himmler den seinen abrasiert und bei der Festnahme eine Augenklappe getragen hatte. Anscheinend war im Radio gemeldet worden, dass er sich in britischer Haft mit Zyankali vergiftet hatte.

Bereits Mitte Mai war mit der *Täglichen Rundschau* die erste Berliner Tageszeitung nach dem Krieg erschienen, seit einer Woche gab es sogar ein zweites Blatt mit dem Namen *Berliner Zeitung*. Die Meldungen waren eng mit der russischen Administration abgestimmt, denn abgesehen von Lobpreisungen der sowjetischen Kolchosenwirtschaft und des Bildungssystems wurden über die Außenpolitik nur wenige dürre Zeilen geschrieben. Außerdem wurden seitenweise Lokalnachrichten breitgetreten, besonders beliebt waren Erfolgsmeldungen über fertiggestellte Gas-, Strom- und Wasseranschlüsse, die allerdings immer noch nicht funktionierten.

Wenn der Bevölkerung etwas mitgeteilt werden musste, bediente man sich mitunter ungewöhnlicher Methoden. So war vor ein paar Tagen ein offizieller Ausrufer durch Hildes Stadtteil gezogen, um mitzuteilen, dass sich alle arbeitslosen Anwohner zwischen fünfzehn und fünfundfünfzig Jahren unverzüglich zum Arbeitseinsatz melden müssen. Also begab sich Lisa zusammen mit Barbe und dem Ehepaar Schmude zur Erfassungsstelle in der provisorischen Bezirksverwaltung, die in einem ehemaligen Elektrogeschäft untergebracht war, wo sich nun über den Reklametafeln für Telefunken rote Transparente blähten.

Ihre Wohngemeinschaft war allerdings kleiner geworden, denn Michalina hatte sich schon seit mehreren Wochen nicht mehr blicken lassen. Als Oppenheimer vor einigen Tagen am Anschlagbrett die Mitteilung gelesen hatte, dass alle Ausländer bis zum ersten Juni die Stadt verlassen sollten, weil sie danach keine Lebensmittel mehr bekamen, war er ziemlich besorgt. Aber nicht einmal Hilde konnte sagen, wo Michalina geblieben war.

Allmählich gab es in der Stadt die ersten Anzeichen einer Normalisierung. Restaurants öffneten, in Cafés konnte man auf dem Gehweg unter der heißen Sonne sitzen und verdünnte Plörre schlürfen, an allen möglichen und unmöglichen Stellen spielten plötzlich Kabaretts, und die ersten Kinos zeigten wieder Filme, wenngleich nur im russischen Original.

Im Titania-Palast hatte am vergangenen Samstag jedoch anstatt eines Films das erste Konzert der Berliner Philharmoniker stattgefunden. Oppenheimer hielt das für eine willkommene Abwechslung zu Edes traurigen Musikern, und so war er mit Lisa nach Steglitz geradelt, um mit fast tausend anderen Musikliebhabern am Wiederaufleben des Kulturbetriebs teilzunehmen.

Als um sechs Uhr schließlich das Licht gedimmt wurde, der Dirigent Leo Borchard das Podium erklomm und die ersten flirrenden Streichertöne von Mendelssohn Bartholdys Ouvertüre zum *Sommernachtstraum* erklangen, hatte Oppenheimer einen Kloß in seinem Hals gespürt. Auch Lisa war so gerührt gewesen, dass sie während des Konzerts seine Hand ergriffen hatte. Und als er sich im Halbdunkel zu ihr hinwandte und auf ihrem Gesicht ein Lächeln entdeckte, ahnte er, dass sie es schaffen würden, auch diese Zeit der Prüfungen zu überstehen.

Beim ersten Versteck, zu dem ihn Hannes führte, zogen sie eine Niete. Es war ein kleiner Raum auf der Rückseite eines Flachbunkers, den man nur über eine separate Tür betreten konnte. Dass bereits der von Hannes mitgebrachte Dietrich ausreichte, um die Pforte zu öffnen, sprach ohnehin nicht dafür, dass hier wertvolle Gegenstände versteckt wurden.

Da sie niemanden auf diese potenziellen Verstecke aufmerksam machen wollten, behielt Oppenheimer die Umgebung ständig im Blick. Als er in Begleitung von Hannes, über Schutthaufen balancierend, zur Hauptstraße zurückkehrte, fiel ihm auf der gegenüberliegenden Straßenseite ein Mann auf. Er drehte ihnen unvermittelt den Rücken zu, um davon abzulenken, dass er die Geröllhalde die ganze Zeit im Auge behalten hatte.

Oppenheimer schloss seine Finger fester um den Fahrradlenker. Obwohl von dem Mann nicht viel zu erkennen war, kam er ihm irgendwie bekannt vor.

»Is nich weit von hier«, erklärte neben ihm Hannes. »Das andere Lager, mein ick«, präzisierte er. Der Beobachter war Hannes noch nicht aufgefallen. Oppenheimer versuchte, sich das Aussehen des Mannes einzuprägen. Grauer Hut, grauer Anzug, dazu hatte er einen braunen Schal um den Hals geschlungen. Er musste schon ziemlich erkältet sein, denn die Temperaturen waren heute so angenehm, dass man mit einem Schal sicher schwitzte.

Mannis Spur sollten sie erst beim zweiten Versuch entdecken, doch es verlief völlig anders, als Oppenheimer erwartet hatte.

Das nächste Versteck befand sich in einem zerstörten Haus. Oppenheimer konnte zunächst kaum glauben, dass hier ein bombensicherer Unterschlupf sein sollte, bis er das Fahrrad hinter dem Gemäuer verstecken wollte und registrierte, dass sie auf einer soliden Betondecke standen.

Breit grinsend stampfte Hannes auf den Boden. »Na, das ham Se nich erwartet, was? Stahlbeton, da geht so schnell nix durch.«

Oppenheimer blickte sich um. »Und wie sieht es mit dem Eingang aus?«

»Tja, der is leider verschüttet. Aber hier soll irgendwo 'n Notausstieg sein.«

Oppenheimer nickte. Er wusste jetzt, wonach er suchen musste. Ein Notausstieg aus dem Keller konnte sich nur außerhalb des Gebäudes befinden.

Auf der Suche nach dem Schacht umrundeten sie die Ruine, bis Hannes der scheinbar achtlos fortgeworfene Deckel einer Kehrichttonne auffiel. Auf dem Rand des Metalldeckels lagen Schuttbrocken. Eine einzelne Person musste sich schon ziemlich anstrengen, um sie zur Seite zu rollen.

Unter dem Deckel befand sich ein Regengitter, der Schacht darunter war vielleicht einen Meter tief. Unverzüglich kletterte Oppenheimer ein Stück auf den Eisenstegen nach unten, doch bis zum Kiesboden wollte er nicht hinabsteigen, da er mit seinen altersschwachen Schuhsohlen nicht in Regenpfützen treten wollte. Den Blick nach unten gerichtet, stutzte er kurz – zwischen den Wasserlachen glänzte etwas.

Auf dem Boden lag ein Vorhängeschloss aus Messing. Oppenheimer fand es reichlich merkwürdig, dass sich jemand die Mühe gemacht hatte, den Schacht von außen zu verbergen und den Eingang dann unverschlossen zu lassen.

Dass Oppenheimer die Eisenklappe zum Keller nicht so einfach öffnen konnte, lag nur daran, dass er sich mit einer Hand am Metallsteg festhalten musste. Als sich die rostigen Scharniere schließlich bewegten und die Klappe quietschend aufschwang, schlug ihm ein unangenehmer Gestank entgegen.

»Verflixt«, fluchte Oppenheimer. »Lässt der da etwa Lebensmittel verrotten?«

»Wat is?«, rief Hannes von oben.

Anstatt seine Bemerkung zu wiederholen, schüttelte Oppenheimer den Kopf. Notausstiege waren dazu konstruiert, dass man leicht emporklettern konnte, sich in die andere Richtung zu bewegen war hingegen recht kompliziert, und so bedurfte es einiger Verrenkungen, ehe Oppenheimer auf der unteren Kante der Luke zu sitzen kam.

Vorsichtig verlagerte er sein Gewicht nach vorn, bis er abrutschte und in die Finsternis fiel. Doch zum Glück stand unter der Luke ein halbhohes Holzregal, von dem aus er mühelos auf den Kellerboden springen konnte.

Da er keine Lampe bei sich hatte, riss er ein Zündholz an. Die Flamme erhellte den Raum mit einem schwachen Schimmer. Oppenheimer streckte seinen rechten Arm aus, damit das Licht weiter in den Keller hineinreichte.

Überall standen leer geräumte Regale. Wenn Manni hier unten Waren lagerte, dann hatte sie bereits jemand geklaut.
Die Quelle des Gestanks befand sich hinter dem schmalen Eisenpfosten in der Mitte des Raumes.
Auf den ersten Blick sah es aus wie ein angelehnter Kohlensack. Als Oppenheimer die nach hinten gebundenen Arme erspähte, wusste er, dass es sich um einen Toten handelte.
Es war zu dunkel hier, um etwas erkennen zu können, also stöberte Oppenheimer in den Regalen. In einem Luftschutzkeller mussten auch irgendwo Lampen zu finden sein. Und tatsächlich bemerkte er nach einigen Sekunden des Suchens, dass der Flammenschein seines Zündholzes vom Glaskolben einer Petroleumlampe zurückgeworfen wurde.
Als die Lampe entzündet war und Oppenheimer den Docht hochdrehte, traten die Konturen des Raumes klar hervor. Ihn interessierte jetzt vor allem die Leiche hinter dem Eisenpfeiler.
Die Handgelenke unter den Fesseln waren von Blutergüssen verfärbt. Der Kopf des Toten hing nach vorn, so dass Oppenheimer die Stelle, an der die Kugel aus dem Schädel ausgetreten war, sofort erkennen konnte. Die mit dem Blut und der Gehirnmasse zu einer Kruste verklebten Haarlocken wirkten wie eine zerklüftete Landschaft. Eine Delle in dem verschmierten Eisenpfeiler markierte die Stelle, an der die Kugel nach ihrem tödlichen Werk abgeprallt war.
Missmutig richtete sich Oppenheimer auf, um das Profil des Toten zu betrachten. Er zuckte kurz zusammen, als er einen hellen Pfeifton hörte. Die Geräuschquelle befand sich unmittelbar hinter dem Leichnam.
Plötzlich huschte etwas an seinen Füßen vorbei. Die schimmernde Bewegung auf dem Boden reichte aus, um Oppenheimer erstarren zu lassen. Der Glaskolben der Petroleumlampe

klapperte, und gerade noch rechtzeitig bemerkte er, dass er die Lampe um ein Haar hätte fallen lassen.

Oppenheimer atmete tief durch und ermahnte sich, vorsichtig zu sein. Als ehemaliger Mordkommissar durfte man sich nicht so dilettantisch verhalten und einen Tatort in Brand setzen.

Erneut hörte er das Piepsen. Diesmal drang es hinter den Regalen hervor, aus derselben Richtung, in der das schimmernde Objekt verschwunden war.

Erleichtert atmete Oppenheimer auf. Er war tatsächlich nicht allein hier, doch der Zeuge seines Eindringens war lediglich eine Ratte. In den Jahren der Bombardierung hatten sich diese Tiere in den Ruinen ungezügelt vermehrt und nutzten jede noch so kleine Öffnung, um in Wohnungen einzudringen.

Trotz dieser harmlosen Entdeckung pochte ihm sein Herz bis zum Hals. Vorsichtig setzte sich Oppenheimer in Bewegung, den Blick auf die Leiche geheftet. Und je weiter er um den Toten herumging, umso unangenehmer wurden die sichtbaren Details, schließlich konnte er sich ein vollständiges Bild von der Tragödie machen, sogar das Verhalten der Ratte ließ sich nun erklären.

Die Verletzungen unter dem aufgeknöpften Hemd wiesen darauf hin, dass man ihn vor seiner Erschießung gefoltert hatte. Die blutverkrustete Stelle war einige Zentimeter breit und schien sich fast über die ganze Brust zu erstrecken. Unwillkürlich musste Oppenheimer schlucken, denn es sah ganz so aus, als hätte dem Mann dort jemand die Haut abgezogen. Am untersten Rand der Wunde fehlten einige Stücke des Muskelgewebes. Vermutlich hatten die Ratten das Fleisch angenagt.

Erfolglos blickte sich Oppenheimer nach der Tatwaffe um. Obwohl alle Indizien dafür sprachen, hatte er noch keine Bestätigung, dass es sich um die sterblichen Überreste von Manni handelte.

Er zog das Hemd über der Brust des Toten zusammen, um die Wunden zu verdecken. Dann trat er zum Notausstieg und rief hinauf: »Können Sie mir mal behilflich sein?«
Draußen kratzte etwas gegen Metall. Das Tageslicht wurde schwächer, als Hannes sich ächzend in den Schacht schob. Nachdem er umständlich auf den Kellerboden gesprungen war, führte ihn Oppenheimer zu der Leiche.
»Leider kann ich Ihnen den Anblick nicht ersparen«, entschuldigte er sich. »Aber ich brauche eine zweifelsfreie Bestätigung, dass es sich um Manfred Kisch handelt.«
Hannes' Augen weiteten sich vor Schreck, als er den Toten sah. Seine Lippen formten Worte, aber das Gemurmel blieb unverständlich. Die Miene seines Begleiters war zu einer Maske des Entsetzens erstarrt. Hannes atmete so schwer, dass Oppenheimer fast befürchtete, er würde auf der Stelle einen Herzinfarkt erleiden.
Er packte Hannes am Arm und redete beschwörend auf ihn ein. »Bitte konzentrieren Sie sich jetzt, dann ist es schnell vorbei.«
Plötzlich kam Leben in Hannes. Er wollte sich Oppenheimers Griff entwinden, doch dieser ließ nicht locker und fragte: »Ist das Manfred Kisch?«
Völlig entgeistert nickte Hannes. Oppenheimer ahnte, dass sein Begleiter wahrscheinlich jede Frage bejaht hätte, nur um nicht mehr den Anblick der toten Augen ertragen zu müssen.
»Bitte sagen Sie es selbst«, beharrte Oppenheimer. »Wer liegt dort?«
»Ja, natürlich«, stammelte Hannes. »Dat isser. Dat is Manni.«
Oppenheimer nickte und ließ den Arm von Hannes los. Er wollte ihm noch mitfühlend auf die Schulter klopfen, aber Hannes stürmte panisch auf den Notausstieg zu. Mit einer bewundernswerten Agilität, die man einem Mann seines Alters nicht zugetraut hätte, entschwand er aus Oppenheimers Blickfeld.

Ebenso wie bei ihrer ersten Begegnung war Hannes erneut geflohen und scherte sich nicht darum, dass er Oppenheimer zurückließ. Er vergaß sogar, nach der Flasche Korn zu fragen, die ihm als Belohnung zustand.

Kaum war Hannes aus dem Keller geflohen, als auch schon wieder die drückende Stille um sich griff. Oppenheimer blickte ein letztes Mal auf das zusammengesackte Bündel Mensch, in dem kein Leben mehr war.

Manni mochte wie eine Katze neun Leben besitzen, doch jetzt hatte er alle aufgebraucht.

21

Montag, 28. Mai 1945 – Donnerstag, 7. Juni 1945
97 bis 87 Tage vor dem Kriegsende im Pazifik

Als Oppenheimer zu dem Schluss gelangt war, dass es nichts mehr für ihn zu sehen gab, machte er sich wieder an den Aufstieg. Penibel verschloss er die Luke hinter sich und deckte den Schacht genauso ab, wie er ihn vorgefunden hatte. Dann stieg er durch den erstbesten Mauerriss in die Ruine und arbeitete sich durch das verwüstete Gebäude bis zu seinem Zweirad vor.

Noch während er über die Trümmerstücke kletterte, beschäftigte ihn bereits die Frage, welches Motiv hinter dem Mord und der bestialischen Folterung steckte. Da der Kommissar in ihm geweckt worden war, fokussierte sich Oppenheimers Blick auf die Gegenwart. Wenn es ein Rätsel zu lösen gab, rückte der mühselige Überlebenskampf unvermittelt in den Hintergrund, und seine, Oppenheimers, Existenz schien wieder einen Sinn zu haben.

Ehe er sein Fahrrad auf die Straße schob, blickte Oppenheimer vorsichtshalber um die gezackte Kante der eingefallenen Außenmauer. Er wollte bereits auf den Gehsteig treten, als er plötzlich innehielt.

Tatsächlich, da war er wieder.

Auf der gegenüberliegenden Straßenseite stand derselbe Mann, den er schon vorhin bemerkt hatte.

Obwohl er sich in den Schatten eines Hauseingangs zurückgezogen hatte, waren der graue Hut und Mantel gut zu erkennen.

Sein Blick fixierte unbeirrt die Ruine. Der braune Schal war ihm offenbar zu warm geworden, und so hatte er ihn gelockert. Und was darunter zum Vorschein gekommen war, versetzte Oppenheimer in Alarmzustand.
Der Fremde hatte ein gespaltenes Kinn.
Es konnte kein Zufall sein, dass der Mann, der sich bei Mannis Nachbarin erkundigt hatte, dasselbe Merkmal besaß.
Nach dieser Entdeckung fühlte sich Oppenheimer in die Enge getrieben. Schweiß bildete sich unter seiner Hutkrempe. Atemlos blickte er sich in der Ruine um, es gab jedoch keinen weiteren Ausgang. Er musste wieder auf die Straße, wenn er das Grundstück verlassen wollte. Ohne Uhr schätzte Oppenheimer, dass er etwa eine halbe Stunde im Keller verbracht hatte. Der Fremde musste die ganze Zeit über dort Posten gestanden haben. Zweifellos hatte er den kopflos davonstürmenden Hannes bemerkt, aber trotz allem verharrte er in aller Ruhe auf seinem Platz.
Oppenheimer spürte, dass der Mann auf ihn wartete. Er wusste genau, was sich in dem Keller befand. Und anstatt Mannis Leiche bergen zu lassen, begnügte sich der Mann damit, die Vorgänge im Umkreis des Geheimlagers im Auge zu behalten.
Konnte es sich bei dem Mann mit dem gespaltenen Kinn um den Mörder handeln? Aber warum stand er dann hier und bewachte den Ort seiner Missetat?
Nein, schlussfolgerte Oppenheimer, das alles ergab keinen Sinn.
Nach einer Weile wagte sich Oppenheimer aus der Deckung. Er hoffte, dass der Schatten der Hutkrempe seinen wachsamen Blick verbergen würde. Das Fahrrad klapperte, als er es über Steinbrocken auf die Straße schob. Dort angelangt, schwang Oppenheimer sein linkes Bein über das Oberrohr. Für einige Sekunden tat er so, als würde er die Lenkung justieren, doch

insgeheim wartete er auf eine Reaktion des Fremden. Dieser schien zu bemerken, dass er beobachtet wurde. Allerdings interessierte es ihn nicht, was nun geschehen würde, denn sobald Oppenheimer wieder aufgetaucht war, hatte er sich langsam in Bewegung gesetzt und war betont lässig davongeschlendert.
Oppenheimer entschied sich dafür, dass er schon zu lange mit dem Fahrrad auf der Straße gestanden hatte, setzte einen Fuß aufs Pedal und stieß sich mit dem anderen ab.
Als er mit klappernden Rädern die staubige Straße entlangradelte, war der Fremde bereits verschwunden.

Sein Pflichtgefühl befahl Oppenheimer, Ede diese schlechte Nachricht unverzüglich zu überbringen. In der *Rio Bar* begrüßte ihn das Hämmern der Schreiner. Sie klopften eine neue Bühne zusammen, doch zu Oppenheimers Überraschung waren sie nicht die Einzigen in dem düsteren Raum. Nicht wissend, was sie tun sollten, hatten sich auch einige Tänzerinnen eingefunden und plauderten vergnügt. Rita zeigte zwei ihrer Kolleginnen gerade einen an dünnen Schnüren angenähten Stofflatz.
»Probiert das mal«, riet sie ihren Kolleginnen mit Kennermiene. »Dann steht man auf der Bühne nicht im Freien. Das trägt man so wie eine Unterbuchse. Meine Mutter hat es mir genäht, die kennt sich aus, die war auch mal Tänzerin.«
Als sie sah, wie Oppenheimer sein Fahrrad durch die Eingangstür schleuste, hellte sich ihre Miene auf. »Ah, Richard«, rief sie durch den Raum. »Wir haben gerade von dir gesprochen. Du bekommst jetzt ein Programm zur Körperertüchtigung. Keine Widerrede, du musst was auf die Rippen kriegen.«
Wie üblich zog sie ihn auf. Jetzt, wo Oppenheimer die kesse Göre ein wenig besser kannte, fand er einen gewissen Gefallen daran, mit ihr zu frotzeln.

»Was soll ich denn mit noch mehr Muskeln?«, fragte er.
»Na, wir brauchen doch eenen Beschützer«, antwortete eine der Tänzerinnen.
»Die Mongolenhorden kommen«, erklärte Rita und schüttelte dabei übermütig ihre kupferroten Locken. »Kann man jetzt überall hören, jeder redet davon. Stalin soll ihnen Berlin als Belohnung versprochen haben. Drei Tage lang dürfen sie nach Herzenslust plündern und schänden.«
Oppenheimer runzelte die Stirn. Seiner Meinung nach kursierten teilweise wirklich lächerliche Gerüchte. Mit gespielter Ernsthaftigkeit antwortete er: »Ich rette prinzipiell nur Leute, die sich mit mir gut stellen. Also nächstes Mal keine Widerrede, wenn ich euch auf die Bühne jage.«
Die Damen lachten laut auf, während Rita ihren rechten Arm zum militärischen Gruß erhob. »Aye, aye, Käpt'n!«, rief sie mit strahlendem Lächeln.
Leider hatte Oppenheimer heute nicht die Muße, um weiter mit ihnen herumzublödeln, also fragte er: »Hat jemand von euch Ede gesehen?«
»Der is oben!«, kam es daraufhin aus einer dunklen Ecke. Als sich Oppenheimer dem Sprecher zuwandte, erkannte er den Kleenen Hans, Nägel im Mund und einen Hammer in der Hand. Oppenheimer nickte, lehnte sein Fahrrad an den Tresen und lief zur Treppe.
Edes Büro im ersten Stock glich der verqualmten Räuberhöhle in Pankow. Im Stockwerk darüber gab es noch weitere Räume, die Schmude ursprünglich als Warenlager genutzt hatte, allerdings hatte dort noch niemand einen Fuß hineingesetzt, weil Ede peinlich darauf achtete, den Zugang verschlossen zu halten. Oppenheimer ahnte, dass der Ganove den Platz ebenfalls als Lager nutzte, jetzt allerdings für Schwarzmarktwaren.

Gerade wollte er die Treppe zum Büro hinaufsteigen, als er schwere Schritte hörte. Ein Mann stapfte die Stufen herab, die Arme ein wenig abgespreizt, so dass er die komplette Treppe für sich beanspruchte.

Bei diesem Anblick wich Oppenheimer zurück. Es war besser, finsteren Gestalten wie diesem Kerl aus dem Weg zu gehen, selbst wenn sie Edes Geschäftspartner waren.

Der Kerl funkelte Oppenheimer im Vorbeigehen gehässig an, ehe er schnurstracks zum Ausgang ging. Auch die Arbeiter und die Tänzerinnen warfen dem Fremden verwunderte Blicke zu, als er wie eine Woge der Finsternis durch das Lokal stapfte.

Oben angekommen, klopfte Oppenheimer kurz an den Türrahmen des Büros.

Was er dort nach seinem Eintreten sah, gefiel ihm ganz und gar nicht, denn Ede war kaum wiederzuerkennen. In sich zusammengesunken saß er hinter dem runden Tisch.

Augenblicklich begriff Oppenheimer, dass etwas geschehen war. Ede war immer ein Bollwerk, das sogar den größten Stürmen trotzte. Irgendetwas hatte den Gauner jetzt eingeschüchtert.

Oppenheimer tat so, als würde er das alles nicht wahrnehmen. »Ich befürchte, mit Manni lässt sich nichts machen«, begann er. »Ich habe ihn zwar aufgespürt, doch er war schon tot.«

Ede lehnte sich zurück. »Hat ihn jemand kaputt jemacht?«

Oppenheimer nickte ernst. »Eindeutig.« Er setzte sich Ede gegenüber an den Tisch. »Er wurde erschossen und vorher gefoltert. Ich habe keine Ahnung, was dahintersteckt. In Mannis Wohnung habe ich eine Metallplatte gefunden. War er zufällig als Geldfälscher tätig?«

»Dit wär mir neu, aber wundern tut mich bei dem nix.«

»Irgendjemand muss ihn getötet haben«, beharrte Oppenheimer. »Auf jeden Fall sind noch einige Fragen offen.«

Ede schüttelte den Kopf. Er hatte den Ausführungen nur mit einem Ohr zugehört. Langsam sagte er: »Nee, ick gloob, dit spielt jetz keene Rolle mehr. Blasen Se die Untersuchung ab, Herr Kommissar.«

Dieses plötzliche Desinteresse, wenn es um eine potenzielle Einnahmequelle ging, passte nicht zu dem Ganoven. Oppenheimers Überraschung trat so offen zutage, dass auch Ede sie bemerkte. Statt eine Erklärung zu geben, zog er es vor, auszuweichen.

»Wenn Se sich fragen, wat mit der kleenen Messerwerferin jeschehen soll, sagen Se ihr, dasse ab morgen bei mir arbeiten kann. Jute Leute kann ick jetz brauchen.«

Das Krähen der Kompaniehähne hörte man in den frühen Morgenstunden schon lange nicht mehr. Dafür gab es in der Stadt jetzt andere Ruhestörer.

Oppenheimer war am gestrigen Abend völlig erschlagen in sein Bett gefallen. Edes Leute hatten es mit bewundernswertem Einsatz geschafft, dass die Nachtbar bereits am ersten Juniwochenende wieder ihre Pforten öffnen konnte. Aber zu Oppenheimers Verdruss mussten die Auftritte komplett neu koordiniert werden, da sich der Bühnenzugang nun unerklärlicherweise auf der anderen Seite befand. Außerdem war eine weitere Veränderung unumgänglich geworden, nachdem plötzlich auch noch Rita verschwunden war. Niemand hatte eine Erklärung für die Abwesenheit ihres Publikumsmagneten, selbst Ede konnte man zu diesem Thema nur geknurrte Verwünschungen entlocken.

Weitaus lästiger war ein Stammgast, nämlich der junge russische Offizier namens Jascha. Als glühender Verehrer von Rita belästigte er jeden von Edes Angestellten mit Fragen nach ihrem Verbleib.

Oppenheimer war schließlich um Ritas Wohlergehen derart besorgt gewesen, dass er sich auf eigene Faust nach ihr erkundigte. Es stellte sich heraus, dass sie mit ihren Eltern in einem windigen Verschlag hauste, der aus nicht viel mehr als Holzstreben und einem Wellblechdach bestand und von außen eine frappierende Ähnlichkeit mit einem Zelt besaß. Oppenheimer verstand nun, warum Rita ihre Zeit lieber in Edes Kaschemme verbracht hatte. Doch dass die Eltern ebenfalls nicht wussten, wo sich ihre Tochter befand, weckte in ihm die Befürchtung, dass sie für immer verschwunden war.

Während er hektisch zu Edes Nachtbar geradelt war, wo er gerade noch in der letzten Sekunde vor dem Beginn der Vorstellung eintraf, war er zu dem Entschluss gekommen, in den nächsten Tagen seine Energie dafür einzusetzen, Rita zu suchen, denn bei den anderen beiden Ermittlungen war er bislang nur auf Granit gestoßen. Grigorjews Kumpane waren in der Nachtbar nicht mehr aufgetaucht. Abwechselnd ließen sich Pogodin und Aksakow blicken, und Oppenheimer musste sie wiederholt vertrösten, weil es noch keine heiße Spur gab.

Die mysteriösen Umstände von Mannis Tod schienen Ede nicht zu interessieren. Oppenheimer war jedoch so neugierig, dass er Gerda die Metallplatte aus dessen Wohnung überließ, damit sie in ihrem Bekanntenkreis herumfragen konnte, ob sich damit Geldnoten fälschen ließen. Ede hatte Gerda tatsächlich als Türsteherin angeheuert, und so blieb ihr leider nur noch wenig Zeit, um Erkundigungen für ihn einzuholen.

Noch ehe Oppenheimer richtig aufgewacht war, schwirrten ihm diese Probleme bereits im Kopf herum. Erst einige Augenblicke später registrierte er, was ihn an diesem Morgen geweckt hatte. Irgendwo in der Nachbarschaft war schauerlicher Gesang zu hören. Die morschen Fenster der Villa von Hildes Onkel konnten weder Wind noch Lärm draußen halten. Missmutig knurrte Oppenheimer vor sich hin. Aufzustehen war für ihn ohnehin eine besondere Anstrengung, und von einem Schmalspur-Caruso geweckt zu werden, das sorgte auch nicht gerade dafür, seine Stimmung zu heben.

Er streckte seinen Arm in Lisas Richtung aus. Die Bettlaken auf ihrer Seite waren noch warm, doch sie selbst lief bereits durch die Wohnung, um sich für die Arbeit fertig zu machen.

»Wer jault denn da draußen rum?«, fragte er. Obwohl es ihm schwerfiel, deutlich zu sprechen, verstand Lisa ihn.

»Das ist Herr Kunze von nebenan«, erklärte sie. »Der übt jetzt jeden Morgen, weil er in einen Beerdigungschor aufgenommen werden möchte. Er hat gehört, dass Kulturschaffende die Lebensmittelkarte eins bekommen.«

»So, wie der singt, wird es wohl bei der Hungerkarte bleiben«, murmelte Oppenheimer ohne großen Enthusiasmus.

Undeutlich nahm er draußen die Sterne und Streifen der US-Flagge wahr. Es war ein krude Bastelarbeit aus Stoffresten, aber sie passte zu den anderen Fahnen, die mittlerweile an ihrer Hausfassade wehten.

Am Wochenende war den Bewohnern Berlins der Befehl erteilt worden, mit den Fahnen der vier Siegermächte zu flaggen. Keiner wusste so recht, wozu das gut sein sollte, erste Gerüchte besagten jedoch, dass nun endlich die Siegesfeier stattfinden sollte, zu der auch die Feldherren Montgomery, Eisenhower und Schukow geladen seien. Da in der Trümmerwüste der Hauptstadt natürlich nirgends der dazu nötige Fahnenstoff aufzutreiben war, mussten die Hausfrauen notgedrungen ihre Improvisationskunst unter Beweis stellen. Sie trennten alte Kleider auf, klaubten Stoffreste aus den entlegensten Winkeln zusammen und nähten, was das Zeug hielt, bis die Stofffetzen in etwa den gewünschten Fahnen entsprachen. Nahezu an jedem Haus wiesen die Sowjetfahnen in der Mitte einen hellen Kreis auf, wo sich vorher das Hakenkreuzemblem befunden hatte.

Während des gestrigen Regentags hatten sich dummerweise zwei der Fahnen in Einzelteile aufgelöst. Lisa war im Rahmen ihres Arbeitseinsatzes seit einigen Tagen damit beschäftigt, mit anderen Frauen eine stillgelegte Fabrik auszuräumen, und musste dann auch noch in den Abendstunden zusätzlich einige Nähstunden einlegen, um die Flaggen wieder instand zu setzen.

Oppenheimer hatte bereits wieder die Augen geschlossen, als er spürte, wie sich Lisa zu ihm auf die Bettkante setzte. Schläfrig legte er seine Hand auf ihren Rücken. Es war gut, noch eine Weile ihre Wärme zu spüren, ehe sie das Haus verlassen musste. Zwischen schweren Augenlidern sah er, dass sie bereits angezogen war. Selbst ihre Haare hatte Lisa schon mit dem Kopftuch hochgebunden. Sie nahm Oppenheimers Hand kaum wahr, sondern starrte auf den Boden.

»Ist was?«, fragte Oppenheimer.

»Ich glaub, ich muss noch mal zu Hilde«, begann Lisa.

Als Oppenheimer begriff, was das bedeutete, war er hellwach. Er ahnte, dass es mit der Vergewaltigung zu tun hatte, doch plötzlich überkam ihn eine große Furcht, danach zu fragen.

»Und?«, brachte er schließlich hervor.

Mit einem Stoßseufzer antwortete sie: »Ich bin im Rückstand.«

Oppenheimers Hand glitt von Lisas Rücken. Da war sie wieder, die gläserne Mauer zwischen ihnen. Von der er in seiner Naivität gedacht hatte, dass sie bereits endgültig verschwunden war.

Mit betroffener Miene setzte er sich auf und rechnete nach, wann Lisa normalerweise ihre Regelblutung hatte. »Du bist also zwei Wochen drüber?«

Lisa nickte.

Es fiel Oppenheimer schwer, seine Gedanken zu sammeln.
»Ja natürlich«, begann er hilflos zu murmeln. »Geh zu Hilde, die weiß schon, was zu tun ist. Vielleicht ist es nur Fehlalarm.« Als er den letzten Satz hinzufügte, versuchte er, es so klingen zu lassen, als würde er selbst an diese Möglichkeit glauben.
Seit der Vergewaltigung hatte er mit Lisa keinen Verkehr mehr gehabt, kurz bevor sie getrennt worden waren, waren sie jedoch intim gewesen. Es war also keine ausgemachte Sache, dass Grigorjew der Vater war.
Dies war der einzige Gedanke, der Oppenheimer jetzt noch einen gewissen Halt bot.
Eine absolute Sicherheit würde es allerdings nicht geben.
Niemals.
Oppenheimer kannte sich selbst gut genug, um zu wissen, dass er die Erinnerung an die Vergewaltigung kaum jemals abschütteln könnte, wenn Lisa tatsächlich ein Kind gebar.
Als sie gegangen war, beschloss Oppenheimer, unverzüglich Hilde aufzusuchen. Obwohl sie geplant hatte, wieder bei der Charité zu arbeiten, war sie beauftragt worden, im Schöneberger Krankenhaus auszuhelfen, wo man vor einigen Tagen eine Seuchenstation eröffnet hatte.
Zuvor schlang er in der Küche noch eine Scheibe des schwarzen feuchten Brots hinunter, das beim Kauen zwischen den Zähnen knirschte. Bei der Versorgung der Bevölkerung hatte es zuletzt Engpässe gegeben, doch immerhin wurden Backwaren in ausreichender Menge ausgegeben. Den von Frau Schmude zusammengemischten Brotaufstrich aus Trockenhefe und Wasser fand Oppenheimer allerdings so abscheulich, dass er das Brot lieber trocken vertilgte und mit einer Tasse kaltem Ersatzkaffee nachspülte.
Er dachte nicht einmal daran, Jackett und Hut mitzunehmen, als er aus dem Haus stürmte.

22

Donnerstag, 7. Juni 1945
87 Tage vor dem Kriegsende im Pazifik

Zu Oppenheimers Enttäuschung war Hilde im Krankenhaus nicht anzutreffen, denn sie befand sich im Außeneinsatz. Zum Glück waren ihre Kollegen so freundlich, Oppenheimer ihren Aufenthaltsort mitzuteilen. Er musste einige Straßenzüge zurücklegen, bis er endlich Hilde erblickte, wie sie hinter einer Absperrung stand und dabei zuschaute, wie ein russischer Soldat mit dem immergleichen Ruf »Rabota! Rabota!« Zivilisten in einem Schaufelkommando zur Eile antrieb.

»Ja, das gefällt ihm«, murmelte Hilde zu sich selbst, während sie das Schauspiel beobachtete.

Oppenheimer ahnte, dass es sich bei den sieben Männern allesamt um ausgewiesene Mitglieder der NSDAP handelte, denn sonst hätte kaum jemand freiwillig diese Aufgabe übernommen. Der kleine Trupp schaufelte ein Massengrab aus, um die halb verwesten Überreste auf einen Handkarren zu verfrachten. Solche Arbeiten waren momentan fast überall zu beobachten, denn die drückende Hitze der Sommertage hatte dafür gesorgt, dass die in den Notgräbern nur wenige Handbreit unter der Erde verscharrten Toten in der Stadt einen pestilenzartigen Geruch verbreiteten. Oppenheimer wunderte sich nicht darüber, dass bereits erste Gerüchte über Leichenpest kursierten.

Hilde kam ihm entgegen, doch sie blieb hinter der Absperrung stehen.

»'tschuldigung, ich muss aufpassen«, erklärte sie. »Eigentlich wäre das die Aufgabe des Amtsarztes, aber der weiß auch nicht mehr, was er anstellen soll.« Vertraulich senkte sie die Stimme, als sie hinzufügte: »Im Krankenhaus ist gerade die Hölle los, weil ständig Patienten mit Ruhr und Typhus eingeliefert werden. Und dann kommt noch dieser Befehl, auf der Stelle alle Toten zu bergen und sie zum nächsten Friedhof zu schaffen. Kannst dir nicht vorstellen, was für einen Papierkram die gerichtsärztliche Kommission so verlangt.«

Währenddessen war bei der Grube ein geschäftiges Treiben zu beobachten. Hastig warf einer der Arbeiter seinen Spaten beiseite und kroch aus dem Loch heraus. Er kam nicht weit, als sich sein Körper krampfhaft zusammenzog und er sich die Seele aus dem Leib kotzte.

Die Arbeiter in der Grube warfen ihm einen kurzen Blick zu, bis der Rotarmist ein weiteres Kommando brüllte. Mürrisch gehorchten die Totengräber wider Willen und hoben eine Plane aus der Grube, auf der ein Bündel aus Erdklumpen, Kleidung und freiliegendem Fleisch lag.

»Jetzt können sie nicht mehr wegschauen«, murmelte Hilde. »Das haben sie davon, dass sie diesen braunen Irren nachgelaufen sind.«

Oppenheimer hatte zunächst erwartet, Genugtuung in Hildes Stimme wahrzunehmen, doch ihr Tonfall klang viel eher verbittert.

»Die sind noch nicht lange unter der Erde«, erklärte sie mit starrem Blick. »Ich schätze mal, dass sie nicht an die Front wollten.«

Schließlich wandte sich Hilde Oppenheimer zu und fragte: »Was suchst du hier überhaupt?«

Oppenheimer erklärte ihr, dass sich Lisa noch einmal untersuchen lassen müsste. Bei der Schilderung der Details stöhnte sie kurz auf.

»Ich schau heute Abend mal bei ihr vorbei«, sagte Hilde, ehe sie ihm einen prüfenden Blick zuwarf. Sie kannte ihn gut. Zu gut. Und so ahnte sie, dass Oppenheimer finstere Gedanken umtrieben. »Falls alle Stricke reißen, gibt es eine Möglichkeit, ihr zu helfen, das weißt du doch.«
Unsicher schaute er sie an. Natürlich, Hilde hatte während der Hitlerzeit ihr Leben aufs Spiel gesetzt, indem sie Abtreibungen vornahm. Oppenheimer war ihr Standpunkt in dieser Angelegenheit niemals so richtig geheuer gewesen, nicht zuletzt weil er moralische Vorbehalte hatte, doch jetzt, in dieser neuen Situation, war er sich plötzlich nicht mehr so sicher.
»Wenn Lisa sich dazu entschließen sollte, dann werde ich sie unterstützen«, sagte er mit heiserer Stimme. »Schließlich müsste sie das Kind austragen, also soll es auch ihre Entscheidung sein. Nur, wie sieht das mit den Gesetzen aus?«
Hilde lachte kurz auf. »Na, diese Frage musste von dir ja kommen. Vorerst gibt es keine klaren Richtlinien. Selbst im Magistrat wird schon darüber diskutiert, obwohl Abtreibungen ein verflucht verfängliches Thema sind. Es gibt für die Schändungen jetzt auch eine offizielle Bezeichnung: *Zwangsverkehr* wird es genannt. Klingt schön bürokratisch, nicht wahr? Stadtrat Sauerbruch will Abtreibungen im Falle einer Vergewaltigung dulden, aber der Widerstand ist groß. Für die Katholiken ist ein Schwangerschaftsabbruch unter allen Umständen eine Sünde, und die Sowjets leugnen, dass es überhaupt Vergewaltigungen gegeben hat. Das passt halt nicht zu ihrem Weltbild. Aber früher oder später müssen sich die Herren Stadträte etwas einfallen lassen, denn das Problem wird sich in den nächsten Monaten noch zuspitzen. Ich weiß nicht, ob es stimmt, aber es kursiert die Schätzung, dass die Hälfte der weiblichen Bevölkerung vergewaltigt wurde. Und wie viele davon guter Hoffnung sind, ist

noch nicht absehbar. Einige Frauen hoffen sogar, dass sie einen kleinen Iwan zur Welt bringen, weil sie glauben, dann eine bessere Lebensmittelkarte zu bekommen. Aber wie, zum Teufel, wollen sie die Vaterschaft beweisen?« Sie beendete diesen Satz mit einem Kopfschütteln.

Niedergeschlagen beobachtete Oppenheimer, wie eine weitere halb verweste Leiche auf den Leiterwagen gehoben wurde. Die Männer warfen eine Stoffbahn über den Kadaver, mehr hatten sie nicht zur Verfügung. Als er auf den freiliegenden Arm des Toten blickte, sagte Oppenheimer mit einer Heftigkeit, die ihn selbst erschreckte: »Man sollte sie alle ausradieren.«

Nachdenklich neigte Hilde ihren Kopf zur Seite. Seine Reaktion schien sie nicht zu überraschen, im Gegenteil, sie wusste genau, wovon er sprach.

»Das bringt nichts«, stellte sie pragmatisch fest. »Und jetzt komm mir nicht mit Gerechtigkeit oder so einem Humbug. Überleg mal, was geschehen würde, wenn der unwahrscheinliche Fall eintritt und du den Täter tatsächlich in die Finger bekommst. Selbst wenn du diesen Halunken abmurkst, ändert das nichts. Gut, vielleicht wirst du dich dann für ein paar Tage ein bisschen besser fühlen, aber Lisa ist damit nicht geholfen. Die Vergewaltigung lässt sich nicht mehr rückgängig machen. Das klingt sicher wie Klugscheißerei, aber ihr beide müsst lernen, damit zu leben. Und was wäre, wenn dich die Russen wegen Mordes am Arsch kriegen? Du wirst dann ruckzuck hingerichtet. Die fackeln nicht lang, wenn einer von ihnen umkommt. Ist denen egal, ob es ein Mistkerl war oder nicht. Nee, mein Lieber, schmink dir das ab!«

Die letzten Worte gingen Oppenheimer bei seinem Rückweg immer wieder durch den Kopf. Mit seinem Verstand konnte er Hildes Argumente nachvollziehen, der Gefühlstumult in ihm ließ sich damit jedoch nicht besänftigen. Oppenheimer nahm einen Umweg in Kauf in der Hoffnung, ein wenig Abstand gewinnen zu können, aber er sollte keine Chance dazu erhalten, denn noch immer waren die Schändungen das vorherrschende Tagesgespräch. Er begegnete Männern, die es irgendwie geschafft hatten, sich vor dem Arbeitseinsatz zu drücken, und nun in Grüppchen zusammenstanden und beängstigend detailliert über die sexuellen Übergriffe berichteten. Man konnte nicht sagen, wie viel davon zusammengesponnen war, und normalerweise hätte Oppenheimer sein Bestes getan, diese Gespräche zu ignorieren, doch heute löste das wollüstige Schaudern der Männer Übelkeit in ihm aus.

Von seiner Hoffnung, dass sich die Umstände zwangsläufig irgendwann bessern mussten, war nicht mehr viel geblieben. So vieles veränderte sich um Oppenheimer herum, so vieles war im Umbruch. Mit einem Mal hatte er das Gefühl, dass er nicht mehr nachkam. Er wollte keine Veränderung mehr, es reichte ihm.

Oppenheimer beschleunigte seine Schritte, lief immer schneller, bis er nach einigen Metern zu rennen begann. Die Anstrengung tat ihm gut, das Zerren der Muskeln lenkte von der anderen Pein ab, die sich in seinem Körper nicht verorten ließ.

Da er es mittlerweile gewohnt war, ein reifenloses Fahrrad durch die Straßen zu bewegen, schaffte es Oppenheimer, das hohe Tempo zwei ganze Straßenblocks beizubehalten, ehe er mit rasselndem Atem an einer Hausecke haltmachte.

Schwitzend stützte er sich mit den Händen auf den Knien ab, füllte die Lunge mit Sauerstoff. Die Sonne brannte ihm auf den Rücken, und fast ebenso heiß strahlte die Hitze vom Boden ab. Das Fußpaar eines Mannes geriet in sein Blickfeld, der fast ebenso schnell lief wie vorhin Oppenheimer.

»Ist alles in Ordnung mit Ihnen?«

Auf die Anrede hin hob Oppenheimer den Kopf. Ein spindeldürrer Herr stand vor ihm, noch stärker aus der Puste als Oppenheimer selbst.
»Was rennen Sie denn so? Ich dachte schon, Sie sind ein Verbrecher.«
Da Oppenheimer dem Mann einen verwunderten Blick zuwarf, deutete er auf seine weiße Armbinde mit der Aufschrift *Polizei* inklusive einer russischen Übersetzung darunter. In Zivilkleidung und mit dem verhärmten Gesicht wirkte er wie ein Hochstapler.
»Ist alles in Ordnung?«, beharrte er.
Oppenheimer lachte kurz auf und schüttelte den Kopf.
Nein, nichts war in Ordnung mit ihm. Doch was sollte er dem frischgebackenen Ordnungshüter von trauriger Gestalt sagen? Dass der in den letzten Wochen verdrängte Hass wieder von ihm Besitz ergriffen hatte?
Dass er jetzt zu allem bereit war?
Dass er keinen Zweifel mehr kannte?
Dass er zu dem Entschluss gekommen war, Grigorjew zu töten?

Als Oppenheimer am Nachmittag von seinem Fahrrad abstieg, presste er reflexartig ein Taschentuch auf die Nase. Auch vor Edes Nachtbar wehte der Leichengeruch durch die Straßen. Der Todeshauch kam aus der Richtung des Landwehrkanals und änderte sich je nach Windrichtung.
Außerdem war es der Stadtverwaltung immer noch nicht gelungen, den Mülltransport zu organisieren. Die überquellenden Ascheneimer waren nur noch Erinnerung, denn unter den Kehrichthaufen waren sie jetzt kaum noch zu erahnen. Teilweise lag der Unrat bereits auf der Straße, so dass Oppenheimer mit seinem Rad gelegentlich Slalom fahren musste.

Als er mit dem Rücken die Eingangstür aufdrücken wollte, gab das Türblatt plötzlich nach. Gerda war so höflich, Oppenheimer die Tür zu öffnen. Drinnen holte er erst mal tief Luft. Der Gestank verwesender Leichen wurde hier zum Glück durch den allgegenwärtigen Mief des Machorka-Tabaks überlagert.
»Na, wie steht es?«, fragte er Gerda. »Gefällt es dir als Türsteherin?«
Gerda schob ihren Männerhut in den Nacken und wiegte ihren Kopf hin und her. Oppenheimer wertete diese Geste als Zustimmung. Er wollte bereits weitergehen, als ihm etwas einfiel. In der Aufregung über Lisas Zustand hatte er fast die merkwürdigen Umstände von Mannis Tod vergessen.
»Hast du schon deinen Geldfälscher gefragt, was es mit der Metallplatte auf sich hat?«
»Dauert noch«, schnarrte sie.
»Übrigens«, fügte Oppenheimer hinzu, »wenn du einen Gast siehst, etwa eins achtzig, schwarze Haare und gespaltenes Kinn, kannst du mir dann Bescheid geben? Er könnte was mit Mannis Tod zu tun haben.«
Kaum merklich nickte Gerda. In ihrer Miene spiegelte sich keinerlei Überraschung.
»Herein!«, dröhnte die unfreundliche Antwort aus Edes Büro, als Oppenheimer wenig später an der Tür anklopfte.
Der Ganove wirkte heute wesentlich gefasster, auch die Gesichtsfarbe war bei weitem nicht mehr so aschfahl wie in den vergangenen Tagen.
»Ich wollte mich nach meiner Waffe erkundigen«, sagte Oppenheimer.
Ede blickte ihn ausdruckslos an, bis er sich erinnerte. »Ah ja, die olle Knarre.«
Er hievte seine schweren Knochen von dem Stuhl hoch und schlurfte über die knarzenden Bodendielen auf Oppenheimer zu.

»Dann kommen Se mal mit, Herr Kommissar.« Im Türrahmen blieb er kurz stehen und legte dann den Zeigefinger auf seine Lippen. Verschwörerisch flüsterte er: »Aber Maul halten, dit darf sonst keener wissen.«

Der Keller war kaum wiederzuerkennen. Oppenheimer wusste, dass Schmude das Tonnengewölbe vor allem genutzt hatte, um dort Modelle mit Pelzbesatz unterzubringen. Dass die Temperatur selbst im heißesten Sommer angenehm kühl blieb, kam den empfindlichen Fellen offenbar zugute. Und auch Ede hatte einen Weg gefunden, die dicken Wände für seine Zwecke zu nutzen.

Zuerst sprangen Oppenheimer an der hintersten Wand die aufgeschichteten Sandsäcke ins Auge. Darauf gepinnt waren einige von Schmudes alten Werbeplakaten, auf denen eine unbeholfene Hand schwarze Ringe gepinselt hatte. Mittlerweile gab es in Edes Kaschemme zumindest stundenweise wieder Strom, eine Systematik ließ sich dabei allerdings nicht erkennen. Sogar das hatte Ede bei dem Umbau einkalkuliert und weitere Karbidlampen in den Keller geschafft, denn ein Schießstand war zwecklos, wenn die Zielscheiben nicht konstant beleuchtet wurden.

Als Ede den großen Schrank öffnete, sah Oppenheimer das schimmernde Metall einiger Feuerwaffen.

»Ick weeß nich mehr, welche davon Ihnen jehört, Herr Kommissar«, sagte Ede. »Wenn hier keener unten is, können Se ruhig een bissken rumballern. Aber passen Se auf, dass die Tür zu is, ick will nich, dass die Gäste was merken. Könnte falsch aufjefasst werden.«

Oppenheimer nickte. Gleichzeitig fragte er sich, wie man die Existenz eines Schießstandes anders interpretieren sollte, als dass Ede die letzten Tage in aller Stille dazu genutzt hatte, um sich auf einen Bandenkrieg vorzubereiten. Trotz seiner augenscheinlichen Gutmütigkeit konnte der Ganove eiskalt sein, wenn es darauf ankam. Und Oppenheimer ahnte, dass es für ihn keine Option war, sich kampflos aus seinem neuen Territorium zurückzuziehen. In diesem Licht ergaben die merkwürdigen Geschehnisse der letzten Zeit einen Sinn: der unfreundlich dreinblickende Besucher, Edes ungewohnte Unsicherheit, und wahrscheinlich gehörte auch Ritas Verschwinden zu der heraufziehenden Konfrontation. Beunruhigt fragte sich Oppenheimer, ob es sich vermeiden ließe, in diese Auseinandersetzung hineingezogen zu werden.

Nachdem Ede den Waffenschrank verschlossen hatte, wandte er sich um und reichte Oppenheimer eine Pistole.

»Nehmen Se die erst mal. Müssten noch een paar Kugeln drinne sein.«

Es handelte sich definitiv nicht um die Waffe, mit der Hilde den Rotarmisten verscheuchen wollte. Es war ein neueres Modell mit abgerundeten Kanten, die zweifelsohne praktisch waren, wenn man die Pistole verdeckt tragen musste. Oppenheimer richtete den Lauf auf die Sandsäcke und vergewisserte sich, dass tatsächlich Kugeln enthalten waren. Als er das Magazin zurück in den Handgriff drückte, rastete es mit einem satten Klacken ein.

»Ick sehe, Se wissen schon, wie Se damit umgehen müssen.«

»Tja, nur mit dem Zielen hapert es«, seufzte Oppenheimer. »Irgendwie habe ich das nie so richtig kapiert.«

»Übungssache«, murmelte Ede. »Reine Übungssache. Sie hatten bislang Besseres zu tun, nich wahr?«

Oppenheimer nickte. Die paar Mal, die er im Dienst gezwungen war, von der Schusswaffe Gebrauch zu machen, konnte er an zwei Händen abzählen. Er hatte damals immer Mitarbeiter oder Polizisten gehabt, die sich um diese Dinge kümmerten. Aber jetzt war er auf sich allein gestellt.

Ede klopfte ihm aufmunternd auf die Schulter. »Na, dit wird schon. Bald sind Se Kunstschütze. Is besser, wenn meine Leute mit den Dingern umjehen können.«

Nach dieser Einführung ließ Ede ihn allein zurück. Zwischen den Schüssen lief Oppenheimer zu der Zielscheibe, um zu kontrollieren, wo die Kugeln eingeschlagen waren. Das Knallen der Waffe wurde von den Mauern nahezu ungedämpft zurückgeworfen, so dass jeder Schuss ein Donnergetöse nach sich zog. Oppenheimer befürchtete, einen Gehörschaden zu riskieren, wenn er so weitermachte. Also nahm er sein Taschentuch aus der Hosentasche, zerriss es kurzerhand in zwei Hälften und stopfte sich damit die Ohren zu.

Es stellte sich heraus, dass er in einem Abstand bis etwa zehn Metern ein nicht ganz so miserabler Schütze war, wie er zunächst erwartet hatte. Vielleicht half ihm ja dabei, dass er sich bei jedem Schuss vorstellte, auf Grigorjew und dessen Kumpane zu zielen, und dass er sich ausmalte, welche Schäden er damit anrichten konnte. Immer wieder legte er, die Lippen zusammengepresst, an, zielte und schoss auf Rudenko, obwohl dieser bereits tot war.

Legte an, zielte und schoss auf den Kicherer.

Legte an, zielte und schoss auf den schwarzen Schatten Grigorjews.

Erst als Oppenheimer versuchte, die volle Distanz des Kellers zu nutzen, versagte er kläglich. Es ließ sich nicht leugnen, er hatte noch sehr viel Arbeit vor sich, bis er sicher mit der Waffe umgehen konnte.

Nachdem er das Magazin leer geschossen hatte, suchte Oppenheimer erfolglos nach Munition. Ede hatte sie wohl an einem anderen Ort aufbewahrt, also legte er die Pistole zurück in den Schrank, ehe er sich zum Büro begab. Zu dem Zeitpunkt ahnte

Oppenheimer noch nicht, dass er an diesem Tag nicht mehr dazu kommen würde, seine Schießübungen fortzusetzen.
Er fand Edes Büro verschlossen vor, und auch im übrigen Gebäude war Ede nirgends zu entdecken. In der Bühnengarderobe lehnte Gerda mit verschränkten Armen am Türrahmen, während eine halb bekleidete Tänzerin auf sie einredete.
»Ist Ede fortgegangen?«, unterbrach Oppenheimer die einseitige Konversation. »Ich kann ihn nirgends finden.«
Obwohl Gerda die Stirn runzelte, blieb ihre Haltung so lässig wie zuvor. »Vielleicht isser im zweiten Stock?«
Weil Oppenheimer noch nie in Schmudes ehemaligem Lagerraum gewesen war und Ede die Tür ohnehin ständig verschlossen hielt, war ihm dieser Gedanke bislang nicht gekommen.
Eilig stieg er wieder die Treppe hinauf. Die Tür zum zweiten Stockwerk befand sich am Ende einer langen Holzstiege. Zu seiner Überraschung stellte Oppenheimer fest, dass sie nur angelehnt war. Mit quietschenden Scharnieren gab das Türblatt nach.
Von dem Raum dahinter war auf den ersten Blick nicht viel zu erkennen, denn die Fensterscheiben waren von außen derart verdreckt, dass kaum Tageslicht durch sie hereindrang. Die umherschwebenden Staubpartikel wirkten bei der schwachen Helligkeit wie ein grauer Schleier. Oppenheimer verharrte, weil er nicht wusste, ob es ihm gestattet war, Edes verborgenes Reich zu betreten.
»Ede?« Oppenheimer, der laut gerufen hatte, kam sich wie ein Eindringling vor und wollte bereits wieder umkehren, als er ein Geräusch vernahm.
Es war ein unterdrücktes Seufzen.
Oppenheimer fror mitten in der Bewegung ein. Jemand befand sich hier oben.

»Ist da wer?«, rief er in den Raum.

Als Antwort drang nur ein unverständliches Nuscheln an seine Ohren.

Plötzlich wurde Oppenheimer unruhig, denn er befürchtete, dass hier etwas Furchtbares geschehen war. Vielleicht war es Ede? Was wäre, wenn er wegen der ganzen Aufregung einen Schlaganfall bekam, hilflos auf dem Boden lag und nicht mehr sprechen konnte, weil eine Seite seines Gesichts gelähmt war?

Damit ihm nicht noch weitere Horrorszenarien das Gehirn vernebelten, betrat Oppenheimer kurzentschlossen den Raum.

Seine Finger ertasteten neben dem Türrahmen einen Lichtschalter. Als er ihn umdrehte, geschah nichts. Natürlich war kein Strom da.

Bedächtig setzte er einen Fuß vor den anderen. Ähnlich wie in Mannis Lager standen auch hier überall Holzregale. Allerdings waren sie ungleich besser gefüllt. In ihnen quoll es geradezu über von Kisten, Koffern jeder Größe, matt schimmernden Einmachgläsern und zugeschnürten Bündeln. Nur von Ede fehlte jede Spur.

Oppenheimer hielt inne, als er das gedämpfte Nuscheln wieder vernahm, und erinnerte sich daran, dass er ähnliche Geräusche mehr als einmal gehört hatte. Genauso klang es, wenn jemand geknebelt war.

Oppenheimer konnte die Richtung, aus der die Geräusche kamen, eindeutig bestimmen. Der Gefangene befand sich hinter einem Regal. Vorsichtig näherte er sich dem Holzgestell und schob seinen Kopf Zentimeter für Zentimeter in die abgeteilte Nische.

Gleich in der Nähe stand ein Feldbett, auf dem ein zierlicher Körper lag. Fesseln waren weit und breit nicht zu sehen.

Unruhig wälzte sich dieser Mensch unter der Decke hin und her und gab dabei unartikulierte Laute von sich.

»Hallo? Geht es Ihnen nicht gut?«

Auf Oppenheimers Frage hin ging ein Ruck durch den Körper. Obwohl er die Person aufgeweckt hatte, war ihr Verstand noch in heftige Alpträume verstrickt. Der Oberkörper schoss in die Höhe. Aus einem bandagierten Gesicht blitzten Oppenheimer weit aufgerissene Augen entgegen.

Und mit einem Mal erkannte er, dass er die falschen Schlüsse gezogen hatte.

Diese Person war kein Gefangener.

23

Donnerstag, 7. Juni 1945
87 Tage vor dem Kriegsende im Pazifik

Unsere Zeit läuft ab, Genosse Aksakow«, sagte der Generalmajor und beugte sich vor, um diesen Punkt zu unterstreichen. Er saß an einem soliden Schreibtisch und nicht mehr hinter der windigen Konstruktion, die in Aksakow beim ersten Besuch noch Befremden ausgelöst hatte. Auch sonst schien man sich im Potsdamer Hauptquartier zunehmend von den Übergangslösungen zu verabschieden. Keine Frage, das NKWD plante, länger hierzubleiben.

»Wie ist der Fortschritt bei den Arbeiten?«

Wie üblich gab Aksakow die Antworten, von denen er glaubte, dass der Generalmajor sie hören wollte.

In den letzten Wochen war er vor allem in Oranienburg im Einsatz gewesen. Aksakow bestätigte, dass seine Mission im dortigen Werk der Auergesellschaft erfolgreich verlaufen sei. Er hatte beim Abtransport der Einrichtungen peinlich genau darauf geachtet, dass nichts übersehen wurde, nicht einmal solche vergleichsweise unwichtigen Allerweltsgegenstände wie Petrischalen, Bunsenbrenner und Waschbecken. Allerdings hatte er keine Ahnung, ob sich das alles wieder zusammenbauen ließ. Aksakow beneidete die ihm unbekannten Mitarbeiter in der Heimat nicht um ihre Aufgabe.

»Einen guten Teil der führenden Wissenschaftler der Auergesellschaft haben wir ebenfalls ausfindig gemacht«, fügte er mit einer gewissen Befriedigung hinzu. »Voraussichtlich an diesem Wochenende werden wir sie und ihre Familien mit dem Flugzeug nach Moskau bringen. Die meisten von ihnen sind sehr kooperativ. Vor allem die Aussicht, ihre Arbeiten fortzusetzen, ist ein wichtiger Faktor. Im zerstörten Deutschland sehen sie keinerlei Perspektiven mehr. Außerdem hat sich herumgesprochen, dass renommierte Physiker wie Hahn, von Weizsäcker und Heisenberg von den angelsächsischen Alliierten an einem unbekannten Ort interniert wurden und womöglich nicht einmal mehr ihren Beruf ausüben dürfen. Sie hoffen, dass unsere Seite sie weniger unwürdig behandelt.«

Der Generalmajor nickte zufrieden. »Aber natürlich. Während sich Genosse Beria mit ihnen beschäftigt, bauen wir ihre Apparaturen in Elektrostal wieder auf. Dann können sie sich nach Herzenslust austoben.«

Er stand vom Schreibtisch auf und trat zum Samowar, um sich eine Tasse dampfenden Tees zu genehmigen. Alkohol schien er nicht zu trinken, oder zumindest verkniff er es sich, solange Untergebene wie Aksakow anwesend waren.

Gedankenversunken stellte sich der Generalmajor ans Fenster und blickte hinaus, während er das Getränk in seiner Tasse schwenkte.

»Wo wir gerade über Spezialisten sprechen ...« Der Generalmajor legte eine Kunstpause ein. Unbehagen ergriff Aksakow, denn er ahnte, was als Nächstes auf der Tagesordnung stand.

»Was ist mit Roskis Koffer?«, fuhr der Generalmajor fort. »Bei der Befragung von Roskis ehemaligen Kollegen wurde eindeutig erklärt, dass er beim Untertauchen Forschungsmaterialien mitgehen ließ.«

Aksakows Mund war plötzlich trocken. »Mit hoher Wahrscheinlichkeit befindet sich der Koffer nun im Besitz von Grigorjews

Bande. Ihr Aufenthaltsort ist uns bislang nicht bekannt. Außerdem bleibt die Frage offen, wie er an die Information gekommen ist, dass Roski forschungsrelevante Gegenstände bei sich trug.«

»Und Grigorjew hat sich noch nicht bei uns gemeldet?« Als der Generalmajor Aksakows fragenden Blick sah, führte er seine Gedanken aus: »Sicherlich hat er Roskis Unterlagen verschleppt, um sie später wieder zu verkaufen, und zwar für einen ordentlichen Profit. Bei Konterrevolutionären wie ihm muss man mit so etwas rechnen.«

»Von Grigorjew fehlt bislang jede Spur«, gab Aksakow zu.

»Das ist schlecht, Genosse Oberst«, murmelte der Generalmajor. »Sehr schlecht. Sie wissen doch, was das heißt?«

Aksakow nickte. »Er will die Materialien nicht an uns verkaufen, sondern wartet auf die Westalliierten.«

»Das können wir unter keinen Umständen zulassen. Wir wissen zwar nicht mit Sicherheit, welche Gegenstände Roski zuletzt bei sich trug, doch was immer es auch sein mag – dass die Amerikaner oder Engländer die Sachen in ihre Finger kriegen, ist ein zu großes Risiko. Deren Offiziere haben wiederholt versucht, Informationen über die Vorgänge in Berlin zu bekommen. Jetzt, wo ihnen erlaubt wurde, ihre Truppen in Wien zu stationieren, drängen sie darauf, auch hierherzukommen. Genosse Schukow verhandelt gerade in Köpenick mit den westlichen Oberbefehlshabern über die Gründung eines gemeinsamen Kontrollrats. Der Marschall hat nur die Befugnis, der Gründung dieses Rats zuzustimmen, weitere Zusagen soll es erst geben, wenn die Westmächte ihre Truppen aus den uns zugesprochenen Zonen abgezogen haben. Aber das könnte bald geschehen, und dann ist Berlin voller imperialistischer Marionetten, die uns ständig auf die Finger schauen.«

Unwirsch setzte er seine Tasse ab und funkelte Aksakow an.

»Also, Genosse Aksakow, keine Ausflüchte mehr. Wie gedenken Sie, diese Angelegenheit zu handhaben?«

Derart in die Enge gedrängt, fiel ihm nur ein einziger Vorschlag ein.

»Es gibt noch eine Möglichkeit, doch die hatte ich verworfen, weil wir Außenstehende hinzuziehen müssten.«

Der Generalmajor trat zu Aksakow. Obwohl er seine Hände hinter dem Rücken verschränkt hatte, wirkte er äußerst bedrohlich.

»Und das wäre?«, fragte er.

Aksakow fühlte sich atemlos, als er antwortete: »Ich habe Kontakte bei SMERSch. Es besteht immerhin die Möglichkeit, dass auch die Spionageabwehr auf Grigorjew aufmerksam geworden ist.«

Der Generalmajor verzog das Gesicht, als er über diese Möglichkeit nachdachte. Wenn SMERSch bei ihrer Aktion mitwirkte, bestand schließlich die Gefahr, dass am Ende die Kollegen in der Schwesterorganisation die Lorbeeren ernten würden. Und wie es Stalins Logik entsprach, verrichteten SMERSch-Leute natürlich auch Schnüffeldienste in den Reihen des NKWD.

Als die Rote Armee nach einer Phase der Abwehrkämpfe gegen die deutschen Truppen die Oberhand gewann und schließlich zum ersten Mal außerhalb von Russland vorrückte, folgten hinter den Frontlinien auch die SMERSch-Agenten. Und je weiter die russischen Truppen nach Westen vordrangen, umso mehr griff in den befreiten Gebieten die altbekannte Paranoia um sich. Diese neue Säuberungswelle galt nicht wie im vergangenen Jahrzehnt vermeintlichen Konterrevolutionären, sondern Kollaborateuren des Nazi-Regimes. Letztendlich wurden nur die Begriffe ausgetauscht, denn auch Partisanen, nationalistische Banden und ehemalige Soldaten gerieten in den Fokus der Spionageabwehr, unabhängig davon, ob sie wirklich Hitler-Sympa-

thisanten waren. Es reichte bereits aus, Stalin zu kritisieren, um in Verdacht zu geraten, hinter der Frontlinie Sabotageakte zu planen. In dieser Hinsicht blieb also alles beim Alten.
Systemfeindliche Elemente wie Grigorjews Bande wurden nicht nur vom NKWD gejagt, sondern passten zugleich auch ins Verdächtigenprofil der Spionageabwehr.
Das schien auch der Generalmajor zu begreifen, und so sagte er mit tonloser Stimme: »Also meinetwegen, ziehen Sie Ihre Kontakte hinzu.«
Aksakow hielt das Gespräch damit für beendet. Er salutierte und wollte bereits das Zimmer verlassen, als ihm der Generalmajor nachrief: »Bringen Sie mir diesen Grigorjew, Genosse Oberst. Ob lebendig oder tot, ist mir egal, aber es muss bald geschehen!«

Ede war deutlich anzusehen, dass ihm Oppenheimers Auftauchen im zweiten Stockwerk missfiel. Noch ehe der Ganove etwas sagen konnte, glaubte Oppenheimer, sich rechtfertigen zu müssen.
»Ich brauche noch Patronen«, sagte er ein wenig fahrig. »Die Tür war offen, und ich habe ein Geräusch gehört.«
Ede atmete tief durch und schenkte Oppenheimer keine Aufmerksamkeit mehr, sein Blick war auf die Person im Bett geheftet. Er näherte sich mit einer kleinen Kaffeekanne in der Hand, aus der allerdings das Aroma von Hühnerbrühe aufstieg.
Oppenheimer unterbrach die angespannte Stille. »Was ist geschehen?«, fragte er. Als er die roten Locken erblickt hatte, wusste er sofort, dass es sich um Rita handelte. Ihr Kopf war bandagiert, und auf der Wange befand sich ein quadratisches Stück Watte. Die rotbraunen Blutflecken waren ein Zeichen dafür, dass es höchste Zeit war, den Verband zu wechseln.

Wortlos reichte Ede die Kanne mit der Hühnerbrühe an Rita. Sie trank vorsichtig aus dem Schnabel des Gefäßes. Ede warf Oppenheimer einen kurzen Blick zu, der ihm daraufhin in einen anderen Winkel des Zimmers folgte.

Als er glaubte, dass Rita ihr Gespräch nicht mithören konnte, begann Ede zu flüstern. »Diese Saukerle! Ham der Kleenen einfach die Backe aufjeschlitzt!«

Unwillkürlich hielt Oppenheimer den Atem an, als er sich das bildhaft vorstellte. Er war ernsthaft schockiert.

»Wer hat das getan?«, fragte er. »Zu welchem Zweck?«

»Na, die Schweine, die auch Manni abjemurkst ham. So ne Russenbande, die sich jetzt breitmacht. Manni hat mich bei denen verpfiffen. Die wissen allet von mir. Ham erst dit Lager im Gärkeller ausjeplündert, und jetz woll'n se mir die Sachen wieder zurückvakoofen. Mit nem schönen Batzen Pinke als Aufschlag. Sie ham mich zuerst nich jefunden, weil se in Pankow jesucht ham, aber jetzt stehen se bei mir auffe Matte. Natürlich hab ick denen jesagt, die soll'n sich wieder vapissen.«

»Und jetzt ziehen sie die Daumenschrauben an«, fügte Oppenheimer grimmig hinzu. »Erst verwüsten sie das Lokal, und dann kam Rita dran. Als nächste Eskalationsstufe.«

Ede antwortete mit einem Nicken.

Eine große Aufregung ergriff Oppenheimer, denn nach und nach wurde ihm die ganze Tragweite dieser Wendung bewusst. Unvermittelt war er auf eine weitere Verbindung zu Grigorjew gestoßen. Keine rivalisierende Bande wollte Ede Konkurrenz machen, sondern eine Gruppe russischer Deserteure, die sich für stark genug hielt, um sich in der Berliner Unterwelt einzunisten. Ede hatte die Suche nach Mannis Mördern abgeblasen, weil er ohnehin wusste, wer dahintersteckte.

»Und was machst du jetzt?«, verlangte Oppenheimer zu wissen.

»Ick lass mir bestimmt nich von denen auf die Nase rumtanzen«, raunte Ede verächtlich. »Wenn se wiederkommen, geb ick denen erst mal ne Anzahlung, um Zeit zu jewinnen. Bis mir wat einfällt.«

»Was ist mit Rita? War sie wenigstens bei einem vernünftigen Arzt?«

Schulterzuckend antwortete Ede: »Een Doktor war schon da und hat se zusammenjeflickt, so jut et ging. Aber die Rita kann sonst nirgends hin. Hat doch keen eijenes Dach überm Kopp. Und ick will nich, dasse sich unten blicken lässt. Wenn dit rauskommt, is hier die Hölle los, und meine Hupfdohlen sind alle ausjeflogen. Da kann ick die Bar janz zumachen.«

Oppenheimer schaute sich in dem staubigen Raum um.

»Hier kann sie doch nicht bleiben«, redete er Ede ins Gewissen. Die Lösung lag für Oppenheimer auf der Hand. »Kommst du an ein Auto ran?«

Ede war angesichts dieser Frage ein wenig irritiert. »Ja, schon.«

Hastig erklärte Oppenheimer: »Rita kann bei mir unterkommen, Platz hab ich genug. Außerdem ist sie dann unter ärztlicher Aufsicht. Ich organisiere das zusammen mit Gerda. Auf die kann ich mich verlassen, und verraten wird sie sowieso nichts, so maulfaul, wie sie ist.«

Obwohl Ede von dieser Lösung nicht hundertprozentig überzeugt war, willigte er schließlich ein. Weil unten bereits die ersten Tänzerinnen erschienen waren, gab es vorerst keine Möglichkeit, Rita unbeobachtet aus dem Gebäude zu schmuggeln. Und so schlug Oppenheimer vor, Edes verletzte Startänzerin in den frühen Morgenstunden des folgenden Tages abzuholen, wenn die Nachtbar ohnehin geschlossen war.

Eilig lief Oppenheimer die Treppe hinunter, um Gerda von sei-

nem Plan zu unterrichten. Sie war immer noch in der Garderobe der Tänzerinnen, und Oppenheimer benötigte eine große Portion Beharrlichkeit, um sie dort herauszuholen.
Da Karlheinz bereits rechtzeitig vor dem Ansturm der durstigen Zecher Kisten voller Flaschen zum Tresen wuchtete, blieb Oppenheimer nichts anderes übrig, als in den Hinterhof auszuweichen, um sich mit Gerda vertraulich zu unterhalten.
Wehmütig sog er den blauen Dunst ihrer Zigarette ein, denn sie rauchte nicht das Machorka-Zeugs, sondern besaß noch eine Reserve aus den Kriegszeiten.
Mit stoischer Miene hörte sie sich an, dass Oppenheimer von ihr verlangte, dabei behilflich zu sein, Rita aus dem Gebäude zu schmuggeln. Als Antwort nickte sie nur kurz.
Damit war für Oppenheimer alles geklärt. Trotzdem hielt Gerda ihn zurück und drückte ihm etwas in die Hand.
Es war die Metallplatte aus Mannis Wohnung.
»Manni war kein Fälscher«, sagte sie. »Mein Kontaktmann geht jede Wette drauf ein.«
Irritiert schaute Oppenheimer auf das Metallstück. Sicher, das war ein weiteres Rätsel, aber es machte keinen Unterschied mehr, denn Mannis Mörder waren Oppenheimer ja nun bekannt.
Obwohl es ihn nicht so richtig interessierte, stellte er pro forma einige Fragen, weil ihn Gerda auffordernd anblickte und sie sich ein paar anerkennende Worte redlich verdient hatte.
»Was ist das denn für ein Metall?«
»Blei«, antwortete Gerda.
Da nichts weiter von ihr kam, reimte sich Oppenheimer zusammen, was diese Information mit seinem Anfangsverdacht zu tun hatte.
»Das bedeutet, dass man bei der Herstellung von Druckplatten kein Blei verwendet?«

Gerda nickte. »Zumindest mein Kontaktmann nicht. Der nimmt Kupfer. Am besten ist Stahl, aber da kommt er nicht mehr ran. Blei ist eher was für bewegliche Lettern.«

»Natürlich«, murmelte Oppenheimer, »für ein Tiefdruckverfahren wie bei Geldscheinen könnte Blei zu weich sein. Zumindest, wenn man größere Stückzahlen drucken will. Nun ja, das hilft mir auf jeden Fall weiter.«

Als er sich bei Gerda bedankte, hatte er ihre Ausführungen schon wieder halb vergessen. Andere Dinge beschäftigten ihn. Die Tatsache, dass er auf Grigorjews Spur gestoßen war, hatte Oppenheimer einen Energieschub versetzt, wie er ihn vergleichbar nur von den Pervitin-Tabletten her kannte. Mannis Bleiplatte würde bestimmt nicht mehr wichtig sein.

24

Samstag, 9. Juni 1945
85 Tage vor dem Kriegsende im Pazifik

Eine schwer zu beschreibende, feierliche Stimmung herrschte unter den Leuten. Kein Wunder, denn hier konnten sie für zwei Groschen Zuversicht bekommen. Obwohl die meisten von ihnen zweifellos aus Berlin stammten, ähnelten sie heute eher Landpomeranzen, die zu Besuch in der fremden Großstadt waren. Zufrieden saßen sie in Reih und Glied, blickten mit glänzenden Augen durch die Fensterscheiben, spürten zum ersten Mal seit unendlich erscheinenden Wochen, wie ihr Körper sanft in den Sitz gedrückt wurde, während die Welt dort draußen vorbeiglitt und sich die festen Gegenstände in Farbe und Bewegung auflösten.

Vor einigen Monaten hätte es Oppenheimer nicht für möglich gehalten, dass eine so alltägliche Tätigkeit wie das Fahren mit der S-Bahn weihevolle Atmosphäre heraufbeschwören könnte. Notdürftig geflickte, gelb-rote Wagen fuhren auf ebenso notdürftig geflickten Schienensträngen, sausten für einen kurzen Moment im Testbetrieb von einer Station zur nächsten, bis zu dem unvermeidlichen Punkt, an dem die Strecke vorläufig noch unterbrochen war.

Wie alle anderen Passagiere hatte auch Oppenheimer zwanzig Pfennige in ein Ticket investiert, um ein paar hundert Meter mit der S-Bahn zurückzulegen und dann wieder in der entgegengesetzten Richtung zurückzufahren. Die kurze Reise ließ die Menschen hoffen, dass sich die Dinge in Berlin bald wieder normalisieren würden.

Kaum war Oppenheimer auf den Bahnsteig getreten, als ihn auch schon die alten Sorgen einholten. Die Hände tief in den Hosentaschen vergraben, schlurfte er über heißen Asphalt.

Zusammen mit Ede und Gerda war es ihm am Tag zuvor gelungen, die verletzte Rita klammheimlich aus der Nachtbar zu schaffen. Ede war mit einem Auto erschienen und fuhr sie höchstpersönlich nach Schöneberg. Seine Strategie war derart ausgeklügelt, dass es Oppenheimer so vorkam, als würden sie statt einer Tänzerin die Kronjuwelen aus dem Tower of London entführen. Ede hatte einen klappernden Daimler aufgetrieben, der so aussah, als hätte man ihn aus mehreren Schrottautos zusammengebaut. Er setzte rückwärts in die Hofeinfahrt, woraufhin Gerda zum Hintereingang sprintete, um Oppenheimer und die mit einem Kopftuch verhüllte Rita eilig zu dem bereitstehenden Fahrzeug zu geleiten.

Nachdem Hilde die Tänzerin untersucht hatte, entschied sie sich dazu, Rita in ihrem Häuschen übernachten zu lassen, um ihre Patientin besser beobachten zu können. Zum Glück stellte sich heraus, dass die Wange nur oberflächlich eingeritzt war. Eine Narbe würde zwar bleiben, doch zumindest wurde Rita das Sprechen erlaubt, weil keine Gefahr mehr bestand, dass die Wunde dadurch wieder aufriss.

Die Lebensmittelversorgung war unterdessen immer noch unregelmäßig. Zwar besaß mittlerweile jeder Lebensmittelkarten, doch man konnte sie natürlich nur einlösen, wenn auch Waren vorhanden waren. In der letzten Woche hatte es zunächst lediglich Grütze und Zucker gegeben, auch beim Gemüsehändler Paschke, an dessen Laden Oppenheimer vorbeikam, waren bislang keine frischen Waren vorhanden.

Oppenheimer war so tief in Gedanken versunken, dass er reichlich spät bemerkte, wie ihm jemand etwas von der Seite zuzischte. Als er sich umblickte, registrierte er zu seiner Überraschung, dass ihm Herr Paschke aus der spaltbreit geöffneten Ladentür zuwinkte.

»He, Sie«, sagte er mit gedämpfter Stimme. »Sie wohnen doch bei der Strachwitz?«

Als Oppenheimer die Frage bejahte, begann Paschke zu gestikulieren. »Kommen Se mal her! Kommen Se! Ick hab wat für Sie!«

In Paschkes Laden schlug Oppenheimer ein fauliger Geruch entgegen.

»Wissen Se, plötzlich sind Waren jekommen, aber die müssen schnell vakooft werden, deswegen dachte ick, ick sach Ihnen Bescheid, eh alles weg is.«

Immer noch verwundert folgte Oppenheimer Paschke in den hinteren Teil seines Ladens. »Was gibt es denn?«, fragte er in der Erwartung, wie üblich mit Tüten voller Trockenkartoffeln abgespeist zu werden oder mit dem plattenförmig portionierten Trockengemüse, das die Berliner Bevölkerung *Drahtverhau* getauft hatte.

»Hier isses!«, sagte Paschke, zog eine Tür auf und wies mit einer großen Geste in das Lager.

Für einen Moment verschlug es Oppenheimer die Sprache. Unter dem verstaubten Bullauge eines Fensters erhob sich ein Berg von Kartoffeln.

»Muss so schnell weg wie möglich«, erklärte Paschke. »Die Hälfte is schon matschig, aber wenn Se gleich mit een paar Eimern rüberkommen, können Se sich noch die besten raussuchen.«

Angesichts dieser zuvorkommenden Behandlung lachte Oppenheimer ungläubig auf. »Vielen Dank, Herr Paschke! Dann werde ich später noch mal vorbeikommen. Wie viel gibt es denn?«

Paschkes Grinsen entblößte einen abgebrochenen Eckzahn. »Genau dit is problematisch, Herr Oppenheimer. Wir ham die Weisung bekommen, gleich die komplette Ration bis Ende Juli auszujeben. Wahrscheinlich, weil die Dinger sonst wegfaulen. Da werden Se schon een paarmal loofen müssen.«

Als Oppenheimer auf die Straße trat, waren seine Schritte ein wenig beschwingter. Endlich gab es wieder etwas anderes zu essen als das Russenbrot. Auch wenn es bedeutete, dass er nun in den nächsten Wochen Kartoffeln in allen erdenklichen Variationen serviert bekommen würde.

Sogar in Hildes Häuschen hatte sich gute Stimmung breitgemacht. Noch ehe Oppenheimer durch die Seitenpforte das Grundstück betrat, konnte er wieherndes Gelächter vernehmen. Wegen der Hitze waren die Fenster weit geöffnet, und so drangen ihm Gesprächsfetzen ans Ohr.

»Frau komm!«, krächzte jemand mit rollendem r, gefolgt von schrillem Gegacker. »Du alt, du gesund!«

Oppenheimer war zunächst irritiert, atmete jedoch auf, als er Ritas Stimme erkannte. Es ging ihr offenbar so gut, dass sie ihr komödiantisches Talent wiedergefunden hatte. Und jetzt ahmte sie einen russischen Vergewaltiger nach.

»Du gesund?«, fragte sie in die Runde.

»Ja«, drang Barbes Stimme aus dem Zimmer.

»Du gesund, ich Syphilis!«

Unbeschreibliches Gelächter folgte.

»Diese russischen Casanovas sind wirklich jämmerlich«, rief jemand.

Es war Lisas Stimme.

»Nach allem, was ich gehört habe, gibt's bei denen nur rein und raus«, fuhr sie kichernd fort.

»Ja, aber wenigstens weiß ich jetzt eines«, warf Rita mit normaler Stimme ein. »Sie haben bessere Unterwäsche als unsere Leute.«

Wieder lachten die Frauen.

Als Nächstes sagte Barbe: »Vielleicht sollten wir uns eenen Russen anlachen, damit er een bissken Futter bringt.«

Gerda brachte die Sache auf den Punkt. »Na, wer von uns is denn noch ledig?«

»Nun ja«, begann Hilde, »da bleiben nur ich und Rita übrig. Was meint ihr, wer von uns hat bessere Chancen?«

Die Frage blieb unbeantwortet. Es irritierte Oppenheimer ein wenig, dass sich Lisa vor anderen Frauen über ihre Peiniger lächerlich machte, aber dann sagte er sich, dass es ein gutes Zeichen war. Sie hatte einen wichtigen Schritt vollzogen, um die an ihr begangene Schandtat zu verarbeiten.

Damit war sie weiter als Oppenheimer selbst.

Er räusperte sich geräuschvoll, um sich anzukündigen, und schob dann die angelehnte Haustür auf. Sämtliche weiblichen Bewohner von Hildes Villa hatten sich in dem Wohnzimmer um einen Tisch zu einem feuchtfröhlichen Kaffeeklatsch versammelt. Die angebrochenen Flaschen mit den Gummistopfen waren Oppenheimer allzu vertraut. Hilde pflegte darin ihre selbstgebrannten Schnäpse aufzubewahren. Eine Erklärung für diese unerwarteten Vorräte lieferte das Loch in der Wand. Wahrscheinlich hatte Hilde im zugemauerten Nebenzimmer außer Büchern und Unterlagen auch etliche Flaschen versteckt.

Nicht einmal Oppenheimer konnte die Runde vom Kichern abhalten. Erst beim zweiten Versuch drang er zu ihnen durch.

»Beim Gemüsefritzen gibt es Kartoffeln«, rief er. »Ich brauch Eimer und die Lebensmittelkarten, dann mach ich ein paar Runden. Aber warum seid ihr alle hier? Dass Hilde heute frei hat, wusste ich zwar, aber ich dachte, die anderen wären alle bei der Arbeit.«

»Arbeit is nich mehr«, erklärte Barbe, das Gesicht vom Alkohol gerötet. »Die Fabrik is ausjeräumt, da ham se uns entlassen.«

»Jetzt gibt es wohl wieder die Hungerkarte für uns«, fügte Frau Schmude hinzu.

Lisa blickte Oppenheimer auffordernd an. »Da ist jemand für dich. Drüben in der Villa. Er wollte unbedingt auf dich warten.«

»Aha«, sagte Oppenheimer, denn er hatte keinen blassen Schimmer, wer das sein könnte.

»Es ist ein Russe«, fügte Lisa hinzu.

Überrascht blickte er sie an, während Rita das Stichwort dankbar für eine weitere Imitation aufnahm.

»Frau komm!«, grunzte sie.

Daraufhin bogen sich die Frauen vor Lachen.

»Ich hab da noch ein paar Eimer«, sagte Hilde und verließ zusammen mit Oppenheimer das Zimmer.

Während sie aus den Küchenschränken mehrere Behälter herauskramte, fragte er: »Was ist eigentlich mit dem Paschke? Will der sich mit dir gut stellen?«

Hilde blickte kurz auf. »Bestimmt will er nicht, dass ich ihn verpfeife, weil er in der NSDAP war.«

Oppenheimer lehnte sich an den Türrahmen. »Na, mir soll's recht sein, solange er uns das beste Gemüse gibt.«

Hilde richtete sich auf und drückte ihm zwei Eimer in die Hände. Dann berührte sie ihn am Arm.

»Komm mal mit«, murmelte Hilde und führte ihn nach draußen.

Unter dem schmalen Schatten des Vordachs erklärte sie: »Ihr habt noch mal Schwein gehabt. Lisa ist definitiv nicht schwanger.«

Oppenheimer fühlte sich plötzlich atemlos. »Was?«, fragte er völlig durcheinander. »Aber ihre Periode ist ausgeblieben. Wie kann das denn sein?«

Mit einem leichten Kopfschütteln antwortete Hilde: »Hunger, ganz simpel. Wenn der Körper nichts kriegt, spart er, wo er nur kann. Die meisten meiner übrigen Patientinnen sind auch überfällig. Bei Lisa liegt es nur an der schlechten Ernährung, hundertprozentig.«

Oppenheimer stieß einen tonlosen Seufzer aus. Seine Erleichterung ließ sich ohnehin nicht in Worte fassen. Von der einen Sekunde zur anderen hatte sich die Lage wieder völlig verändert. Oppenheimer schloss kurz die Augen und stand einfach nur da, spürte, wie ihm die heiße Sommerluft entgegenwehte.

Als er Hilde schließlich wieder anschaute, fiel ihm zum ersten Mal auf, dass ihre Augen gerötet waren. Etwas war nicht in Ordnung.

»Was ist?«, fragte er.

Als Hilde seinen ernsten Blick sah, erkannte sie, dass er sie durchschaut hatte.

»Kuhn«, antwortete sie.

Oppenheimer runzelte die Stirn. Zu seiner Schande musste er sich eingestehen, dass er in den letzten Wochen keinen einzigen Gedanken an Hildes Anwalt verschwendet hatte. Eine böse Vorahnung erfasste ihn. »Was ist mit ihm?«

Hilde presste die Lippen zusammen. Dann brach es aus ihr heraus.

»Man weiß es nicht. Sein Haus ist völlig zerstört. Ich bin gestern da gewesen. Nach der Arbeit bin ich kurz hin, aber nichts ist mehr da. Die Nachbarn wissen auch nicht, wo er ist. Wahrscheinlich liegt er irgendwo unter den Trümmern.«

Selten hatte Oppenheimer Hilde derart verzweifelt gesehen. Dass Kuhn ihr viel bedeutete, hatte Oppenheimer bereits ge-

ahnt, als er während der Ermittlungen im Fall Hauser entdeckt hatte, dass Kuhn in jungen Jahren der Nebenbuhler von Hildes späterem Ehegatten gewesen war.
So angestrengt Oppenheimer auch nachdachte, er fand keine Möglichkeit, ihr ein wenig Hoffnung zu geben. Hilde würde jeglichen Versuch von Zweckoptimismus durchschauen. Also konnte er nichts weiter tun, als sie zu umarmen. Ausgerechnet in diesem Moment begann irgendwo in den grauen Ruinen der Nachbarschaft wieder der Flüstertenor einen Choral zu schmettern. Sein einziges Talent schien darin zu bestehen, für seine Gesangsübungen immer punktgenau den ungünstigsten Moment abzupassen. Oppenheimer wünschte ihn an den Nordpol. Nach einer Weile spürte er, wie sein Hemd von Hildes Tränen feucht wurde, und dachte daran, was sie wohl an seiner Stelle gesagt hätte. »Es ist alles Scheiße«, raunte Oppenheimer ihr schließlich mit sanfter Stimme zu.
Als sich Hilde aus der Umarmung löste, nickte sie. »Das kannst du wohl laut sagen.« Während sie mit einem Tuch ihre Augen trocknete, fügte sie hinzu: »Und vergiss nicht deinen Besucher.«
Oppenheimers Schatten tanzte vor ihm her, als er zur Villa hinübereilte. Wenngleich er erleichtert darüber war, dass Lisa nun doch kein Kind erwartete, beschäftigte ihn der bittere Gedanke, dass sich der Vergewaltiger Grigorjew immer noch auf freiem Fuß befand, so stark, dass er kaum an seinen Besucher dachte. Er ging ohnehin davon aus, dass es Aksakow war.
In seinem Zimmer stellte er allerdings fest, dass es sich bei dem Neuankömmling um Hauptmann Pogodin handelte. Bei Oppenheimers Anblick lehnte er sich erfreut auf dem altersschwachen Stuhl zurück und sagte zur Begrüßung: »Ah, da sind Sie ja!« Unwillkürlich fragte sich Oppenheimer, wie Pogodin seine Adresse herausgefunden hatte. Offenbar arbeitete das NKWD doch

effizienter, als er vermutet hatte. Dass Pogodin einfach so aufgetaucht war, konnte nur bedeuten, dass sich etwas getan hatte.

»Gibt es etwas Neues von Grigorjew?«, fragte Oppenheimer.

Pogodin zog seine Stirn kraus. »Das wollte ich Sie gerade fragen.«

Enttäuscht nickte Oppenheimer. Also hatten sogar die Spitzel der Geheimpolizei noch keine Hinweise gefunden. Eher der Form halber murmelte er: »Entschuldigung, dass ich Ihnen nichts anbieten kann.«

»Lassen Sie nur«, antwortete der Hauptmann. »Ich weiß, wie schwierig die Versorgungslage ist, aber wir tun unser Bestes. Unter den Soldaten wächst schon der Unmut, weil die Lebensmittelzuteilungen für die deutsche Zivilbevölkerung höher sind als in der Heimat, doch im Interesse der friedlichen Kooperation unserer Länder gibt es keine Alternative. Stadtkommandant Bersarin hat sich eine große Aufgabe vorgenommen.« Schmunzelnd schob er daraufhin eine Kiste zu Oppenheimer hinüber. »Hier haben Sie etwas, um die Zeit zu überbrücken, falls die Zuteilungen nicht pünktlich kommen.«

Ungläubig betrachtete Oppenheimer die Waren in der Kiste. Wenn man den Beschriftungen Glauben schenken konnte, handelte es sich um US-Konserven und Lucky Strikes. Da weit und breit noch nichts von den Westalliierten zu sehen war, drängte sich ihm unwillkürlich die Frage auf, wie Pogodin wohl an diese Kostbarkeiten herangekommen war. Nur die Flaschen waren mit einer kyrillischen Aufschrift versehen.

»Wein aus Georgien«, erklärte Pogodin. »Müssen Sie probieren, der beste, den man bekommen kann.«

Oppenheimer fiel es schwer, angesichts der Rauchwaren ruhig zu bleiben. Fahrig kramte er aus den Untiefen seiner Manteltaschen die abgewetzte Zigarettenspitze heraus. Irgendwie hatte es das Röhrchen aus Meerschaum geschafft, den Krieg unbeschadet zu überstehen. Als er die Packung aufriss und eine Zigarette in den Halter steckte, trat Pogodin sogar zu ihm heran, um ihm Feuer zu geben. Oppenheimer ahnte, dass er ihn nur deshalb so zuvorkommend behandelte, weil er eine Gegenleistung erhoffte.

Nachdem sich Oppenheimer pflichtschuldig bei Pogodin bedankt hatte, schilderte er ihm die letzten Entwicklungen.

Die Enthüllung, dass sich Grigorjews Bande in der Berliner Unterwelt einnisten wollte, überraschte Pogodin. Für eine Weile war er völlig still, ganz so, als müsste er diese Information verarbeiten. Angespannt warf er einen Blick durch den engen Spalt zwischen den Fensterläden. »Das heißt, die Bande versucht, Hehlerwaren zu verkaufen?«

»Sie meinen Waren, die bei der Roten Armee unterschlagen wurden?«

Als Pogodin sich Oppenheimer mit einem Kopfnicken zuwandte, runzelte er die Stirn. »Das ist mir nicht geläufig. Möglich wäre es. Ich weiß nur, dass Grigorjews Leute einige Ladenbesitzer einschüchtern. Wahrscheinlich werden sie früher oder später auf die Idee kommen, von ihnen Schutzgeld zu erpressen. Wie viele Geschäfte davon betroffen sind, kann ich nicht sagen.«

»Grigorjew und seine Leute sind nicht mehr aufgetaucht?«

Oppenheimer verzog den Mund. »Ein Kerl ist mal außerhalb der Öffnungszeiten vorbeigekommen, aber das war es bislang«, antwortete er und inhalierte dann den Rauch seiner Zigarette. »Ich halte natürlich meine Augen offen. Leider kenne ich nur drei von Grigorjews Kumpanen, und einer davon ist bereits tot. Können Sie mir vielleicht weitere Hinweise geben?«

Pogodin setzte sich wieder auf den Stuhl. »Auch wir stehen vor einem Rätsel. Grigorjews Bande ist wie vom Erdboden verschluckt. Wir wissen mittlerweile, dass sich unter ihnen nicht nur *Schtrafniki* befinden, sondern auch normale Soldaten, die von ihm beeinflusst wurden. Niemand will es zugeben, aber selbst Beamte wurden geschmiert, nur deswegen ist die offizielle Kriminalitätsrate so niedrig. Es ist recht wahrscheinlich, dass jemand im NKWD mit Grigorjew zusammenarbeitet. Ein Verbindungsmann, der ihm Tipps gibt, wo etwas zu finden ist, und der aufpasst, dass alle Spuren beseitigt werden. Sie sind uns immer einen Schritt voraus, sonst hätten wir das Lager der Bande schon längst aufgespürt.«

»Dann gibt es also wirklich einen Verräter.«

»Davon müssen wir jetzt ausgehen, nur leider haben wir noch keinen Verdächtigen. Zu Ihrer eigenen Sicherheit rate ich Ihnen, niemandem außer mir etwas mitzuteilen, falls Sie eine Spur von Grigorjew finden.«

Oppenheimer tat sich immer noch schwer, diese verfahrene Situation einzuschätzen. »Was soll ich machen, wenn sich Oberst Aksakow über meine bisherigen Erkenntnisse erkundigt?«

Pogodin dachte über diese Frage nach. »Ich denke, dass es nicht schadet, wenn Sie ihm Grigorjews Pläne mitteilen. Wenn Ladenbesitzer eingeschüchtert werden, lässt sich das ohnehin nicht verheimlichen. Aber bei weiteren Hinweisen sollten Sie auf jeden Fall zunächst mich kontaktieren. Sie erinnern sich bestimmt noch an den toten Rudenko?«

Oppenheimer nickte. Natürlich hatte er nicht vergessen, wie Aksakow kommentarlos mit ihm nach Karlshorst gefahren war, damit er im Kühlkeller des Hospitals dessen Überreste identifizieren konnte.

»Was hat der damit zu tun?«, fragte Oppenheimer.

Pogodin schien seine Worte jetzt sorgfältig abzuwägen. »Ich habe Indizien entdeckt, die darauf hinweisen, dass Rudenko vergiftet wurde. Nur leider kann ich es nicht beweisen. Rudenko starb bei einem Verhör, das reicht als Todesursache. Niemand wird das offiziell in Zweifel ziehen.«

»Dann sind uns also die Hände gebunden«, murmelte Oppenheimer ernst.

Pogodin beugte sich vertraulich vor. »Deshalb ist es besser, wenn wir zusammenarbeiten. Grigorjews Hintermann hat noch keine Ahnung, dass ich ihm auf der Spur bin. Je sicherer er sich fühlt, umso eher wird er einen Fehler begehen. Und wenn der richtige Zeitpunkt gekommen ist, werden wir zuschlagen.«

25

Mittwoch, 13. Juni 1945
81 Tage vor dem Kriegsende im Pazifik

Oppenheimer konnte sich immer noch nicht erklären, wie Ede es angestellt hatte, dass die *Rio Bar* seit Montag über Strom verfügte. Berlins Spannungsversorgung erschien ihm wie ein an den unmöglichsten Ecken und Enden geflickter Teppich. Und warum nun in der nächsten Seitengasse wieder die elektrischen Lichter brannten oder in der Kneipe quer gegenüber auf der anderen Straßenseite, während die eigene Bude immer noch finster wie eine Höhle war, konnte niemand so recht erklären.
Dass Stadtkommandant Bersarin und auch die übrigen Kommandanten glühende Verehrer der holden Kunst waren und als sehr spendable Mäzene galten, war selbst Oppenheimer zu Ohren gekommen. Vielleicht traf diese Freizügigkeit auch auf die Stromzuteilungen zu, und Ede hatte einem hohen Sowjettier in seiner besten Impresario-Routine weismachen können, dass er mit seiner Kaschemme einen unverzichtbaren Beitrag zur Stadtkultur leistete.
Jedenfalls bedeutete das Vorhandensein einer Netzspannung für Oppenheimer, dass er seine vorübergehende Rolle als Inspizient jetzt gegen einen Platz hinter dem Scheinwerfer eintauschte. Zu seiner Überraschung war die neue Arbeit vergleichsweise eintönig. Letztendlich saß er nur hinter der altersschwachen Lichtkanone und versuchte, damit auf die Tänzerinnen zu zielen. Allerdings war der Platz hinter dem hellen Scheinwerfer

ideal, um unbemerkt Edes Kunden beobachten zu können. Und so hockte Oppenheimer jeden Abend im Dunkeln hinter dem glühend heißen Reflektor, positionierte den Scheinwerfer gelegentlich neu, während er die meiste Zeit über damit beschäftigt war, die Hinterköpfe der Zuschauer anzustarren.

Er hatte sich bereits einen Plan zurechtgelegt. Sobald er einen von Grigorjews Spießgesellen erkannte, würde er versuchen, ihn zu beschatten. Zumindest wollte Oppenheimer in Erfahrung bringen, wo sich das Lager der Bande befand. Denn erst mit diesen Informationen war es sinnvoll, sich bei Pogodin blicken zu lassen.

Um die Vorgänge in Edes Nachtbar besser im Auge behalten zu können, hatte Oppenheimer sogar das Angebot angenommen, im ersten Stock zu übernachten. Wenn Ede seinen Laden schloss, war es viel zu spät, um noch vor dem Beginn der Ausgangssperre nach Schöneberg zu gelangen. Oppenheimer hatte es sich zur Gewohnheit gemacht, in der Früh nach Hause zu radeln, um wenigstens zusammen mit Lisa frühstücken zu können. Dass die Bewohner von Hildes Villa in den letzten Tagen relativ viel zu essen bekommen hatten, war Zufall, denn am Montag erhielt der Metzger nach langen Verzögerungen endlich eine Lieferung mit Wurst. Letztendlich war es nicht viel mehr als eine gräuliche Masse mit Fettklumpen, die man in einen Darm gepresst hatte, was die Leute in der Schlange vermuten ließ, dass es sich dabei wohl um Leberwurst handelte. Die Vorräte sollten so rasch wie möglich aufgebraucht werden, denn nirgends gab es einen funktionierenden Kühlschrank, und so bekam Oppenheimer auf seine Lebensmittelkarte gleich fünf Kilo von der Wurst eingepackt. Mochte sie noch so aufdringlich riechen, jedenfalls würde sie ihm einige Tage den Magen füllen. Was dann in der zweiten Monatshälfte geschehen würde, wenn das komplette Kontingent an Fleischwaren und Kartoffeln schon längst abverkauft war, konnte niemand beantworten. Mit etwas Glück ließen sich jetzt einige Gramm Speck ansetzen, von denen man später zehren musste.

Am heutigen Tag kam Oppenheimer das Publikum ein wenig aggressiv vor. Wahrscheinlich waren sie enttäuscht, dass Rita nicht mehr auftrat. Ihr Erscheinen auf der Bühne hatte stets ausgereicht, dass die Männer glänzende Augen bekamen, aber sosehr sich die anderen Tänzerinnen auch abmühten, bei ihnen wollte der Funke nicht überspringen.

Das Zwei-Mann-Orchester spielte einen müden Tusch als Zeichen dafür, dass eine weitere Darbietung beendet war. So rasch es ging, klappte Oppenheimer die vier Flügel der Torblende nach innen, um während der Umbaupause das Licht zu dimmen. Er hatte die Blende noch nicht komplett geschlossen, als der Applaus bereits wieder unter dem Grundrauschen des Gemurmels verebbt war. Irgendwo auf den vorderen Plätzen erklang ein sehnsuchtsvoller Ruf.

»Rita!«

Oppenheimer seufzte in sich hinein. Natürlich, es war wieder Jascha. Der junge Offizier, der sich bei jedem Szenenwechsel mit diesem lauten Ruf bemerkbar machte, war ihm bereits aufgefallen, als er hinter der Bühne als Inspizient fungierte. Er war ihr erster Stammgast gewesen und versuchte meistens, einen Platz nahe der Bühne zu ergattern. Obwohl Oppenheimer mittlerweile wusste, dass russische Offiziere großen Wert auf *Kultura* legten und sich mit Hingabe herauszuputzen pflegten, sprach die höchst unheroische rote Nelke in Jaschas Knopfloch dafür, dass er auf Freiersfüßen wandelte. Und da ihm bei Ritas Erscheinen stets ein entrücktes Lächeln auf das Gesicht trat, ließ dies nur den Schluss zu, dass er sich ausgerechnet in Edes

Hauptattraktion verguckt hatte. Mittlerweile kannte ihn jeder beim Namen, weil er häufig nach Lokalschluss dablieb, um mit Rita einige Worte zu wechseln. Wie weit er mit seinen amourösen Bestrebungen bei der Tänzerin tatsächlich gekommen war, konnte Oppenheimer nicht sagen, doch er ahnte, dass es mehr als eine flüchtige Bekanntschaft war.

In den Tagen nach Ritas Verschwinden war mit Jascha eine Verwandlung geschehen. Jetzt war er nicht mehr der geschniegelte Offizier, sondern ließ sich zusehends gehen. Den Kummer über Ritas Verschwinden bekämpfte er mit Unmengen von Alkohol, den er allerdings nur schlecht vertrug.

Oppenheimer beobachtete von seinem Platz aus, wie Jascha schwankend aufstand. Kaum hatte er sich erhoben, als auch schon zwei andere Soldaten auf den freien Stuhl zutraten. Sie gehörten zu den unzähligen Gästen, die an der Seite warten mussten, bis sie einen freien Sitzplatz erwischten. Der Rangelei zwischen den beiden Soldaten um den Stuhl schenkte Jascha keine Aufmerksamkeit, sondern steuerte zielstrebig auf Oppenheimer zu.

»Hast du schon was von Rita gehört?« Jaschas Frage hatte etwas Flehentliches.

Oppenheimer schüttelte als Antwort den Kopf. Mittlerweile tat ihm Jascha dermaßen leid, dass er ihm allzu gern Ritas Aufenthaltsort verraten hätte.

»Irgendwann taucht sie schon wieder auf«, beschwichtigte Oppenheimer. »Aber wir haben auch andere nette Tänzerinnen.«

»Keine ist wie Rita«, murmelte Jascha mit glasigem Blick.

Auf der Bühne war wieder eine Tänzerin erschienen, und die Musiker begannen zu spielen. Oppenheimer zuckte zusammen und öffnete gerade noch rechtzeitig die Flügel der Torblende. Still fluchte er in sich hinein, weil er wegen Jascha fast seinen Einsatz verpasst hätte.

Als er ihm wieder einen Blick zuwarf, stolperte Jascha bereits zum Ausgang. Danach verlor ihn Oppenheimer aus dem Blick, denn die Tänzerin, die sich gerade auf der Bühne befand, pflegte ihn für gewöhnlich auf Trab zu halten. Sie konnte sich ihre Markierungen nicht merken und tanzte immer wieder aus dem Scheinwerferkegel hinaus. Obwohl diese Unprofessionalität den Radaubrüdern im Publikum sicher nicht auffiel, ärgerte sich Oppenheimer darüber. Selbst in diesem Bumslokal war sein Pflichtbewusstsein noch so groß, dass er sich bemühte, den Scheinwerfer während des Auftritts, so gut es ging, nachzujustieren.

Er war gerade dabei, die Lampe in der neuen Position festzuklemmen, als vom Eingang her aufgeregte Stimmen zu hören waren. Auf der Straße ging etwas vor sich. Es klang nach einem Handgemenge.

Eine ungute Ahnung überkam Oppenheimer, dass dieser Zwischenfall mit Jascha zu tun hatte.

Der bullige Türsteher war gerade nicht auf seinem Posten, also ging er kurzentschlossen dorthin. Wenigstens stand Gerda in der Nähe. Oppenheimer legte ihr die Hand auf die Schulter und raunte: »Ärger.«

Dieses eine Wort reichte aus, um Gerda in Alarmzustand zu versetzen. Sofort drängte sie sich an Oppenheimers Seite zum Eingang durch.

»Ich glaube, jemand hat es auf Jascha abgesehen.« Obwohl die wortkarge Gerda keine Erklärung verlangte, hatte Oppenheimer den Eindruck, sich rechtfertigen zu müssen.

Statt einer Antwort holte sie das Jagdmesser unter ihrer Anzugjacke hervor.

Im Laufe des Tages waren die Temperaturen spürbar zurückgegangen, und aus schweren Wolken prasselte der Regen herab.

Wenigstens war mit den Sturmböen der Kadavergestank vom Landwehrkanal verschwunden. Als Gerda und er auf die Straße traten, blies ihnen der Wind so stark ins Gesicht, dass Oppenheimers Augen zu tränen begannen. Er musste blinzeln, um erkennen zu können, was in wenigen Metern Entfernung vor sich ging. Es war immer noch so hell, dass man Konturen ausmachen konnte. Drei graue Gestalten schlenderten den Boulevard entlang – ein harmloser Anblick. Aber Oppenheimer war mit der Vorgehensweise von Halsabschneidern bestens vertraut.

»Sie wollen ihn in die Seitengasse ziehen«, rief er Gerda zu. Instinktiv tastete er nach seiner Feuerwaffe und fluchte, weil sie immer noch in Edes Waffenkammer verstaut war.

Seine Unmutsbekundung war so laut, dass die Männer ihn hörten. Einer von ihnen wandte sich schwer atmend um.

Noch ehe Oppenheimer etwas sagen konnte, rief Gerda den Männern bereits zu: »Lasst den Kleinen laufen und verzieht euch!«

Im Vergleich zu den durchtrainierten Männern wirkte Gerda geradezu absurd zierlich, doch die blitzende Klinge in der Hand verlieh ihr eine gewisse Autorität.

Die zwei Gauner mit dem Opfer in ihrer Mitte schienen zunächst nicht so recht zu wissen, ob sie ihre Kontrahentin ernst nehmen sollten. Sie standen unschlüssig auf dem Gehweg, Jaschas schlaffe Arme über ihren Schultern, und hinter ihnen ein schmächtiges Fräulein, das mit einem Trappermesser herumfuchtelte.

Oppenheimer versuchte sein Bestes, sich drohend vor den Männern aufzubauen. »Habt ihr nicht gehört? Macht schon, dass ihr verschwindet!«

In diesem Moment wurde die Tür von Edes Nachtbar geöffnet. Laut grölend stolperten einige Zecher auf die Straße. Obwohl

sie kaum noch geradeaus laufen konnten, war das den Ganoven zu viel der Aufmerksamkeit.
Sie ließen Jascha los und suchten ihr Heil in der Flucht. Wie ein nasser Waschlappen sackte der junge Offizier zusammen. Oppenheimer sprang nach vorn und konnte gerade noch verhindern, dass Jaschas Kopf auf den Boden knallte.
»Schweinehunde«, murrte Gerda.
Oppenheimer kümmerte sich nicht um die Halsabschneider, sondern griff dem jungen Offizier unter die Arme. Jascha rieb sich stöhnend den Hinterkopf. Wahrscheinlich hatten ihm die Angreifer eins über den Schädel gezogen. Er war noch wackelig auf den Beinen, schaffte es jedoch, die Balance zu halten, als ihn Oppenheimer wieder losließ.
Auch die Betrunkenen waren mittlerweile auf sie aufmerksam geworden. Um keine Szene heraufzubeschwören, hielt es Oppenheimer für ratsam, Jascha in den Hinterhof zu geleiten. Als er ihn gegen die Backsteinwand der Einfahrt lehnte, sagte er zu Gerda: »Am besten, wir bringen ihn rein. Den können wir nicht einfach so fortschicken.«
Jascha schien kaum mitbekommen zu haben, was geschehen war. Er war so liebeskrank, dass er immer noch nach Rita jammerte.
»Du meine Güte«, schnaubte Gerda. »Den hat's aber erwischt!«
Oppenheimer musste ihr zustimmen. Manche Frauen schafften es spielend, Männer um ihren Finger zu wickeln. Auch Rita besaß diese Fähigkeit.
Um Jascha aus seinem Weltschmerz zu reißen, tätschelte Oppenheimer ihm die Wangen. »Jascha, jetzt pass mal auf.« Der junge Soldat warf ihm mühsam einen Blick zu. »Versprichst du mir, dass du dich zusammenreißt, wenn ich dich morgen zu Rita bringe?«

Jascha sah ihn zunächst verständnislos an, doch dann nickte er. »Du weißt, wo Rita ist?«, lallte er.
»Morgen«, erklärte Oppenheimer streng. »Du bist jetzt zu betrunken. Willst du etwa unrasiert und mit einer Alkoholfahne bei ihr auftauchen? Was soll Rita dann von dir denken? Wenn du morgen Mittag hierherkommst, bringen wir dich zu ihr. Einverstanden?«
Wieder bewegte Jascha den Kopf. Oppenheimer hielt es für eine Geste der Zustimmung.
Gerda stand mit skeptischem Blick abseits. »Ede wird das nicht gefallen«, merkte sie an.
Oppenheimer wischte diesen Einwand beiseite. »Ihm wird es viel weniger gefallen, wenn Jascha noch einmal so ein Theater veranstaltet. Na komm, bringen wir ihn rein.« Mit diesen Worten griffen sie Jascha unter die Arme.
Erst jetzt bemerkte Oppenheimer, dass vor dem Hintereingang einige Männer standen. Mit ihren schwarzen Mänteln waren sie nur fünf Schemen, umhüllt von undurchdringlichem Machorka-Qualm. Trotz des Regens verharrten sie, die Mantelkragen hochgeschlagen, vor der Tür. Oppenheimer hörte bei den russischen Sprachbrocken zunächst nicht genau hin. Er wurde erst aufmerksam, als er ein ganz bestimmtes Geräusch wahrnahm.
Das heisere Kichern.
Mit einem Mal spürte Oppenheimer, wie Gänsehaut an seinem Rückgrat emporkroch. Das da mussten Grigorjews Leute sein. Etwas stimmte mit diesem Bild allerdings nicht. Mit den Männern war eine Verwandlung geschehen. Sie waren jetzt nicht mehr in Lumpen gehüllt, sondern trugen Zivil. Es war eine gute Tarnung, sogar Oppenheimer überlegte zunächst, ob er sich nicht geirrt hatte, bis er schließlich direkt in das Milchgesicht

starrte, dessen Züge sich unauslöschlich in sein Gedächtnis eingeprägt hatten.

Kein Zweifel, hier sollte die angekündigte Geldübergabe mit Grigorjews Leuten stattfinden, Edes Versuch, Zeit zu schinden, bis er sich einen Plan zurechtgelegt hatte. Wahrscheinlich warteten sie darauf, ihre Transaktion abzuschließen.

Dem wachsamen Blick des Kicherers entging nichts. Erst recht nicht die drei Personen, die sich nun dem Eingang näherten und direkt an ihnen vorbeikamen. Dummerweise drang aus dem ehemaligen Küchenfenster Licht nach draußen, und so senkte Oppenheimer den Kopf, damit der junge Kerl nicht bemerkte, dass er ihn erkannt hatte. Aus den Augenwinkeln nahm er wahr, wie Gerda ihm einen kurzen Blick zuwarf. Sie hatte Oppenheimers Zögern gespürt. In der Hoffnung, dass Grigorjews Leute seine Reaktion nicht registriert hatten, atmete er tief ein und schritt mit starrem Blick schnurstracks auf die Hintertür zu.

Etwa fünf Meter trennten sie von der Tür, aber es kam Oppenheimer wie eine unendlich lange Strecke vor. Er versuchte, seine Unsicherheit nicht zu zeigen, achtete darauf, keine verräterische Geste zu machen. Er war so stark auf sich selbst fixiert, dass ihm seine Bewegungen irgendwann merkwürdig steif vorkamen.

Die schimmernde Kante der angelehnten Tür kam immer näher. Nur noch wenige Zentimeter, und Oppenheimer konnte seinen Fuß auf die Treppenstufe setzen.

Ausgerechnet in diesem Moment taumelte Jascha unvermittelt zur Seite und drängte Oppenheimer von seinem Kurs ab. Er und Gerda konnten Jascha gerade noch rechtzeitig auffangen, so dass Oppenheimer nicht gegen die Schulter des Kicherers prallte.

Doch Oppenheimer hatte bereits dessen Aufmerksamkeit auf sich gezogen.

Eine Hand griff nach Oppenheimer. Mit pochendem Herzen blieb er stehen und blickte auf.

»Verzeihung, mein Cherr«, begann das Milchgesicht mit stark akzentuiertem Deutsch. »Sie chaben Feuer?«

»Moment«, murmelte Oppenheimer. Mit der Rechten tastete er über seine Hosentasche, bis er auf eine Streichholzschachtel stieß. Oppenheimer versuchte, sich einzureden, dass es keinen Anlass zur Nervosität gab, denn der Kicherer hatte Oppenheimer bislang niemals zu Gesicht bekommen. An sich war es eine willkommene Gelegenheit, um die übrigen Deserteure unter die Lupe zu nehmen.

Er hielt dem jungen Kerl ein angerissenes Zündholz entgegen und schirmte es mit der anderen Hand vor den Windböen ab. Der Kicherer beugte sich vor, um seine Zigarettenspitze zu entzünden.

Oppenheimer beobachtete, wie nur wenige Zentimeter vor dessen Augenlidern die Flamme tanzte. Der junge Mann blies einen Schwall Rauch aus und richtete sich auf. Die vier anderen Kumpane hatten sich abgewandt, so dass von ihnen außer breiten Rücken nichts zu erkennen war.

Um sich zu bedanken, nickte ihm der Kicherer mit einem breiten Grinsen zu. Oppenheimer schüttelte das Zündholz aus und zog seine Mundwinkel hoch.

Er überlegte, ob er noch etwas sagen sollte, als Jascha wieder zu stöhnen begann. Es war besser, ihn schleunigst in die Bar zu schaffen, damit Oppenheimer Grigorjews Leute ungestört im Auge behalten konnte.

»Na was denn?«, murrte Gerda, als er Jascha unvermittelt am Arm zerrte.

»Bringen wir ihn ins Lager«, erwiderte Oppenheimer hastig. »Da kann er seinen Rausch ausschlafen.«

Mit diesen Worten traten sie ins Gebäude und setzten Jascha im Lager auf einer verschlossenen Kiste ab. Während Gerda etwas zum Zudecken suchte, machte Oppenheimer bereits wieder kehrt. Er betrat gerade den Gang zur Hintertür, als sich Ede mit einem Päckchen im Arm näherte. Sein mürrischer Blick verriet, dass es sich wohl um die Bezahlung für Grigorjews Bande handelte. Bestürzt registrierte Oppenheimer, dass die Transaktion in wenigen Augenblicken vollzogen sein würde.

Wenn er sich nicht beeilte, würden ihm die Deserteure entwischen.

Oppenheimers Gedanken überschlugen sich bei dem Versuch zu ergründen, welche Vorgehensweise am erfolgversprechendsten war. Bestimmt würden Grigorjews Leute nicht länger als nötig in Edes Hinterhof verweilen. Dass sie das feindliche Territorium der Nachtbar betreten würden, war eher unwahrscheinlich. Sie hatten jetzt Geld oder Waren, oder was auch immer sie verlangt hatten, und wollten ihre Beute vermutlich in Sicherheit bringen. Also gab es nur eine Möglichkeit. Früher oder später würden sie durch die Einfahrt auf die Straße treten.

Mit diesem Gedanken lief Oppenheimer zur gegenüberliegenden Garderobe, riss Hut und Mantel herab und kämpfte sich quer durch das Menschengewimmel der Nachtbar. Im Vorbeigehen sah er den *Kleenen Hans* hinter dem Scheinwerfer sitzen. Auf dem erhöhten Platz musste der riesige Kerl den Kopf einziehen, damit er nicht gegen die Decke stieß. Als er in der Menschenmenge Oppenheimer erspähte, warf er ihm einen verständnislosen Blick zu.

»Das machst du gut!«, rief Oppenheimer aufmunternd, während er sich in seinen Mantel zwängte. »Ich muss was für Ede erledigen!«

Das blieben seine letzten Worte, ehe er nach draußen stürzte.

Es war dunkel geworden. Wegen des starken Windes musste Oppenheimer seinen Hut festhalten. Ein kurzer Blick reichte aus, um sich zu vergewissern, dass Grigorjews Leute noch nicht aufgetaucht waren.

Wenige Meter entfernt befand sich ein Hauseingang, der Oppenheimer ausgezeichnet zupasskam. Von dort konnte er die Hofeinfahrt im Auge behalten und war gleichzeitig vor dem Wind geschützt.

Es dauerte nicht lang, bis er die erste Bewegung wahrnahm. Umrisse lösten sich aus dem Schatten und bewegten sich die Straße entlang. Es waren die breiten Rücken von Grigorjews Banditen. Ihnen voraus lief der Kicherer, seine Arme eng um Edes Päckchen geschlungen.

Oppenheimer betrat den Gehsteig. Ohne einen Plan zu haben, lief er hinter den Männern her. Er wusste nur, dass er sie nicht mehr aus den Augen lassen wollte. Das Übrige würde sich schon ergeben.

Zum Glück kam keiner von Grigorjews Leuten auf die Idee, sich umzublicken.

Sie mussten nur eine kurze Strecke zurücklegen. Etwa einen halben Straßenblock entfernt stand ein Lastwagen bereit. Die Männer zwängten sich in die Fahrgastzelle, während Oppenheimer mit hochgeschlagenem Kragen und in die Stirn gezogenem Hut an ihnen vorbeistapfte. Hinter dem Fahrzeug angelangt, trat er vom Gehsteig herab und versteckte sich hinter der Ladeklappe. Und er hatte tatsächlich Glück, die Abdeckplane des Lastwagens stand an einer Seite offen.

Das Fahrzeug erzitterte, als der Motor gestartet wurde. Kurzentschlossen stellte er den Fuß auf die Stoßstange und kletterte so lautlos wie nur möglich auf die Ladefläche.

Oppenheimer konnte sich gerade noch festhalten, als sich das

Gefährt ruckartig in Bewegung setzte. Die Ladefläche begann, wild zu schaukeln, als der Laster durch ein Schlagloch fuhr. Dann gewann er an Fahrt, so dass die halb befestigte Plane im Wind flatterte und den Blick auf die zurückweichende Straße freigab.

Bereits nach wenigen Metern bemerkte Oppenheimer, dass es keinen Sinn machte, ihre Fahrtroute nachvollziehen zu wollen. Solange es in den meisten Berliner Stadtteilen keine Straßenbeleuchtung gab, konnte man nicht viel erkennen. Also blieb ihm nichts anderes übrig, als abzuwarten, bis Grigorjews Kumpane ihr Ziel erreicht hatten.

Da er nicht wissen konnte, wie lange er in dem Wagen ausharren musste, war es wohl besser, sich nach einem halbwegs bequemen Platz umzuschauen.

Der Untergrund war aus rohen Holzplanken gezimmert. Weiter vorn lagen dunkle Gegenstände. In ihrer Unförmigkeit erinnerten sie an gefüllte Kartoffelsäcke.

Ein Gegenstand darunter wollte allerdings nicht so recht dazu passen.

Als Oppenheimer begriff, worum es sich dabei handelte, spürte er blankes Entsetzen. Plötzlich wusste er, dass er einen Fehler gemacht hatte. Noch jemand anders befand sich mit ihm zusammen auf der Ladefläche. Die Gestalt hatte sich mit dem dunklen Mantel und der Schlägermütze erfolgreich verborgen gehalten. Doch jetzt war sie entdeckt worden.

Oppenheimer glaubte, im Dunkeln ein Kopfschütteln wahrzunehmen.

Und dann murmelte jemand: »Also langsam wer'n Se lästig, Herr Kommissar.«

Teil 3

LICHT

26

Mittwoch, 13. Juni 1945
81 Tage vor dem Kriegsende im Pazifik

Nein, sein Verstand hatte ihm einen Streich gespielt. In dem unscharfen Schattenreich zwischen Traum und Wachsein war ihm die Orientierung abhandengekommen. Anscheinend verdrängte Gedächtnisreste trieben wieder an die Oberfläche, Bilder des Grauens, die Aksakow nur in Schach halten konnte, solange es Alkoholnachschub gab.

In der Dunkelheit in seinem Bett liegend, hatte er geglaubt, sich wieder in Majdanek zu befinden.

Neben sich hörte er regelmäßiges Atmen. Leichen pflegten nicht ihre Lunge geräuschvoll mit Sauerstoff vollzupumpen. Das eindringende Mondlicht verlieh dem Kopf auf dem benachbarten Kissen einen seidigen Schimmer. Als Aksakow genauer hinzusehen wagte, atmete er auf. Natürlich, es war Nataljas Gesicht und keine höhnisch grinsende Totenfratze.

Er streckte unter der Decke seine Hand aus und tastete nach ihrem Schenkel. Er presste sein Geschlechtsteil gegen Nataljas Hintern, umfing mit seinem Arm ihre Hüfte, um seine Fingerspitzen in ihren Schamhaaren zu vergraben.

Doch es half nichts. Sein Glied blieb schlaff, die Erinnerung ließ sich nicht übertölpeln. Obwohl er hier mit seiner blutjungen Feldgefährtin im Bett lag, befand er sich im Geiste in einer feindlichen Umgebung, wo neben Massengräbern unzählige menschliche Knochen und Schädel zu Hügeln aufgehäuft waren, inmitten von immer noch warmen Krematoriumsöfen und Baracken, die bis obenhin mit den Kleidern und Schuhen der Ermordeten vollgestopft waren.

Die sowjetische Propaganda tat sich schwer, mit der Tatsache umzugehen, dass es außer dem russischen Volk noch andere Opfergruppen gab. Den Nimbus als Hauptopfer der faschistischen Bestie wollte Stalin nicht teilen. Trotz allem hatte man den in der Nähe von Majdanek lagernden Sowjetsoldaten nach der Befreiung des Vernichtungslagers den Befehl erteilt, dieses Schandmal mit eigenen Augen zu betrachten. Und so war auch Aksakow durch das Barackenlager gestiefelt.

Er hatte in seiner Laufbahn beim NKWD unzählige Menschen verhaftet, damit sie ins Straflager transportiert werden konnten, und sah sich nur als eine Art Polizist. Was in den Gulags vor sich ging, hielt Aksakow nicht für sein Problem. In Majdanek wurde er hingegen zum ersten Mal mit einem Gefangenenlager konfrontiert, das mit dem erklärten Ziel errichtet worden war, die Insassen so effizient wie möglich zu vernichten.

Er teilte das Entsetzen der übrigen Frontsoldaten in der selbstgerechten Gewissheit, dass sie selbst zu solchen Schandtaten niemals in der Lage wären. Schließlich war dieser Sündenfall dem imperialistischen Klassenfeind unterlaufen. Die ehrlichen Arbeiter und Bauern befanden sich vom moralischen Standpunkt aus betrachtet auf der richtigen Seite. Doch waren die Konzentrationslager wirklich so anders als die russischen Gulags? Aksakow konnte diese beunruhigende Frage nicht beantworten.

Um nicht mehr daran zu denken, schloss er seine Augen und sog den Duft von Nataljas Haut ein. Als auch das nicht helfen wollte, stieg er nackt aus dem Bett, um sich einen Schluck aus seiner Feldflasche zu genehmigen.

Der Alkohol floss brennend seine Kehle hinunter. Aksakow atmete tief ein, so dass er das Rascheln der Bettwäsche kaum wahrnahm.

»Krieg ich auch was?«, fragte Natalja hinter ihm. Sie war wach und streckte die Hand nach der Feldflasche aus.

Mit stillem Besitzerstolz legte Aksakow seine Hand in ihren Nacken, während sie einen großen Schluck nahm. Beim Betrachten ihres rabenschwarzen Haarschopfes fragte er sich, was wohl Alexei dazu sagen würde, dass sein jüngerer Bruder eine Feldgefährtin auf Zeit hatte. Diese amourösen Arrangements waren vor allem ein Privileg der Offiziersränge, denn nur sie konnten den Frauen einen gewissen Schutz vor den Belästigungen der übrigen Soldaten bieten. Und die Frauen bezahlten dafür mit sexuellen Gefälligkeiten, was funktionierte, solange sie attraktiv waren und die Offiziere ihrer nicht überdrüssig wurden. Dies geschah jedoch recht schnell, so dass sich das Karussell ständig weiterdrehte. Von den Vorgesetzten sah niemand so genau hin, da es üblich war, tatkräftig zu ignorieren, was nicht zum Ideal des Sowjetmenschen passte.

Die kommunistischen Ideologen waren generell prüde. Dazu passte das Gerücht, dass sich Lenin lieber mit gymnastischen Übungen abgelenkt habe, statt seinen Trieben nachzugeben. Sexualität galt als ein Mittel, um sich fortzupflanzen, ein lästiges menschliches Bedürfnis, dessen man sich am besten unzeremoniell entledigte, um sich dann wieder unbelastet der Werkbank oder der Pflugschar zuzuwenden.

Aksakow stimmte dieser Auffassung voll und ganz zu. Sein Arrangement mit Natalja war eine einfache Transaktion, von der beide Seiten profitierten. Für so etwas wie Leidenschaft gab es

seiner Meinung nach in dieser neuen Zeit keinen Platz, schließlich war sie nur ein Überbleibsel der zum Untergang verdammten Kultur des Bürgertums.
Trotz allem ließ sich Aksakow von niemandem vorwerfen, seine Pflicht als Ehemann zu vernachlässigen. Jeden Monat schickte er seiner Frau Maschenka hundert Rubel. Seit Dezember war es zudem erlaubt, Päckchen mit Beutegut in die Heimat zu senden, und so hatte auch Aksakow die ihm monatlich erlaubten zehn Kilo seiner Frau zukommen lassen.
Doch das Briefeschreiben war für Aksakow zunehmend zu einer unliebsamen Pflicht geworden. Und Maschenkas Antworten bestanden fast nur noch aus Schilderungen eines trostlosen Alltags mit Lebensmittelknappheit, Wohnraummangel und einer um sich greifenden Gesetzlosigkeit, die allem widersprach, an das Aksakow sich erinnern konnte oder wollte. Er ahnte, dass Maschenka ihn ebenfalls nicht verstehen würde, weil sich ihre Lebensrealitäten in den Kriegsjahren zu sehr auseinanderentwickelt hatten.
Dass ihn sein Bruder nicht verstanden hätte, davon war Aksakow überzeugt. Der untadelige Alexei mit seinen hohen moralischen Ansprüchen, die doch immer nur für neuen Ärger sorgten, den Aksakow dann ausbaden musste. So war es bis zuletzt geblieben, als die russischen Truppen beim Überschreiten der Grenze zum Feindesland unvermittelt mit den Dämonen der eigenen Seele konfrontiert wurden.
Die Ausschreitungen der Roten Armee in Ostpreußen im vergangenen Oktober kannte Aksakow nur vom Hörensagen. In unzähligen Leitartikeln und Reden der *Politruks* war den Soldaten zuvor eingebleut worden, dass ihr Zorn gerechtfertigt sei. Die Rote Armee würde wie eine Art Volksgericht über den Feind hereinbrechen, um für dessen Greueltaten Vergeltung

einzufordern. Die Soldaten interpretierten das allerdings als Freibrief für Gewalttaten an der Zivilbevölkerung. Obwohl die Propagandaabteilung ihr Bestes tat, um diese peinliche Episode zu verschweigen, sollte sich herausstellen, dass die Zeit der Ausschreitungen damit noch lange nicht beendet war. Und ausgerechnet Alexei fand sich in dem Strudel des Wahnsinns wieder, der dann einige Monate später nach einer zähen Belagerungsphase über Budapest hereinbrach.

Schon als Aksakow aus dem Kreis seiner gut informierten Kollegen das erste Gerücht zugetragen wurde, dass sich sein Bruder in Haft befand, ahnte er, dass es böse Konsequenzen für ihn haben würde. Dann stellte sich heraus, dass Alexei in dem Militärquartier auf der Budaer Seite versucht hatte, die Vergewaltigung von eingesperrten ungarischen Frauen zu verhindern. Zunächst war es für Aksakow ein Rätsel gewesen, warum man ihn überhaupt verhaftet hatte. Es kam durchaus gelegentlich vor, dass Offiziere die Ausschreitungen ihrer Untergebenen unterbanden, ohne dass sie deswegen gemaßregelt wurden.

Alexei musste sich Feinde gemacht haben, die sich nun revanchierten. Das war die einzig sinnvolle Erklärung. Selbst wenn Aksakow es gewagt hätte, wäre er nicht mehr dazu gekommen, die Sache aufzuklären, denn zu diesem Zeitpunkt hatten die Ermittler ihr Augenmerk bereits auf ihn gerichtet.

Mürrisch stieg er wieder ins Bett. Immer noch hing das Aroma von erhitzten Körpern in der Luft. Trotz des weit geöffneten Fensters war es drückend schwül in seinem Zimmer. Der Regensturm hatte es lediglich geschafft, die Hitze ein wenig feuchter zu machen. Er hörte, wie der Wind draußen an den Baumwipfeln riss und irgendetwas im Gebälk des Hauses klapperte. Aksakow ahnte, dass er jetzt nicht mehr einschlafen würde, vor allem nicht, da seine Gedanken wieder um Alexei kreisten.

Auch Natalja warf sich unruhig zur Seite und deckte sich auf. »Bist du noch wach?«, flüsterte sie. Aksakow antwortete mit einem unbestimmten Brummen, was Natalja als Aufforderung verstand, mit der Hand sein Geschlechtsteil zu massieren.

Die Federkerne der Matratze knarzten, als sie zu ihm hinüberglitt und sich rittlings auf ihn setzte. Obwohl Aksakow von einem klebrigen Schweißfilm bedeckt war, ließ er sie gewähren. Womöglich war das die beste Methode, seine Gedanken zu zerstreuen.

Während des Geschlechtsakts konnte er nicht verhindern, seine Taten durch die Augen des Bruders zu betrachten.

Was trieb er hier eigentlich? War er tatsächlich so viel besser wie die Soldaten, die plündernd und vergewaltigend unter den Besiegten marodierten? Beutete er Natalja nicht ebenso aus? War nicht auch sie schutzlos, wenn er sich einmal von ihr abwandte?

Sie stöhnte, fast schon ein wenig zu aufdringlich. Natürlich, Natalja wollte ihm gefallen. Aksakow fragte sich plötzlich, ob ihre Ekstase gespielt war. Dann versuchte er, diese Gedanken zu verdrängen. Es war egal, schließlich waren sie erwachsene Menschen und sich bewusst, dass sie nichts voneinander zu erwarten hatten. Jenseits der Front gab es für sie keine Zukunft. Außerdem war er nicht kleinlich, er belohnte Natalja, solange er seinen Spaß mit ihr hatte.

Schon seit Jahren machte sich Aksakow keine Illusionen mehr. Bei der Beziehung zu einer Frau spielte seiner Meinung nach immer irgendeine Art der Bezahlung eine Rolle. Ob sie nun wie eine Straßendirne Geld verlangte oder weitaus subtiler vorging wie die Frauen auf der Suche nach einem Mann, der ihnen ein Nest bauen sollte.

Auch dies war eine Lektion des Lebens, die Alexei niemals akzeptieren wollte.

Nach der Schrecksekunde kam allmählich wieder Leben in Oppenheimer. Es stimmte, er war nicht allein auf der Pritsche des Lastwagens. Zum Glück ging keine Gefahr von dem versteckten Beifahrer aus, denn es handelte sich um Paule.

Oppenheimer atmete auf. Eigentlich hätte er es ahnen können. Gewitzt, wie Ede nun mal war, hatte er dieselbe Idee gehabt und seinem Helfer den Auftrag gegeben, sich in den Laster von Grigorjews Bande zu schmuggeln, um in Erfahrung zu bringen, wo sich ihr Versteck befand. In dieser brandgefährlichen Situation fand es Oppenheimer beruhigend, nicht auf sich allein gestellt zu sein.

»Also hörn Se mal«, zischte Paule ihm zu, »Se tun nix, ohne dass ick Ihnen den Befehl dazu jebe. Is dit klar?«

»Mir soll alles recht sein«, murmelte Oppenheimer und suchte sich dann einen bequemen Platz, damit er in dem schwankenden Gefährt das Ende der Fahrt abwarten konnte, ohne sich blaue Flecken zu holen.

Die in der Dunkelheit an ihnen vorbeirauschenden Straßen ließen sich nicht unterscheiden. Es kam Oppenheimer wie eine Fahrt ins Nichts vor, aus dem es kein Entrinnen mehr gab.

Sie mochten vielleicht eine halbe Stunde unterwegs gewesen sein, als das Fahrzeug sein Tempo verlangsamte und Oppenheimer zur Seite geschleudert wurde, weil der Laster abrupt abbog. Sie näherten sich zweifellos ihrem Ziel. Paule wurde so unruhig, dass er den Kopf durch den Spalt in der Plane steckte. Der Wagen bog erneut ab, so dass er für einige Augenblicke seine Balance verlor und gegen Oppenheimer prallte. Schließlich wurde der Motor mit einem letzten Zittern abgestellt.

Als Paule von der Ladefläche herabglitt, war kaum ein Laut zu hören. Oppenheimer schaffte dies deutlich weniger elegant, doch wenigstens gelangte er unversehrt auf den Boden. Bei jeder Bewegung raschelte Splitt unter seinen Füßen. Grigorjews Männer bekamen davon zum Glück nichts mit. Aus der Fahrgastzelle drang eine laute Unterhaltung.

Die Türen schwangen auf, dann tanzten auf dem Boden die Lichtkegel von Stablampen.

Gehetzt blickte sich Paule um. Grigorjews Leute näherten sich von beiden Seiten, um etwas abzuladen. Beim schwachen Schimmer der Mondsichel brauchte Oppenheimer eine Weile, um zu erkennen, dass sie sich auf einer Freifläche befanden. Rechteckige Schatten umringten den Hof, vermutlich ein mehrteiliger Gebäudekomplex, doch die Häuser waren zu weit entfernt. Es gab keine Chance, dorthin zu gelangen, ohne sich zu verraten.

Oppenheimer wagte kaum zu atmen, als ihm plötzlich ein Gedanke durch den Kopf schoss. Hastig packte er Paule am Arm und zog ihn mit sich nach unten, um unter das Fahrzeuggestell zu kriechen. Auch ohne Erklärung verstand der kleine Ganove, dass es keine andere Alternative gab, und robbte hinter ihm her. Oppenheimer war froh darüber, in letzter Sekunde ein Versteck gefunden zu haben. Zum Aufatmen war es jedoch zu früh, denn die Männer waren jetzt nur wenige Zentimeter von ihnen entfernt. Geräuschvoll öffneten sie die hintere Ladeklappe. Scharniere quietschten über Oppenheimers Kopf, Holz schlug gegen Metall. Als Oppenheimer seinem Begleiter einen raschen Seitenblick zuwarf, kam ihm etwas merkwürdig vor. Ein nach unten gerichteter Lichtkegel verlieh Paules Profil für einen Augenblick einen hellen Schimmer. Erst jetzt registrierte Oppenheimer, was verkehrt war.

Paules Mütze fehlte.

Um ihn darauf aufmerksam zu machen, rüttelte Oppenheimer an Paules Arm, doch dieser reagierte nicht. Es war zu dunkel, um mit Gesten klarzumachen, was geschehen war, also streckte

Oppenheimer kurzentschlossen seine Hand aus und tätschelte Paule den unbedeckten Kopf.
Ein Ruck ging durch Paule, als er es endlich begriff.
Aufgeregt zuckte sein Kopf zur Seite.
Direkt neben dem Lastwagen lag die Schlägermütze.
Wenn jemandem die Kopfbedeckung auffiel, würden sie auffliegen. Grigorjews Leute wuchteten gerade einen schweren Gegenstand von der Ladefläche. Als Paule seine Hand ausstreckte, konnte er für einen kurzen Augenblick nicht verfolgen, was bei der Ladeklappe vor sich ging.
Alarmiert fuhr Oppenheimer zusammen, als er sah, wie sich zwei Beinpaare um das Fahrzeug herumbewegten. Sie liefen genau auf die Mütze zu. Der schwere Atem der Männer schien immer lauter zu werden. Blitzschnell drehte Oppenheimer sich zur Seite, um über Paule hinweg nach dessen Arm zu fassen.
Gerade hatte er ihn am Jackenärmel erwischt, als ein klobiger Stiefel die Mütze platt drückte. Ruckartig zog Paule seinen Arm zurück. Oppenheimer biss sich vor Aufregung auf die Zunge und zog den Kopf ein.
Als er wieder hochzublicken wagte, entfernten sich die Männer gerade wieder. Sie waren zu sehr damit beschäftigt, ihre Last zu schleppen, als dass sie den weichen Gegenstand auf dem Boden bemerkt hätten.
Paule gab sich einen Ruck, griff nach dem zertrampelten Stück Filz und presste es still fluchend an sich. Es dauerte eine Weile, bis sich auch die restlichen Männer in Bewegung setzten.
Oppenheimer und Paule recken den Hals, um mitzubekommen, wohin Grigorjews Leute marschierten. Als sie weit genug entfernt waren, flüsterte Paule: »Ick bin gleich wieder da.«
Nach diesen Worten kroch er unter dem Lastwagen hervor und verschwand in der Dunkelheit.

Oppenheimer verharrte auf seinem unbequemen Platz, bis es ihm nach einer schieren Ewigkeit zu dumm wurde. Mühsam robbte er ins Freie und suchte sich eine geschützte Stelle an der nächstliegenden Hausfassade. Während er dort stand und darauf wartete, dass sich sein Herzschlag normalisierte, überlegte Oppenheimer, was er nun tun sollte.

Je länger Paule fortblieb, umso mehr Sorgen machte er sich.

Plötzlich zuckte Oppenheimer zusammen. Schritte wurden von den Hausfronten zurückgeworfen. Sie kamen aus der Richtung, in der Paule verschwunden war. Doch ein geübter Einbrecher wie er hätte sich bestimmt nicht derart geräuschvoll bewegt.

Das konnten nur Grigorjews Leute sein.

Sie kehrten zurück.

Oppenheimer presste sich gegen die Backsteinmauer.

Die Schritte wurden lauter.

Schließlich konnte er die Konturen der Männer ausmachen. Worte wurden gewechselt, gefolgt von dem heiseren Kichern. Dass sich die Deserteure derart ungezwungen verhielten, sprach dafür, dass sie Paule nicht entdeckt hatten.

Der Kicherer und seine Gesellen liefen nicht zu dem abgestellten Lastwagen, sondern näherten sich dem Hauptgebäude.

Oppenheimer blieb zunächst auf seinem Posten stehen. Immerhin hatte Paule den Befehl gegeben, hier auf ihn zu warten. Als die Stimmen der Männer leiser wurden und sie hinter dem Lastwagen verschwanden, wurde Oppenheimer unruhig.

Von Paule fehlte immer noch jede Spur. Da die Männer jetzt nicht mehr bepackt waren, hatten sie vermutlich in dem hinteren Gebäudeteil ihre Waren verstaut. Vielleicht hatte Paule von Ede ja auch nur den Auftrag bekommen, ihr Lager aufzustöbern.

Edes Hehlerwaren interessierten Oppenheimer allerdings nicht. Er war hier, um herauszufinden, wo sich Grigorjews Bande aufspüren ließ.

Wieder blickte Oppenheimer zum Haupttrakt, in dessen Schatten die Männer verschwunden waren. Er gönnte sich einige Sekunden, um Mut zu sammeln. Dann atmete er tief durch und trat aus seinem Versteck hervor.

Während er hinter den Deserteuren herschlich, registrierte Oppenheimer, dass in dem anscheinend ebenen Boden einige Stolperfallen lauerten. Mehrmals geriet er ins Straucheln, weil er zu ungestüm vorpreschte. Als er sich vorsichtig um die Fahrerkabine des Lasters schob, hörte er die Stimmen wieder. Glühend rote Punkte tanzten umher. Die Männer waren ihm nicht entwischt, sondern standen in einer windgeschützten Ecke und rauchten.

Um zum Hauptgebäude zu kommen, musste Oppenheimer ohne Deckung den Platz überqueren. Zwar bot ihm die Dunkelheit einen gewissen Schutz, doch bei einem verdächtigen Geräusch würden Grigorjews Gehilfen ihre Lampen erneut einschalten.

Er entschied sich für den kürzesten Weg zum Hauptgebäude. Dort angelangt, wollte Oppenheimer sich so lange an der Fassade vorarbeiten, bis er die Männer wieder sehen konnte. Aber was in der Dunkelheit wie ein monolithischer Klotz aussah, stellte sich als überraschend verwinkelte Hausfront heraus. Weitläufige Erker wechselten sich mit Steinpfeilern ab, zu allem Überfluss gab es auch noch Schächte für Kellerfenster, die zwar vergittert waren, aber einen Höllenlärm verursachten, sobald man darüberging.

Oppenheimer versuchte, seinen Hass beiseitezuschieben. Obwohl es für ihn eine elende Geduldsprobe darstellte, tastete er sich behutsam an der Fassade entlang, jederzeit bereit, den Fuß zurückzuziehen, sobald er gegen einen fremden Gegenstand stieß.

Wie lange er sich auf diese Weise vorwärtsbewegte, ließ sich kaum einschätzen. Die Fassade schien sich in alle Richtungen zu winden, so dass Oppenheimer schon bald den Eindruck hatte, dass sich der Raum vor ihm ins Unendliche öffnete.

Das nächste Geräusch kam derart unvermittelt, dass er zusammenfuhr. Jemand sprach.

Oppenheimer glaubte, den Kicherer zu erkennen. Er befand sich ganz dicht bei ihm, doch seine Stimme kam von hinten.

Rasch presste sich Oppenheimer gegen die Wand.

Als er den Kopf vorsichtig nach rechts neigte, erblickte er knapp über sich ein dunkles Rechteck. Wahrscheinlich handelte es sich um ein Fenster, das von innen mit Verdunklungspappe ausgeschlagen war. Als Oppenheimer genauer hinschaute, sah er, wie durch einen schmalen Spalt Licht schimmerte.

Vorsichtig näherte er sich dem Fenster. Als er durch die Ritze spähte, ließ sich zunächst nicht viel mehr erkennen als die grellen Lichtpunkte der Stablampen zwischen einem Wald aus Schatten.

Oppenheimer erinnerte sich, kurz zuvor an einer Eingangstür vorbeigekommen zu sein. Es war ein Glück, dass er die Gesprächsfetzen vernommen hatte, denn sonst wäre er blind weitergeirrt, bis er die Spur der Männer endgültig verloren hätte.

Kurzentschlossen schlich er zurück, um ebenfalls das Gebäude zu betreten.

27

Mittwoch, 13. Juni 1945 – Donnerstag, 14. Juni 1945
81 bis 80 Tage vor dem Kriegsende im Pazifik

Bei dem Bauwerk schien es sich um die Überreste eines stillgelegten Industriebetriebes zu handeln. Der schwere Geruch von Maschinenöl hing in der Luft, also musste es auch irgendwo eine Werkshalle geben. Zu Oppenheimers Glück bestand der Gebäudeteil, in den er eingestiegen war, aus unzähligen verschachtelten kleinen Räumen, so konnte er die Männer problemlos aus einem schattigen Winkel heraus beobachten. Vier von ihnen hielten sich keine zehn Meter von ihm entfernt vor einer Tür auf. Der Kicherer war jetzt nicht mehr dabei.

Trotz der eingeschalteten Stablampen musste Oppenheimer seine Augen anstrengen, um etwas erkennen zu können.

Plötzlich nahm er eine Bewegung wahr. Ein schmächtiger Mann in einem voluminösen Mantel trat aus der Tür. Da war er wieder, der junge Soldat mit dem heiseren Kichern. Er trug einen in Stoff eingeschlagenen Gegenstand unter dem Arm.

»Schto takoe, Demjan?« Einer der Männer fragte, was los ist.

Also Demjan hieß der Bursche. Oppenheimer machte sich eine geistige Notiz.

Demjan murmelte etwas, ehe er sich in Bewegung setzte. Zu Oppenheimers Leidwesen kamen die Männer mit ihren Stablampen in dem dunklen Gebäude wesentlich schneller voran als er selbst. Bei der nächsten Türöffnung hielt er kurz inne, denn die Schatten in dem dahinterliegenden Raum ergaben zunächst keinen

Sinn. Auf einer weitläufigen Fläche standen mannshohe Gegenstände. Sie waren in einem geometrischen Raster angeordnet, mit großzügig bemessenen Zwischenräumen.
Es war vielleicht ein Waschraum für Arbeiter, denn bei genauem Hinsehen erkannte Oppenheimer Wasserhähne in den Säulen, die von mehreren weißen Becken umgeben waren. Der helle Schimmer der Stablampen, der ihn zu diesem Raum geleitet hatte, war verschwunden.
Oppenheimer unterdrückte einen Fluch und machte sich gerade bereit, in den fremden Raum vorzudringen, als ihn etwas an der Schulter berührte.
Erschrocken fuhr er herum.
Es war eine Hand gewesen, dessen war er sich absolut sicher.
Und wenige Zentimeter von seinem Gesicht entfernt befand sich der dazugehörige Mensch.
Blitzschnell hielt ihm der andere den Mund zu.
»Psst«, zischte der Schatten. Oppenheimer brauchte eine Weile, bis er Paules Gesichtszüge erkannte. Ein atemloses Wispern drang aus dessen Kehle. »Sind Se völlig plemplem? Ick hab Ihnen doch jesagt, auf mich zu warten.«
Oppenheimer zeigte in den Waschraum hinein und flüsterte: »Da lang. Sie sind da lang.«
Paule zerrte ihn am Ärmel. »Dit is mir ejal. Raus hier!«
Als Paule zur Eingangstür stürmte, zog er Oppenheimer mit sich. Unsanft kollidierten sie miteinander, als Paule plötzlich erstarrte. Oppenheimer warf ihm einen fragenden Blick zu.
Dann hörte auch er es.
Es waren rauhe Stimmen. Direkt bei der Eingangstür befanden sich weitere Männer, und sie bewegten sich auf Oppenheimer und Paule zu.
Der Rückweg war ihnen abgeschnitten.

Eine Idee schoss Oppenheimer durch den Kopf. Er klopfte Paule auf die Schulter und führte ihn durch die erstbeste schwarze Türöffnung.

Sie wichen in die Schatten zurück, in die Sicherheit, wohin keine suchenden Blicke reichten. Oppenheimer wurde von plötzlicher Atemnot geplagt und öffnete seinen Mund in der Hoffnung, dass sein Japsen nicht zu viel Lärm verursachte.

Die Männer im Korridor kamen näher. Der Widerschein einer Lampe reflektierte von den weiß gestrichenen Wänden.

Dann verstummten die Schritte, und ein Murmeln erklang. Eine tiefe, schwere Stimme nuschelte eine Ansammlung von Konsonanten.

Direkt in der Nähe der Tür ging etwas vor sich. Oppenheimer reckte sich, bis er etwas sehen konnte.

An der gegenüberliegenden Wand lehnte Demjan, der auf einem anderen Weg zurückgekommen war. Und mitgebracht hatte er einen roh wirkenden Kerl mit einer fellgefütterten Mütze auf dem Kopf. Aufgebracht redete dieser auf einen dritten Mann in Soldatenkluft ein. Die Konversation wurde hitzig. Oppenheimer konnte nicht alles verstehen, doch er reimte sich zusammen, dass der Soldat eine Bezahlung verlangte. Er rechnete bereits damit, dass sich die Rivalen gegenseitig an die Gurgel gehen würden, als der Mann mit der Fellmütze schließlich nachgab und Demjan stumm zunickte. Auf diesen Wink hin übergab Demjan den in Stoff eingeschlagenen Gegenstand.

Unaussprechliche Gier spiegelte sich in den Zügen des Rotarmisten, als er hastig die Trophäe auspackte.

Und genau das war sein Fehler, denn in diesem Moment achtete er nicht mehr auf Demjan, der anscheinend entspannt um den Mann herumschlenderte.

Aber das war nur gespielt.

Kaum war er hinter den Soldaten getreten, als Oppenheimer etwas aufblitzen sah. In Demjans Hand befand sich ein Messer, dessen Spitze er seitlich in den Hals des unachtsamen Opfers trieb.
Die Bewegung war von einer tödlichen Präzision. Zweifellos besaß Demjan eine gewisse Routine darin, mit seinem Messer punktgenau die Halsschlagader zu treffen.
Als er das Messer wieder herauszog, ging alles blitzschnell. Blut spritzte aus der Wunde, der Soldat öffnete den Mund, aber statt Worten stieß er nur ein gurgelndes Geräusch aus. Mit schreckgeweiteten Augen sank er in die Knie, woraufhin ihm der Mann mit der Fellmütze einen herzhaften Stoß in den Rücken gab. Der Soldat fiel der Länge nach auf den Boden und verblutete.
Fassungslos beobachtete Oppenheimer, wie sich die dunkle Flüssigkeit auf dem Fußboden ausbreitete. Währenddessen umspielte ein sadistischer Zug Demjans Mund. Dieser junge Kerl verrichtete Drecksarbeit, schaffte fort, was beseitigt werden musste. Und er tat es gern. Der grobschlächtige Kerl beugte sich schließlich nach vorn und wand den immer noch in Stoff eingeschlagenen Gegenstand aus der Hand des zuckenden Opfers.
Als sich Demjan und sein Begleiter zum Gehen wandten, sagte er: »U nas est dengi Tima!« Mit dieser Bemerkung holte er ein Geldbündel aus dem Stoffsack und wedelte damit herum.
Oppenheimer erstarrte.
Direkt vor seiner Nase stand Lisas Vergewaltiger.
Das Gemurmel wurde leiser, als sich die zwei Männer entfernten.
Erst jetzt wurde sich Oppenheimer bewusst, dass die ganze Zeit über Paule hinter ihm gestanden hatte. Sein starrer Blick sprach Bände. Er mochte ein abgebrühter Ganove sein, in diesem Moment hatte er jedoch Todesangst.

Oppenheimer dagegen spürte keine Angst.
Der Kreis hatte sich geschlossen. Er war am Ende seiner Suche angelangt.
Nicht Oppenheimer musste nun um sein Leben bangen, sondern Grigorjew.

Aksakow wurde von einem Klopfen geweckt. Obwohl er es wegen der stickigen Luft in seinem Zimmer nicht für möglich gehalten hatte, war er irgendwann in der Nacht eingedöst. Natalja lag nicht mehr auf ihrer Seite des Bettes.
Noch halb benommen angelte er sich seine Unterhose von dem Kleiderhaufen am Boden, zog sie an und stakste dann mit schmerzenden Gliedern zur Tür. Als er das hagere Gesicht von Oberst Kirill Nowikow erkannte, zog er sie weit auf.
»Wladimir Sergeijewitsch«, sagte Kirill zur Begrüßung. Manche Dinge würden sich zwischen ihnen niemals ändern. Nur er nannte Aksakow beim Vornamen, da sie auf eine lange gemeinsame Vergangenheit zurückblickten. Und so ließ er Kirill eintreten.
Zum ersten Mal waren sie sich bei einem Lehrgang des NKWD begegnet und hatten danach gelegentlich zusammengearbeitet. Seitdem Kirill für SMERSch arbeitete, hatte Aksakow ihn jedoch immer seltener zu Gesicht bekommen.
In einer anderen Zeit, als sie beide noch jung und ehrgeizig waren, hatten sie sogar Verdachtsmomente gegen einen unbeliebten Mitarbeiter erfunden und ihn kaltblütig in die Mühlen von Stalins Verfolgungsapparat gestoßen, um selbst aufzusteigen. Dass sich Kollegen gegenseitig anschwärzten, um Karriere zu machen, war zu dieser Zeit nicht ungewöhnlich gewesen, schließlich basierte das komplette Bespitzelungssystem darauf, dass man allen anderen misstraute. Und dieses Misstrauen wurde von offizieller Seite noch genährt.

Kirill setzte sich an den kleinen Esstisch und lud in Zeitungspapier verpackte Gegenstände ab.
»Frühstücken wir.« Mit dieser Ankündigung nahm er seine Mütze ab und entblößte seinen sauber gezogenen Scheitel. Ungeniert wickelte Kirill Brot und Fisch aus den Papierfetzen.
Aksakow setzte sich mit bloßem Oberkörper vor das offen stehende Fenster. Er fand es angenehm, wie die Morgenbrise seinen Körper abkühlte.
Der alte Freund runzelte amüsiert die Stirn, als er bemerkte, dass auf der Stuhllehne Frauenkleider hingen.
»Besuch?«, fragte er.
»Natalja«, sagte Aksakow. »Ein nettes Mädchen.« Sicherlich war Kirill nicht in den frühen Morgenstunden erschienen, um sich über Weibergeschichten zu unterhalten. Also beugte sich Aksakow vor und blickte seinen Gast aufmerksam an.
»Hast du etwas für mich, Kirill Wiktorowitsch?«
Kirill wurde ernst. »Ich weiß, dass die Sache Grigorjew für dich wichtig ist«, begann er. »Das hast du ja gleich gesagt. Deshalb musst du mir glauben, dass ich wirklich alles versucht habe.«
Aksakow wusste, was er damit andeuten wollte. Mit einem unzufriedenen Seufzer riss er ein Stück Brot ab, belegte es mit Fisch und stopfte es sich in den Mund. Kauend starrte er auf das fettglänzende Zeitungspapier.
»Es ist also nichts zu finden«, sagte er, nachdem er den Bissen hinuntergeschluckt hatte.
Kirill schüttelte bedauernd den Kopf. »Wir haben zwar einige Leute ausfindig gemacht, die desertiert sind, um sich Grigorjew anzuschließen, aber sie halten dicht. Nicht einmal unsere Spitzel haben etwas mitbekommen, und die haben ihre Ohren fast überall. Vielleicht lassen sie sich von Grigorjew auch schmieren, wer weiß.«

Aksakow überlegte kurz, ob es klug war, seinen Verdacht mitzuteilen, doch die Situation war zu verfahren, um noch auf Sicherheit zu setzen. Und Kirill war der Einzige, dem gegenüber er offen sein konnte. Außerdem vereinfachte es die Sache, dass er als Oberst von SMERSch streng genommen kein direktes Mitglied ihrer Organisation war.

Nach einem kurzen Räuspern sagte Aksakow: »Ich glaube tatsächlich, dass jemand in den Reihen des NKWD mit Grigorjew zusammenarbeitet.«

Kirill hörte auf zu kauen. Dann mahlte sein Kiefer langsam weiter. »Das ist interessant«, sagte er mit vollem Mund. »Wie kommst du darauf?«

»Ich hatte einen von Grigorjews Leuten. Bevor er auspacken konnte, ist er gestorben.«

»Unter ungeklärten Umständen«, beendete Kirill Aksakows Erklärung.

»Offiziell nicht. Kein Schwein hat sich darum gekümmert. Und ich wollte es auch nicht an die große Glocke hängen.«

»Das heißt, sie vertrauen dir immer noch nicht?«

Aksakow zuckte die Schultern. »Etwas bleibt immer hängen, das weißt du ganz genau. Rückhalt von meinen Vorgesetzten bekomme ich sicher nicht.«

Kirill nickte mit heruntergezogenen Mundwinkeln, denn auch er hatte natürlich mitbekommen, was im Februar geschehen war. Weil Aksakows Bruder in Budapest gegen die Vergewaltigungen eingeschritten war, war er nach Paragraph 58.10 des *Strafgesetzbuches der UdSSR* angeklagt worden. Formal bezog sich der Paragraph auf Propaganda oder Agitation mit dem Ziel, die Sowjetherrschaft zu unterminieren, was mit Freiheitsentzug nicht unter sechs Monaten geahndet wurde. Dieser Tatbestand ließ sich allerdings sehr frei auslegen. In Alexeis Fall fußte die Anschuldigung auf der Behauptung, dass er militärisch dringende Aufgaben vernachlässigt habe, als er sich darum bemüht hatte, die ungarischen Frauen zu schützen. Mitleid mit dem Feind und die Propagierung des bürgerlichen Humanismus wogen schwer, denn indem sich Alexei gegen die gerechtfertigte Rachsucht der sowjetischen Invasoren aussprach, habe er auch gleichzeitig das moralische Niveau der Truppe geschwächt. So sahen das zumindest die Ankläger.

Und in diesem Zusammenhang war auch Aksakow selbst ins Fadenkreuz der Ermittler geraten.

Blankes Entsetzen hatte ihn erfasst, als er zum Verhör abgeholt wurde, denn er wusste allzu gut, was ihn erwartete. Zwar wurde Aksakow vergleichsweise sachte angefasst, verschärfte Methoden waren bei ihm ohnehin nicht notwendig gewesen. Er hatte bereitwillig gelogen, dass auch er Alexei verdächtigte, ein Trotzkist zu sein, ein Umstürzler, der vielleicht sogar mit dem faschistischen Feind unter einer Decke steckte. Die Unwahrheiten waren ihm leicht über die Lippen gekommen, denn er wusste, dass seinem Bruder zu diesem Zeitpunkt nicht mehr zu helfen war. Eine Anklage war praktisch mit einer Verurteilung gleichzusetzen. Er konnte nur noch versuchen, den Schaden zu begrenzen, indem er sich selbst aus der Affäre zog.

Doch sosehr er sich auch bemühte, Aksakow hatte seitdem stets den Eindruck, dass die anderen Offiziere ihm gegenüber einen gewissen Argwohn hegten. Immerhin konnte er sich glücklich schätzen, dass es seine Vorgesetzten dabei bewenden ließen, ihm den linientreuen Aufpasser Pogodin an die Seite zu stellen und Aksakow die undankbaren Aufträge zuzuschanzen, die sonst kein anderer bearbeiten wollte.

»Hast du noch was von Alexei gehört?«, fragte Kirill.

Aksakow schüttelte traurig den Kopf. »Wenn sie ihn nicht in ein Arbeitslager gesteckt haben, dann in ein Strafbataillon für Himmelfahrtskommandos an der Front. Ich habe nicht mal eine Ahnung, ob er überhaupt noch lebt.«

Kirill nickte. »Also deswegen hast du mich hinzugezogen. Du sollst diesen Grigorjew schnappen, doch du musst damit rechnen, dass die Spur zu den Hintermännern führt.«

»Vielleicht will man ja nicht, dass die Sache aufgedeckt wird«, erklärte Aksakow seine Überlegungen. »Vielleicht ist auch das der Grund, weswegen ausgerechnet ich auf diesen beschissenen Fall angesetzt wurde.«

Aksakow spürte, wie gut es war, mit jemandem offen reden zu können, die Befürchtungen, die er sonst für sich behalten musste, zum ersten Mal zu formulieren.

»Natürlich«, sagte Kirill, »ohne Rückendeckung von außen solltest du nichts unternehmen.«

Plötzlich schien er abgelenkt zu sein. Sein Blick wanderte zur Seite, während er gleichzeitig die Augenbrauen hob. Ein belustigter Ausdruck huschte über sein Gesicht.

Als sich Aksakow umdrehte, erkannte er die Ursache dafür. Natalja lugte aus dem Badezimmer. Das wenige, was man von ihr zu sehen bekam, ließ erahnen, dass sie splitterfasernackt war.

»Entschuldigung«, murmelte sie verlegen, »aber kann ich meine Kleider haben?« Dabei zeigte sie auf Kirills Stuhl.

Galant stand dieser auf und raffte die Textilstücke zusammen. Allerdings ging er nur wenige Schritte auf Natalja zu, so dass sie hinter dem Türrahmen hervortreten musste, um ihre Kleider in Empfang zu nehmen.

Nach dieser Unterbrechung aßen sie schweigend weiter, Aksakow mit einem mürrischen Gesichtsausdruck, während Kirill offenbar angenehmeren Gedanken nachhing.

Natalja war die Situation so peinlich, dass sie nicht einmal von dem angebotenen Fisch kosten mochte. Aksakow war froh, als sie mit federleichten Schritten aus dem Zimmer gehuscht war, denn nun konnte er sich wieder vertraulich mit Kirill unterhalten.

»Mir wurde ein Ultimatum gestellt«, fuhr er fort. »Der Fall soll aufgeklärt sein, noch ehe die Westmächte nach Berlin kommen. Das hört sich für mich so an, als würden wir auf eine Konfrontation mit unseren Alliierten zusteuern. Weißt du zufällig mehr darüber?«

Kirill stutzte. »Ich kann dir natürlich nicht alle Fakten anvertrauen, das musst du verstehen, aber in der letzten Zeit verdichten sich die Hinweise darauf, dass sich die Imperialisten darauf vorbereiten, gegen uns zu arbeiten. Als die Deutschen kapituliert haben, gab Churchill an Feldmarschall Montgomery den ausdrücklichen Befehl, die gefangen genommenen Soldaten nicht zu entwaffnen, um für einen Krieg gegen Russland gerüstet zu sein. Das wissen wir aus absolut seriöser Quelle. Außerdem schert sich der Westen ja nicht mal um die Vereinbarungen der Krim-Konferenz.«

Natürlich wusste Aksakow, worauf Kirill anspielte. Dass die westlichen Alliierten weniger als ein Zehntel der befreiten russischen Kriegsgefangenen in ihr Heimatland zurückgeführt hatten, obwohl Russland seinerseits peinlich darauf achtete, alle Briten und Amerikaner zurückzuschicken, hatte bereits seit geraumer Zeit für Verstimmungen gesorgt. In der Sowjetpresse wurde sogar behauptet, dass die russischen Kriegsgefangenen in Lagern zu Sklavenarbeit gezwungen wurden, und das ausgerechnet unter der Aufsicht von Deutschen. Ob diese Schreckensmärchen zutrafen oder die Kriegsgefangenen einfach nur keine Lust hatten, ins stalinistische Russland mit seinen Säuberungswellen zurückzukehren, konnte Aksakow nicht beurteilen. Nach alldem, was er noch über die westlichen Verbündeten gehört hatte, konnte er sich allerdings eines gewissen Misstrauens nicht erwehren.

»Natürlich«, sagte Aksakow. »Es ist wohl kein Zufall, dass die Exilregierungen von Polen, Rumänien und Jugoslawien alle in London sitzen. Die USA haben sogar offizielle Botschafter zu diesen illegitimen Regierungen geschickt. Das zeigt, wie wenig man ihnen trauen darf.«

Kirill starrte vor sich hin. »Osteuropa ist der Schlüssel«, murmelte er so leise, als würde er mit sich selbst sprechen. »Alle Invasoren marschierten zuerst in Polen auf, ehe sie in Russland einfielen. Um unsere zukünftige Sicherheit zu gewährleisten, brauchen wir im Westen einen Puffer, am besten Länder mit einer kommunistischen Regierung.« Mit einem Seitenblick zu Aksakow fügte er hinzu: »Ich kann die Eile deiner Vorgesetzten schon verstehen. Das Treffen der vier alliierten Kommandeure vor zwei Wochen wurde abrupt beendet, weil Schukow ausschließlich die Befugnis hatte, die bereits bekannten Dokumente über die Errichtung des Kontrollrats zu unterzeichnen. Er vertrat den Standpunkt, dass weitere Abmachungen erst dann sinnvoll sind, wenn der Westen seine Versprechungen einhält und seine Truppen aus der uns zugesprochenen Zone wieder abzieht. Meiner Meinung nach ist das nur eine Frage der Zeit. Vielleicht ein paar Wochen, maximal ein paar Monate, dann sind wir nicht mehr allein hier in Berlin, und die Amerikaner und Engländer werden uns überall dazwischenfunken.«

»Und genau das ist mein Problem«, stimmte Aksakow zu. »Ich soll bis dahin Grigorjew aufspüren, doch außer ein paar Verdachtsmomenten habe ich nichts in der Hand.«

Nach dieser Feststellung schwiegen die beiden Männer beklommen. Aksakow wusste jetzt zwar, dass Kirill ihn unterstützen

würde, wenn es einen Verräter in den Reihen des NKWD gab, doch das nutzte ihm herzlich wenig, falls er nicht einen raschen Fahndungserfolg vorweisen konnte.
So oder so stand sein Leben auf dem Spiel.

Paule war immer noch bleich um die Nase, obwohl das Geschehene bereits sechs Stunden zurücklag. »Ick hätte dit nich jedacht«, murmelte er und schüttelte den Kopf. »Dieser Steppke hat es ja faustdick hinter den Löffeln. Eenfach so Leute abmurksen. Und dann ooch noch 'n Kamarad! Haste Töne!«
Oppenheimer horchte auf. Sie näherten sich zu Fuß über die Joachimsthaler Straße dem Ku'damm. An sich hatte er es eilig, zu Ede zu kommen, doch nun verlangsamte er seine Schritte. Paules Äußerungen klangen ganz so, als würde er Demjan kennen. Vielleicht hatte er Informationen, die Oppenheimer nützlich sein könnten, wenn er sich dorthin zurück wagte, um Grigorjew zu töten.
Und dass er ihn auf der Stelle töten musste, daran gab es für Oppenheimer keinen Zweifel mehr. Die Option, ihn an Aksakow zu verraten, zog er nicht ernsthaft in Erwägung, denn bis er diesen kontaktiert hatte, konnte die Bande bereits über alle Berge sein.
In der vergangenen Nacht hatten sie es tatsächlich geschafft, unentdeckt aus Grigorjews Räuberhöhle zu entkommen. Weil es draußen zu diesem Zeitpunkt noch stockdunkel gewesen war und sie nicht auf Militärkontrollen stoßen wollten, waren sie bis zum Morgengrauen kurzerhand in einem ausgebombten Nachbargebäude untergetaucht. Oppenheimer hatte die ganze Zeit in einer windgeschützten Ecke vor sich hin gedöst und war bei dem geringsten Geräusch aufgeschreckt.
Als dann der Morgen mit einem schiefergrauen Himmel anbrach, bekam Oppenheimer endlich einen Hinweis auf ihren

Standort. Der dunkle Quader am Horizont war die hoch aufragende Turmuhr des Ullstein-Hauses, eines der Wahrzeichen von Tempelhof. Der riesige Backsteinklotz mit seiner neugotischen Fassade wirkte auf Oppenheimer wie das dicke Kirchenschiff einer Kathedrale, jedoch mit dem Unterschied, dass in diesem Gebäude die Leitung und Druckerei des Ullstein-Verlages angesiedelt war. Nachdem die jüdischen Besitzer im Jahr 1934 von den Nationalsozialisten enteignet wurden und für den seinerzeit größten deutschen Traditionsverlag nur eine lächerlich geringe Entschädigung bekamen, versuchten die neuen Eigentümer, die Erinnerung an die nichtarische Herkunft des Verlages zu tilgen, indem sie ihn reichlich phantasielos in *Deutscher Verlag* umbenannten. Dementsprechend wurde das Ullstein-Haus nun auch offiziell als *Deutsches Haus* bezeichnet, doch im allgemeinen Sprachgebrauch hielt sich hartnäckig die alte Bezeichnung.

Die im Industriegebiet am Teltow-Kanal angesiedelten Firmen waren jetzt geschlossen, stillgelegte Kolosse, durch die der Wind pfiff. Teilweise waren die Gebäude ausgebombt, denn Industriezonen mit ihren zahlreichen Rüstungsbetrieben waren ein bevorzugtes Ziel von Luftangriffen gewesen.

Ehe Oppenheimer aufgebrochen war, hatte er sich das Gebäude genau eingeprägt, in dem Grigorjew mit seiner Bande hauste.

Nun wandte er sich an Paule. »Dieser junge Kerl, kennst du ihn?«

»Demjan? Der kam een paarmal zum Verhandeln. Wahrscheinlich isser der Eenzige, der halbwegs Deutsch kann. Aber ick konnte mir nich vorstellen, dasser auch als Totmacher arbeitet.«

»Ede weiß jetzt, wo sich die Bande aufhält. Heißt das, dass er gegen sie vorgehen will?«

Paule zuckte die Schultern. »Keene Ahnung, so wat erzählt mir Ede nich.«

Oppenheimer knirschte grimmig mit den Zähnen, als ihm bewusst wurde, dass er nicht auf andere zählen konnte. Ede war der einzige Ausweg gewesen, um Grigorjew nicht selbst töten zu müssen. Er brauchte jetzt dringend eine der Waffen aus Edes Arsenal, dann würde er endlich einen Schlussstrich ziehen können.

Oppenheimer übersah in der Aufregung eine Vertiefung in der Straße und trat prompt hinein. Er strauchelte, konnte sich aber wieder fangen. Als er den Fuß aus dem Loch zog, verhakte sich die Spitze seines Schuhs an einer scharfen Kante. Die ohnehin schon lädierte Sohle riss ein und löste sich von der Vorderkappe.

Laut fluchend blieb Oppenheimer stehen. Dem überraschten Paule rief er mit einem hastigen Winken zu: »Geh schon! Ich komm nach!«

Paule trollte sich die Straße entlang, während Oppenheimer missmutig darüber nachdachte, wie er den Schuh flicken konnte. Er schlurfte zur nächsten Hauswand, um dort den Schaden zu begutachten. Es war sein letztes Paar Schuhe, ohne das er aufgeschmissen war. Eher würde er die paar Meter bis zu Edes Spelunke auf Socken zurücklegen, als zu riskieren, dass die Sohle noch weiter abriss. Oppenheimer bückte sich, um den lädierten Treter aufzuschnüren.

Er sollte nicht mehr dazu kommen.

Mit seinem Schuhwerk beschäftigt, registrierte Oppenheimer zunächst nicht viel mehr als eine Bewegung am Rande seines Gesichtsfeldes. Ein Passant hatte sich ihm genähert. Oppenheimer schaute nicht einmal auf.

»Danke, das schaff ich schon«, raunzte er unfreundlich.

Dass sich der Mann nicht von der Stelle rührte, kam Oppenheimer ein wenig merkwürdig vor. Als er sich schließlich doch aufrichtete, blieb sein Blick an der ausgebeulten Außentasche des Wollmantels hängen. Die dort vergrabene Hand war ein unmissverständliches Zeichen. Der Mann hielt eine Waffe auf ihn gerichtet.

»Was, zum Teufel …«, begann Oppenheimer, aber beim Anblick des Fremden verschlug es ihm vor Schreck die Sprache.

Er kannte diesen Mann. Er hatte ein gespaltenes Kinn.

Die Stimme des Fremden war nicht viel mehr als ein Murmeln. »Kommen Sie mit«, sagte er. »Und keine Widerrede!«

28

Donnerstag, 14. Juni 1945
80 Tage vor dem Kriegsende im Pazifik

Zittrig wischte sich Oppenheimer den Schweiß von der Stirn. Er saß allein in einem Hinterzimmer, in dem sich als einzige Einrichtungsgegenstände ein Tisch und zwei Stühle befanden. Der erfolglose Versuch, dem Zimmer eine individuelle Note zu geben, bestand in einem amateurhaft gepinselten Stillleben an der gegenüberliegenden Wand. Durch das Fenster drang trübes Licht herein, was das Gefühl des Eingesperrtseins in Oppenheimer noch verstärkte.

Der Mann mit dem gespaltenen Kinn hatte ihm keine Erklärung geliefert. Stattdessen hatten sie in einem wilden Hindernislauf unzählige Hinterhöfe durchquert. Natürlich wollte sein Begleiter verheimlichen, wohin er ihn brachte. Da er seinen Gefangenen jedoch bei helllichtem Tag schlecht mit verbundenen Augen durch die Stadt treiben konnte, schlug er unerwartete Haken durch Gassen, die scheinbar direkt auf hoch aufragende Backsteinmauern zuliefen, an windschiefen Toilettenhäusern vorbei, an Bretterzäunen entlang, sogar durch Kohlenkeller waren sie gestiegen.

Der einzige markante Punkt, anhand dessen Oppenheimer ihre Strecke später eventuell noch einmal rekonstruieren konnte, war ein mit Unkraut und Geröll überwucherter Innenhof. In einer Ecke lag ein Berg von nicht mehr benötigten Verdunklungspappen, während gleich nebenan aus den Verankerungen gerissene Fensterrahmen aufeinandergestapelt waren. Zwei alte

Männer, Taschentücher vor dem Mund, versuchten, das Müllchaos zu bekämpfen, indem sie die Hinterlassenschaften der Nachbarschaft verbrannten. Den beißenden Qualm konnte man sogar noch zwei Hausecken entfernt riechen.

Jetzt, wo Oppenheimer in der Abgeschiedenheit des kahlen Zimmers vor sich hin brütete, ärgerte er sich, dass er so unachtsam gewesen war. Der Mann mit dem gespaltenen Kinn musste ihn schon eine ganze Weile beschattet haben, da er so plötzlich auftauchen konnte. Obwohl Oppenheimer eigentlich recht schnell bemerkte, wenn ihm jemand auf den Fersen war, hatte er diesmal nicht den geringsten Verdacht geschöpft.

Mutlosigkeit überkam ihn, als ihm bewusst wurde, dass er es hier nicht mit einem Amateur zu tun hatte. Doch wer sonst außer Ede, Grigorjew und vielleicht noch dem NKWD konnte an ihm interessiert sein? Die Angelegenheit war weitaus verwickelter, als er es zunächst angenommen hatte.

Er konnte diesen Gedanken nicht mehr weiterführen, da die Zimmertür so heftig aufgestoßen wurde, dass sie gegen die Wand krachte.

Der Mann mit dem gespaltenen Kinn stürmte herein und baute sich drohend vor Oppenheimer auf.

»Also raus mit der Sprache!«, herrschte er ihn an. »Wo ist er? Wenn du mitspielst, lasse ich dich laufen! Und wenn nicht …«

Der Fremde zog aus einem Schulterholster seine Pistole wie ein Ganove aus einem zweitklassigen Kriminalfilm.

»Was genau wollen Sie denn?«, stammelte Oppenheimer.

Der Entführer beugte sich nach vorn. Seinen viel zu dicken Mantel hatte er draußen abgelegt. Das an der Haut klebende Hemd ließ einen durchtrainierten Körper erahnen.

»Treib es nicht zu weit, Freundchen!«, knurrte ihn der Fremde an. »Für Spiele haben wir keine Zeit. Also raus damit!«

Oppenheimer blickte kurz zu der Pistole. Er rechnete seine Chancen aus, hier lebend herauszukommen. Das Ergebnis gefiel ihm ganz und gar nicht.
»Was jetzt?«, bellte der Fremde.
Oppenheimer zuckte zusammen. Sein Mund begann zu reden, noch ehe sein eingeschüchtertes Gehirn einen klaren Gedanken formuliert hatte.
»Aber natürlich möchte ich Ihnen helfen«, sprudelte es aus ihm heraus. »Keine Frage, ich bin mehr als bereit zu kooperieren. Aber zunächst müssen Sie mir schon sagen, worum es überhaupt geht. Ohne diese Informationen können Sie keine vernünftige Antwort erwarten.«
Oppenheimer bereute den letzten Satz sofort. Er klang zu sehr nach einem Vorwurf. Er befand sich nicht in der Lage, frech werden zu dürfen.
Doch als sich der Entführer aufrichtete, bemerkte Oppenheimer, dass seine Reaktion instinktiv richtig gewesen war. Mit seiner Aufmüpfigkeit hatte er dem Mann den Wind aus den Segeln genommen.
Nachdenklich musterte er Oppenheimer, in der Rechten immer noch die schussbereite Pistole. Der laute Kerl war plötzlich still geworden.
»Was wissen Sie von dem Koffer?«
Oppenheimer antwortete mit einem Achselzucken, obwohl er bereits ahnte, dass der Fremde Roskis Gepäckstück meinte. »Es gibt viele Koffer. Welchen genau meinen Sie?«
»Schwarz, aus Kunstleder. Sieht aus wie ein Arztkoffer. Manni hatte ihn. Du willst doch wohl nicht etwa behaupten, dass du Manni nicht kennst?«
Damit war es also heraus. Der Fremde hatte seine Verbindung zu Roskis ermordetem Helfer offenbart.

»Lebendig hab ich Manni nur einmal zu Gesicht bekommen«, antwortete Oppenheimer wahrheitsgemäß. »Und das auch nur aus einer Entfernung von ein paar Dutzend Metern. Beim zweiten Mal war er bereits mausetot. Einen Koffer hatte er, sagen Sie?«

Der Fremde nickte.

»Ich habe Mannis Lager genau unter die Lupe genommen, als ich seine Leiche entdeckt habe«, erklärte Oppenheimer nachdenklich. »Ein Koffer ist mir dabei nicht aufgefallen.«

Oppenheimer registrierte eine Veränderung im Verhalten des Mannes. Etwas hatte sein Interesse geweckt. Er hörte auf, ihn anzuschnauzen, ergriff die Stuhllehne und setzte sich zu ihm an den Tisch. Obwohl es der Anfang einer ernsthaften Unterhaltung zu sein schien, legte der Fremde die Pistole nicht aus der Hand.

»Was hattest du dort überhaupt zu suchen?«, fragte er.

»Ede hat mich geschickt.« Als ihn der Fremde daraufhin nur ausdruckslos anblickte, präzisierte Oppenheimer: »Ihm gehört eine Nachtbar hier am Ku'damm. Manni schuldete ihm Geld, aber plötzlich war er verschwunden, also sollte ich ihn aufspüren.« Das war natürlich stark verkürzt, aber Oppenheimer wusste noch nicht, ob er die ganze Geschichte inklusive seiner Verbindung zu Roski bereits preisgeben sollte.

»Wie kam er ausgerechnet auf dich?« Bei dieser Frage blickte der Fremde Oppenheimer argwöhnisch an.

»Ganz einfach, ich arbeite für ihn.« Oppenheimer schwieg, doch der Mann schien immer noch auf eine überzeugende Erklärung zu warten. Also fuhr er nach einem Räuspern fort: »Außerdem war ich mal im Polizeidienst.«

Der Mann lehnte sich bei dieser Erklärung zurück. »Ach was, ein Bulle?«

»Nun ja, es lässt sich nicht beschönigen«, erwiderte Oppenheimer ironisch. »Ede dachte wohl, dass ich das übernehmen sollte, weil ich sozusagen vom Fach bin. Aber als ich ihm berichtete, dass Manni umgebracht worden war, hat er die Sache abgeblasen. Von einem Toten kann man schließlich nichts mehr holen. Zumindest nicht, wenn sein Lager schon ausgeplündert worden war.«

»Hast du eine Ahnung, wer das Lager ausgeräumt hat?«

Diese Frage hatte Oppenheimer schon die ganze Zeit über beschäftigt. »Ich weiß es nicht genau, aber ich vermute, dass eine Russenbande dahintersteckt. Es ist ein zusamengewürfelter Haufen von Deserteuren. Sie machen sich gerade in Berlin breit und strecken nach allem ihre Finger aus. Auf jeden Fall würde es zu ihnen passen.«

Oppenheimer war wegen des aufmerksamen Blicks des Fremden ein wenig beunruhigt. Er fand es schwierig, neutral über Grigorjew und seine Männer zu sprechen. Die Verbitterung über Lisas Schändung, seine Rachsucht, all das hatte in seiner Antwort mitgeschwungen. Oppenheimer wusste nicht, ob er sich das nur einbildete, doch er glaubte, dass auch der Fremde registriert hatte, wie abfällig er über die Bande sprach.

»Können Sie mir vielleicht helfen, den Koffer ausfindig zu machen?«

Erstaunt nahm Oppenheimer zur Kenntnis, dass ihn der Mann zum ersten Mal gesiezt hatte.

»Was befindet sich überhaupt in dem Koffer?«

Oppenheimers Frage war naheliegend, doch der Fremde vermied es, eine direkte Antwort zu geben. Stattdessen steckte er seine Waffe zurück in das Holster und entnahm seiner Hosentasche ein verschrammtes Zigarettenetui.

»Auch eine?«, fragte er, als er den Deckel aufschnappen ließ.

Oppenheimer nickte. Es war leicht zu durchschauen, dass der Mann Zeit gewinnen wollte. Dennoch spürte er eine gewisse

Dankbarkeit, als ihm der Fremde den weißen Stengel reichte. Voller Vorfreude betrachtete er die Zigarette.

Das war keine Selbstgedrehte mit dem beißend-süßen Machorka-Tabak der russischen Besatzer und ebenfalls keine Papirossa, mit denen man gelegentlich die Offiziere sah. Gedankenverloren drehte Oppenheimer die Zigarette in den Händen, bis sein Blick auf den aufgedruckten Schriftzug fiel.

Chesterfield stand dort.

Oppenheimer zog seine Brauen zusammen. An solche Zigaretten konnte man allenfalls herankommen, wenn sie aus dem Ausland zugeschickt wurden. Es gab zwar noch eine andere Möglichkeit, doch die erschien Oppenheimer als zu phantastisch, als dass er sie in Erwägung zog.

Der Fremde entzündete ein Zündholz und hielt ihm die Flamme entgegen. Als das Nikotin Oppenheimers Lunge füllte, bemerkte er, dass er allmählich ruhiger wurde.

»Es handelt sich um wichtige Materialien«, sagte der Fremde schließlich und blies das Zündholz aus. Lässig mit der Hand wedelnd, fügte er hinzu: »Technische Sachen, würde Ihnen sowieso nichts sagen. Aber ich kann Ihnen versichern, dass es von äußerster Wichtigkeit ist, dass ich den Koffer bekomme.«

Oppenheimer begutachtete das Mundstück seiner Chesterfield. Ein Verdacht wollte ihn nicht mehr loslassen. Was wäre, wenn nicht nur diese Zigarette hier importiert war, sondern auch der Fremde aus dem Ausland kam?

Als er dem Mann einen prüfenden Blick zuwarf, glaubte er, in dessen Augen eine Antwort auf seine Frage zu erkennen. Aber von sich aus würde der Mann ihm nichts mitteilen.

»Das machen Sie doch sicher nicht im Alleingang«, begann Oppenheimer vorsichtig. »An sich möchte ich gern helfen, aber ich müsste schon wissen, für wen ich arbeiten soll.«

Der Fremde kaute versonnen auf einem Tabakkrümel. Schließlich fasste er sich ein Herz und sagte: »Sagen wir mal so, ich bin im Auftrag einer fremden Macht unterwegs.«
Für einige Augenblicke blieb Oppenheimer der Mund offen stehen.
»Die Amis?«, flüsterte er.
Sein Gesprächspartner neigte seinen Kopf ein wenig zur Seite und lächelte. »Sie werden verstehen, dass ich Ihre Vermutung nicht bestätigen darf. Aber ich werde sie auch nicht dementieren.«
Oppenheimer genügte die Andeutung bereits. Er fühlte sich plötzlich wie unter Strom und konnte sich nicht verkneifen, laut aufzujauchzen. Am liebsten wäre er dem Fremden um den Hals gefallen.
»Ja wo wart ihr denn die ganze Zeit?«, redete er aufgeregt auf ihn ein. »Habt ihr eine Ahnung, wie sehr wir auf euch gewartet haben? Damit der ganze Spuk ein Ende hat?«
»Ist mir schon klar«, antwortete der Mann knapp und schnippte die Asche zu Boden. »Leider wird es noch eine Weile dauern. Die Russen haben Berlin hermetisch abgeriegelt und lassen vorerst niemanden durch. Ich selbst habe es nur geschafft, weil ich schon seit ein paar Monaten hier bin. Aus Zufall bin ich jetzt praktisch die inoffizielle Vorhut und versuche, gewisse Dinge in die Wege zu leiten.«
Oppenheimer nickte. »Sie sprechen ein hervorragendes Deutsch«, sagte er mehr aus Gefälligkeit.
Der Fremde lachte auf. »Das liegt wohl daran, dass ich aus Berlin stamme. Als die Nazis an die Macht kamen, ist meine Familie ausgewandert.«
Mehr wollte er nicht verraten, doch Oppenheimer verstand auch so. Ein Deutscher fiel im Feindesland nicht auf, konnte in

der Masse verschwinden. Das waren zweifellos ideale Voraussetzungen für Spionagetätigkeiten.
Oppenheimer nickte und überlegte, was er dem Mann verraten durfte. Dass Ede nicht mehr an dem Koffer interessiert war, erleichterte die Sache. Es dauerte eine gewisse Zeit, bis er erklärt hatte, dass der Ganove Manni mit seinem ehemaligen Kellergenossen Dieter Roski kooperiert hatte und dass Roskis Koffer vermutlich noch im Gärkeller versteckt war. Jetzt, wo vor Oppenheimer ein Verbündeter der lange herbeigesehnten Westalliierten saß, versuchte er, ein möglichst positives Bild von sich zu zeichnen, und verschwieg, dass auch das NKWD an ihn herangetreten war.
Während er Auskunft gab, hörte der Fremde mit undurchdringlicher Miene zu. Entweder war ihm der Großteil von Oppenheimers Informationen längst bekannt, oder er hatte sich gut unter Kontrolle.
Dann fragte er: »Diese Brauerei, von der Sie reden, wo befindet sich die?«
Als Oppenheimer ihm die Adresse nannte, schrieb er sie in einen Notizblock.
»Ich weiß aber nicht, ob der Koffer noch dort ist«, fügte Oppenheimer schnell hinzu.
Der Fremde runzelte die Stirn. »Sie sind nicht mehr dort gewesen?«
Kopfschüttelnd erklärte Oppenheimer: »Seitdem ist viel geschehen. Bestimmt waren bereits Plünderer vor Ort.« Er fand, dass diese Antwort ein guter Kompromiss war, jedenfalls immer noch besser, als zu verraten, dass Aksakows Leute den Keller bereits durchsucht hatten. Da er so vorsichtig gewesen war, ihnen aus Rücksicht auf Ede den genauen Ort des Koffers nicht zu verraten, rechnete er sich immerhin gewisse Chancen aus, dass sich Roskis Gepäckstück noch im Versteck befand.

»Sie müssen mich zu dem Koffer führen«, sagte der Fremde.
»Etwa jetzt sofort?«, stotterte Oppenheimer.
Sein Gesprächspartner begann zu schmunzeln. »Es ist zwar recht eilig, aber ich möchte vorher noch einige Dinge regeln«, beschwichtigte er. »Halten Sie sich in den nächsten Tagen bereit.«
Nachdem Oppenheimer erklärt hatte, wo er üblicherweise anzutreffen war, wurde er wieder aus der Wohnung entlassen. Trotz allem war der Fremde so vorsichtig, ihn zunächst durch ein Gewirr von Hinterhöfen und Kellern zu führen, ehe er Oppenheimer auf eine Straße geleitete.
»Übrigens, wie ist Ihr Name«, fragte der Fremde, als er Oppenheimer zum Abschied die Hand schüttelte.
»Richard Oppenheimer.«
Bei der Nennung dieses Namens hielt der Mann kurz inne. Die nächste Frage sollte beiläufig klingen, doch Oppenheimer nahm eine gewisse Irritation bei seinem Gesprächspartner wahr. »Sie haben nicht zufällig Verwandte in den Staaten?«
»Eigentlich nicht«, antwortete er wahrheitsgemäß. »Nur eine Schwester, die lebt in Südamerika. Sie ist mit ihrem Mann nach Paraguay ausgewandert.«
»Ah, verstehe«, sagte der Fremde und fand damit seinen leichten Konversationston wieder.
»Und wie kann ich Sie nennen?«, fragte Oppenheimer.
Nach einem kurzen Zögern antwortete der Fremde: »Georg. Nennen Sie mich Georg.«
Oppenheimer ahnte, dass dies nicht der richtige Name des Mannes war.

Um die absurden Verwicklungen dieses Tages komplett zu machen, wurde Oppenheimer vor Edes Nachtbar von einem herausgeputzten Jascha erwartet, inklusive gestriegelter Haare, gebügelter Uniform, blank polierter Schuhe und eines, allerdings recht mickrigen, Blumensträußchens in der Hand. Ob nun die Blumen so intensiv rochen oder sich der junge Kerl in Duftwasser getränkt hatte, ließ sich unmöglich sagen.

Oppenheimer hatte völlig vergessen, dass er ihn zu Rita bringen wollte, doch Jascha forderte nun die Einhaltung des Versprechens. Es dauerte noch einige Stunden, bis Edes Laden öffnete, und zum Glück hatte Jascha irgendwoher einen Geländewagen organisiert.

Für eine Fahrt durch Berlin war es genau das richtige Gefährt, denn obwohl die Hauptstraßen mittlerweile notdürftig ausgebessert und vom gröbsten Schutt befreit waren, konnte es mitunter eine verflucht holprige Angelegenheit sein.

Da Jascha am Steuer saß, hatte er Oppenheimer kurzerhand den Blumenstrauß in die Hand gedrückt. Damit hockte Oppenheimer nun auf dem Beifahrersitz und hielt sich mit der anderen Hand am Fahrzeugrahmen fest, denn die Aussicht, endlich seine sehnsüchtig vermisste Rita sehen zu können, ließ Jascha ohne Rücksicht auf Verluste das Gaspedal durchtreten.

Zwischen den Ruinen herrschte rege Betriebsamkeit. Flüchtlinge mit Koffern und Bündeln scharten sich in Bombenkratern und vor U-Bahn-Eingängen zusammen, um auf ihrer Odyssee wenigstens für ein paar Stunden zu verschnaufen. Kinder turnten ausgelassen auf den zerschossenen Panzern herum. Auf einem Hügel aus Steinen und verbogenen Stahlstreben gaben Menschen Ziegel weiter. Die Menschenkette reichte bis zu provisorisch verlegten Schienengleisen, auf denen bereits eine Lore auf die Steine wartete. Es war eine von unzähligen Trümmerbahnen in der Stadt. Dies alles rauschte an Oppenheimer in Sekundenschnelle vorbei wie Schicksalsfragmente in einem sich unermüdlich drehenden Kaleidoskop.

Für einige Minuten untätig auf dem Beifahrersitz zu verharren, den Wind im Gesicht und Staub zwischen den Zähnen, half ihm dabei, wieder zur Besinnung zu kommen. Die blinde Wut, die ihn in den vergangenen Stunden immer weitergetrieben hatte, verblasste zusehends, und der Verstand übernahm wieder die Kontrolle.

Oppenheimer sah ein, welches Risiko er um ein Haar eingegangen wäre. Vielleicht hätte er es tatsächlich geschafft, mit einer Pistole bewaffnet in Grigorjews Räuberhöhle vorzudringen und ihn zu töten. Möglicherweise wäre es ihm sogar gelungen, noch einige weitere dieser Halunken hinzurichten, doch hegte er kaum einen Zweifel, dass sie ihn letztendlich geschnappt hätten. Mit etwas Glück wäre er sofort getötet worden, schlimmstenfalls hätten die Deserteure mit ihm ähnlich grässliche Dinge angestellt wie mit Manni. Sein eigenes Schicksal spielte dabei weniger eine Rolle als die Tatsache, dass er Lisa allein zurückgelassen hätte. Selbst wenn es ihm gelungen wäre, sie zu rächen, hätte er zugleich endgültig versagt.

Jascha raste durch eine Mulde in der Straße, so dass Oppenheimers Bandscheibe einen schmerzhaften Schlag versetzt bekam und es in einem Koffer, der Jascha gehörte, laut klapperte. Er beugte sich vor, um das Gepäckstück zwischen seinen Beinen zu verkeilen.

»Was ist denn dadrin?«, fragte Oppenheimer.

»Meine Ausrüstung«, antwortete Jascha. »Kamera, Filme und ein paar Chemikalien zum Entwickeln.«

»Dann sind Sie also ein Photograph?«

»Photokorrespondent«, präzisierte Jascha. »Ich arbeite für *Stalinscher Falke,* das ist eine Zeitschrift unserer Luftwaffe.«

»Sie sprechen ein hervorragendes Deutsch«, erklärte Oppenheimer zum zweiten Mal an diesem Tag.

Die Antwort Jaschas konnte kaum widersprüchlicher sein.

»Ich wollte Marx lesen«, erklärte Jascha. »Im Original. Also habe ich Deutschkurse belegt. Und dann entdeckte ich die deutsche Literatur. Und jetzt können wir euch etwas zurückgeben. An Kultur, meine ich. Kennen Sie Stanislawski? Wertow? Schostakowitsch?«
Jascha ratterte begeistert noch weitere Namen herunter, die Oppenheimer allesamt nichts sagten.
»Von Schostakowitsch habe ich schon einige Stücke gehört, zweifellos ein großer Komponist«, erwiderte Oppenheimer nickend, als Jascha Luft holen musste, woraufhin er zu strahlen begann.
Als Jascha den Geländewagen in der Seitenstraße neben Hildes Grundstück parkte, bat Oppenheimer ihn, vorerst noch sitzen zu bleiben.
»Rita hat keine Ahnung, dass wir kommen«, erklärte er. »Ich geh erst mal vor, um sie darauf vorzubereiten.«
Jascha war zwar enttäuscht über diese Verzögerung, aber er stimmte zu.
Oppenheimer schwang sich nach draußen und betrat das Grundstück über den üblichen Weg. Gerade kam Hilde aus dem Haus. Sie hatte ein Kopftuch umgebunden und trug einen Korb. Als sie sah, dass Oppenheimer durch das seitliche Tor hereinkam, rief sie ihm atemlos zu: »Ich bin schon fast weg. Muss gleich in der Klinik sein. Jetzt ist auch noch eine Ruhrepidemie ausgebrochen.«
Dann hielt sie überrascht inne, als sie Jascha erspähte. Er stand neben dem Geländewagen, exakt so, wie ihn Oppenheimer vor Edes Nachtbar gesehen hatte, mit Blumenstrauß und allem. Aber nun hatten sich vor Aufregung Flecken in seinem Gesicht gebildet, fast ebenso rot wie der Stern auf seiner kreisrunden Schirmmütze.

»Was ist denn das für ein Rosenkavalier?«, fragte Hilde.
»Der will zu Rita«, antwortete Oppenheimer knapp. »Er ist ein glühender Verehrer ihrer Kunst.«
Bei dieser Erklärung erntete er einen skeptischen Blick.
»Gehst du jetzt schon unter die Zuhälter? Das Milieu, in dem du dich rumtreibst, färbt wohl langsam ab.«
»Ach, der Junge tut mir irgendwie leid. Seit Rita fort ist, ist er völlig außer sich. Gestern hat er eine ordentliche Tracht Prügel kassiert, da tut etwas Aufmunterung gut. Und Rita kann auf sich selbst aufpassen.«
»Lisa und die anderen sind gerade wieder Schlangestehen. Wenn du was zu essen willst – Franz hat noch einen Rest von der komischen Wurst für dich übrig gelassen. Kannst du dir in die Pfanne hauen. Ich muss jetzt aber los. Rita ist oben in ihrem Zimmer.«
Mit diesem Hinweis verschwand sie durch das Gartentor.
Rita war freudig überrascht, dass ein Verehrer sie besuchen kam. Oppenheimer schlug allerdings vor, dass es unverfänglicher wäre, ihn in Hildes Wohnzimmer zu empfangen. Die Bücherregale an den Wänden waren zum Teil wieder gefüllt, vor allem mit medizinischer Fachliteratur, und selbst einige der Prosawerke, die unter den Nationalsozialisten jahrelang als *undeutsch* verunglimpft worden waren, standen wieder an ihrem Platz.
In dieser Kulisse hatte Rita nun einen weiteren großen Auftritt, diesmal jedoch vor einem handverlesenen Publikum. Als Jascha von Oppenheimer hereingeführt wurde, reagierte er beim Anblick ihrer verletzten Wange schockiert, tat jedoch sein Bestes, um es nicht allzu offen zu zeigen.
Schon nach wenigen Minuten beschloss Oppenheimer, dass es besser war, die beiden Turteltauben allein zu lassen, und zog sich diskret zurück.

Auf dem Weg zur Villa konnte er immer noch Ritas glockenhelles Gelächter hören. Das junge Glück als Zuschauer mitzuerleben stimmte Oppenheimer nachdenklich. Hier hatten sich zwei Menschen gefunden, beschlossen womöglich, einen Teil ihres Lebens miteinander zu verbringen. Ein hoffnungsfroher Beginn, bei dem sie nicht ahnen konnten, wie sich ihre Geschichte entwickeln würde – mit Freude, aber auch Enttäuschung, vielleicht sogar mit Verrat und Scheitern. Davon war jetzt allerdings noch nichts zu spüren.
Oppenheimer sehnte sich plötzlich danach, an den Beginn seiner Beziehung zu Lisa zurückzukehren, als ihnen alles noch so unkompliziert erschien. Schritt für Schritt hatten sie sich von alldem entfernt, unmerklich erst, und dann immer deutlicher.
Mit einem Mal kam sich Oppenheimer unendlich alt vor.

29

Samstag, 16. Juni 1945
78 Tage vor dem Kriegsende im Pazifik

Es war an der Zeit, mit einer unliebsamen Episode in seinem Leben abzuschließen. Selbst wenn es für Oppenheimer bedeutete, sich vorher noch einmal alldem auszusetzen, was er vergessen wollte. Er musste zurückkehren an den Ort, wo das Unfassbare geschehen war. Die stillgelegte Brauerei schien auf ihn zu warten, ein schmutzig roter Steinhaufen, in dessen verwinkelten Gängen böse Erinnerungen lauerten.

Bei der Zusage, Georg zu dem Koffer zu führen, hatte er nicht mit einem solchen Gefühlstumult gerechnet. Doch nun gab es kein Zurück mehr.

Georg war mit einem Fahrrad vor Edes Nachtbar aufgetaucht. Oppenheimer konnte nicht sagen, was sein Begleiter in den vergangenen zwei Tagen getan hatte, doch jetzt schien er bereit zu sein, der Brauerei endlich eine Visite abzustatten.

Oppenheimer atmete tief ein und bereitete sich darauf vor, mit Georg an seiner Seite die Brauerei zu betreten. Dieser hatte extra eine Strickleiter mitgebracht. Mit dem dicken Bündel über seiner Schulter ähnelte er einem Bergsteiger, nur würde sie ihr Weg ins Innere der Erde führen. Aus den Augenwinkeln registrierte Oppenheimer, wie ihm sein Begleiter einen wachsamen Blick zuwarf. Hatte er vielleicht erraten, mit welchen Dämonen er rang?

»Na, dann mal los«, sagte Oppenheimer, um sich selbst Mut zu machen.

Die Einschusslöcher in den Häuserfronten ähnelten immer noch dem Muster, das er in Erinnerung hatte. Beim Abstieg in den Gärkeller erkannte er allerdings, dass sich hier unten etwas geändert hatte, seitdem er mit Lisa aus der Brauerei geflohen war. Die Kellertür war aus den Angeln gerissen und lehnte an der Seitenmauer. An der oberen Türkante klebten Rußspuren, als hätte es in den Eingeweiden der Fabrik gebrannt.

Oppenheimer blieb stehen, denn zum ersten Mal beschlich ihn das unbestimmte Gefühl, dass sie umsonst hierhergekommen waren. Dass ihnen jemand zuvorgekommen war und den ausgetrockneten Brunnen bereits durchsucht hatte.

Neben sich hörte er das Rascheln von Kleidung. Mit einem routinierten Griff hatte Georg seine Schusswaffe aus dem Schulterholster gezogen. Er drückte Oppenheimer wortlos eine Stablampe in die Hand und gab ihm dann mit einer Kopfbewegung die Anweisung vorauszugehen.

Angenehm kühle Luft schlug Oppenheimer entgegen, als er sich mit tastenden Schritten in die Klimaschleuse wagte. Gleichzeitig drang ein süßlicher Geruch in seine Nase, den er nicht genauer definieren konnte. Er wusste nur so viel, dass er die Erinnerung an Fäulnis und Tod mit sich trug. Die intakte hintere Tür der Klimaschleuse stand weit offen. Oppenheimer verharrte mit angehaltenem Atem im Türrahmen und richtete den Lichtkegel seiner Lampe ins Innere. Immer noch ruhten die gewaltigen Gärbottiche in dem Kellergewölbe. Nichts regte sich hier unten.

Als er seinen Mut zusammennahm und vorwärtsschritt, kam ihm der Boden irgendwie klebrig vor. Irritiert blickte Oppenheimer nach unten. Möglicherweise hatten Grigorjews Männer die letzten vollen Bierfässer entdeckt und sie ausgekippt.

Weiter hinten war der Boden mit rostbraunen Flecken besudelt. Bei diesem Anblick begann Oppenheimer zu frösteln. Er kannte diesen Farbton, es musste sich um getrocknetes Blut handeln. Obwohl es so gut wie sicher schien, dass in diesem Keller kaum jemand freiwillig Unterschlupf suchen würde, wagte Oppenheimer nur zu flüstern. »Hier hat ein Kampf stattgefunden.«

»Dann ist der Koffer also fort?«, raunte Georg ihm zu.

»Das werden wir sehen. Dazu müssen wir ins unterste Stockwerk.« Mit dieser Erklärung schritt Oppenheimer auf den hinteren Teil des Kellers zu, wo sich die gusseiserne Wendeltreppe befand.

Sie hatten gerade mal die Hälfte des Weges zurückgelegt, als Oppenheimer mitten in der Bewegung erstarrte. Er streckte die Hand aus, um Georg ein Signal zu geben, aber sein Gefährte war so aufmerksam, dass er bereits stehen geblieben war.

Oppenheimer glaubte, ein Geräusch gehört zu haben. Einen Laut, der nicht hierhergehörte.

Mit der Hand deckte er den Reflektor seiner Lampe ab und lauschte angespannt.

Nach einigen Sekunden erklang es wieder.

Ein Schnarren, gefolgt von einem Kratzen. Es war kaum vorstellbar, dass ein Mensch derartige Geräusche von sich gab.

Oppenheimers Pulsschlag beschleunigte sich. Er hatte sich also nicht getäuscht. Noch etwas anderes befand sich hier mit ihnen im Keller.

Die Töne drangen aus einer stockdunklen Ecke. Oppenheimer stieß Georg mit dem Ellbogen an und richtete dann seine abgedeckte Lampe auf die Geräuschquelle. Gleichzeitig hob Georg seine Pistole.

Oppenheimer konnte in der Dunkelheit nicht erkennen, ob sein Begleiter schon bereit war. Also wartete er einige Sekunden, ehe er die Hand vor dem Reflektor sinken ließ.

Unbarmherzig durchschnitt der Lichtstrahl das Dunkel.
Zuerst sah er nur einen aufgerissenen Rachen mit rasiermesserscharfen Zähnen. Statt des Knurrens war jetzt ein aufgebrachtes Bellen zu hören. Ein Fellbündel mit funkelnden Augen sprang auf sie zu. Oppenheimer erkannte schließlich, dass es ein angeleinter Dobermann war.
Als er die Lampe zur Seite richtete, enthüllte das Licht einen Mann mit grauem Stoppelbart. Er kauerte am Fuße eines Gärbottichs und mühte sich damit ab, den Dobermann zurückzuhalten. Neben ihm bedeckte eine Frau ihr Gesicht.
»Freunde!«, rief der Mann mit heiserer Stimme und zerrte an der Leine. Dann sagte er das Wort auf Russisch: »Drug! Drug!«
War es nur das harte Licht von Oppenheimers Lampe, oder war der alte Mann tatsächlich so ausgezehrt? Auch die weite Kleidung an seinem Leib sprach dafür, dass er schon bessere Tage gesehen hatte. Hinter dem Mann bewegten sich noch weitere menschliche Schatten. Offenbar hatten gleich mehrere Personen hier Unterschlupf gefunden.
Oppenheimer warf Georg einen Blick zu und schüttelte den Kopf. Nein, diese Leute waren keine Gefahr für sie.
»Es ist alles in Ordnung«, beschwichtigte Oppenheimer den Alten. »Wir wollen uns nur umsehen.«
Erleichtert atmete der Mann auf. »Ich hab schon gedacht, ihr wärt diese verdammten Russkis. Erst wurden wir mit Hundepeitschen vertrieben, und dann haben wir die ganze Zeit diese Untermenschen auf den Hacken gehabt. Bis Berlin.« Feindseligkeit glitzerte in seinen Augen.
»Wir haben es doch selbst herausgefordert«, sagte eine Frau hinter ihm. »So, wie sich die Deutschen aufgeführt haben, seit der Adolf an der Macht war. Und für diese Idioten mussten wir dann alle büßen.«

Mürrisch presste der Alte die Lippen zusammen. »Trotzdem«, murmelte er. »Alles haben sie uns abgenommen, das war nicht richtig.«

Oppenheimer hörte nicht mehr hin, denn er hatte eine Aufgabe zu erledigen, und abzuwägen, inwiefern Unrecht begangen worden war, gehörte nicht dazu.

Er bemühte sich um einen möglichst offiziellen Tonfall. »Bitte bleiben Sie hier im vorderen Bereich, zu Ihrer eigenen Sicherheit. Weiter hinten kann man sich leicht das Genick brechen. Dort gibt es viele Stolperfallen.«

Oppenheimer wollte bereits weitergehen, allerdings machte Georg keine Anstalten, ihm zu folgen, und fragte interessiert: »Wie kommen Sie darauf, dass wir Russen sind?«

»Na, die kommen doch immer her«, antwortete der Mann. »So ne Patrouille. Die haben den Bau hier genau im Blick. Die scheinen auf irgendwas zu warten. Wir wären längst schon weg, wenn wir irgendein anderes Quartier gefunden hätten.«

Georg wechselte mit Oppenheimer einen Blick. Dass russische Patrouillen den Gärkeller kontrollierten, war eine schlechte Nachricht. Oppenheimer mutmaßte, dass wohl Aksakow oder Pogodin den Befehl dazu erteilt hatten für den Fall, dass sich Grigorjews Spießgesellen noch einmal blicken ließen.

Nach dieser Unterbrechung war die Wendeltreppe zum unteren Kellergeschoss schnell gefunden. Wegen der überall herumstehenden Flaschenkisten war der Weg zum Brunnen immer noch so ein Hindernislauf, wie Oppenheimer ihn in Erinnerung hatte. Als er sich endlich zu dem Loch im Boden vorgekämpft hatte und hineinleuchtete, ließ sich keine Spur des Koffers entdecken. Die Dunkelheit am Fuß des kreisrunden Schachts blieb undurchdringlich.

»Wie tief ist das?«, fragte Georg.

»Keine Ahnung«, antwortete Oppenheimer.

Georg hatte bereits die Strickleiter von seiner Schulter geworfen und zog jetzt die Anzugjacke aus. »Hoffentlich reichen sechs Meter.« Dann nahm er das Ende der Leiter, überprüfte die Belastbarkeit eines der Wasserhähne direkt neben dem Brunnen und befestigte sie daran. Als Georg ihm die Lampe abnahm, erkannte Oppenheimer, wozu die lange Schlaufe an ihrem Handgriff diente. Georg zog sie über den Kopf, so dass die Leuchte vor seiner Brust baumelte.

Zunächst setzte er einen Fuß auf die oberste Sprosse, dann schwang er sich auf die Leiter.

Georg kletterte hinab, bis sein Kopf gerade noch über den Rand des Brunnens ragte.

»Passen Sie auf«, riet Oppenheimer. »Am Grund könnte sich Kohlenmonoxid gesammelt haben.«

Georg nickte. »Wenn Sie nichts mehr von mir hören, dann kommen Sie sofort nach und holen mich hoch. Für andere Hilfe wird es dann nämlich zu spät sein.«

Oppenheimer brummte zustimmend.

Der Abstieg schien endlos zu dauern. Schon nach wenigen Sekunden konnte Oppenheimer nur noch die nach unten leuchtende Lampe erkennen. Wie ein Betrunkener torkelte der helle Schimmer in die Tiefe. Das Restlicht verlieh den im Bierkeller herumstehenden Flaschen einen letzten stumpfen Glanz, dann wurde es um Oppenheimer düster.

Angespannt bewachte er den Brunnen, bereit, bei einem Hilferuf unverzüglich hinunterzuklettern.

Er konnte allerdings nicht verhindern, dass seine Gedanken abschweiften. Ihm wurde bewusst, dass es aus dem Bierkeller keinen weiteren Ausgang gab. Wenn jemand hinter ihnen die Wendeltreppe herabgestiegen kam, saßen sie in der Falle.

Unruhig starrte in die Richtung, in der er die schwarz lackierten Stufen vermutete. Er versuchte, etwas zu hören. Doch nach einer Weile musste Oppenheimer einsehen, dass er nicht über die Fähigkeiten einer Fledermaus verfügte. Auch wenn er den Eindruck hatte, dass von oben kein Laut zu ihnen herabdrang, musste das noch lange nichts heißen.

Oppenheimer zuckte zusammen, als unten im Brunnen ein unterdrücktes Fluchen ertönte. War das etwa der vereinbarte Hilferuf? Bekam Georg dort unten keine Luft mehr, so dass er nicht mehr laut genug rufen konnte? Aufs Schlimmste gefasst, umklammerte Oppenheimer mit der Linken den Wasserhahn und wollte bereits einen Fuß auf die oberste Sprosse der Strickleiter setzen, als das Seil zu vibrieren begann und der Lichtschimmer sich nach oben bewegte.

Erleichtert atmete Oppenheimer auf. Georg war auf dem Rückweg zur Oberfläche.

Sowie er den Schatten seines Begleiters bemerkte, streckte er ihm die Hand entgegen.

»Hier, nehmen Sie mal das Ding!« Mit diesem Befehl übergab Georg ihm den Arztkoffer. Er stank nach Fäkalien. Da sich der Griff zudem glitschig anfühlte, stellte Oppenheimer ihn schnell am Boden ab.

Georg schwang seinen Arm über den Brunnenrand, und als sein Kopf auftauchte, stieß er einen tiefen Seufzer aus. »Haben Sie schon mal versucht, mit so einem Ding ne Strickleiter hochzuklettern? Gar nicht so einfach!«

Oppenheimer verstand jetzt, warum Aksakows Leute den Koffer nicht gefunden hatten. »Der Brunnen wurde wohl als Latrine benutzt?«, fragte er.

Georg nickte und kletterte über den Brunnenrand. »Über und über mit Scheiße bedeckt. Zum Glück konnte ich das Messingschloss erkennen. Ich glaube, die Leiter lässt sich nicht mehr gebrauchen.« Mit diesem Kommentar löste er das Ende der Strickleiter und ließ sie in den Brunnen gleiten.

Oppenheimer starrte nachdenklich auf den mit Kot bedeckten Koffer. »Wenn wir damit quer durch Berlin fahren, fallen wir auf wie bunte Hunde.«

Georg drehte die Wasserhähne auf, doch kein einziger Tropfen kam heraus. »Mit Wasser sieht es hier schlecht aus«, murmelte er.

Oppenheimers Vorschlag, den Inhalt einfach aus dem Koffer zu nehmen, wehrte Georg ab. »Besser nicht«, sagte er kurz angebunden.

Für ein paar Sekunden standen sie ratlos da, bis Oppenheimer eine Idee kam. »Oben gibt es noch ein paar Fässer mit Bier. Schales Zeug, nicht mehr zu trinken.«

Georg verstand sofort, was Oppenheimer meinte. »Zum Saubermachen wird es reichen.«

Oppenheimer atmete auf, als sie eine Viertelstunde später den Gärkeller wieder verließen. Der Koffer war äußerlich wieder gesäubert, allerdings stank er jetzt unangenehm süßlich nach Hopfen und Malz.

Vor dem Eingang blieb Georg kurz stehen und wog den Koffer prüfend in der Hand. Mit skeptischem Blick sagte er: »Das gefällt mir nicht. Irgendetwas ist hier nicht richtig, der Koffer müsste schwerer sein.«

Oppenheimer war wie vom Blitz getroffen. »Wollen Sie damit etwa sagen, dass das nicht der Koffer ist, den Sie suchen?« Er konnte es nicht fassen, nicht nach dieser ganzen Plackerei.

Georg verzog das Gesicht. »Bald weiß ich mehr«, murmelte er.

Unmut stieg in Oppenheimer auf, weil diese Episode mehr Zeit in Anspruch zu nehmen drohte, als er einkalkuliert hatte. Er musste sich um dringendere Angelegenheiten kümmern. Die Tatsache, dass Grigorjew immer noch frei herumlief, ließ ihm keine Ruhe.

Mit hängenden Schultern stieg er die Treppe empor und bog dann nach links ab, um zu ihren Fahrrädern zu gelangen, die sie, vor Langfingern verborgen, in der Ruine der Brauerei abgestellt hatten.

Möglicherweise war Oppenheimer zu sehr mit sich selbst beschäftigt, und vielleicht war Georg enttäuscht, so dass beide unvorsichtig wurden. Jedenfalls kam keiner von ihnen auf die Idee, dass jemand sie in der Ruine erwartete.

Von dem Fremden war zunächst nicht mehr als eine blitzschnelle Bewegung am Rande einer Fensterhöhle zu erkennen, gefolgt von einem Rascheln hinter der Ecke, zu leise, als dass es auffallen würde.

Oppenheimer wurde sich erst bewusst, dass sie in eine Falle getappt waren, als er in die Mündung einer Maschinenpistole starrte. Auch Georg zuckte zusammen.

Vor ihnen stand ein russischer Militärpolizist, ein junger Kerl mit Schiffchen auf dem Kopf, doch seine zu allem entschlossene Miene wirkte einschüchternd.

»Stoj!«, brüllte er ihnen entgegen.

Oppenheimer wusste, dass der Befehl bedeutete, stehen zu bleiben. Er hob sicherheitshalber seine Hände und rechnete damit, dass Georg dasselbe tun würde. Aber dieser lächelte den Soldaten seelenruhig an und fragte, was los ist: »Schto eto takoe?«

Es folgte eine Konversation, die der verwirrte Oppenheimer nur bruchstückhaft mitbekam. Georg sprach schnell, er schien die russische Sprache perfekt zu beherrschen.

Oppenheimer beobachtete die Körpersprache der beiden. Der Militärpolizist klammerte sich an seiner Maschinenpistole fest, hielt sie im Anschlag, als würde er jeden Augenblick damit rechnen, angefallen zu werden.

Georg hingegen tat sein Bestes, um harmlos zu wirken. Er nahm gehorsam seine Hand aus der Hosentasche und stellte auf einen Befehl des Soldaten hin den Koffer auf den Boden. Dann öffnete er seine Anzugjacke, zeigte ihm das Schulterholster, entnahm mit der linken Hand die Waffe, legte sie neben den Koffer und trat dann einige Schritte zurück.

Die ganze Zeit über wirkte das unergründliche Lächeln in seinem Gesicht wie eingebrannt. Oppenheimer konnte nicht sagen, ob es Höflichkeit ausdrücken sollte oder ob sich Georg über den Soldaten lustig machte – vermutlich beides.

Georg ließ den Soldaten nicht in Ruhe, redete auf ihn ein, beschwichtigend, ruhig und mit einer Sanftheit, die angesichts einer gezückten Maschinenpistole irritierend wirkte. Wiederholt öffnete der Militärpolizist seinen Mund, wurde aber stets von Georg abgelenkt. Mit einem Mal begriff Oppenheimer, dass er die ganze Zeit über versuchte, den Soldaten davon abzubringen, seine Kameraden zu rufen.

Die Erkenntnis traf Oppenheimer wie ein Schlag in die Magengrube.

Es befanden sich also noch andere Wächter auf dem Brauereigelände. Es konnte nicht anders sein.

Oppenheimer achtete nicht mehr auf Georg. Er wusste, was nun kommen würde. Sie waren schon so gut wie gefangen. Georg konnte kaum noch etwas tun, um das zu ändern. Zumindest nicht, wenn er unbewaffnet war.

Mit gesenktem Kopf und erhobenen Händen stand Oppenheimer in der Ruine und machte sich darauf gefasst, abgeführt zu werden.

Der Soldat wurde allmählich unruhig. Obwohl seine Abzugshand von dem runden Magazin verdeckt wurde, ahnte Oppen-

heimer, dass er den Druck auf den Abzugshebel verstärkte. Er stand kurz davor zu schießen.
Was nun folgte, spielte sich so rasch ab, dass Oppenheimer Schwierigkeiten hatte, alles zu erfassen.
Der Militärpolizist neigte seinen Kopf leicht zur Seite und holte kurz Luft. Sein Ruf wurde von Georg sofort abgewürgt.
Oppenheimer konnte kaum fassen, wie flink Georg nach vorn gesprungen war. Mit geübtem Griff hielt er seinem Gegner den Mund zu, während er gleichzeitig den Lauf der Maschinenpistole zur Seite drückte. Der Soldat ließ seine Waffe los, um sich aus der Umklammerung zu befreien. Das Gerangel dauerte nur wenige Sekunden, dann sank der Militärpolizist bewusstlos zu Boden.
Georg bückte sich, um ihm den Puls zu fühlen. Er nickte, dann wisperte er Oppenheimer zu: »Bis auf einen Brummschädel ist der morgen wieder in Ordnung.«
Plötzlich rief jemand aus dem hinteren Gebäudeteil, genau dort, wo ihre Fahrräder standen. Georg ging in die Hocke.
Oppenheimer flüsterte: »Die Räder.«
Georg sprang auf, schnappte sich den Koffer und zerrte Oppenheimer in die entgegengesetzte Richtung. Atemlos hetzten sie zur nächsten Türöffnung. Dort angekommen, spähte Georg in den Hof der Brauerei. In etwa hundert Metern Entfernung lag die Einfahrt. Das Eisentor war mittlerweile geschlossen, doch gleich daneben befand sich ein Spalt in der Backsteinmauer, der einzig mögliche Ausweg. Um dorthin zu gelangen, mussten sie allerdings quer über den Hof laufen.
Vorsichtig beobachtete Georg ihre Umgebung, geduckt und die Beine angewinkelt wie ein Hochleistungssprinter kurz vor dem Start. Oppenheimer keuchte vor Aufregung. Als er sah, dass Georg nach vorn zuckte, wäre er beinahe losgeprescht.

»Moment«, flüsterte Georg und hielt ihn fest.
Oppenheimer konnte sich nicht erklären, worauf er wartete. Unruhig überprüfte Georg alle Richtungen, dann gab er Oppenheimer einen Wink und begann zu rennen, was das Zeug hielt.
Georg war deutlich schneller. Er hatte sich bereits durch den Spalt in der Mauer gezwängt, als Oppenheimer noch den Hof überquerte.
Keuchend und mit weichen Knien erreichte er schließlich die Mauer, zwängte sich durch den Spalt und lehnte sich dann völlig erledigt gegen die rote Backsteinmauer.
Er kam keine Sekunde zu früh, denn Georg war bereits in einen am Straßenrand stehenden KdF-Wagen gesprungen und hatte den Motor gestartet. Hastig winkte er Oppenheimer durch die geöffnete Beifahrertür zu.
Oppenheimer kam nicht einmal dazu, sich zu wundern. Mit einer letzten Willensanstrengung stieß er sich von der Mauer ab und ließ sich dann auf den Beifahrersitz fallen.
Mit einem Kavalierstart setzte Georg das Fahrzeug in Bewegung. Die Reifen schrubbten bereits über den Boden, als Oppenheimer die Tür zuzog und von der Beschleunigung nach hinten gedrückt wurde.
»Meine Herren!« Dieser Ausruf war das Einzige, was Oppenheimer zunächst hervorbrachte. »Ich dachte, wir schaffen es nicht mehr.«
Georg grinste ihn von der Seite an.
»Es ist immer ratsam, einen zweiten Fluchtweg vorzubereiten«, rief er Oppenheimer über den Motorenlärm zu.

30

Sonntag, 17. Juni 1945
77 Tage vor dem Kriegsende im Pazifik

Sogar durch die geschlossenen Fensterläden drang die Hitze erbarmungslos ins Zimmer. Die kühlen Tage der vergangenen Woche waren nur noch eine ferne Erinnerung. Ungeachtet der sommerlichen Atmosphäre in der Stadt Berlin war Georgs Stimmung an diesem Tag überaus finster.

Oppenheimer ahnte es bereits, als Georg mit Grabesmiene vor Edes Nachtbar aufgetaucht war. Also war nicht alles so glatt gelaufen, wie er es sich erhofft hatte.

Die Bestätigung sollte er bekommen, sobald sie in der konspirativen Wohnung eingetroffen waren. Noch ehe Georg seinen Hut abgenommen hatte, sagte er: »Es ist zwar gut, dass wir die Sachen sichern konnten, aber das war nicht der Koffer, auf den wir es abgesehen haben.«

Zutiefst enttäuscht sank Oppenheimer auf den erstbesten Stuhl. Er konnte es nicht fassen, dass Ede ihm die Anweisung gegeben hatte, einen Koffer zu bewachen, dessen Inhalt keinen großen Wert besaß.

Plötzlich fühlte er sich eigenartig matt. Vielleicht hatte es auch damit zu tun, dass er einen Teil der Strecke zu Edes Nachtbar heute zu Fuß gehen musste, weil sein Fahrrad immer noch in der Ruine der stillgelegten Brauerei stand.

Nachdem ihn Georg gestern mit dem KdF-Wagen abgesetzt hatte, war nicht mehr viel geschehen. Ede wollte Oppenheimer nicht verraten, was er gegen Grigorjews Bande im Schilde führte. Verstimmt darüber hatte sich Oppenheimer vorzeitig auf den Heimweg gemacht, um wenigstens mal wieder eine Nacht bei Lisa zu verbringen.

Er war todmüde ins Bett gefallen und erst wieder aufgewacht, als sie bereits das Frühstück zubereitete. Zu essen gab es Kartoffeln, diesmal gebraten, weil mit zwanzig Tagen Verspätung auch die Fettrationen verteilt worden waren und ihnen nun Sonnenblumenöl zur Verfügung stand. Da die letzten Knollen bereits faulig waren, versuchte Lisa erfolglos, den unangenehmen Geschmack mit dem Zusatz von gemahlenem Kaffee zu überdecken.

Hilde zufolge kursierte ein neues Gerücht über die künftige Aufteilung Berlins. Es hieß, dass sich die Amerikaner in den südlichen Stadtteilen ansiedeln wollten, während man den Briten den Westen zugeteilt hatte. Die Spekulationen darüber, dass es zwischen den einzelnen Hoheitsgebieten auch so etwas wie Grenzkontrollen geben könnte, hielt Oppenheimer allerdings für weit hergeholt. Er hatte sich vorgenommen, Georg zu fragen, ob er mehr darüber wusste, falls er sich wieder blicken ließ, aber nach dessen enttäuschender Enthüllung dachte er nicht mehr daran.

»Nur eines will ich wissen«, sagte Oppenheimer, »was ist in dem Koffer? Und wonach suchen wir überhaupt? Keiner will damit rausrücken.«

Georg wurde bei dem letzten Satz hellhörig.

»*Keiner,* sagen Sie? Hat sich sonst noch jemand nach dem Koffer erkundigt?«

Derart ertappt, gelangte Oppenheimer zur Überzeugung, dass es besser war, reinen Tisch zu machen.

»Erst einmal war da Ede«, begann er mit der Aufzählung. »Das ist der Inhaber der Nachtbar. Im Gärkeller war sein Lager eingerichtet. Ich sollte auf Roskis Koffer aufpassen, weil sich in ihm angeblich ein wertvoller Gegenstand befindet, doch Ede wusste selbst nicht, worum es sich dabei handelte. Er hatte das nur von Manni aufgeschnappt. Das ist der kleine Ganove, mit dem Roski kooperierte. Keine Ahnung, wie die miteinander Bekanntschaft gemacht haben.«

Georg nickte, doch sein Blick blieb wachsam. »So viel habe ich bereits verstanden. Von der Verbindung zu Manni wusste ich. Ich hatte bereits seine Spur aufgenommen, fand aber nur noch seine Leiche vor.« Er machte eine kurze Pause. »Und dann gab es noch jemand anderen, der sich nach dem Koffer erkundigt hat?«

Oppenheimer überlegte, wie er es am besten erklären sollte. »Nicht direkt, Roski wurde gesucht. Ein Oberst Aksakow vom NKWD ließ mich kurz vor der Kapitulation verhaften, weil sie mich mit Roski verwechselt haben. Dann berichtete ich, dass er getötet worden war. In der Zwischenzeit kam die Bande von Grigorjew und suchte ebenfalls nach Roski. Irgendjemand im NKWD hat ihnen wohl den Tipp mit Manni gegeben. Und der wurde von ihnen so lange gefoltert, bis er ihnen Roskis Aufenthaltsort verriet. Daraufhin durchsuchten sie den Gärkeller. Aksakow weiß auch von der Bande und hat mir aufgetragen, nach ihnen Ausschau zu halten.«

In der Miene von Georg war ein deutlicher Stimmungsumschwung erkennbar. Fassungslos starrte er Oppenheimer an.

»Sie haben ja keinen Schimmer, in was Sie da hineingeraten sind.« Es klang wie ein Stoßseufzer. Dann murmelte er: »Aber natürlich, wie sollten Sie auch?«

»Können Sie es mir vielleicht erklären, damit ich es verstehe?«

Allmählich hatte Oppenheimer es satt, sich von allen Beteiligten an der Nase herumführen zu lassen. Die Affäre war derart verwirrend, dass sie ihn an den Gordischen Knoten aus der griechischen Mythologie erinnerte. Oppenheimer wollte all das endlich hinter sich lassen, damit er sich Grigorjew widmen konnte. Je schneller, umso besser.

Die Arme verschränkt, trat Georg zum Fenster und blickte durch die Sprossen der Läden. In der Nachbarschaft war man immer noch dabei, den Müll zu verbrennen. Doch Georg schien mit derart komplizierten Gedanken beschäftigt zu sein, dass er sich um den penetranten Gestank nicht kümmerte.

Schließlich kam er zu einem Entschluss. »Wollen Sie einen Moment warten? Dann hole ich jemanden, der alles aufklären kann.«

Mit diesem Kommentar verschwand Georg. Es war zu hören, wie er die Wohnungstür hinter sich zuzog und im Hausflur die knarzende Treppe nach oben stieg.

Oppenheimer lehnte sich zurück und blickte geistesabwesend zur Decke. Er fragte sich, was dort oben vor sich ging.

Die Antwort ließ nicht lange auf sich warten. Jemand kam die Treppe herab. Außer den leichten Schritten von Georg war jetzt auch ein schwerer Schritt vernehmbar.

Dementsprechend wunderte sich Oppenheimer nicht, als Georg einen übergewichtigen Mann ins Zimmer führte. Aufgrund des Nahrungsmangels hatte er schon lange nicht mehr einen derart beleibten Herrn gesehen. Parteibonzen wie SS-Gruppenführer Reithermann, dem Oppenheimer im vergangenen Jahr über den Weg gelaufen war, ähnelte er nicht. Und weil er eine Kaffeekanne und zwei Becher in den Pranken hielt, fand ihn Oppenheimer auf Anhieb sympathisch.

»Also, das ist der arme Tropf?«, fragte Georgs Begleiter statt einer Begrüßung. »Willkommen zwischen den Fronten!«

Er stellte sich als Moritz vor. Wahrscheinlich war das ebenso ein »Künstlername« wie der Name »Georg«. Nach einem kurzen

Nippen an dem echten Bohnenkaffee schlug Oppenheimer schließlich die Beine übereinander und lehnte sich zurück. »Also, ich höre.«

»Was wollen Sie denn wissen?«, fragte Moritz, während er sich selbst Kaffee eingoss.

»Er kannte Roski«, erklärte Georg. Er machte keine Anstalten, sich ebenfalls einen Kaffee zu genehmigen, sondern blieb mit wachsamem Blick vor der Tür stehen. »Er hat gesehen, wie er getötet wurde. Sie waren zusammen in dem Keller, wo wir auch den Koffer gefunden haben.«

Moritz nickte. »Ja, das sieht Dieter ähnlich, dass er alles Mögliche hat mitgehen lassen. Leider ist das meiste Zeug im Koffer Schrott. Das macht unsere Arbeit nicht gerade einfacher.«

Oppenheimer spürte wieder den Verdruss darüber, dass niemand Klartext sprach. »Um welchen Schrott handelte es sich?«

Moritz antwortete nicht sofort, sondern warf Georg einen fragenden Blick zu. Erst als Georg fast unmerklich nickte, rückte er seinen Stuhl näher an Oppenheimer heran und sagte mit einem feinen Lächeln: »Es waren Pläne für einen Reaktor, mit dem man Uran-Isotope trennen kann.«

Oppenheimer verstand nur Bahnhof. »Und wozu das alles?«

»Ganz einfach, um sprengstofftaugliches Uran herzustellen. U-235 braucht man dazu, aber das tritt nur in Verbindung mit U-238 auf, das etwa hundertmal so häufig vorkommt. Also muss man das irgendwie trennen. Das ist eine der größten Hürden, vor allem, weil dieses Trennverfahren im industriellen Maßstab durchgeführt werden muss, um genügend Material zusammenzubekommen.«

Für einen Moment war Oppenheimer sprachlos. Da er glaubte, sich verhört zu haben, hakte er nach: »Damit ließe sich also eine Bombe bauen?«

Moritz nickte. »Sie haben doch sicher von den Wunderwaffen der Nazis gehört? Natürlich war das meiste davon blanker Unsinn, doch mit der Atomzertrümmerung waren sie auf einer heißen Spur. Aber letztendlich sind wir damit nicht allzu weit gekommen.«

»Zumindest, was wir bislang wissen«, warf Georg ein. »Moritz war ein Kollege von Roski. Sie waren beide an der Uranforschung beteiligt, aber es ist schwierig, einen genauen Überblick zu bekommen.«

»Tja, das ist richtig«, pflichtete Moritz bei. »Dazu brauchten wir schon jemanden vom Heereswaffenamt, wo die Fäden zusammenliefen. Es gab gleich mehrere Forschungsgruppen, und Dieter hat offensichtlich alle Forschungspläne zusammengerafft, die ihm irgendwie in die Hände gefallen sind. Nun ja, er war eben ein Geheimniskrämer. Bestimmt die Hälfte von den Unterlagen im Koffer sind unbrauchbar. Da ist zum Beispiel auch eine Versuchsanordnung mit dabei, die nachweislich nicht funktioniert. In Leipzig hatte man mit den Plänen bereits vor drei Jahren eine Versuchsreihe durchgeführt.« Glucksend fügte er hinzu: »Aber die wurde abgebrochen, als den Jungs ihr Laboratorium um die Ohren geflogen ist. Daran hätte sich Dieter eigentlich erinnern müssen, denn es hat in Forscherkreisen hohe Wellen geschlagen, neben Döpel war nämlich auch Heisenberg höchstpersönlich anwesend. Aber vielleicht hat Dieter das Zeug auch eingepackt, ohne es vorher zu prüfen. Ich selbst habe zwei Stunden darüber gesessen, ehe ich wusste, was da vor mir lag.«

Oppenheimer trank einen Schluck Kaffee und versuchte, diese Informationen zu verarbeiten. »Aber wenn den Forschern in Leipzig eine Detonation gelungen ist, wie Sie sagen, ist das nicht ein Beleg dafür, dass diese neue Bombe funktioniert?«

»So simpel ist das nicht«, antwortete Moritz. »In ganz Leipzig flüsterte man damals über die neue Wunderwaffe, doch es war nur eine normale Explosion. Sie hatten aus zwei Kugelschalen ein Meilermodell konstruiert und in diese Kugel schweres Wasser und Uranoxid eingefüllt. Nur haben sie übersehen, dass dabei Wasserstoff entsteht. Und wenn sich Wasserstoff mit Sauerstoff vermischt, was haben wir dann? Knallgas. Das war noch lange nicht die Uranbombe, auf die hingearbeitet wurde.«

»Dann gab es also verschiedene Gruppen, die an der Entwicklung dieser Bombe beteiligt waren?«

»Genau«, sagte Moritz und nickte. »Die wichtigste Gruppe war natürlich das etablierte Forscherteam um Werner Heisenberg vom Kaiser-Wilhelm-Institut hier in Dahlem. Als Vater der Quantenmechanik hat Heisenberg den Nobelpreis für Physik bekommen. Eine Zeitlang forschte er auch an der Universität Leipzig zusammen mit Robert Döpel. Und dann gibt es natürlich noch Kurt Diebner von der Forschungsabteilung des Heereswaffenamtes. Er ist das schwarze Schaf in der Forscherfamilie, den niemand für voll nimmt, weil er ohne Habilitation nicht der oberen Kaste angehört. Und dass Diebner dem Heereswaffenamt dabei half, alle Forschungen zu kontrollieren, damit man sie für Rüstungszwecke nutzen konnte, machte den Emporkömmling auch nicht gerade beliebt. Aus Gründen der militärischen Geheimhaltung errichtete er für das HWA in Gottow zudem noch eine eigene kernphysikalische Forschungsstelle mit einer weiteren Außenstelle in Stadtilm.«

Oppenheimer runzelte die Stirn. »Dann arbeiteten Sie also für die andere Gruppe am Kaiser-Wilhelm-Institut?«

Bei dieser Frage begann Georg unerklärlicherweise, breit zu grinsen. Auch Moritz schien nach den richtigen Worten zu suchen. »Das mag jetzt sehr merkwürdig klingen, aber bitte glauben Sie mir, dass ich die Wahrheit sage. Ich arbeitete bei einer Forschungsstelle der Reichspost.«

Bei dieser Antwort hätte sich Oppenheimer fast an seinem Kaffee verschluckt. »Bitte was? Die Post arbeitete auch an einer Uranbombe?«

»Die Post war mit einigen kriegswichtigen Projekten beschäftigt, zum Beispiel Sprachverschlüsselung und Radartechnologie. Die treibende Kraft dabei war Reichspostminister Ohnesorge, ein studierter Physiker mit persönlichem Draht zum Führer. In Kleinmachnow gründete er zunächst ein Forschungsinstitut, dann kam Manfred von Ardenne hinzu, ein aufstrebender Autodidakt mit eigenem Forschungslaboratorium in Lichterfelde. Gleich nebenan hat die Reichspost für Ardenne ein weiteres, hochmodernes kernphysikalisches Institut eingerichtet. Dort arbeitete ich die letzten Monate mit Dieter zusammen. Zuletzt beschäftigten wir uns in Lichterfelde allerdings nur noch mit der friedlichen Nutzung der Urantechnologie.«

Dies alles passte zu Roskis ironischer Bemerkung, dass er Postbeamter sei. Aber den letzten Punkt verstand Oppenheimer nicht so richtig. »Und wie soll eine friedliche Nutzung der Urantechnologie aussehen?«

Bei dieser Frage kam bei Moritz wahrer Enthusiasmus auf. Er gestikulierte beim Reden so heftig, dass ihm fast der Kaffee über seine dicken Finger schwappte. »Stellen Sie sich vor, eine Energiequelle von ungeahnter Kraft. Grenzenlos. Ganz einfach gesagt: Wenn man die Zerstörungskraft einer Bombe zügelt, lässt sich damit Energie gewinnen. Uns schwebt da ein Uranbrenner vor.«

Georg gesellte sich zu ihnen, setzte sich auf den freien Stuhl neben Moritz und sprach ihn direkt an. »Und genau das kaufe ich euch Wissenschaftlern nicht ab.« Für Oppenheimer klang das wie eine Herausforderung. »Das ist doch nur eine Schutzbehauptung, mit der ihr euch entlasten wollt. Wer Grundlagenforschung betreibt, kann nicht kontrollieren, was damit angestellt wird.«

Moritz rückte verlegen seinen Stuhl zurecht und schüttelte vehement den Kopf. »Nein wirklich, da ist nichts dran«, versuchte er, sich zu rechtfertigen. »Die Forschungen für die Bombe wurden abgebrochen, weil es zu lange gedauert hätte. Die Uranbombe wäre zu spät fertig geworden, um den Krieg zu entscheiden. Heisenberg hat für die Entwicklung mehrere Jahre veranschlagt und hielt allenfalls die Konstruktion eines Uranbrenners für realistisch. Nur Diebner wollte nichts davon wissen und hoffte, innerhalb weniger Jahre eine Bombe bauen zu können.«

Damit wandte sich Moritz wieder Oppenheimer zu. »Aber Hitler hat das Konzept der Uranbombe anscheinend nie so richtig unterstützt. In informierten NS-Kreisen gab es die Befürchtung, dass eine Kettenreaktion einsetzt, die sich nicht mehr kontrollieren lässt, so dass am Schluss die ganze Welt dabei in die Luft geht. Die wissenschaftliche Arbeit war zuletzt nur noch auf die Grundlagenforschung beschränkt. Gut, vielleicht wurden noch gewisse Hoffnungen geweckt, aber das geschah nur, damit die involvierten Wissenschaftler nicht an der Front verheizt wurden.«

»Genau dieses Argument überzeugt mich nicht«, beharrte Georg. »Die besten Wissenschaftler der Nation verwendet man doch nicht als Kanonenfutter.«

»Wie dem auch sei«, unterbrach Oppenheimer, diese Kontroverse führte seiner Ansicht nach nicht weiter, »nur weiß ich immer noch nicht, warum jeder so verrückt nach Roskis blödem Koffer ist.«

Georg blickte Oppenheimer an. »Ganz einfach: Die Russen bauen selbst an einer Uranbombe. Und wir glauben, dass Roski noch einen zweiten Koffer hatte. Nicht mit Unterlagen, sondern möglicherweise mit Rohmaterial, das sich für den Bombenbau verwenden lässt. Das darf den Russen unter keinen Umständen in die Hände fallen, sonst besitzen sie einen Vernichtungsapparat mit ungeheurer Sprengkraft. Es ist im Interesse der gesamten freien Welt, dass wir dies verhindern.«

Nach diesem eindringlichen Appell war Oppenheimer noch ratloser als vorher. Er hielt es nicht länger auf seinem Platz aus, stand auf und stützte sich auf der Rückenlehne ab. »Ich dachte, ihr seid Alliierte. Stalin und Roosevelt haben doch gemeinsam gegen Hitler gekämpft.«

»Ja, aber jetzt, wo der große Feind ausgeschaltet ist, haben wir keine Gemeinsamkeiten mehr«, sagte Georg mit einem Achselzucken. »Stalin ist immerhin ein militärischer Aggressor. Bedenken Sie, dass er vor der Verwicklung in den Weltkrieg erst Finnland angegriffen hat und sich dann mit Hitler Polen aufteilte. Jetzt befindet sich ganz Osteuropa unter Stalins Kontrolle, und er macht keine Anstalten, wieder unabhängige Staaten zuzulassen. Präsident Roosevelt hat ihm zu viel durchgehen lassen, aber da Truman mittlerweile fest im Sattel sitzt, weht ein anderer Wind. Er und seine Berater scheinen sich zum Glück eher an der harten Linie von Churchill zu orientieren.«

»Also ist früher oder später eine Konfrontation unvermeidbar«, murmelte Oppenheimer und starrte zu Boden. Diese Erkenntnis war niederschmetternd. Die große Hoffnung, dass nach dem Krieg endlich eine Zeit des Friedens beginnen würde, rückte in weite Ferne. Vielleicht war der Friede ja nur eine Illusion. Im Pazifik tobte der Krieg immer noch. Die Frage, ob man sich in Zukunft an diesen Zustand gewöhnen musste, fand Oppenheimer beunruhigend.

»Genauso sieht es aus«, kommentierte Georg Oppenheimers Fazit. »Wer Zugriff auf deutsche Militärtechnik bekommt, wird es leichter haben, die Konditionen für den Nachkriegsfrieden zu diktieren. Zum Glück wurden Ende Januar alle Reaktoren des Kaiser-Wilhelm-Instituts demontiert und mit einem Fahrzeugkonvoi nach Süddeutschland transportiert. Die wichtigsten Wissenschaftler nahmen sie auch gleich mit. Aber es sind noch genügend Reste zurückgeblieben, die nun die Russen zusammenkratzen. Sie sacken alles ein, was sie in die Finger bekommen – Forschungsunterlagen, Wissenschaftler –, und sie schrauben mittlerweile komplette Labors und Industriebetriebe auseinander und schicken sie in Einzelteilen nach Moskau.«

»Das Forschungsinstitut in Lichterfelde wurde bereits abtransportiert«, pflichtete Moritz ihm bei. »Und unseren Chef Ardenne haben sie auch schon geschnappt.«

Oppenheimer schüttelte den Kopf. »Was wollte Roski eigentlich mit den Sachen?«

Moritz stellte seinen Becher ab und verschränkte die Hände. »Im Februar wurde Dieter nach Stadtilm gerufen. In Diebners Außenstelle lief die Forschung noch auf Hochtouren. Dieter sollte die Wissenschaftler vor Ort bei einem Experiment beraten und bekam dabei mit, was das Heereswaffenamt dort an Material gehortet hatte. Ich weiß nicht hundertprozentig, was in Stadtilm alles lagerte, aber Dieter sprach von mehreren hundert Litern Schwerwasser und tonnenweise Uranoxid. Allein das Radium hatte schon einen Wert von mehreren Millionen Dollar. Da wurde er wohl gierig und kam auf den Gedanken, ein wenig davon abzuzweigen und nach dem Krieg meistbietend zu verscherbeln. Irgendwie scheint er es auch geschafft zu haben, unter den Forschern einen Komplizen zu finden, mit dem er Pläne für die Nachkriegszeit schmiedete.«

Oppenheimer fand das alles reichlich unlogisch. »Aber warum hat er sich nicht einfach in den Westen abgesetzt und abgewartet, bis er von den Amerikanern befreit wird? Wozu noch einmal nach Berlin zurückkehren, wo der Russe schon vor der Tür stand?«

Moritz zuckte die Schultern. »Angebot und Nachfrage! Den besten Preis für eine Ware bekommt man nur, wenn es mehrere Interessenten gibt. Dieter war es klar, dass sowohl West als auch Ost an den Forschungsergebnissen interessiert sein werden, vielleicht auch daran, die Uranbombe weiterzuentwickeln. Früher oder später werden alle vier Alliierten in der Hauptstadt präsent sein. Dieter kannte sich in Berlin aus, wusste, wo man untertauchen konnte. Ja, es war ein großes, aber seiner Ansicht nach wohl auch ein kalkulierbares Risiko.«

Oppenheimer versuchte, diese Angaben zeitlich einzuordnen. Es bestand kein Zweifel daran, dass hierbei Manni ins Spiel gekommen war. Er besorgte einen Unterschlupf für Roski, der den Koffer mit den Dokumenten bei sich behielt, weil ohne ihn sowieso kaum jemand wusste, worum es sich dabei handelte.

»Wenn es tatsächlich einen zweiten Koffer mit Atommaterial gab, muss ihn Manni also irgendwo verstaut haben«, schlussfolgerte Oppenheimer.

Moritz nickte zustimmend. »In seiner Wohnung hat Georg Hinweise darauf gefunden, dass er einen Behälter zusammengebastelt hat, in dem man gefahrlos radioaktives Material aufbewahren kann. Wahrscheinlich hat Dieter ihm dabei geholfen.«

»Natürlich«, murmelte Oppenheimer, »die Bleiplatte.«

Mit einem schwermütigen Lächeln fügte Moritz hinzu: »Dieter hatte immer eine Heidenangst vor Krebs. Bei der Untersuchung der *Schneeberger Krankheit* wurde vor ein paar Jahren ein eindeutiger Zusammenhang mit Radioaktivität festgestellt. Und eine ganze Reihe von Materialien, mit denen wir experimentieren, sind dummerweise radioaktiv. Die meisten Forscher kümmern sich nicht groß darum, doch Dieter war regelrecht besessen davon. Die ganze Vorsicht hat ihm aber letztendlich nichts genutzt.« Oppenheimer blickte Georg an. »Und weil der Koffer aus dem Brunnen nicht schwer genug war, wussten Sie sofort, dass es nicht der richtige ist.«

»Das war offensichtlich«, pflichtete Georg ihm bei. »Nur ist die Frage, wo der richtige Koffer jetzt herumgeistert. Kommen wir doch auf Ihre Vermutung zurück, dass Manni von Grigorjews Bande ermordet wurde. Wie sind Sie auf ihn aufmerksam geworden?«

Nun, wo Oppenheimer alle Fakten kannte, fiel ihm die Antwort leicht. »Ich weiß, dass es im NKWD einen Verräter geben muss. Vermutlich hat Manni sofort nach dem Einmarsch der Russen die Fühler ausgestreckt, ob jemand von ihnen an Roskis Material interessiert ist, und ist wohl an den Falschen geraten. Manni und Roski wollten ein Vermögen verdienen. Der Verräter will offenbar dasselbe und lässt Grigorjew die Drecksarbeit machen. Und wenn man mit dem Material Geld machen kann, liegt es wohl nahe, auch einen Wissenschaftler an den Meistbietenden zu verkaufen. Deswegen wollte die Bande auch noch Roski entführen. Um noch mehr Profit rauszuschlagen. Ihr Pech war nur, dass er bereits tot war.«

»Aber einen Schönheitsfehler gibt es dabei«, sagte Georg hintersinnig.

Oppenheimer dachte nach. »Nun gut, den Russen kann Grigorjew kein Angebot machen. Die würden ihn gleich in ein Arbeitslager stecken. Da bleiben im Grunde nur die Westalliierten übrig.« Bei diesem Gedanken hielt er inne. »Er hat sich also noch nicht bei Ihnen gemeldet?«

Kopfschüttelnd erwiderte Georg: »Wir benötigen Kontakt zu dieser Bande. Und zwar dringendst. Wenn das NKWD die Bande auffliegen lässt, ehe wir von ihnen den zweiten Koffer bekommen, haben wir versagt. Und es wäre auch besser, wenn die Franzosen keinen Wind davon bekommen. Obwohl wir General de Gaulle unterstützen, ist die kommunistische Infiltration der Öffentlichkeit dort bereits sehr stark fortgeschritten.«

Oppenheimer war für einen Moment sprachlos. Die Konversation lief in eine Richtung, die ihm überhaupt nicht behagte. »Das heißt, Sie würden mit Grigorjew tatsächlich in Verhandlungen treten?«

Georg lehnte sich zurück. »Für ein Angebot wäre ich auf jeden Fall offen. Ich würde diesem Grigorjew natürlich nicht verraten, dass Geld für uns dabei keine Rolle spielt, sonst treibt er nur den Preis in die Höhe. Die Bauernschläue der Iwans darf man nicht unterschätzen.«

Die Aussicht, dass Georg bereit war, Grigorjew und seinen Spießgesellen eine großzügige Entlohnung zu gewähren, war für Oppenheimer wie ein Schlag ins Gesicht.

Was verlangte Georg da überhaupt? Sollte Oppenheimer etwa tatenlos dabei zusehen, wie sich Grigorjew lachend mit einem Koffer voller Geld aus der Affäre zog?

Die Schultern hochgezogen, trat er zum Fenster und sog die nach Unrat stinkende Luft ein. Die warme Brise im Gesicht zu spüren half ihm dabei, seinen inneren Tumult unter Kontrolle zu bringen.

Und dann kam der Satz, den Oppenheimer befürchtet hatte. Aus Georgs Mund klang er unglaublich harmlos.

»Vielleicht können Sie uns ja helfen«, sagte Georg.

Langsam ließ Oppenheimer die Luft aus seiner Lunge entweichen.

»Und wie stellen Sie sich das vor?«, fragte er heiser.
»Wissen Sie zufällig, ob das NKWD Informationen über Grigorjews Aufenthaltsort hat?«
Schmallippig antwortete Oppenheimer: »Keine Ahnung.«
Dann blieb es für einige Augenblicke still. Ob Georg Oppenheimers Veränderung aufgefallen war? Als er sich umdrehte, um seine Gesprächspartner anzuschauen, blieb kein Zweifel daran. Wachsam wurde er von Georg gemustert. Selbst Moritz schaute ihn gespannt an.
»Oder haben Sie zufällig Hinweise gefunden?«, hakte Georg nach. »Immerhin sind Sie ein Kommissar und haben den Tatort unter die Lupe genommen, an dem Manni getötet wurde. Irgendwie glaube ich nicht, dass Sie das einfach auf sich beruhen lassen.«
Oppenheimer öffnete den Mund, doch es wurde ihm klar, dass er nur Fehler machen konnte, wenn er etwas sagte. Allerdings war es ebenso offensichtlich, dass Georg eine Antwort erwartete.
Um etwas Zeit zu schinden, durchquerte Oppenheimer den Raum und setzte sich wieder auf seinen Stuhl. Er war zu aufgebracht, um Georg antworten zu können. »Mit Gerechtigkeit brauchen Sie mir nicht zu kommen«, knurrte er. »Schließlich wollen Sie ihn laufenlassen.«
Mit ernstem Gesichtsausdruck zog Georg Oppenheimers Einwand in Betracht. »Sie müssen das große Ganze betrachten«, sagte er schließlich. »Manchmal müssen wir Kompromisse akzeptieren, um Schlimmeres zu verhindern.«
»Bedenken Sie, worum es geht«, schaltete sich nun auch Moritz ein. »Das ist keine Knallerbse, die die Russen entwickeln wollen. Warum, denken Sie, habe ich mich entschlossen, mit Georg hier zu kooperieren? Die Uranbombe wird die ganze bisherige

Kriegstechnologie in den Schatten stellen. Komplette Städte wird man mit einem Knopfdruck ausradieren können. Und das ist jetzt keine Propaganda von Goebbels, sondern eine reale Gefahr. Ich habe dieses Ding mitentwickelt, also weiß ich auch, wovon ich rede. Es ist mir bewusst, dass ich möglicherweise zum Tod von Hunderttausenden von Menschen beigetragen habe. Das lässt sich nicht mehr rückgängig machen. Ich kann nur hoffen, dass die Entwicklung noch rechtzeitig gestoppt wird. Ich hatte die Wahl und habe mich damals falsch entschieden. Auch Sie haben jetzt eine Entscheidung zu treffen. Können Sie den Tod von unzähligen Menschen verantworten? Nein, hier geht es nicht um Gerechtigkeit, sondern um Moral. Und wenn Sie etwas wissen, dann ist es Ihre verdammte Pflicht, es uns mitzuteilen.«

Ohne es zu wissen, hatte Moritz genau den Punkt angesprochen, der Oppenheimer noch am ehesten überzeugte. War es am Ende nur eine Frage der Arithmetik? Was bedeutete das Schicksal einer einzigen geschändeten Frau gegenüber dem Leben vieler Menschen? Die anderen, das war für Oppenheimer nur eine gesichtslose Menge, eine unpersönliche Statistik. Lisas Demütigung war für ihn hingegen allzu real. Ließ es sich jedoch verantworten, wegen seiner persönlichen Rache andere zu gefährden? Würde er mit dieser Schuld leben können?

Diese Fragen hatten sich Oppenheimer bislang so nicht gestellt, doch nun, wo sie klar auf der Hand lagen, spürte er, wie alle Gewissheiten, an denen er sich in den vergangenen Wochen geradezu verbissen festgehalten hatte, ins Wanken gerieten.

Etwas in ihm gab sich geschlagen, stimmte den Vernunftgründen von Moritz zu. Das um sich beißende Tier in Oppenheimers Inneren zog sich angesichts der drohenden Apokalypse in die hintersten Winkel seiner Seele zurück.

Immer noch blickten Georg und Moritz ihn erwartungsvoll an. Obwohl sie von den seismischen Verschiebungen in Oppenheimer keine Ahnung hatten, schienen sie zu spüren, dass ihr Gesprächspartner einen Kampf mit sich selbst ausfocht.

Oppenheimer versuchte, das Zittern in der Stimme unter Kontrolle zu halten, und antwortete: »Also gut. Ich weiß, wo Grigorjew steckt.«

31

Sonntag, 17. Juni 1945
77 Tage vor dem Kriegsende im Pazifik

Das monumentale Verwaltungsgebäude vor dem Fabrikgelände in der Nähe des Teltow-Kanals wirkte mit seinen strengen Konturen wie eine Festung. Es war die typisch repräsentative Industriearchitektur, die man überall in Berlin vorfand. Nur waren die zwischen den Wandpfeilern angeordneten Fenster jetzt kreuz und quer mit Holzlatten zugenagelt.

Oppenheimer hoffte, dass niemand auf die Idee kam, die improvisierten Fensterabdeckungen wieder zu entfernen, denn dort drinnen hauste das Böse.

Und doch war er nun hierhergekommen, um Grigorjew in die Hände zu spielen, ihm genau das zu verschaffen, was er haben wollte.

»Hier vorn ist zwar der Haupteingang«, erklärte Oppenheimer, »aber als ich hier war, haben die Männer die Zufahrt in der Seitenstraße benutzt.«

Die Zufahrt war in die Hausfassade eingebaut. Rechts neben einem Schlagbaum befand sich ein Raum für den Wachmann, der in tiefe Schatten getaucht war. Es war auch keine Bewegung zu erkennen, als sich Oppenheimer und Georg näherten.

Gerade als sie sich an dem Schlagbaum vorbeimogeln wollten, erklang aus dem dunklen Raum eine scharfe Stimme.

»Chalt!« Trotz des schweren russischen Akzents wusste Oppenheimer, was gemeint war, und fror mitten in der Bewegung ein. Auch Georg war erstarrt.

»Nicht weiter!«, sagte die körperlose Stimme.

Langsam hob Georg die Hände. Starr geradeaus blickend, rief er: »Ich suche Grigorjew! Ich habe ein Geschäft!«

Oppenheimer wunderte sich, dass Georg nicht auf Russisch antwortete. Er hatte bereits demonstriert, dass er die Sprache seiner Kontrahenten perfekt beherrschte, aber in dieser Situation hielt er es wohl für vorteilhaft, sich dümmer zu stellen, als er in Wirklichkeit war.

Zunächst kam keine Antwort aus dem dunklen Kabuff. Vielleicht waren die Wächter überrascht darüber, dass ein wildfremder Deutscher den Namen ihres Anführers kannte. Nervös blickte sich Oppenheimer um, die Betondecke über der Zufahrt wirkte plötzlich wie eine bedrohliche Last, die jeden Moment auf sie herunterkrachen konnte.

Dann tauchten sie auf.

Zwei Gestalten traten aus dem Schatten heraus. Oppenheimer fragte sich, wo sie ihre Fedora-Hüte aufgetrieben hatten. Die abgewetzten Kriegsklamotten wollten allerdings nicht dazu passen. Misstrauisch näherten sie sich, spähten, die Nagant-Revolver im Anschlag, die Umgebung aus, als würden sie damit rechnen, plötzlich von einer Horde Banditen überfallen zu werden. Als sich die zwei Deserteure vergewissert hatten, dass das Erscheinen dieser beiden Fremden kein Hinterhalt war, winkte einer von ihnen sie mit der Pistole in die Kabine des Wachmanns.

Zwischen Glasscherben, Trümmerstücken und Schutt hatte jemand bizarrerweise zwei Plüschsessel plaziert. Mit einem gutturalen Laut, von dem Oppenheimer nur so viel verstand, dass er unfreundlich gemeint war, wurden sie von einem der Wachmänner in die Sessel gestoßen.

Der zweite Mann war verschwunden. Oppenheimer nahm an, dass er zu Grigorjew ging, um die Ankunft der beiden Fremden zu melden.

Einige Minuten später sah er durch die geöffnete Tür, wie er mit einem weiteren von Grigorjews Leuten zurückkehrte.

Oppenheimer hatte den Eindruck, dass sein Herzschlag für einen Moment aussetzte.

Der Wächter lief in Begleitung von Demjan über den Hof, dem jungen Burschen, der kaltblütig genug war, um seine eigenen Kumpane umzubringen.

Eigentlich hätte er damit rechnen müssen, Demjan zu begegnen, da dieser gewöhnlich für Grigorjew dolmetschte und auch Edes Ansprechpartner war.

Als Oppenheimer an die sich anbahnende Konfrontation zwischen Ede und Grigorjew dachte, packte ihn die Furcht. Erst jetzt wurde ihm so richtig klar, wie heikel die Situation war.

Nach ihrer Unterredung mit Moritz waren sie so hektisch zu Grigorjews Räuberhöhle aufgebrochen, dass er überhaupt nicht auf die Idee gekommen war, Demjan könnte von seiner Verbindung zu Ede wissen. Wenn er ihn wiedererkannte, wenn er sich daran erinnerte, ihn im Hinterhof der *Rio Bar* gesehen zu haben, würde er dann nicht auf den falschen Gedanken kommen, nämlich dass Oppenheimers Erscheinen eine Falle war?

Bei Demjans Eintreten schaute Oppenheimer unwillkürlich zu Boden. Doch den Blick abzuwenden konnte verdächtig wirken, also zwang er sich dazu, Demjan anzusehen. Er versuchte, gefasst zu wirken, und spürte gleichzeitig, wie kläglich er damit scheiterte.

Demjan warf ihnen einen Blick zu. Als er Oppenheimer sah, zog er für einen Moment seine Brauen zusammen. Man konnte deutlich erkennen, dass Oppenheimer ihm bekannt vorkam,

nur schien es Demjan schwerzufallen, diesen Fremden einzuordnen.
Um etwas anderes zu tun, als Demjan anzustarren, räusperte sich Oppenheimer und warf dann Georg einen kurzen Seitenblick zu.
Zum Glück reichte das aus, um die Spannung zu lösen, denn nun begann Georg, auf Demjan einzureden.
»Verstehen Sie Deutsch?«, fragte er. »Ich muss Grigorjew sehen. Euren Chef, meine ich. Er hat Waren, die ich ihm abkaufen will. Verstehst du mich?«
Demjan taxierte ihn wortlos.
»Wir brauchen nichts«, sagte er schließlich. »Verschwindet von hier.«
Georg griff mit seiner linken Hand ans Revers seiner Anzugjacke. Als er mit der anderen Hand in die Innentasche fassen wollte, schnellten augenblicklich die Läufe der beiden Revolver hoch.
»Moment!« Georg erstarrte mitten in der Bewegung. »Ich will euch nur etwas zeigen. Ganz langsam.«
In Zeitlupentempo griff er in die Innentasche seiner Anzugjacke, misstrauisch beäugt von den beiden Wächtern, deren Zeigefinger sich bedrohlich auf den Abzug ihrer Feuerwaffen legten.
Als Georg seine Hand ebenso langsam wieder aus der Jacke herauszog, konnte Oppenheimer sein Erstaunen ebenso wenig verbergen wie die drei russischen Ganoven.
Georg hielt ein dickes Bündel Dollarscheine in der Hand.
»Hier, amerikanisches Geld«, sagte er. »Gutes Geld. Für euch. Wenn ihr habt, was ich suche, bekommt ihr noch mehr!«
Auffordernd streckte er ihnen das Geldbündel entgegen. Blind vor Gier wollte einer der Wächter bereits nach den Scheinen greifen, doch Demjan schlug dessen Hand zur Seite.

Betont gelassen griff er selbst nach den Scheinen und schaute sie an. Sein abfälliger Gesichtsausdruck war nur gespielt. Ein Flackern in den Augen verriet, dass sich Demjan nur mit großer Mühe beherrschen konnte.

Er schlenderte zum Fenster, wo er das Bündel ins Licht hielt und die Scheine durchblätterte.

Nach einem Kommando von ihm wurden Oppenheimer und Georg nach Waffen durchsucht.

»Ich komme in Frieden«, beteuerte Georg. »Ich will nur ein Geschäft vorschlagen.«

»Was suchst du?«, fragte Demjan.

Oppenheimer spürte, wie Georg neben ihm aufatmete. »Ihr habt einen Koffer«, erklärte er. »Ich rede von einem sehr schweren Koffer. Dort sind Metalle drin, die man für Experimente braucht. Die Sachen sind sehr gefährlich, sie dürfen auf keinen Fall aus dem Koffer entfernt werden. Aber ich nehm sie euch ab. Und ich zahle gut.«

Demjan nickte. Er wusste also, von welchem Koffer die Rede war. Doch er schien es amüsant zu finden, Georg auf die Folter zu spannen. Also stand er nur da und blies geistesabwesend auf das Ende des Geldbündels, bis die Scheine zu flattern begannen. Ein Lächeln trat auf sein Gesicht. Als er wieder zu ihnen herüberschaute, war sein Blick so undurchdringlich wie zuvor.

»Warten.« Mit dieser Anweisung verließ Demjan den Raum.

Eine Viertelstunde später befand sich Oppenheimer wieder in demselben Gebäude, in dem er wenige Tage zuvor Grigorjew begegnet war.

Das blinde Glas in dem Oberlicht tauchte den Waschraum in diffuses Licht. Oppenheimer erkannte ihn bei Tageslicht kaum wieder, wären da nicht die Waschbecken gewesen.

Dahinter lag ein langer Gang mit unzähligen kleinen Zimmern. Fast überall waren die Mauern mit Kritzeleien beschmiert, in eine der Wände hatte jemand ein Loch geschlagen. Oppenheimer sah einen schnarchenden Kerl zwischen leeren Flaschen auf dem Boden liegen. Abgesehen davon fand er nur ein Sammelsurium von Möbelstücken, Werkzeugen und Stoffvorhängen vor. Die wirklich wertvollen Gegenstände schienen sich hier nicht zu befinden.

Schließlich gelangten sie zu einer schweren Eisentür. Während Demjan sie aufzog, warf Oppenheimer einen kurzen Blick über die Schulter. Der Bewacher mit der gezogenen Knarre quittierte dies mit einem höhnischen Lächeln.

Sie betraten eine Werkshalle in der Größe eines Fußballfeldes. Der Geruch von Maschinenöl schlug ihnen entgegen. Irgendwo in einem hinteren Winkel rasselten Ketten, kompliziert aussehende Maschinen standen in Reih und Glied.

Zwischen einigen der eisernen Kolosse waren Tücher aufgespannt, am Boden ragten unter Schalthebeln und Anzeigen die Ecken ausgebreiteter Decken hervor. Im Gang zwischen den Maschinenreihen glommen die Überreste eines Lagerfeuers. Also hier hatte sich Grigorjews Bande häuslich eingerichtet. Es erinnerte Oppenheimer an das improvisierte Feldlager vor der Brauerei, aus einem anderen Leben, als der Krieg noch nicht beendet war.

Nach wenigen Augenblicken kam Leben in die Werkshalle. Die herabhängenden Tücher wurden von feindselig starrenden Männern zur Seite geschoben. Oppenheimer verlangsamte seine Schritte, doch er wurde nach vorn geschubst. Sein Bewacher war jetzt nicht mehr allein. Rechts und links neben der Eingangstür waren weitere Männer versammelt. Langsam scharten sie sich zusammen und versperrten Oppenheimer und Georg mit gezogenen Waffen den Rückweg.

Fast schien es absurd, dass zwei Männer von so vielen Waffen bedroht wurden. Oppenheimer nahm es als Hinweis darauf, dass sie in Grigorjews innersten Zirkel vorgedrungen waren. Sie würden nur noch lebend hier herauskommen, wenn Georg geschickt verhandelte und Grigorjew keinen Anlass gab, sie des doppelten Spiels zu verdächtigen.

Demjan blieb stehen und wandte sich ihnen zu.

»Bis hier!«, rief er und zeigte auf die Stelle, wo Oppenheimer und Georg gerade standen.

Gehorsam verharrten sie auf dem zugewiesenen Platz, während Demjan zwischen den Drehbänken verschwand.

Geräuschvoll stieß Oppenheimer die Luft aus und verlagerte sein Gewicht auf das andere Bein. Umringt von schwerbewaffneten Deserteuren inmitten der Halle zu stehen und nichts tun zu dürfen zerrte gehörig an seinen Nerven. Fast kam es ihm wie eine besonders perfide Foltermethode vor. Georg sah hingegen so aus, als würde all das an ihm abperlen. Er musterte interessiert die eisernen Streben der Werkshalle, als sei er ein Statiker und müsste die Tragfähigkeit der Deckenkonstruktion einschätzen.

Oppenheimer konnte kaum sagen, ob Minuten oder Stunden vergangen waren, ehe Demjan zurückkehrte. Neben dem wuchtigen Grigorjew wirkte er wie ein Leichtmatrose. Im Gegensatz zu Demjan legte der Bandenchef auf Äußerlichkeiten keinen Wert. Er war unrasiert, hemdsärmelig, die fettigen Haare auf seinem Kopf standen in alle Richtungen ab.

Hatte Demjan ihn etwa aus dem Schlaf gerissen? Gereizt genug war Grigorjew.

Zuerst musterte er sie eingehend. Oppenheimer fröstelte, als sich der Schurke ihm dabei auf weniger als einen Meter näherte. Demjan flüsterte ihm etwas ins Ohr, woraufhin sich Grigorjew an Georg wandte. Es war offensichtlich, dass er haargenau wusste, was dieser wollte, denn er begann sofort mit dem Feilschen.

»Odin million«, sagte er.
Georg zog seine Brauen hoch. »Eine Million, habe ich das richtig verstanden?«
Demjan nickte.
Mit gespielter Ernsthaftigkeit neigte Georg den Kopf zur Seite. »Also wenn Sie eine Million Rubel meinen, könnten wir als Anfangsgebot darüber reden.«
Grigorjew schüttelte hastig den Kopf, als Demjan das übersetzt hatte.
»Dollar!«, sagte er.
Obwohl dies keiner weiteren Erklärung mehr bedurfte, beeilte sich Demjan mit der Übersetzung. »Amerikanisches Geld.«
Georg lächelte, als ob das ein völlig absurder Vorschlag sei. »So wertvoll ist der Koffer nun auch wieder nicht. Ich bin nur befugt, bis maximal achtzigtausend Dollar zu gehen. Inklusive der Geldscheine, die ihr bereits bekommen habt. Sehe ich etwa aus wie der Weihnachtsmann?«
Demjan übersetzte und antwortete dann: »Ja, du siehst aus wie Väterchen Frost. Dreihunderttausend ist letztes Angebot.«
Wieder zögerte Georg die Antwort hinaus, um Grigorjew auf die Folter zu spannen.
Schließlich einigte man sich auf einen Preis von hundertachtzigtausend Dollar. Die Übergabe sollte in vier Tagen stattfinden, das war Zeit genug, damit Grigorjew sich davon überzeugen konnte, dass er keine Blüten bekommen hatte, und Georg das restliche Geld auftreiben konnte.
Sowohl Georg als auch Grigorjew waren zweifellos bemüht, etwaige Trümpfe nicht preiszugeben. Der Deserteur behauptete, dass er den Koffer nicht vor Ort aufbewahre, sondern an einem sicheren Platz außerhalb der Stadt und ihn erst herschaffen müsse. Oppenheimer hielt es für möglich, dass dies nur eine

Schutzbehauptung war, um zu verhindern, dass Georg mit Verstärkung zurückkehrte, um die Räuberhöhle auseinanderzunehmen. Außerdem legte sich Grigorjew noch nicht fest, wo die Übergabe stattfinden sollte. Erst am Tag vor ihrer Transaktion würde er mitteilen, wo er den Austausch vornehmen wollte.

Oppenheimer stand die ganze Zeit über nur da und schaute dem Treiben fassungslos zu. Dabei fiel ihm nicht auf, dass er von Grigorjew immer argwöhnischer gemustert wurde.

»Abgemacht«, sagte Georg zum Abschluss und nickte. »Allerdings muss ich vorher den Koffer überprüfen, um mich zu vergewissern, dass die Sachen enthalten sind, an denen ich interessiert bin.«

Grigorjew stellte eine Frage und zeigte dabei auf Oppenheimer.

»Wer ist das da?«, übersetzte Demjan.

Oppenheimer spürte, wie ihm die Anwesenden erwartungsvolle Blicke zuwarfen. Auch Georg war verstummt.

Oppenheimer schluckte hart und stammelte dann die erstbeste Lüge, die ihm in den Sinn kam. »Äh, ich bin sein Onkel.«

Auf den nun folgenden Heiterkeitsausbruch war Oppenheimer nicht vorbereitet. Grigorjews Leute begannen laut zu lachen, als Demjan übersetzt hatte, sogar ihr Anführer grinste breit. Nur Georg schaffte es weiterhin, seinen neutralen Gesichtsausdruck beizubehalten.

Grigorjew ging nicht weiter auf Oppenheimers Identität ein, sondern kehrte zum ursprünglichen Thema zurück.

»In den Koffer zu schauen ist zu gefährlich«, ließ er übersetzen.

Oppenheimer horchte auf. Also wusste Grigorjew, mit welch heiklem Material er es zu tun hatte.

»Ich weiß«, sagte Georg. »Aber ich kenne einen Ort, wo wir gefahrlos hineinschauen können. Ich schlage vor, dass ich euch am Donnerstag die erste Hälfte des Geldes gebe und dann den Koffer überprüfe. Meinetwegen kann jemand von euch mitkommen. Wenn mir der Inhalt gefällt, bekommt ihr sofort den Rest.«

Grigorjew zog diese Option in Erwägung, aber sein Blick war nun wieder wachsam. Die Antwort klang wie ein Knurren.

»Nur wenn Onkelchen dableibt«, forderte Grigorjew.

Ohne zu zögern, antwortete Georg: »Natürlich, das können wir machen.«

Der Schock stand Oppenheimer wohl ins Gesicht geschrieben, denn Grigorjew blinzelte ihn feixend an. Georg hatte einfach über seinen Kopf hinweg entschieden. Grigorjew wollte Oppenheimer bei der Transaktion als Pfand dabehalten, bis er den restlichen Teil der Zahlung erhielt. Oppenheimer war zunächst sprachlos, weil Georg bereit war, ihn einfach so in Lebensgefahr zu bringen.

Als Grigorjew sie schließlich entließ und der Wächter sie auf Demjans Geheiß zurück zum Werkstor eskortierte, konnte Oppenheimer seine Verärgerung nicht länger zurückhalten. Kaum waren sie aus dem Gebäude hinausgetreten, als es aus ihm herausplatzte.

»Sie sind wohl völlig wahnsinnig?«, fuhr er Georg an.

Der Wächter warf Oppenheimer einen verwunderten Seitenblick zu, doch da er vermutlich sowieso kein Deutsch verstand, war das egal.

»Jetzt soll ich noch einmal meinen Kopf hinhalten, nur damit Sie Ihren Koffer kriegen?«

Georg reagierte ebenso kühl wie bei der Verhandlung mit Grigorjew. »Es ging leider nicht anders«, sagte er. »Sie haben es ja selbst mitbekommen. Ich werde wohl noch einmal Ihre Hilfe benötigen. Bedenken Sie, worum es geht.«

Der Gedanke, dass Oppenheimer seinen Hals für die vielbeschworene *freie Welt* riskieren sollte, war nur ein schwacher

Trost. Vielleicht lag es an dem angenehm kühlen Klima in der Werkshalle, dass er die pralle Sonne plötzlich unerträglich heiß fand, jedenfalls spürte Oppenheimer schon nach wenigen Schritten, wie er zu schwitzen begann.

Während er sich mit seinem Hut Luft zufächelte und Verwünschungen vor sich hin murmelte, drangen Gesprächsfetzen zu ihnen herüber. Jemand stand in der Kabine und unterhielt sich mit dem Wachposten. Der Schlagbaum war geöffnet, und direkt hinter der Hausecke parkte ein Geländewagen, der auffallend dem Gefährt ähnelte, in dem der junge Offizier Jascha vor drei Tagen noch mit Oppenheimer durch Berlin kutschiert war.

Jemand hatte Grigorjews Leuten einen Besuch abgestattet, doch Oppenheimer schenkte dem Neuankömmling zunächst keine große Aufmerksamkeit. Er registrierte nicht viel mehr als eine Bewegung in der Kabine des Wachmannes, denn im prallen Sonnenlicht wirkte der Schatten neben der Durchfahrt wie eine schwarze Wand. Das entspannte Geplauder sprach dafür, dass es sich um einen weiteren Mann von Grigorjews Leuten handelte.

In diesem Moment hatte Oppenheimer noch keine Ahnung, wie falsch er mit dieser Vermutung lag.

Sie passierten den senkrecht stehenden Schlagbaum. Ihr Aufpasser steckte seine Waffe ein und gestikulierte, dass sie verschwinden sollten. Erst jetzt, wo Oppenheimer im Schatten stand, hatten sich seine Augen so weit an das dämmerige Licht gewöhnt, dass er den Mann in der Kabine erkennen konnte.

Er war in Zivil gekleidet, nur wirkte das bei ihm fast wie eine Verkleidung. Unter dem Hut ragten hellblonde Haarsträhnen hervor. Die eisblauen Augen über den hohen Wangenknochen warfen einen prüfenden Blick auf die Umgebung.

Oppenheimer zuckte zusammen, denn er hatte den Mann wiedererkannt.

Plötzlich lag für ihn alles klar auf der Hand. Er verfluchte sich für seine Vertrauensseligkeit und dafür, dass er nicht begriffen hatte, dass er sich mit einer Kiste voller Lebensmittel einlullen hatte lassen.

Oppenheimer tat so, als wolle er seinen Hut aufsetzen, tatsächlich versuchte er jedoch, sein Gesicht zu verbergen, bis er sich der Straße zugewandt hatte und die Männer in der Kabine nur noch seinen Rücken sahen.

»Was ist los?«, fragte Georg, dem nicht verborgen geblieben war, dass etwas nicht stimmte.

»Nichts«, murmelte Oppenheimer. »Gehen wir. Ich will nur noch fort von hier.«

Oppenheimer musste sich zusammenreißen, um nicht auf der Stelle loszurennen. Er durfte nicht auffallen, nicht jetzt, wo er sich fast schon aus der Affäre gezogen hatte.

Georg setzte sich gemächlich in Bewegung, zu gemächlich für Oppenheimers Geschmack. Während er seine Schritte zügelte, rechnete er in jeder Sekunde damit, dass hinter ihnen Rufe erklangen. Oppenheimer spitzte seine Ohren, horchte nach schnellen Schritten, bereit, augenblicklich loszusprinten.

Zu seiner Überraschung blieb es ruhig. Keine Schritte näherten sich von hinten, keine Hand griff nach ihm.

Erst als sie in die Hauptstraße abbogen, wagte Oppenheimer, rasch einen Blick zurückzuwerfen. Nein, die Gasse vor der Werkszufahrt lag verlassen da. Oppenheimer atmete auf. Er war tatsächlich davongekommen. Sie hatten ihn laufenlassen, obwohl er jetzt Informationen besaß, die für die Leute des NKWD äußerst wertvoll waren.

Das alles konnte nur bedeuten, dass Hauptmann Pogodin ihn nicht erkannt hatte.

32

Montag, 18. Juni 1945
76 Tage vor dem Kriegsende im Pazifik

Mit verquollenen Augen marschierte Oppenheimer in den frühen Morgenstunden des folgenden Tages in Richtung Schöneberg. Da er zuletzt mit dem Fahrrad unterwegs gewesen war, hatte er sich nicht mehr darum gekümmert, ob die U-Bahnen wieder einsatzbereit waren. Seines fahrbaren Untersatzes beraubt, zog er es vor, auf dem Rückweg von der *Rio Bar* die Station am Viktoria-Luise-Platz aufzusuchen.

Die erste auf Halbmast hängende rote Fahne nahm er auf seinem Weg nicht einmal richtig wahr. Erst als er auch vor einer Kommandantur tiefer hängende Flaggen sah, kam ihm das merkwürdig vor. Es schien sich um einen Trauerfall zu handeln. Wahrscheinlich war ein hohes Tier verstorben.

Die Passanten konnten Oppenheimer nicht weiterhelfen. Eine Frau, die mit leeren Eimern zur nächsten Wasserpumpe lief, glaubte gehört zu haben, dass General Schukow oder gar Stalin höchstselbst das Zeitliche gesegnet hätte, aber das war natürlich alles nur Spekulation.

Gedankenverloren lief Oppenheimer an den ausgebombten Wohnhäusern vorbei und blickte dabei nur auf den Gehweg. Er schritt über bizarr geformte Schattenmuster, wich herumflatterndem Abfall aus. Ursprünglich wollte er zum Gärkeller zurückkehren in der vagen Hoffnung, dass sein Fahrrad noch nicht gestohlen worden war, doch nun gab es wichtigere Dinge.

Seitdem Hauptmann Pogodin bei Grigorjews Leuten aufgetaucht war, fragte sich Oppenheimer, wie er am besten vorgehen sollte.

Einerseits dachte er, dass es besser wäre, die Sache auf sich beruhen zu lassen, einfach mit Georg zu kooperieren und sich so weit wie möglich herauszuhalten. Aber das hieß andererseits, dass Grigorjew für seine Untaten nicht zur Rechenschaft gezogen wurde. Und obwohl Oppenheimer angesichts des Schreckensszenarios einer Uranbombe, die sich in den Händen der Bolschewisten befand, zunächst nachgegeben hatte, spürte er, dass er trotz allem nicht gewillt war, diesen Kerl davonkommen zu lassen.

Was, wenn es einen Ausweg gab? Einen Kompromiss? War es möglich, Grigorjew zu belangen, ohne dass das radioaktive Material in die Hände des NKWD geriet?

Sosehr sich Oppenheimer auch das Gehirn zermarterte, eine Lösung wollte sich ihm nicht präsentieren.

Immerhin konnte er sich endlich zusammenreimen, was geschehen war. Manni hatte nach der Einnahme Berlins in Dieters Auftrag Kontakt zu den russischen Truppen gesucht. Irgendwann war er dann an Pogodin geraten, der für die Abteilung arbeitete, die mit der Sicherung von Material und Wissenschaftlern betraut war. Doch anstatt es weiterzuleiten, wollte Pogodin das Material unterschlagen, um es später an die Westalliierten zu verkaufen. Dass Grigorjews Deserteure noch keinen Kontakt aufgenommen hatten, lag wohl ausschließlich daran, dass sie offiziell noch nicht in Berlin eingetroffen waren. Und dass der im Auftrag der russischen Gegenspieler verdeckt operierende Georg von Roskis Arbeitskollegen Moritz auf dessen Pläne aufmerksam gemacht wurde, war lediglich ein Zufall gewesen.

Nur dass Aksakow ebenfalls Kenntnis von Roskis Koffer besaß, passte auf den ersten Blick nicht ins Bild. Vielleicht hatte Pogodin seine Informationen einfach nur verspätet an das NKWD weitergegeben. Vielleicht war die Nachricht von Roskis Unterschlagung auch durch andere Kanäle zu Aksakow gedrungen. Nach Angaben von Georg transportierten die Sowjets gerade unzählige Wissenschaftler nach Moskau. Dass sich darunter auch ein ehemaliger Kollege von Roski befand, war mehr als wahrscheinlich.

Welche dieser Varianten zutraf, spielte für Oppenheimer letztendlich keine Rolle. Zu groß war seine Verbitterung darüber, wie einfach es für Pogodin gewesen war, ihn hinters Licht zu führen. Nur weil er Aksakow unsympathisch fand, war er bereit gewesen, dem Hauptmann zu glauben, dass er eine Verschwörung in den eigenen Reihen aufklären wollte. Ja, er hatte es sogar für möglich gehalten, dass Aksakow der Übeltäter war. Der Verräter Pogodin wollte zweifelsohne von Oppenheimer die möglichen Beweise bekommen, um sie sofort vernichten zu können.

Während Oppenheimer diese Zusammenhänge rekonstruierte, erklang ein Rattern hinter ihm auf der Straße, und schließlich ertönte ein schrilles Bimmeln.

Als er sich umdrehte, sah er eine Straßenbahn. Sie hatte in vielleicht hundert Metern Entfernung an einer Haltestelle gestoppt. Die Passagiere waren immer noch dabei, auszusteigen, also rechnete sich Oppenheimer eine Chance aus, sie noch zu erwischen.

Doch sosehr er sich auch beeilte, er war zu langsam. Er hatte gerade mal die Hälfte der Distanz zurückgelegt, als sich die Türen schlossen und das Schienengefährt wieder Fahrt aufnahm. Wie zum Spott erklang erneut das Bimmeln, und Oppenheimer schickte der Straßenbahn keuchend einen Fluch hinterher.

Zu seiner Enttäuschung war die U-Bahn-Station am Viktoria-Luise-Platz immer noch geschlossen, und so machte er sich darauf gefasst, die komplette Strecke zu Fuß zurücklegen zu müssen, falls ihm nicht zufällig eine weitere Straßenbahn begegnete. Wenigstens konnte er das Rätsel um die Trauerbeflaggung lösen, als er auf einen fliegenden Zeitungshändler stieß. Auf der Titelseite sah er ein schwarz umrandetes Photo von Generaloberst Bersarin, dem Berliner Stadtkommandanten. Da man aufgrund des Papiermangels eine gehörige Portion Glück haben musste, um eine Ausgabe zu ergattern, pflegte Oppenheimer normalerweise die Zeitung kurz an den öffentlichen Infobrettern zu überfliegen. Mit Bersarins Konterfei auf dem Titel entschied er sich, ein Exemplar mitzunehmen, und las es, während er weiterlief.
Im Wesentlichen wurde mitgeteilt, dass der Stadtkommandant und Held der Sowjetunion bei einem Kraftradunglück ums Leben gekommen sei. Für Oppenheimer war das keine gute Meldung. Er dachte an die Geschehnisse in Berlin, seitdem die Rote Armee eingerückt war, erinnerte sich an die Furcht der Bevölkerung vor der Vergeltung der Sieger nach all den Greueltaten der deutschen Truppen an der Ostfront, die sich natürlich in der Heimat herumgesprochen hatten. Doch abgesehen von den Vergewaltigungen und einigen gewaltsamen Übergriffen in den ersten Wochen, war von Rachsucht kaum noch etwas zu spüren. Obgleich die Leute immer noch einen geradezu fatalistischen Argwohn gegenüber den russischen Besatzern hegten, hatte sich Bersarin als Stadtkommandant letztendlich redlich darum bemüht, die Ausschreitungen einzudämmen und die Bevölkerung mit dem Nötigsten zu versorgen.
Schmude witterte sofort eine kommunistische Verschwörung, als Oppenheimer ihm am Frühstückstisch die Tageszeitung präsentierte.

»Da steckt doch sicher Stalin dahinter«, sagte er und deutete mit seinem Becher auf die Schlagzeile.
»Meinst du etwa, dass er Killer auf Bersarin angesetzt hat?«, fragte Oppenheimer und spülte ein Stück Brot mit verdünntem Tee hinunter.
»Vielleicht war es ja sein Pech, dass er bei den Berlinern zu populär wurde.«
»Franz, was sollen denn diese Spekulationen«, erwiderte Lisa kopfschüttelnd. »Stalin kann es doch völlig egal sein, ob wir ihn mögen oder nicht. Das ist kein Beliebtheitswettbewerb.«
»Ich würde schon gern wissen, wie es weitergehen wird«, sinnierte Oppenheimer. »Vor allem ist es jetzt die Frage, wie der Nachfolger agiert. Mit Bersarin wusste man wenigstens, woran man war.«
Nach einer Viertelstunde verabschiedete sich Schmude, um in sein Büro zu laufen, denn als nachweislich unbescholtener Deutscher und ehemaliger Anwalt hatte er keine Schwierigkeiten gehabt, einen der begehrten Verwaltungsposten zu ergattern.
Oppenheimer überlegte, ob es sinnvoll war, sich direkt an Aksakow zu wenden, wenn er Grigorjew nicht entkommen lassen wollte. Stadtkommandant Bersarin war schließlich ein Beispiel dafür gewesen, dass es auch integre Männer unter den russischen Kommandanten gab. Vielleicht musste er Aksakow ja nicht die ganze Wahrheit beichten. Womöglich reichte es, ihm mitzuteilen, dass er Grigorjews derzeitigen Aufenthaltsort ausgespäht hatte und dabei über Pogodin gestolpert war. Das NKWD würde sich dann hoffentlich darum kümmern, den Verschwörern das Handwerk zu legen. Zu Dieters Koffer würde Oppenheimer keine direkten Hinweise liefern. Ob der Koffer letztendlich in die Hände der Sowjets oder der Westalliierten geriet, das sollte das Schicksal entscheiden.

Lisa fuhr überrascht zusammen, als Oppenheimer seinen Becher resolut auf der Tischplatte abstellte. Entschuldigend sagte er: »Leider kann ich nicht lange bleiben. Ich muss noch etwas erledigen.«

Wehmütig umarmte er seine Frau. Jedoch verlieh ihm der Kompromiss, den er gefunden zu haben glaubte und bei dem seine eigenen Interessen gewahrt blieben, Auftrieb. Irgendwann würde er Lisa alles erklären, nur nicht heute.

Um Aksakow zu benachrichtigen, musste er irgendwie nach Karlshorst gelangen. Vielleicht konnte ihm ja Hilde ein Fahrrad borgen.

Mit diesem Plan lief Oppenheimer quer durch den Hof zum Chauffeurhäuschen. Die Haustür stand offen, im Wohnzimmer befand sich niemand, doch in der Küche war lautes Klappern zu hören.

Neugierig geworden näherte sich Oppenheimer und traf auf Hilde. In einem Morgenmantel, der schon bessere Tage gesehen hatte, hockte sie vor dem Herd und versuchte, Feuer zu machen.

»Gib mal her«, sagte er und zeigte auf die Zündhölzer.

Hilde schrak zusammen. Sie hatte Oppenheimer nicht kommen hören und hielt sich am Herd fest, um nicht umzufallen.

»Meine Fresse, kannst du mich nicht vorwarnen?«, schimpfte sie mit gesenkter Stimme. »Kommst angeschlichen wie Dr. Mabuse!«

»Wen hast du denn erwartet?« Obwohl er nicht wusste, warum Hilde flüsterte, flüsterte er ebenfalls. »Habt ihr etwa Männerbesuch bei euch?«

Hilde richtete sich auf, drückte Oppenheimer die Zündhölzer in die Hand, verdrehte die Augen und antwortete: »Hast du ne Ahnung. Dieser Jascha ist wie ne Klette. Will überhaupt nicht mehr verschwinden. Ich dachte, er müsste sich irgendwann mal bei seinen Leuten zurückmelden, aber nein. Vögelt lieber die ganze Zeit mit Rita rum. Der muss wohl ne ziemliche Stauung in seinem Hormonhaushalt haben.«

»Ich bin mal gespannt, wie lange er das aushält«, sagte Oppenheimer und bückte sich, um das Holz im Herd zu entzünden. »Wie komme ich eigentlich nach Karlshorst?«, fragte er, während er ein Zündholz anriss.

»Was hast du da zu suchen?«

»Na, ich muss zu den Russen. Dieser Oberst Aksakow, ich soll was für ihn aufklären.«

Als das Feuer im Herd zu lodern begann, schloss Oppenheimer die Klappe und stand auf.

»Du gerätst auch immer in Sachen rein«, murmelte Hilde, während sie den Wasserkessel auf die Herdplatte schob.

»Ich suche mir das nicht aus.« Oppenheimer wurde sich bewusst, wie gereizt diese Antwort klang. Also versuchte er, einen versöhnlichen Ton anzuschlagen. »Jedenfalls würde es mir die Sache sehr erleichtern, wenn mir jemand ein Fahrrad borgt.«

»Momentan ist keines da. Vielleicht kann dich Jascha hinfahren. Vorausgesetzt, dass er irgendwann mal aus den Federn kommt.«

Das erschien Oppenheimer ein vernünftiger Vorschlag zu sein, und so blieb er in dem Häuschen, als Hilde zum Krankenhaus aufbrach. Ritas neue Eroberung machte allerdings keine Anstalten, sich blicken zu lassen, und Oppenheimer genierte sich, an ihre Schlafzimmertür zu klopfen.

Nach zwei Stunden Warten hörte er schließlich jemanden auf der Treppe nach unten steigen. Wenig später erschien der russische Photokorrespondent mit zerzausten Haaren und schläfrigem Blick.

Zwar musste Jascha in eine andere Richtung, doch er war gern bereit, Oppenheimer zuvor mit seinem Geländefahrzeug in

Karlshorst abzusetzen. Nach einem Frühstück, das aus einer Fleischkonserve aus Jaschas Fundus bestand, schaffte er es endlich, sich von Rita loszureißen, und trat beherzt aufs Gaspedal. Eine Stunde später fand sich Oppenheimer vor den Toren des russischen Sperrgebiets wieder. Seit seinem letzten Besuch hatte sich das Areal nicht gerade zu seinem Vorteil verändert.

Entlang der Treskow-Allee hatte man an beiden Seiten zwei hohe Maschendrahtzäune errichtet. Die ehemalige Hauptverkehrslinie des Ortsteils Karlshorst war nur noch eine enge Schneise.

Oppenheimer erspähte am Ende der Straße eine Straßenbahn, klein wie ein Spielzeug. Ohne einen Bezugspunkt ließ sich die Entfernung kaum einschätzen. Es dauerte eine ganze Weile, ehe das Schienengefährt an Größe hinzugewann und die ersten Geräusche der mahlenden Radlager erklangen. Zu diesem Zeitpunkt stand Oppenheimer bereits vor dem kleinen Holzhäuschen des Wachpostens. Jascha versuchte, in seiner Muttersprache zu erklären, dass sein Begleiter keinen Passierschein haben wollte, sondern eine Unterredung mit Oberst Aksakow verlangte.

Als dies geklärt war und hinter der Schranke zur Sperrzone schließlich ein Fahrzeug auftauchte, um Oppenheimer zum Oberst zu bringen, verabschiedete sich Jascha mit einem Lächeln, setzte sich in seinen Geländewagen und brauste davon.

Oppenheimer sah, wie dem Fahrzeug drei Passagiere entstiegen. Auf der Rückbank saß ein NKWD-Offizier, der sich mit einem lässigen Gruß entfernte und auf ein Nebengebäude zusteuerte. Bei den anderen beiden Männern schien es sich um Militärpolizei zu handeln. Gemächlich schlenderten sie zu dem Wachposten, wechselten einige Worte mit ihm und winkten Oppenheimer dann zu ihrem Geländewagen.

Dies alles ging so selbstverständlich und unaufgeregt vonstatten, dass Oppenheimer gar nicht erst auf die Idee kam, dass etwas faul sein könnte. Selbst dass sich der zweite Militärpolizist zu ihm auf die Rückbank setzte, erklärte er sich zunächst mit den üblichen Sicherheitsvorkehrungen.

Erst als die Absperrung geöffnet wurde und sich ihr Fahrzeug aus der Sperrzone entfernte, um in die Treskow-Allee einzubiegen, schwante Oppenheimer Unheil. Es war die falsche Richtung. Als er sich irritiert umblickte, wurde ihm der Lauf eines Revolvers in die Seite gerammt.

»Sida po-preschnemu!«, kommandierte der Soldat neben ihm, und Oppenheimer bewegte sich nicht mehr.

Am Rand seines Gesichtsfelds befand sich immer noch der aus dem Fahrzeug gestiegene NKWD-Offizier. Er hatte das Nebengebäude nicht betreten, sondern stand mit einer qualmenden Zigarette vor dem Eingang und beobachtete das Schauspiel.

Oppenheimer stockte der Atem, als er Pogodin erkannte.

Dieser lüftete zum Abschied kurz seine Mütze und grinste ihn zufrieden an.

Also hatte er ihn in Grigorjews Unterschlupf doch erkannt. Grenzenlose Wut stieg in Oppenheimer auf, als er daran dachte, dass Pogodin für diese Verhaftung gesorgt hatte und dann auch noch die Frechheit besaß, sich über ihn lustig zu machen.

Der Wagen fuhr die Hauptstraße entlang nach Norden. Erst hinter der Landsberger Chaussee bog der Fahrer nach links ab. Nach einigen Metern konnte Oppenheimer durch die Windschutzscheibe erkennen, dass Männer damit beschäftigt waren, einen Maschendrahtzaun hochzuziehen. Wahrscheinlich handelte es sich um ein weiteres Sperrgebiet.

Das Auto hielt vor einer Durchfahrt, die an beiden Seiten von Bretterbuden flankiert wurde. Wachposten mit umgehängten

Maschinenpistolen näherten sich. Da sich außer Oppenheimer nur zwei Militärpolizisten im Fahrzeug befanden, war die Einlasskontrolle schnell erledigt, und der Wagen brauste weiter über das Kopfsteinpflaster.

Als er hoch aufragende Wachtürme erspähte, ahnte Oppenheimer, dass sie ihr Ziel erreicht hatten.

Sie fuhren in den Innenhof. Vor ihnen lag ein zweistöckiges, schnörkelloses Gebäude mit einer Backsteinfassade und schmalen Dachüberständen.

»Ubirajtes!«, kommandierte der Fahrer, nachdem er als Erster ausgestiegen war und die Tür neben Oppenheimer aufgerissen hatte.

Als Oppenheimer kurz seine schmerzenden Glieder streckte, erkannte er, dass sie sich auf einem Industriegelände befanden. Vor dem Hauptgebäude lungerten einige Dutzend Männer in Zivilkleidung herum. Ihre kahlgeschorenen Köpfe verrieten, dass es sich bei ihnen um Häftlinge handelte. Einige besaßen einen Hut, mit dem sie die nackte Kopfhaut bedecken konnten. Bei anderen war bereits wieder Flaum auf dem Schädel gewachsen. Mit den hier eingesperrten Menschen ähnelte das Areal einem der unzähligen Zwangsarbeiterlager, die zahlreiche deutsche Industriefirmen während der Nazi-Zeit betrieben hatten. Oppenheimer wunderte sich darüber, dass diese Einrichtungen noch genutzt wurden. Er spürte die neugierigen Blicke, sah die Gefangenen miteinander tuscheln. Es gab hier wohl nichts anderes zu tun, als um das Gebäude herumzuwandern. Inzwischen drängten sich immer mehr Häftlinge zusammen, doch in der Gegenwart von zwei Militärpolizisten wagten sie es nicht, sich dem Neuankömmling zu nähern.

Die Wächter brachten Oppenheimer zu einer Baracke, die von dem übrigen Areal durch einen Gitterzaun abgetrennt war. In einem fensterlosen Raum angekommen, befahl einer der Bewacher: »Sadites!«, und zeigte dabei auf den einzigen Stuhl.

Oppenheimer folgte der Aufforderung, sich zu setzen. Als er über die Schulter schaute, sah er, dass der Fahrer verschwunden war und seinen Kollegen zurückgelassen hatte, der mit gezogener Waffe den Ausgang bewachte.

Nein, es war nichts zu machen. Es gab keinen Fluchtweg.

Hoffnungslosigkeit erfasste Oppenheimer, als er an die Häftlinge dachte. Zerlumpte Gestalten, unrasiert, ungewaschen, Knochengerippe in schlackernden Kleidungsstücken. Menschen, die eine Vergangenheit hatten, aber keine Zukunft.

Oppenheimer gehörte jetzt zu ihnen.

33

Montag, 18. Juni 1945 – Dienstag, 19. Juni 1945
76 bis 75 Tage vor dem Kriegsende im Pazifik

Als ihn seine Wächter aus dem Raum hinausführten, fuhr draußen ein Lieferwagen vor, aus dem gleich mehrere neue Häftlinge ausstiegen. Oppenheimer konnte beobachten, wie sie in Gruppen eingeteilt wurden. Unerklärlicherweise wurde ihm eine Sonderbehandlung zuteil. Er erwartete, dass man zumindest seine Personalien aufnehmen und den Gesundheitszustand prüfen würde.

Doch nichts dergleichen geschah.

Die gelangweilten Wärter machten sich nur die Mühe, ihn nach unerlaubten Gegenständen zu durchsuchen. Dann wurde er vorwärtsgestoßen.

Oppenheimer zögerte, weil er nicht wusste, in welche Richtung er sollte. Statt einer Erklärung rammte ihm der Wächter kurzerhand seinen Schlagstock in die Seite. Als sich der Schmerz in Oppenheimers Körper ausbreitete, wurde er bereits am Kragen gepackt und durch den Gang gezerrt.

Mehr stolpernd als laufend erreichte Oppenheimer die nächste Station, einen Raum, dessen Boden über und über mit Haarflocken bedeckt war. Unsanft wurde er von dem vierschrötigen Barbier auf einen Stuhl gestoßen und bekam seinen Hut in die Hände gedrückt. Kämme und Scheren, die üblichen Utensilien seines Standes, benötigte er nicht. Das einzige Werkzeug war eine zangenartige Haarschneidemaschine. Mit einem durchdringenden *ratsch-ratsch-ratsch* hobelte der Friseur in Windeseile Oppenheimer die Locken vom Kopf. Zum Glück gab es nirgends einen Spiegel, so dass er wenigstens nicht mit ansehen musste, welche Schandtaten dieser Mann da mit seinen Haaren anstellte.

Danach wurde Oppenheimer mit einer dünnen Decke und einem Kissen unter den Amen in einem Gemeinschaftsraum eingesperrt. Soweit er erkennen konnte, befanden sich fünf Personen in dem Raum. Der einzige freie Platz war die untere Liege in dem Etagenbett gleich neben der Tür. Da ansonsten nicht viel Platz war, legte sich Oppenheimer auf die Pritsche und rieb seine schmerzende Seite.

Er war jetzt entrechtet. Namenlos. Selbst wenn jemand auf die Idee kam, nach ihm zu suchen, wäre er unauffindbar. Pogodin hatte nichts dem Zufall überlassen.

»Willkommen in der Unterwelt!«

Oppenheimer zuckte bei dieser Begrüßung zusammen. Er sah zuerst nur einen von oben herabhängenden Kopf. Kahlrasiert und mit tiefliegenden Augen wirkte er fast wie ein Totenschädel. Oppenheimer holte tief Luft und fragte sich, was er auf diesen sardonischen Kommentar antworten sollte.

»Wenn wir hier in der Unterwelt sind, wer sind Sie?«, fragte Oppenheimer. »Orpheus, nehme ich an?«

Als der Mann grinste, gruben sich Falten in sein Gesicht. »Eher Eurydike, nur mein Geschlecht passt nicht dazu. Und ich befürchte, dass mich auch keiner rausholen will. Mein Name ist Walter. Wie geht noch mal das Klagelied von Orpheus?«

»Ach, ich habe sie verloren?«

»Richtig«, sagte der kulturbeflissene Barackengenosse und verschwand dann wieder nach oben. Oppenheimer hielt es bereits nach wenigen Sekunden auf der Bretterpritsche nicht mehr aus, sprang auf die Beine und lief in dem schmalen Gang zwischen den Betten auf und ab.

Er bemerkte, wie Walter seine Rastlosigkeit mit einem spöttischen Blick quittierte, und trat an ihn heran. »Sagen Sie mal«, begann Oppenheimer, »wo sind wir eigentlich?«

»Macht das einen Unterschied? Kittchen sind alle gleich.«

Oppenheimer blickte sich im Raum um. »Und diese Baracke hier?«

»Quarantäne, damit wir keine Krankheiten einschleppen. Nach ein paar Tagen kommen wir ins Hauptgebäude. Genießen Sie die Zeit, die Sie noch hier sind. Besser wird es nicht mehr.«

»Und wer sind die ganzen Leute hier drinnen?«

»Die meisten kommen aus einem polnischen Gefangenenlager der Bolschewisten. Sie wurden extra hierherverfrachtet, um den großen Zaun zu bauen. Aber bald sollen auch Berliner eingeliefert werden. Wir gehören zu den Ersten. Eine recht zweifelhafte Ehre, wenn Sie mich fragen. Die sind überall auf der Suche nach Nazis und Werwölfen. Der bloße Verdacht reicht schon aus, und man wird von den Russen gekascht. Wie viele unserer Haftgenossen wirklich schuldig sind, lässt sich nicht sagen. Sie behaupten ja alle, dass sie unschuldig sind. Nur ich, ich bin der Einzige, der zu seiner Tat steht.«

Oppenheimer betrachtete Walter jetzt genauer. Er war schmächtig, wahrscheinlich hatte er einen Schreibtischberuf ausgeübt. Oppenheimer erinnerte sich an seinen Vater, der zeit seines Lebens stolz darauf gewesen war, ein preußischer Beamter zu sein, und auch daran, auf den Fingern seines Vaters all die Jahre immer Tintenflecke gesehen zu haben. Auch sein Barackengenosse hatte schwarz verfärbte Fingerkuppen.

Oppenheimer ahnte, dass Walter auf eine Frage wartete. »Was haben Sie denn angestellt?«

»Ich bin auf die dämliche Idee gekommen, einen kritischen Zeitungsartikel zu schreiben. Mit den Sowjets bin ich dabei nicht zimperlich umgegangen. Aber der Hauptschriftleiter fand das alles andere als komisch und hat mich sofort verpfiffen.«

»So viel zur Freiheit der Presse«, murmelte Oppenheimer.

»Tja, ich hatte gedacht, dass die Gängelung endlich vorbei ist, jetzt, wo Goebbels, unser Schrumpfgermane, ins Gras gebissen hat.« Nach einer Weile fragte Walter: »Und zu welcher Kategorie gehören Sie?«

Oppenheimer stutzte. »Was?«

»Na, ein Hitlerjunge können Sie in Ihrem Alter ja wohl nicht mehr sein. Also wird Ihnen vermutlich vorgeworfen, ein Nazi zu sein? Oder Volkssturm?«

Seufzend lehnte sich Oppenheimer an den Rahmen des Etagenbetts. »Ich bin einfach nur jemandem in die Quere gekommen. Dummerweise ist er ein Hauptmann vom NKWD.«

»Das klingt dermaßen blöd, dass ich Ihnen das sogar abkaufe«, sagte Walter und schwang seine Beine über die Bettkante. »Sie möchten sicher den Rest unseres Etablissements begutachten?«

»Gibt es sonst noch was?«

Mit einem dumpfen Poltern sprang Walter auf die Bodendielen. »Hier ist noch ein Hof zum Luftschnappen. Den Wachen ist es ziemlich egal, wo wir uns aufhalten, solange wir nicht versuchen rauszuklettern.«

Mit diesen Worten führte er Oppenheimer ins Freie. Der Hof maß nicht viel mehr als ein paar Quadratmeter und wurde von einem Gitter eingefasst. Oppenheimer setzte seinen Hut auf, da er nicht riskieren wollte, auf dem kahlen Kopf einen Sonnenbrand zu bekommen.

Auf der anderen Seite des Gitters lag der Gebäudekomplex. Er sah genauso wenig einladend aus wie bei Oppenheimers Ankunft. Auch war zu erkennen, dass sich hinter dem vorderen Teil noch ein weiterer Gebäudeteil anschloss. Er war schmal

und langgezogen, die Fensterreihen waren so hoch oben angebracht, dass man unmöglich nach draußen schauen konnte.
»Wann müssen wir da rüber?«, fragte Oppenheimer.
Walter atmete geräuschvoll aus. »Das werden wir sehen. Je länger uns die Brüder in Ruhe lassen, umso besser.«
Mürrisch fixierte Oppenheimer die improvisierte Haftanstalt. Die Menschen auf dem Hof hatten wieder ihren Rundgang um das Gebäude aufgenommen. Gelegentlich verschwand jemand in den Baracken, in denen Oppenheimer die Toiletten vermutete, doch ebenso viele zogen es vor, ihre Notdurft in einen der Bombentrichter zu verrichten.
Eine der Gestalten vor dem klotzigen Backsteinbau blieb plötzlich stehen und blickte zu ihnen herüber, als könne sie nicht verstehen, was sie sah. Schließlich löste sie sich aus der Menge und näherte sich dem Gitterzaun.
Als die zierliche Gestalt etwa die Hälfte der Distanz zurückgelegt hatte, erkannte auch Oppenheimer sie wieder.
»Aber, Herr Richard!«, sagte sie fassungslos, »was tun Sie denn hier?«
Zunächst war Oppenheimer zu bestürzt, um Worte zu finden. In diesem Moment dachte er, dass sich die Realität gelegentlich als noch irrationaler als der schlimmste Alptraum erwies. Er hatte nicht erwartet, unter den Gefängnisinsassen eine Bekannte zu finden.
»Michalina?«, sagte er.

In der brennenden Sonne Fahrrad zu fahren war eine ungewöhnliche Belastung. Das stellte Lisa schon nach wenigen Minuten fest, als ihre Beine zu schmerzen begannen. Aber auch das würde sie durchstehen.
Schließlich musste es irgendwie weitergehen.

Da sie ansonsten nur wenige hundert Meter zu Fuß gehen musste, gehörte Fahrradfahren nicht zu Lisas Stärken. Und auf einem harten Sattel über den unebenen Boden zu rattern war auch nicht optimal. Sie stellte sich darauf ein, dass sie am nächsten Tag nicht mehr ordentlich sitzen konnte. Aber das war Lisa egal, jetzt gab es andere Prioritäten. Sie musste herausfinden, was mit Richard geschehen war.

Seitdem sie wieder gefahrlos die Pumpengänge übernehmen konnte, lag all ihre Kraft in den Armen. Es war für Lisa fast schon unheimlich, wie hart ihr Bizeps geworden war. Sie fühlte so etwas wie eine grimmige Genugtuung wegen ihrer Widerstandsfähigkeit. Dass sie nicht zerbrach, sondern stärker wurde. In den vergangenen Wochen hatte Lisa mehrmals einen Punkt erreicht, wo die Bitterkeit in ihr alles zuzudecken drohte. Unmittelbar nach der Schändung war ihr der eigene Körper befleckt vorgekommen, dazu kam die Sorge, dass Richard womöglich dasselbe denken könnte, dass es ihm nicht mehr möglich sein würde, sie zu lieben. Aber er hatte sie nicht im Stich gelassen, blieb an ihrer Seite, ein Ruhepol in diesen verrückten Zeiten. Natürlich spürte Lisa seine Befangenheit, doch schließlich erkannte sie, dass er ihr Zeit für den Heilungsprozess geben wollte. Wahrscheinlich benötigte auch er selbst etwas Abstand, um das Geschehene zu verarbeiten. Mitzuerleben, mit welchem Trotz die anderen Berlinerinnen auf die Vergewaltigungen reagierten, hatte Lisa jedoch wieder Mut gemacht. Wenn sich die anderen nicht unterkriegen ließen und die Fäden ihres Lebens wiederaufnehmen konnten, dann musste es auch ihr irgendwie gelingen.

Es war Dienstag, und Lisa hatte ihren Mann seit mehr als dreißig Stunden nicht mehr gesehen. Wenn er nicht gerade mit einem Mordfall zu tun hatte, war es unüblich für ihn, sich so lange nicht blicken zu lassen. Dass Richard wegen der frühen Sperrstunde jetzt meistens bei Ede übernachtete, war für Lisa nicht einfach. Zwar glaubte sie nicht, dass er nach dem einmaligen Fehltritt nach dem Tod ihrer Tochter noch einmal ein Affäre eingehen würde, doch lose Frauenzimmer wie diese Tänzerinnen konnten eine Versuchung sein. Richard versuchte, sie jeden Morgen zu besuchen. Ohne dass er es gesagt hätte, wusste sie, dass er ihr damit seine Treue demonstrieren wollte. Doch heute war er nicht aufgetaucht. Das konnte nur bedeuten, dass etwas vorgefallen war. Und der einzige Ort, an dem sie es herausfinden konnte, war Edes Nachtbar.

Also war Lisa nach dem Pumpengang zum Ku'damm aufgebrochen in der Hoffnung, dass sie trotz dieser frühen Stunde jemanden in der *Rio Bar* antreffen würde.

Bei ihrem Eintreffen atmete sie erleichtert auf, denn die Tür war sperrangelweit geöffnet. Also musste auch irgendjemand aufpassen, dass beim Lüften der Schnaps nicht gestohlen wurde.

Lisa stieg vom Fahrrad und hob es hoch, um es über die Schwelle zu tragen. Im Inneren der Bar fiel ihr der durchdringende Gestank nach Tabakqualm und verschüttetem Alkohol auf. Der Geruch der nächtelangen Zecherei schien sich bereits in das Fundament des Hauses gefressen zu haben, da konnte Ede noch so oft die Tür aufreißen.

Sie brauchte eine Weile, um sich zurechtzufinden, denn die Inneneinrichtung von Schmudes ehemaligem Modegeschäft hatte sich dramatisch verändert. Zum Glück sah sie einen Mann mit Walrossbart hinter dem Tresen stehen. Er schien sich nicht gern beim Gläserpolieren unterbrechen zu lassen und antwortete nur widerwillig auf Lisas Frage, wo Ede zu finden sei.

Das Büro des Ganoven lag genau neben dem Zimmer, in dem sie und Richard in den ersten Tagen nach der Kapitulation untergebracht gewesen waren. Lisa klopfte kurz an den Türrah-

men. Das undefinierbare Brummen aus dem Zimmer nahm sie als Aufforderung einzutreten.
Ede saß wie ein Buddha hinter seinem Schreibtisch. Zunächst warf er Lisa einen fragenden Blick zu, bis er sie schließlich erkannte.
»Is wat mit unserm Patienten?«, fragte er besorgt.
Für einen kurzen Moment glaubte Lisa, in einen Abgrund zu stürzen. Konnte er Richard gemeint haben? War ihm etwas zugestoßen?
»Was meinen Sie?«, stammelte sie.
»Na, Rita!«, rief Ede. »Wie jeht et ihr?«
Lisa atmete auf. »Ach, die ist schon wieder mopsfidel«, antwortete sie mit einem gezwungenen Lächeln. »Die hat sich einen Russen geangelt, von dem sie sich jetzt aushalten lässt.«
»Hat se jesagt, ob se noch mal auftreten will? Ick will ooch nich knickrig sein. Wenn ick se ankündige, is der Laden voll. Ick würd ihr schon een bissken davon abjeben. Nun ja, wenn et sich in Maßen hält.«
Lisa zuckte die Schultern. »Keine Ahnung, da fragen Sie Rita besser selbst. Ich komme wegen meinem Mann. Er ist heute früh nicht zu Hause aufgetaucht. Sonst kommt er immer vorbei, um mit mir zu frühstücken.«
Edes Blick wurde wachsam. »Der Herr Kommissar is nich aufjetaucht? Jestern isser nich zur Arbeit jekommen. Da musste ick wieder Hans an die Scheinwerfer lassen. Ick dachte schon, der Herr Kommissar hätt ne Erkältung oder so wat.«
»Richard ist gestern also nicht hier gewesen?«, fragte Lisa, um sich zu vergewissern.
»Keene Ahnung, wo er steckt.«
»Hilde meint, dass er vielleicht mit Jascha fortgefahren ist«, murmelte Lisa mehr zu sich selbst.

»Mit nem Russen?«, fragte Ede. »Dit hört sich nich jut an. Wenn jemand verschwindet, steckt meistens die Jeheimpolizei dahinta. Ick werd mir mal umhörn. Ick kenn ja jenug von den Brüdern.«
Geistesabwesend bedankte sich Lisa bei Ede. Sie bekam kaum mit, wie sie das Gebäude verließ.
Vielleicht war es das Beste, noch mal bei Hilde nachzufragen. Zwar war sie gerade bei der Arbeit, aber die Sache duldete keinen Aufschub.
Lisa schwang sich auf ihr Fahrrad und trat in die Pedale.

Oppenheimer hielt sich fast ausschließlich im Hof der Quarantänebaracke auf, weil er die Vorgänge in dem Lager von dort aus am besten im Auge behalten konnte. Am vergangenen Abend waren die Gefangenen in dem großen Fabrikgebäude verschwunden. Wächter schoben beladene Karren dorthin, doch Oppenheimer konnte nicht erkennen, worum es sich dabei handelte. Da sie ein paar Minuten später eine dünne Suppe in ihre Schüssel ausgeteilt bekamen, schlussfolgerte er, dass es Gulaschkanonen gewesen waren. Oppenheimer war nicht verwöhnt, was Mahlzeiten betraf, also löffelte er seine Schüssel bis zum letzten Tropfen aus.
Als sich einige Stunden später die Nacht über den Gefängnistrakt gesenkt hatte, war Walter zusammen mit Oppenheimer wieder nach draußen geschlichen. An eine Seite des Hofgitters grenzte ein roher Bretterzaun, durch dessen Astlöcher man eine weitere Hütte erspähen konnte. Tagsüber war dort nicht viel zu sehen, erst im Schutz der Nacht belebte sich das Areal.
Zuerst waren bewaffnete Wächter erschienen. Dann fuhr ein Lastwagen vor und wurde von ihnen mit Gegenständen beladen, die Oppenheimer aufgrund des schlechten Lichts nicht genau erkennen konnte.

»Na, sehen Sie das?«, hatte Walter in sein Ohr gewispert. »Nachts holen sie immer die Leichen. Die werden in der Umgebung verscharrt. In den erstbesten Bombenkratern.«

Als Oppenheimer an diesem Morgen bei hellem Sonnenschein draußen herumlief, musste er immer wieder an die nächtlichen Geschehnisse denken. Die heimlichen Beerdigungen beunruhigten ihn.

Nachdem Oppenheimer hinter dem Gitter etwa zwei Dutzend Runden gedreht hatte, sah er wieder Michalina. Sie hatte ihm zwar bereits am Vortag hastig geschildert, was alles geschehen war, doch bis auf die Tatsache, dass sie ihre Kinder immer noch nicht aufgespürt hatte, war ihm das Ganze unverständlich geblieben.

»Warum bist du denn hier?«, fragte er jetzt noch mal. »Du hast doch nichts angestellt.«

»Ich habe den Deutschen geholfen, sagen die.«

»Aber du warst doch Zwangsarbeiterin«, erwiderte Oppenheimer aufgebracht. »Sie haben dich verschleppt, du hattest keine Wahl.«

Michalina ließ nur traurig ihren Kopf hängen. »Es sind auch andere hier, die sollen freiwillig gekommen sein, aber man weiß nicht. Die einen sagen so, die anderen so. Und Soldaten von der Wlassow-Armee sind auch hier.«

Oppenheimer stutzte. »Gab es die etwa wirklich? Ich dachte, das wäre nur Propagandagesülze von Goebbels.«

Offiziell hieß der Trupp *Russische Befreiungsarmee,* wurde jedoch meistens nach seinem Anführer Andrei Wlassow benannt. Als Generalleutnant der Roten Armee in deutsche Kriegsgefangenschaft geraten, war er zu den Nationalsozialisten übergelaufen und baute daraufhin einen Kampftrupp nahezu ausschließlich ethnischer Russen auf, der unter dem Kommando der

Wehrmacht kämpfte. Ob dort in erster Linie Antikommunisten ihren Dienst taten oder russische Kriegsgefangene, die es vorzogen, an der Front eingesetzt zu werden, anstatt in einem Gefangenenlager der Nationalsozialisten Hungerqualen zu leiden, ließ sich kaum beantworten. Allerdings konnte sich Oppenheimer lebhaft vorstellen, dass Wlassows Soldaten von den russischen Siegern als Verräter der übelsten Sorte gebrandmarkt wurden und als vogelfrei galten.

»Und was wollen sie mit uns machen?«, fragte er. »Sollen wir hier in Haft bleiben?«

»Wir werden alle nach Russland geschickt. Ich weiß nicht, wann.«

Oppenheimer nickte. Er wollte es vor Michalina nicht ansprechen, aber es klang ganz so, als sei ihnen die Einweisung in ein russisches Arbeitslager so gut wie sicher. Oppenheimer fragte sich, ob das auch für die deutschen Gefangenen galt. Für sie bestand noch eine gewisse Hoffnung, dass man sie zu den anderen Kriegsgefangenen stecken würde.

Er beugte sich vor, um Michalina vertraulich zuzuraunen: »Gibt es hier einen Weg nach draußen? Plant vielleicht jemand einen Ausbruch?«

Michalina starrte ihn daraufhin mit weit aufgerissenen Augen an, und Oppenheimer bemerkte, wie töricht seine Frage war.

Wie konnte er Michalina nur begreiflich machen, dass die Zeit für ihn ablief? Oppenheimer blieben nur noch zwei Tage. Wenn er bis dahin keinen Weg fand, in die Freiheit zu gelangen, würde Georg die Transaktion mit Grigorjew ohne ihn abschließen. Und die Gefahr war groß, dass sich der russische Deserteur absetzte, sobald er ein dickes Bündel mit US-Dollar-Noten in der Tasche hatte. Ihn dann noch zu fassen, das war so gut wie aussichtslos.

Als Michalina wieder gegangen war, begann Oppenheimer, wie eine gefangene Wildkatze den Gitterzaun entlangzulaufen. Hin und her. Her und hin.

Vielleicht war das alles ohnehin nur ein Hirngespinst. Womöglich hatte es niemals eine reale Möglichkeit gegeben, Grigorjew bestrafen zu lassen.

Und hinter Gittern fand es Oppenheimer schwierig, seine Machtlosigkeit zu akzeptieren. Seit er mit dem Inkrafttreten des *Arierparagraphen* im Jahr 1933 als Kommissar gefeuert worden war, war er ein Spielball fremder Mächte gewesen. Daran hatte sich auch nach der Befreiung nicht viel geändert, allerdings sorgte bei ihm für Verbitterung, dass er für eine kurze Zeit die Illusion gehabt hatte, sein Leben endlich wieder selbst bestimmen zu können.

Oppenheimer blieb abrupt stehen und fluchte in sich hinein. Er konnte nichts tun.

34

Dienstag, 19. Juni 1945 – Mittwoch, 20. Juni 1945
75 bis 74 Tage vor dem Kriegsende im Pazifik

Es war verflucht umständlich, die Pistole zu laden. Sie war ursprünglich zweifellos dazu bestimmt, von Damen in ihrer Handtasche getragen zu werden. In die Kammer ließ sich nur eine einzige winzige Patrone einsetzen, was mit Edes Wurstfingern ein recht ambitioniertes Unterfangen war.

Immerhin fand er es beruhigend, für den Ernstfall sein kleines *Püsterchen* bei sich zu tragen.

Nach erfolgreichem Ladevorgang ließ Ede den Lauf einrasten und steckte die Pistole unter seine Weste. Die Sache mit dem Kommissar ging ihm nicht mehr aus dem Sinn. Dass er einfach so von der Bildfläche verschwunden war, wertete Ede als schlechtes Zeichen.

Obwohl er es Oppenheimers Frau gegenüber nicht erwähnen wollte, war ihm sofort der Verdacht gekommen, dass die Russenbande dahintersteckte. Nach Edes Ansicht passte diese Vorgehensweise nur allzu gut zu diesen Schweinehunden.

Sie wollten sich in Edes Revier breitmachen, das hatten sie bereits durchblicken lassen. Irgendwann würden Demjan und seine Genossen es nicht mehr dabei belassen, ihm für horrende Preise gestohlene Waren zurückzuverkaufen.

Die dazu nötige Drohkulisse wurde von ihnen bereits aufgebaut. Zuerst der Anschlag auf Rita, jetzt war Oppenheimer verschwunden, demnächst würden noch weitere von Edes Leuten unter mysteriösen Umständen abhandenkommen. Vielleicht waren als Nächste Paule oder der Kleene Hans an der Reihe, befanden sich bereits im Fadenkreuz, ohne es zu wissen.

Ede verließ mittlerweile kaum noch sein Büro, in dem er sich sicher fühlte. Außerdem hatte er in dem Wandschrank die besten Alkoholvorräte gebunkert. Schwer atmend schenkte er sich einen Schnaps ein.

Seit er diesen vermaledeiten Nachtclub eröffnet hatte, wurde er von Sodbrennen geplagt. Karlheinz hatte ebenfalls Magenprobleme, seit Jahren schon, und immer noch glaubte er, dass es helfen würde, Milch zu trinken. Ede hatte zwar einige Liter Kondensmilch in Dosen gehortet, doch auch mit Wasser verdünnt brachte er dieses Zeug nicht hinunter. Viel lieber hoffte er darauf, dass ein Klarer seinen Magen beruhigte.

Er zerrte seine Taschenuhr hervor und beäugte das Zifferblatt. In weniger als einer Stunde würde der Betrieb in seinem Laden losgehen.

An sich lief das Geschäft wie geschmiert. Ede konnte mit Fug und Recht behaupten, dass er am Ziel seiner Träume angelangt war, denn jetzt musste er nicht einmal mehr einen Finger krumm machen, um Geld zu verdienen. Alles wäre so schön gewesen, wenn es diese Russenbande nicht geben würde.

Fast kam in Ede ein wenig Sehnsucht nach den geordneten Zeiten vor dem Krieg auf, als die Unterwelt noch fein säuberlich unter den Ringvereinen aufgeteilt war und die Ganoven noch so etwas wie Ehre im Leib hatten. Zumindest war das Edes Ansicht. Gewinnmaximierung war nur dann möglich, wenn die Gewalt auf das nötige Minimum reduziert wurde. Tote und Schwerverletzte weckten lediglich die Obrigkeit auf, die normalerweise mehr als gewillt war, in die andere Richtung zu sehen.

In den Zeiten der Weimarer Republik waren die politischen Schlägertrupps von den Linken und den Rechten auf der Bildfläche erschienen, von denen so manche auch selbst krumme Dinger drehten. Obwohl es Ede trotz etlicher Widrigkeiten stets geschafft hatte, seine Nische zu finden, war er nun am Ende seiner Weisheit angelangt.

Die Mitglieder der russischen Bande ähnelten tollwütigen Hunden. Und was stellte man an, wenn ein tollwütiger Hund die Zähne fletschte? Es blieb nichts anderes übrig, als ihn zu erschießen. Ede hatte wohlweislich vorgesorgt. Und doch scheute er vor der Entscheidung zurück, seine Vergeltungsmaschinerie in Gang zu setzen. Sobald sie in Aktion trat, würde das unweigerlich Krieg bedeuten. Der erste und einzige Schlag musste so schwer sein, dass sich die Bande davon nicht mehr erholte. Ede musste es auf Anhieb beenden.

Gedankenversunken stellte er das Schnapsglas ab. Aus dem Hinterhof ertönte Motorengebrumm. Als Ede durch das Fenster nach draußen spähte, konnte er erkennen, wie ein Lastwagen im Schneckentempo rückwärts durch die Zufahrt fuhr.

Eine Gestalt mit Mantel und Fedora-Hut gab dem Fahrer Anweisungen, winkte schließlich ab, als sich das Fahrzeug gefährlich einigen abgestellten Holzkisten näherte. Das musste dieser Demjan sein.

Es sah ganz danach aus, als würde er etwas anliefern. Ede hatte bezahlt, ohne bislang seine Waren zurückzubekommen. Er nahm das nicht tragisch, denn es war sowieso nur als Finte gedacht, damit Paule den Unterschlupf der Bande ausfindig machen konnte.

Ede verließ sein Zimmer und ging die Treppe hinab. Es war besser, wenn er unverzüglich unter die Lupe nahm, was ihm die Russen geschickt hatten.

Nur Hans befand sich momentan im Schankraum. Da er die Funktionsweise der Scheinwerfer immer noch nicht so richtig kapierte, war er von Ede dazu verdonnert worden, sich die Geräte noch einmal genauer anzuschauen, wenn kein Betrieb war.
»Hans!«, rief Ede. »Lass die Faxen und hol dir ne Knarre. Wir ham Gäste im Hinterhof.«
Obwohl er nicht gerade eine Leuchte war, verstand Hans die Andeutung und lief geschäftig in den Keller. Seit Paules Warnung vor Demjans Kaltblütigkeit ging Ede lieber auf Nummer sicher und holte noch Gerda hinzu, die natürlich wieder in der Künstlergarderobe herumlungerte. Abgesehen davon machte sie auf ihn einen zuverlässigen Eindruck. Nun bekam sie die Möglichkeit, sich zu beweisen.
Mit ihr im Schlepptau kehrte Ede in den Schankraum zurück, wo ihn bereits der bewaffnete Hans erwartete. Er hatte eine Anzugjacke übergeworfen, die auf Höhe der Brusttasche verdächtig ausgebeult war.
Ede schlug leicht gegen den verdeckten metallischen Gegenstand.
»Nich jrad unauffällig«, murmelte er.
Es klopfte bereits an der Hintertür, als Hans die Waffe in eine andere Tasche stecken wollte, doch Ede winkte ab.
»Lass sein. Die sollen ruhig sehen, dasse mit uns keenen Schlitten fahr'n können.«
Mit diesen Worten schritt er durch den dunklen Korridor zum Hinterausgang. Vor dem Öffnen wandte sich Ede an Gerda. »Du sicherst die Tür. Wenn Paule oder sonst jemand kommt, schickst du se hinterher.«
Sonnenlicht flutete herein, als Ede die Tür aufdrückte. Demjan wartete bereits auf ihn. Mit dem breitkrempigen Hut und den gepolsterten Schultern erinnerte er an eine Vogelscheuche.

»Guten Tag«, war Demjans förmliche Begrüßung, doch vermutlich war die Höflichkeit nur dem Umstand geschuldet, dass er in einer fremden Sprache sprach.

»Wat iss'n los?«, fragte Ede.

»Wir haben Sachen für euch.« Demjan zeigte lässig in die Richtung des Lastwagens. Jemand zwängte sich an dem Fahrzeug vorbei durch die Einfahrt. Ede nahm an, dass es der Fahrer war. Der Mann war unrasiert, steckte in einer zerschlissenen Jacke und trug einen gefütterten Panzerhelm. Angesichts der heißen Sommertemperaturen hatte er immerhin die Kinnbedeckung nach oben geklappt, die nun wie zwei große Hundeohren zu beiden Seiten des Kopfes schlackerte.

»Bei der Fahrt ging was kaputt«, fuhr Demjan fort.

Ede fragte alarmiert: »Kaputt?«

Demjan nickte betreten. »Ich hab gehört, aber vielleicht ist nicht schlimm.«

Der Fahrer begann, die Plane loszubinden. Demjan gesellte sich zu ihm, und zusammen schlugen sie den Stoff zurück.

Der Gedanke, dass einige seiner Besitztümer womöglich beschädigt waren, beschäftigte Ede so sehr, dass er alle Vorsicht vergaß. Immerhin hatte er ja Hans bei sich, während Gerda in der geöffneten Hintertür stand und den Fremden einen kritischen Blick zuwarf.

Mit hochrotem Kopf näherte sich Ede der Ladefläche. Demjan öffnete die Ladeklappe und stieg hinein. Ede konnte beobachten, wie der junge Kerl zu den Kisten lief und plötzlich wie angewurzelt stehen blieb.

Demjan fluchte laut und ging dann in die Hocke.

Ede hielt es nicht mehr aus und griff nach dem Rahmengestell des Lasters. »Wat habt ihr denn anjestellt?«, fragte er besorgt und hievte sich mühsam auf die Ladefläche.

In diesem Moment war bereits alles zu spät.
Mit einem lauten Rascheln wurde die Plane hinter Ede nach unten gezogen. Er war jetzt mit Demjan allein, abgeschnitten vom Rest der Welt.
Konnten Grigorjews Leute tatsächlich so dämlich sein?
Ja, und ob. Sie waren so dämlich.
Ede hatte sich getäuscht. Weder Paule noch der Kleene Hans oder ein anderer von seinen Leuten stand auf Grigorjews Liste. Das nächste Opfer sollte er selbst sein.
Ede registrierte, wie sich Demjan erhob. Kalte Augen starrten ihm entgegen, die Überraschung über den vermeintlich kaputten Gegenstand war nur gespielt gewesen.
Die Geschehnisse überschlugen sich. Im Hof knallte eine Tür zu. Gleichzeitig fand in der Nähe des Fahrzeugs eine Rangelei statt. Edes Hand fuhr in seine Innentasche, um die Damenpistole zu ziehen.
Er reagierte zu spät.
Demjan hatte bereits seinen Revolver erhoben und zielte mit ausgestrecktem Arm auf Ede. Eine Stichflamme zuckte aus dem Lauf, als sich ein ohrenbetäubender Schuss löste.
Grigorjews Auftragsmörder war zweifelsohne ein Profi. Ede kannte die einstudierten Abläufe. Zuerst richtete man den Lauf auf den Bauch des Opfers, um es danach mit einer zweiten Kugel in den Kopf endgültig zu erledigen.
Allerdings hatte Ede beim Griff nach der Pistole seinen Oberkörper ein wenig gedreht, und so war es Demjan nicht gelungen, ihn zu treffen.
Zumindest dachte er das.
Abgesehen davon, dass der Schuss noch in Edes Ohren hallte, konnte er nichts spüren. Erst mit einer gewissen Verspätung bemerkte er, dass etwas merkwürdig war. Seine Beine gaben nach,

und er knallte auf die Ladefläche. Der Körper gehorchte ihm nicht mehr.
Hinter der heruntergelassenen Plane schepperte ein Wellblechdach, dann folgte ein unterdrückter Hilfeschrei. Ede registrierte das alles, doch es war jetzt wichtiger, seinen störrischen Körper so weit unter Kontrolle zu bekommen, dass er sich verteidigen konnte. Flach atmend unternahm er einen erneuten Versuch, die Pistole zu ziehen.
Demjan kam auf ihn zu. Die Holzlatten unter Edes Körper gaben leicht nach.
Der junge Kerl schien es nicht eilig zu haben. Sadistische Freude spiegelte sich auf Demjans Zügen, als er auf sein hilfloses Opfer hinabblickte. Er wartete auf etwas. Fast wirkte es so, als würde er Ede herausfordern, eine falsche Bewegung zu machen.
Ede krallte seine Hand um den Griff der Pistole und versuchte, sie rasch zu ziehen. Aber es war wie verhext. Seine Reaktionen waren viel zu langsam. Es war ein Kinderspiel für Demjan, ihm die Waffe aus der Hand zu treten, noch ehe Ede es geschafft hatte, sie auf seinen Kontrahenten zu richten.
Klappernd schlitterte sein Püsterchen den Boden entlang.
Und da war noch etwas am Rand seines Blickfeldes.
Von irgendwoher floss rote Flüssigkeit und bildete eine Lache, die sich in Richtung der Pistole ausbreitete.
Genüsslich richtete Demjan den Lauf des Revolvers auf Ede, so dass er direkt in die Mündung starrte. Mit dem Daumen spannte er den Hammer. Ein leichter Druck am Abzug genügte, um Ede ins Jenseits zu befördern.
Obgleich die nächsten Dinge mit einer atemberaubenden Geschwindigkeit abliefen, nahm Ede sie mit einer Klarheit wahr, die neu für ihn war. Es war schmerzhaft, ein Beobachter seines eigenen Schicksals zu sein, ohne noch eingreifen zu können.

Demjans Abzugsfinger zuckte, als er in grelles Licht getaucht wurde. Jemand hatte die Plane zurückgeschlagen. Nahezu im gleichen Augenblick sauste etwas durch die Luft, zerteilte ein Stück von Demjans Mantel und drang in seine Armmuskulatur ein.

Er gab einen Laut von sich – Ausdruck seiner Überraschung und Schmerzensschrei. Das Mündungsfeuer blitzte wieder auf, aber Demjan konnte sein Ziel nicht mehr genau anvisieren.

Die Kugel flog so dicht neben Edes Gesicht vorbei, dass er einen heißen Luftzug zu spüren glaubte, ehe das Projektil in die hölzerne Seitenklappe einschlug.

Der Kleene Hans sprang mit gezückter Pistole auf die Ladefläche und entwaffnete Demjan. Er hatte seinen Hut verloren, die Haare standen ihm wild zu Berge, vermutlich hatte er es irgendwie geschafft, Demjans Komplizen zu überwältigen.

Mit unbeeindruckter Miene stieg jetzt auch Gerda in den Lastwagen, zog ihr Messer aus Demjans Arm, als wäre er nicht viel mehr als ein lebloses Stück Fleisch. Erst als sich ihr Blick mit dem von Ede kreuzte, konnte er bei ihr so etwas wie eine Gefühlsregung wahrnehmen.

»Verdammter Mist«, murmelte sie, dann kniete sie neben ihm nieder.

Offensichtlich war Gerda von seinem Anblick schockiert.

Ede konnte sich nicht erklären, was geschehen war, denn er spürte immer noch nichts.

»Wat denn?«, wollte er sagen, doch aus seiner Kehle drang nur ein Krächzen.

»Nicht reden«, sagte Gerda und blickte kurz an Edes Körper hinunter. »Du musst sofort ins Krankenhaus.«

Es klang wie ein Befehl.

Bei Oppenheimers Erwachen war der Morgen nicht mehr als ein fernes Leuchten hinter dem Fenster. Zunächst erschrak er beim Anblick der rohen Holzlatten über seinem Gesicht, ehe er sich wieder an die Haftanstalt erinnerte, die Fahrt dorthin, an das zufriedene Lächeln von Pogodin.
Suchend blickte sich Oppenheimer um. Er konnte nicht sagen, was ihn geweckt hatte. Sicher war es nicht das Schnarchen seines Bettgesellen gewesen, denn Oppenheimer hatte sich bereits daran gewöhnt, dass Walter in der Nacht vor sich hin sägte.
Nichts schien sich in dem Zwielicht zu bewegen. Die Männer lagen in ihren Kojen, jemand hustete im Schlaf. Die Pritsche über Oppenheimer knarzte. Als Walter schließlich sein Gewicht verlagerte, vibrierte das ganze Gestell.
Oppenheimer schloss die Augen.
Er war so müde, dass er fast auf der Stelle wieder einschlief. Wäre da nicht Walter gewesen, dessen Atem immer schwerer wurde, ehe er erneut zu schnarchen begann. Oppenheimer begann zu murren, obwohl er wusste, dass es keinen Zweck hatte. Zu allem Überfluss spürte er jetzt auch wieder die Bettwanzen. Obgleich Oppenheimer geraten worden war, in den Kleidern zu schlafen und die Decke fest um sich zu wickeln, schafften es einige besonders vorwitzige Wanzen, bis zu seiner Haut vorzudringen.
Bei diesem Gedanken schüttelte es Oppenheimer. Er öffnete seine Augen, denn an Schlaf war jetzt nicht mehr zu denken.
Ein durchdringendes Geräusch ließ Oppenheimer zusammenzucken. Im Zimmer nebenan stapfte jemand über den Holzboden. Das musste es gewesen sein. Vermutlich war Oppenheimer von diesem Geräusch geweckt worden.
Eine Tür wurde geöffnet, dann erklangen Schritte vor dem Fenster. Oppenheimer konnte nicht viel mehr sehen als ein hel-

les Blitzen, dem ein schwarzer Umriss folgte. Der Schatten musste sich direkt vor dem Zugang ihres Raums befinden.
Mit angehaltenem Atem starrte Oppenheimer auf die Tür, die mit einem leichten Quietschen aufschwang.
Männer, die schwere Stiefel trugen, waren gekommen. Einer von ihnen blieb, eine Maschinenpistole im Anschlag, im Türrahmen stehen. Der andere hielt den Strahl seiner Taschenlampe zu Boden gerichtet, als er vorsichtig den Raum betrat. Die Männer gaben sich Mühe, die Gefangenen nicht aufzuwecken. Oppenheimers Zimmergenossen schlummerten weiter, als sich die Gestalt dem ersten Bettgestell näherte, um den Schlafenden einem nach dem anderen mit der Stablampe ins Gesicht zu leuchten.
Oppenheimer konnte sich nicht erklären, was das alles sollte. Die Eindringlinge konnten nichts Gutes im Schilde führen, wenn sie in den frühen Morgenstunden umherschlichen. Oppenheimer konnte sich noch gut daran erinnern, dass die Männer von Sicherheitsdienst und Gestapo bevorzugt diese frühen Tagesstunden genutzt hatten, wenn sie Juden abtransportierten. Und in den letzten Wochen waren ihm auch Gerüchte zu Ohren gekommen, dass Stalins Häscher ebenfalls zu dieser Zeit in Berlin unterwegs waren.
Der Mann ging methodisch vor, Oppenheimer konnte das gut beobachten. Zuerst beleuchtete er das Gesicht des unten schlafenden Gefangenen, dann wurde der oben liegende betrachtet. Bettgestell für Bettgestell arbeitete sich der Eindringling auf diese Weise vor und kam Oppenheimer immer näher.
Dann stand er direkt neben ihm. Zunächst war der Mann damit beschäftigt, das Bett auf der anderen Seite zu inspizieren. Oppenheimer glaubte, den leichten Geruch von Kernseife wahrzunehmen. Es erschien ihm absurd, dass sich jemand erst ausgie-

big schrubbte, um dann im Schutze der Nacht eine voll belegte Quarantänebaracke zu inspizieren.
Nach wenigen Sekunden drehte sich der Mann um. Oppenheimer hatte gerade seine Augen wieder geschlossen, als der Lichtkegel der Lampe auf seinem Gesicht verharrte.
In dem hellen Schein sah er das Blut in seinen Lidern zirkulieren. Die ganze Welt schien in dumpfes Rot getaucht zu sein.
Wieder knarzten die Bodendielen, als der Mann sich bewegte, aber das Licht verharrte auf Oppenheimers Gesicht.
Es war zwecklos, sich länger schlafend zu stellen, denn unwillkürlich hatte Oppenheimer seine Augen zusammengekniffen. Der Mann mit der Taschenlampe musste das gesehen haben.
Als Oppenheimer den Eindringling anblinzelte, konnte er nicht viel mehr als den Reflektor der Lampe erkennen.
»Was denn?«, murmelte er so unfreundlich wie möglich, um keine Furcht zu zeigen.
Der Mann mit der Lampe reagierte mit einem Stoßseufzer. »Poweslo!«
Oppenheimer glaubte, etwas von »Glück« zu verstehen, und blickte den über ihn gebeugten Schatten fragend an. Die Stimme kam ihm irgendwie bekannt vor.
»Wchodite!«, sagte der Mann, riss ihm die Bettdecke vom Leib und zerrte Oppenheimer in eine aufrechte Position.
Oppenheimer überlegte, ob es nicht besser war, sich dem Befehl, mitzukommen, zu widersetzen. Der Mann bemerkte sein Zögern und richtete schließlich den Schein der Taschenlampe auf sich selbst. Obwohl das Licht aus diesem ungewöhnlichen Winkel bizarre Schatten auf das Gesicht zeichnete, erkannte Oppenheimer den Mann sofort wieder. Eigentlich hätten bereits die blitzenden Stahlzähne dazu ausgereicht.
Vor ihm stand Oberst Aksakow.

Wenige Minuten später schritten sie durch das Lagertor zu einem bereitstehenden Fahrzeug. Es war kein Geländewagen, sondern die Limousine, mit der sich Aksakow gewöhnlich durch die Stadt kutschieren ließ. Zwei Männer lehnten an der Kühlerhaube, eingehüllt in Zigarettendunst. Einer davon war Aksakows asiatisch aussehender Fahrer. Und den zweiten Mann kannte Oppenheimer ebenfalls.

»Jascha?«, sagte er.

Ritas Verehrer strahlte ihn an. »Ein Glück, dass wir Sie gefunden haben«, sagte Jascha zufrieden. »Hilde hat Himmel und Hölle in Bewegung gesetzt, nachdem Sie verschwunden waren. Sonst hätte ich mich bei Rita nicht mehr blicken lassen können. Zum Glück wusste ich, zu wem Sie wollten.«

Oppenheimer wurde unruhig. Wenn Jascha da war, dann könnte er übersetzen und Aksakow erklären, dass er sich nicht einfach so aus dem Staub machen wollte, sosehr er auch danach trachtete, dieser improvisierten Haftanstalt zu entkommen.

»Hier ist noch jemand«, begann Oppenheimer. »Sie heißt Woźniak, Michalina Woźniak. Ich weiß zuverlässig, dass sie unschuldig ist. Wir müssen sie mitnehmen.«

Jascha blickte Oppenheimer zweifelnd an und sagte: »Das geht nicht so einfach.«

»Bitte übersetze das!«

Jascha unterhielt sich daraufhin mit Aksakow. Dieser zeigte keine Gefühlsregung, sondern antwortete mit einigen Brummlauten.

»Wir reden später darüber«, übersetzte Jascha. »Aber jetzt müssen wir fahren.«

Aksakow hatte ihn die ganze Zeit über am Arm festgehalten. Doch nun sträubte sich Oppenheimer, versuchte, sich aus dem Griff zu befreien.

Irgendwo wurde ein Wächter auf die Unruhe aufmerksam. Oppenheimer bekam in seinem Furor das metallische Klicken nicht mit, als der Soldat in dem Wachturm seine Maschinenpistole zur Hand nahm und den Feuerwahlschalter auf Einzelfeuer stellte.

»Ich komme nicht mit«, rief Oppenheimer trotzig wie ein kleines Kind. »Michalina ist in Gefahr. Wenn wir nichts tun, wird sie abtransportiert.«

Oppenheimer sah Aksakows Faust nicht kommen. Ein kurzer Schmerz durchzuckte ihn, als er am Kinn getroffen wurde.

Dann deckte die Schwärze alles zu.

35

Mittwoch, 20. Juni 1945
74 Tage vor dem Kriegsende im Pazifik

Nun konnte sich Aksakow revanchieren und seinerseits Kirill Wiktorowitsch in den frühen Morgenstunden aus dem Bett holen. Zwar hatte er im Gegensatz zu seinem alten Kameraden keinen wohlschmeckenden Fisch bei sich, seine Informationen hingegen konnten dem alten Freund in der Spionageabwehr SMERSch ein beträchtliches Ansehen verschaffen, wenn er seine Karten richtig ausspielte. Und an Kirills Gewitztheit hatte Aksakow keine Zweifel.

Seine Schritte waren beschwingt, als Aksakow in Karlowka ein Gartengrundstück betrat und sich zwischen blühenden Blumenbeeten einen Weg zu dem Einfamilienhaus bahnte.

Gedankenverloren rieb Aksakow seine Fingerknöchel. Dieser Oppenheimer hatte ein verflucht hartes Kinn, das musste man ihm lassen. Als er wieder zu Bewusstsein gekommen war, konnte Aksakow ihm klarmachen, dass alles bereitstand, um Pogodin und dessen Handlanger Grigorjew einzubuchten.

Dass Pogodin der Strippenzieher hinter den Kulissen war, war für Aksakow keine große Überraschung. So mancher Genosse erlag den Versuchungen des Kapitalismus. Selbst einstmals stramme Komsomolzen wie Pogodin machten da keine Ausnahme.

Zum Glück für alle Beteiligten auf russischer Seite gab es keine derartigen Vorbehalte, wenn es um Beutegut ging. Gemäß der jahrtausendealten Kriegstradition galt es als das Vorrecht des Siegers, sich zu bereichern. Jeder beteiligte sich am Trophäensammeln. Wenn man es geschickt anstellte, konnte man sogar ein Vermögen verdienen. Aksakow hatte Gerüchte aufgeschnappt, dass so mancher General bereits komplette Güterzüge voller Kostbarkeiten in die Heimat geschickt hatte. Pogodin war so gierig wie jeder andere, aber er war so blöd gewesen, ausgerechnet Mütterchen Russland zu bestehlen. Und das würde die sowjetische Staatsmacht sicher nicht tolerieren.

Aksakow hatte seinen Auftrag erfüllt, und dass der ungeliebte Wachhund hinter dem Verschwinden des Koffers von Atomwissenschaftler Roski steckte, machte die Angelegenheit für ihn umso erfreulicher. Endlich würde er es Pogodin heimzahlen können. Genüsslich malte sich Aksakow aus, wie dumm er aus der Wäsche schauen würde, wenn er ihn mit den Anschuldigungen konfrontierte.

Im Haus war noch niemand auf den Beinen, bis auf einen halb dösenden Offizier, der statt eines soliden Frühstücks lieber den kläglichen Versuch unternahm, Machorka in Zeitungspapier zu wickeln. Wenigstens hatte er so weit ausgeschlafen, dass er Aksakow den Weg zu Kirills Zimmer im oberen Stockwerk weisen konnte.

Unmittelbar nachdem Aksakow angeklopft hatte, wurde die Tür von Kirill geöffnet. Er stand in Unterwäsche vor ihm, schien gerade aus dem Bett gestiegen zu sein. Sein freudiger Gesichtsausdruck verdüsterte sich. Kirill hatte wohl jemand anderen erwartet und schien zunächst unsicher zu sein, ob er Aksakow Zutritt gewähren wollte. Seine rotgeränderten Augen sprachen dafür, dass er die Nacht über durchgezecht hatte.

»Was für einen Fusel hast du gestern gesoffen?«, fragte Aksakow.

Kirill antwortete nur mit einer unbestimmten Handbewegung.
Voller Tatendrang betrat Aksakow das Zimmer. »Ich weiß, wo sich Grigorjew aufhält und wer der Verräter ist«, platzte es aus ihm heraus. »Pogodin steckt dahinter.«
Kirill zog die Augenbrauen hoch. Aus irgendeinem Grund war er erleichtert über dieses Gesprächsthema. »Dein Aufpasser? Ausgerechnet der?«
Aksakow grinste zufrieden. »Manchmal ist uns das Schicksal gnädig. Man muss nur warten können. Nur ist jetzt die Frage, wie wir am besten vorgehen.«
»Welche Beweise hast du?«, fragte Kirill und setzte sich auf den Rand des zerwühlten Bettes.
»Ich kenn da jemanden. Einen Fritzen, er war mal Kriminalkommissar. Jedenfalls hat er Grigorjews Bande aufgespürt. Als er es mir melden wollte, ließ ihn Pogodin verhaften. Es war nicht gerade einfach, herauszufinden, wo er hingebracht worden war. Aber schließlich habe ich die Wachsoldaten ausfindig gemacht.«
»Das heißt, sie steckten mit Pogodin unter einer Decke?«
Aksakow zog einen Stuhl heran und setzte sich. Kopfschüttelnd erwiderte er: »Ich glaube nicht. Sie haben nur Befehle ausgeführt, das sagen sie zumindest. Ich wollte auch keine große Sache daraus machen, damit wir Pogodin nicht aufscheuchen.«
Gedankenverloren starrte Kirill zu Boden. »Ihn verhaften zu lassen wird Aufsehen erregen. Es ist besser, wenn wir handfeste Beweise gegen Pogodin haben. Eine einzige Zeugenaussage, noch dazu von einem Fritzen, das ist ein bisschen wenig.«
»Am besten, wir schnappen uns erst einmal Grigorjews Leute. Selbst wenn wir keine Beweise finden, wird sicher jemand plaudern.«
Bei diesem Vorschlag kam wieder Leben in Kirill. »Sehr gut«, sagte er, stand auf und klopfte Aksakow auf die Schulter. »In

einer halben Stunde sind meine Leute einsatzbereit. Ich komme sofort nach.«

Aksakow interpretierte dies als Hinweis, dass er sich aus dem Staub machen sollte. Er wunderte sich ein wenig, denn Diskretion war nicht gerade Kirills Art.

Nachdem sie einen Treffpunkt ausgemacht hatten, stieg Aksakow beschwingt die enge Treppe hinunter. Es polterte, als jemand die Stufen hochkam. Er blieb stehen und trat zur Seite.

Eine zierliche Gestalt mit einem zugedeckten Korb eilte die Treppenstufen herauf. Wegen des Kopftuchs konnte Aksakow die Frau auf den ersten Blick nicht erkennen. Erst als sie bei seinem Anblick überrascht stehen blieb und ihm ins Gesicht starrte, traf es ihn wie ein Schlag.

Aksakow kannte diese etwas knubbelige Nase allzu gut, die nicht zu den fein gezeichneten Gesichtszügen passte. Er konnte sich sogar lebhaft daran erinnern, wie diese Frau unter ihrer Kleidung aussah.

Es war Natalja.

Wortlos verharrten sie auf der Treppe. Natalja fand als Erste die Sprache wieder. »Es ist nicht, wonach es aussieht«, stotterte sie.

Aksakow nickte nur kühl. Er glaubte schon lange nicht mehr an Zufälle, und Nataljas Gesichtsausdruck war derart schuldbewusst, dass es keinen Zweifel gab. Natürlich wollte sie zu Kirill. Zwar wusste Aksakow, dass sie überaus fürsorglich war, doch wenn sie Kirill in den Morgenstunden ein Frühstück brachte, konnte das nur bedeuten, dass sie auch die Nacht bei ihm verbracht hatte.

Er wollte sich nicht eingestehen, dass ihm Nataljas Untreue etwas ausmachte, also setzte Aksakow ein falsches Lächeln auf und sagte: »Du musst selbst wissen, was du tust.«

Mit hocherhobenem Haupt an Natalja vorbeizugehen kostete ihn mehr Selbstbeherrschung, als er zunächst gedacht hatte. Als Aksakow das Haus verließ, achtete er kaum auf den Weg. Am liebsten wäre er Hals über Kopf geflohen. Aber selbst jetzt, wo ihn Natalja nicht mehr sehen konnte, wollte er sich keine Blöße geben.
Wenn er ehrlich zu sich selbst war, hatte Aksakow gewusst, dass es einmal so kommen würde. Ihr Beisammensein war nicht mehr als ein zeitweiliges Arrangement zu beiderseitigem Vorteil gewesen. Für Aksakow bedeutete das vor allem Triebabfuhr, und trotz all seiner Zuneigung zu Natalja hatte er niemals von so etwas wie Liebe gesprochen.
Kirill machte er keinen Vorwurf. Dass man sich gegenseitig die Geliebten ausspannte, galt unter Offizieren als Kavaliersdelikt, das man auf die leichte Schulter nahm.
Doch die alten Gewissheiten waren dadurch ins Wanken geraten. Vielleicht hatte er sich ja die ganze Zeit über etwas vorgemacht. Vielleicht existierte in Aksakow ja doch mehr als nur ein Funken der bourgeoisen Leidenschaft.
Die kommunistische Führung wollte einen neuen Menschen erschaffen, doch er wusste nun, dass er nicht dazugehörte.
Anders konnte sich Aksakow das überraschende Gefühl der Leere nicht erklären.

Oppenheimer fluchte, als er die Maschinenhalle betrat. Dass in seinem Gefolge etwa zwanzig russische Soldaten mit gezückten Waffen hier eingedrungen waren, entbehrte angesichts des menschenleeren Areals nicht einer gewissen Komik. Trotz allem war Oppenheimer nicht zum Lachen zumute, denn sie waren zu spät gekommen.
Mit Jascha an seiner Seite schritt er an den Drehbänken entlang. Schließlich platzte es aus ihm heraus: »Verdammt noch mal, das

kann doch nicht sein! Wir hatten die Bande fast schon in den Fingern!«

Aksakow und der andere Offizier, der ihm als Kirill Nowikow vorgestellt worden war, warfen Oppenheimer aufmerksame Blicke zu.

Sie waren in den Vormittagsstunden gleich mit mehreren Einsatzfahrzeugen angerückt, um das Werksgelände am Teltow-Kanal zu umzingeln. Grigorjew und seine Leute sollten keine Möglichkeit bekommen, sich zu verdünnisieren. Nur waren sie ihnen leider zuvorgekommen.

Missmutig durchquerte Oppenheimer die Maschinenhalle in der Hoffnung, vielleicht noch eine der Planen zu entdecken, mit denen Grigorjews Leute ihre Schlafstätten abgesteckt hatten. Doch nichts war übrig geblieben. Sie waren mit einer Gründlichkeit vorgegangen, die Oppenheimer ihnen nicht zugetraut hatte.

»Hier waren sie«, murmelte Oppenheimer. Er hatte den Eindruck, sich rechtfertigen zu müssen, zu beweisen, dass sie keinem Hirngespinst nachjagten. »Sie hatten hier das Lager aufgeschlagen.«

Dann ging Oppenheimer neben der Feuerstelle in die Hocke und stocherte mit seinen Fingern darin herum. »Das war ihr Lagerfeuer, aber die Asche ist völlig kalt.«

Aksakow sagte etwas, mit gewohnt undurchdringlicher Miene. Jascha übersetzte: »Wann haben Sie Grigorjew hier gesehen?«

Oppenheimer stand langsam auf. »Das war am Sonntag, vor drei Tagen. Sie müssen kurz darauf ihre Sachen gepackt haben. Vielleicht haben sie bemerkt, dass ich ihnen auf die Spur gekommen bin.«

Das war eine Notlüge, weil Oppenheimer schlecht zugeben konnte, mit einem Stellvertreter der Westalliierten eine Transaktion ausgehandelt zu haben.

»Wahrscheinlich hat mich Pogodin erkannt, als ich auf dem Gelände war«, sagte Oppenheimer achselzuckend. »Das würde auch erklären, warum er mich sofort abfing. Grigorjew ist dann sicherheitshalber abgezogen, falls doch noch ungebetener Besuch kommt.«

Mit hängenden Armen stand Oppenheimer in der Halle. Obwohl er sich in Begleitung befand, kam er sich mutterseelenallein vor. Gedankenverloren scharrte er mit den Füßen auf dem Betonboden, als sich Nowikow ins Gespräch einschaltete.

»Wir haben immer noch keinen Beweis, dass Grigorjews Leute tatsächlich hier waren«, übersetzte Jascha.

Oppenheimer kam eine Idee. »Vielleicht habe ich etwas«, sagte er aufgeregt und führte die Männer zurück in den Waschraum.

Sein Ziel war der Korridor, in dem er unverhofft den Auftragsmörder Demjan in Aktion beobachtet hatte.

»Hier«, sagte Oppenheimer, vom schnellen Laufen außer Atem. »Ich habe mitbekommen, wie hier einer von Grigorjews Leuten getötet wurde. Sehen Sie? Das Blut haben sie nicht weggewischt.«

Er zeigte auf den dunkelbraunen Flecken am Boden. Als sich Nowikow den Fleck ansah, runzelte er die Stirn. »Sie könnten hier auch ein Tier geschlachtet haben.«

Oppenheimer seufzte. Dieser Einwand ließ sich nicht von der Hand weisen.

Mit hochgezogenen Schultern lief er auf und ab, schritt auf dem Boden imaginäre Muster ab.

Plötzlich blieb er mitten in der Bewegung stehen und schaute seine Begleiter an. »Aber sie mussten doch irgendwo den Toten entsorgen. Ich fress nen Besen, wenn sich Grigorjews Leute damit große Mühe gegeben haben. Die Leiche einfach in den Kanal zu werfen birgt die Gefahr, dass sie irgendwann wieder auftaucht und jemand Fragen stellt. Deshalb wurde der Tote sicherlich irgendwo verbuddelt.«

Aksakow verstand sofort, was Oppenheimer damit meinte. Nach einem kurzen Befehl schwärmten die Soldaten geschäftig aus.

Oppenheimer wandte sich Jascha zu. »Was geschieht jetzt?«

»Der Genosse Oberst hat den Befehl gegeben, das Gelände nach einem frischen Grab abzusuchen.«

Zufrieden nickte Oppenheimer, dann tippte er Jascha auf die Schulter. »Am besten, wir schauen uns schon mal nach Werkzeug um. Hier muss es doch irgendwo Schaufeln geben.«

Nach einigen Minuten wurden sie in der Maschinenhalle in einem aufgebrochenen Werkzeugschrank fündig. Und schon wenige Augenblicke später waren aufgeregte Rufe zu hören. Bewaffnet mit vier Spaten, liefen Oppenheimer und Jascha auf den Hof.

Ganz in der Nähe des Hauptgebäudes standen die Soldaten um eine Stelle mit frisch aufgeworfener Erde herum. Aksakows Leute mussten nicht einmal tief graben. Schon nach wenigen Zentimetern stieß der erste Soldat mit der Spatenspitze auf einen weichen Gegenstand.

Oppenheimer war jetzt derart vom Jagdfieber gepackt, dass er sich nicht mehr beherrschen konnte, in die flache Grube sprang und mit bloßen Händen den Körper freilegte. Als sich erkennen ließ, dass der Tote eine zusammengestoppelte Rotarmistenuniform trug, richtete er sich auf und rief triumphierend: »Da ist unser Beweis! Grigorjew war hier, eindeutig!«

Aksakows Miene hatte sich dramatisch verändert. Zum ersten Mal, seit Oppenheimer ihm begegnet war, zeigte sich ein Lächeln auf seinem rundlichen Gesicht.

Mit einem beherzten Händedruck zog Aksakow Oppenheimer aus der Grube, klopfte ihm auf die Schulter und raunte ihm vertraulich etwas zu.
Zum Glück war Jascha zur Stelle. »Der Genosse Oberst sagt, dass er Sie wieder zum Menschen machen will.«
Breit grinsend nickte Aksakow, um die Übersetzung zu bekräftigen.
Obwohl Oppenheimer keine Ahnung hatte, was damit gemeint war, hatte er nichts dagegen, wieder zum Menschen zu werden.

Wasser zischte auf den erhitzten Steinen, und eine Dampfwolke breitete sich in der kleinen Kammer aus.
Es kam Oppenheimer ein wenig verrückt vor, sich während eines heißen Sommers auch noch freiwillig den hohen Temperaturen eines Dampfbades auszusetzen. Aksakow schien jedoch geradezu besessen von der Idee zu sein, ihm die kulturelle Errungenschaft der russischen *Banja* am eigenen Leibe zu demonstrieren. Obwohl Oppenheimer nichts lieber getan hätte, als alles stehen und liegen zu lassen, um zu Lisa zurückzukehren, kam er zu dem Schluss, dass es wohl Aksakows Art der Wiedergutmachung war.
Immerhin rang er Jascha das Versprechen ab, Lisa unverzüglich über seinen Verbleib zu verständigen. Der junge Offizier schien mehr als froh über diesen Auftrag zu sein, da er dabei auch gleichzeitig Rita einen Besuch abstatten konnte.
Die Banja, in der Oppenheimer nun saß, war eine Blockhütte mit zwei Räumen. Im vorderen Zimmer waren Kleiderhaken angebracht. Oppenheimer fand es zunächst ein wenig befremdlich, sich vor Aksakow splitterfasernackt auszuziehen, doch als der Oberst seinerseits wie selbstverständlich die Kleider ablegte

und sich dann ein Handtuch schnappte, beschloss er, es ihm gleichzutun. Zuerst setzten sie sich im Vorraum an einen Tisch, wo Oppenheimer Brot und lauwarmen Tee bekam, während Aksakow von außen den Ofen anheizte.

Nachdem sie sich ausgiebig gewaschen hatten, war es an der Zeit, das eigentliche Dampfbad zu betreten. Oppenheimer war zunächst bestürzt, als Aksakow mit einer Wodkaflasche auftauchte und einen guten Schuss Alkohol in den Wasserkübel kippte, um das Gemisch mit einer Kelle über die heißen Steine zu gießen. Der Dampf war jedoch bei weitem nicht so scharf, wie er befürchtet hatte.

Nach einer Weile empfand er das Aroma sogar als recht angenehm. Vorsichtshalber blieb Oppenheimer allerdings auf der untersten Stufe der Holzbank sitzen. Er hatte keine Ahnung, wie es Aksakow weiter oben aushielt – vermutlich das Resultat einer lebenslangen Abhärtung, von der ein verweichlichter Westeuropäer wie er nicht einmal ansatzweise eine Ahnung hatte.

Aksakow schien keine Eile zu haben. Wiederholt wechselten sie vom Erholungsraum ins Dampfbad. Oppenheimer ließ es mit sich geschehen, spürte, wie der Schweiß aus seinen Poren getrieben wurde, und schlug mit frischen Baumzweigen seinen Körper ab, um die Blutzirkulation anzuregen. Vielleicht konnte diese Prozedur auch all die anderen Dinge entfernen, die sich in ihm angestaut hatten. Eine Reinigung von Körper und Geist kam ihm gerade recht.

Wie in Trance beobachtete Oppenheimer, wie der Dampf in immer neuen Formationen aus der Dachluke ins Freie gelangte. Gelegentlich wurde sein Dämmerzustand von Aksakow unterbrochen, der ihm ein paar unverständliche Worte zurief, woraufhin Oppenheimer nur zufrieden nickte.

Nach einiger Zeit tauchte auch Jascha wieder auf und gesellte sich zu ihnen. Zum Glück hatte er Lisa in Hildes Villa gleich gefunden und ihr die Situation erklärt.

Oppenheimers Versuche, ihr Gespräch auf Michalina zu lenken, die sich immer noch unschuldig in Gefangenschaft befand, wurden von Aksakow erneut abgeblockt. Der Oberst wischte Oppenheimers Bitten stets mit derselben einsilbigen Antwort beiseite. »Sawtra«, sagte er, was nach Angaben von Jascha so viel wie *morgen* bedeutete, doch Oppenheimer hatte das ungute Gefühl, dass Aksakow damit den Sankt-Nimmerleins-Tag meinte.

Irgendwann verschwand der Oberst kommentarlos aus dem Dampfbad, was Oppenheimer merkwürdig vorkam, denn Aksakow hatte bisher am längsten in der infernalischen Hitze ausgehalten.

Nachdem Oppenheimer wiederholt Jascha darüber ausgefragt hatte, ob es Lisa tatsächlich gutging, wurde er jedoch unruhig. Er verstand immer noch nicht, warum Aksakow einen so großen Wert auf seine Anwesenheit in der Banja legte. Er konnte auch nicht einschätzen, wie lange er bereits hier zugebracht hatte, doch einige Stunden mochten es mittlerweile bestimmt sein. Schließlich raffte er das Handtuch unter sich zusammen und betrat den Ruheraum. Er suchte nach einer diplomatischen Ausrede, um sich zu entschuldigen, als er abrupt im Türrahmen stehen blieb.

Mit offenem Mund starrte er den Neuankömmling an.

Plötzlich durchschaute er Aksakows Plan und begriff, warum der Oberst ihn ausgerechnet hier festhielt. Aksakow hatte heimlich eine Konfrontation mit Pogodin vorbereitet.

Der Hauptmann wusste offenbar nichts von der bösen Überraschung, die auf ihn wartete. Er stand, von Oppenheimer abgewandt, in der Ecke des Raumes und goss sich kaltes Wasser über den Rücken.

Je länger Oppenheimer ihm zuschaute, umso zorniger wurde er. Pogodin, die Rechtschaffenheit in Person, doch tief in ihm verschlossen befand sich ein Geheimnis, das ihm Aksakow nun entlocken wollte. Wenn jemand wusste, wo sich Grigorjews neues Versteck befand, dann er.

Aksakow warf Oppenheimer einen kurzen Blick zu und legte dabei den Zeigefinger an seine Lippen. Er hatte bemerkt, dass sich Oppenheimers Hände um das Handtuch gekrallt hatten und ein finsterer Ausdruck auf sein Gesicht getreten war. Aksakow hatte einen großen Auftritt für ihn vorbereitet und wollte seinen Überraschungsgast im richtigen Augenblick vorstellen. Zumindest hätte Oppenheimer das so gemacht, wenn es seine Aufgabe gewesen wäre, Pogodin ein Geständnis zu entlocken. Ihn so weit zu verunsichern, dass er zu einer spontanen Reaktion verleitet wurde, im Idealfall sich selbst verriet.

Also blieb Oppenheimer stehen und wartete auf Aksakows Weisung. Dieser begann ein Gespräch mit Pogodin, um ihn abzulenken. Oppenheimer achtete nicht auf die Worte, die er sowieso kaum verstand.

Aksakow saß mit verschränkten Händen hinter dem Tisch. Seine Anspannung konnte er halbwegs verbergen. Wenn man jedoch wie Oppenheimer eingeweiht war, ließen sich einige Anzeichen der Nervosität erkennen: ein flackernder Blick, Kurzatmigkeit.

Pogodin schien hingegen gelöster Stimmung zu sein, ganz so, wie es zum Besuch eines Dampfbades passte. Lässig wickelte er sich das Handtuch um die Hüfte, während er mit Aksakow plauderte. Schließlich setzte er sich zu ihm an den Tisch. Er hatte nicht die geringste Ahnung, was ihm bevorstand.

Und genau diesen Moment nutzte Aksakow, um die Falle zuschnappen zu lassen.
Mit einem falschen Lächeln ließ er einen kurzen Satz fallen und nickte dabei in Oppenheimers Richtung.
Pogodin stutzte und drehte sich um.
Bei Oppenheimers Anblick entgleisten dem Hauptmann die Gesichtsmuskeln, die Wangen sackten nach unten, sein Gesicht wurde aschfahl.
Aksakows Augen blitzten vor Genugtuung. Drohend erhob er sich.
Als der Stuhl knarrend über die Bodendielen zurückgeschoben wurde, kam wieder Leben in Pogodin. Er sprang auf und versuchte, ins Freie zu gelangen. Dass er, abgesehen von einem Handtuch, unbekleidet war, schien ihm egal zu sein. Barfuß sprintete er auf den Ausgang zu. Aksakow machte keine Anstalten, seinen Widersacher festzuhalten. Es war nicht notwendig. Sowie hektische Schritte zu hören waren, hatten sich vor der Eingangstür Soldaten mit schussbereiten Pistolen postiert. Zwei der Soldaten stürmten Pogodin entgegen, um ihn mit geübten Griffen in die Zange zu nehmen. Unter lautem Gepolter wurde er abgefangen, dann wurden ihm die Arme auf den Rücken gedreht.
Pogodin wand sich unter ihren Griffen wie eine Schlange.
Aksakow genoss für einen Moment diesen Anblick, dann genügte ein kurzes Nicken, und die Soldaten führten Pogodin nach draußen.
»Ja newinowen!«, beteuerte er seine Unschuld. Obwohl Pogodin mittlerweile wissen musste, dass es zwecklos war, versuchte er immer noch, sich loszureißen.
Aksakow trat zu den Kleiderhaken, nahm Pogodins Wäsche und warf sie ihm in hohem Bogen hinterher. Als er sich wieder

hinsetzte, erkannte Oppenheimer, dass die Selbstsicherheit des Obersts bereits erste Risse bekommen hatte.

Oppenheimer wandte sich an Jascha. »Was sagte Pogodin gerade?«

Schulterzuckend erklärte Jascha: »Er will nichts sagen.«

Oppenheimer verstand die Sorgenfalten in Aksakows Gesicht. Natürlich, für Pogodin war das der beste Schachzug. Abgesehen von Oppenheimers Aussage gab es immer noch keinen Beweis für seine Verstrickung mit Grigorjew. Pogodins Skrupellosigkeit sprach dafür, dass er leugnen würde, was das Zeug hielt. In diesem Fall konnte selbst Aksakow nicht viel ausrichten, denn ohne ein Geständnis würde er nicht herausbekommen, wo sich die Deserteure mittlerweile aufhielten.

Vermutlich würde Pogodin irgendwann zusammenbrechen, spätestens dann, wenn er gefoltert wurde. Nur konnte es dann bereits zu spät sein.

Oppenheimer schloss die Augen und lehnte sich zurück. Es war keine leichte Entscheidung, doch er wusste, dass es unumgänglich war, Stellung zu beziehen.

Er hatte versucht, sich aus den Verschwörungen um die Uranbombe herauszuhalten, er wollte den Dingen ihren Lauf lassen. Jetzt gab es nur noch eine Lösung, weil das Verbrechen, das Lisa angetan worden war, für Grigorjew Konsequenzen haben musste.

Und die bestanden darin, Aksakow rückhaltlos zu beichten, dass Georg an ihn herangetreten war und Grigorjew Roskis Koffer abkaufen wollte.

Letztendlich ließ sich das Ganze auf einen einzigen Nenner bringen: War Oppenheimer die Weltlage wichtiger oder Lisa?

Die Entscheidung war schnell getroffen.

»Ich könnte rausbekommen, wo sich Grigorjew morgen aufhalten wird«, sagte Oppenheimer und blickte dabei Aksakow an.

Am Rande seines Gesichtsfelds konnte er Jaschas überraschten Blick erkennen.
Oppenheimer löste sich von der Wand. »Übersetze das ruhig.«
Jascha war noch immer unsicher, doch er übersetzte, was ihm aufgetragen worden war.
Derweil starrte Oppenheimer grimmig vor sich auf den Boden. Jetzt gab es kein Zurück mehr. Wenn er schon ein Verräter sein sollte, dann richtig.

36

Donnerstag, 21. Juni 1945
73 Tage vor dem Kriegsende im Pazifik

N*ur noch acht Stunden,* dachte Oppenheimer, während er hektisch in die Pedale trat. Es war jetzt gegen Mittag, und er war froh, dass er Aksakows Fahrer namens Serjoscha gestern noch die Anweisung gegeben hatte, ihn zur Brauerei zu fahren. Zum Glück stellte sich dort heraus, dass sein Fahrrad so gut in den Ruinen des Gebäudes versteckt war, dass es keinem Langfinger auffiel.

Oppenheimer war nicht stolz darauf, dass er vor Aksakow ausgepackt hatte. Er beruhigte sich mit dem Gedanken, dass ihm die Umstände keine andere Wahl ließen. Als ihm Lisa bei seiner Rückkehr um den Hals gefallen war, wusste er, warum er sich dazu entschieden hatte, Georg zu verraten.

Vor der Übergabe am heutigen Abend gab es für Oppenheimer noch viel zu tun. Nicht zuletzt wollte er das letzte Quentchen seines schlechten Gewissens beruhigen, das ihm trotz allem zusetzte. Er musste unbedingt zu Ede, um zu klären, was in seiner Abwesenheit geschehen war.

Obwohl es in der leeren Maschinenhalle keinen Hinweis auf einen Kampf gegeben hatte, bestand immer noch eine geringe Wahrscheinlichkeit, dass sich der Ganove womöglich zu einem Gegenschlag hatte hinreißen lassen. In diesem Fall wäre Oppenheimer umsonst zum Verräter geworden.

Als Erstes war er jedoch bei Georg vorbeigefahren. Zunächst

war dieser aus allen Wolken gefallen, dass Oppenheimer trotz aller Heimlichtuerei seine konspirative Wohnung aufgespürt hatte, nur um sich wenig später darüber zu beklagen, dass er mehrere Tage über nicht auffindbar gewesen war. Um seine Verbindung zu Aksakow nicht preiszugeben, redete sich Oppenheimer mit der Notlüge heraus, dass er im Auftrag von Ede außerhalb der Stadt einige Besorgungen erledigen musste. Georg kaufte ihm dies sogar ab, denn angesichts der unsicheren Lebensmittellieferungen organisierten einige findige Berliner bereits Hamsterfahrten ins Umland, um ihre letzten Wertgegenstände bei Bauern gegen Lebensmittel einzutauschen. Auf Georgs Bemerkung, dass Oppenheimer ohne seine Haare wie *Nosferatu* aussähe, reagierte er mit der lahmen Ausrede, dass er sie im Sommer immer komplett abschneiden lasse.

Zu Oppenheimers Beruhigung erklärte Georg, dass Grigorjew am gestrigen Abend einen seiner Männer mit Instruktionen vorbeigeschickt hatte. Die Warenübergabe sollte also wie geplant über die Bühne gehen. Da Grigorjews Bote nur bruchstückhaft Deutsch sprach, hatte er schriftliche Anweisungen dabeigehabt, denen zufolge sich Georg und Oppenheimer kurz vor der Sperrstunde am Potsdamer Platz vor dem *Haus Vaterland* einfinden sollten. Die Transaktion sollte allem Anschein nach in der unterirdisch gelegenen S-Bahn-Station stattfinden.

Vor Edes Nachtbar bremste Oppenheimer ab. Tagsüber war es hier für gewöhnlich still, doch heute kam es ihm so vor, als würde eine bleierne Schwere über dem Amüsierlokal liegen. Zuerst hielt Oppenheimer das für Einbildung, bis er schließlich ins Innere trat. Der Kleene Hans hockte trübsinnig hinter einem Scheinwerfer, also schien tatsächlich etwas Schlimmes vorgefallen zu sein.

»Wie geht es?«, rief Oppenheimer ihm zu und versuchte, aufmunternd zu klingen.

Bei seinem Anblick hellte sich die Miene von Hans auf. »Na endlich sind Se wieda da. Dann brauch ick nich mehr diese blöden Lampen zu bedienen.«

»Heute Abend musst du mich leider noch mal vertreten. Ich wollte das gerade mit Ede besprechen.«

Hans blickte ihn verständnislos an. »Aber der is doch im Krankenhaus«, murmelte er. Er schien ganz selbstverständlich davon auszugehen, dass jeder darüber Bescheid wusste. Oppenheimer jedoch wurde von dieser Enthüllung überrascht.

»Was ist denn passiert?«

Während Hans umständlich darzulegen versuchte, dass Grigorjew einen Anschlag auf sie verübt hatte, gesellte sich Gerda zu ihnen.

»Wie geht es Ede?«, fragte Oppenheimer. »Ist er schwer verletzt? Wann kommt er wieder aus dem Krankenhaus?«

Hans kratzte sich am Kopf. »Ick gloob, der kommt durch, dit ham se mir jedenfalls jesagt. Aber der wurd böse anjekratzt. Mit ner Kugel hier inne Seite rein. Vielleicht weeß Gerda ja mehr.«

Doch Gerda beschränkte sich nur darauf, zu nicken.

»Wer hat denn jetzt das Sagen?«, fragte Oppenheimer. »Ich meine, solange Ede fort ist.«

»Dit ham wa noch nich jenau jeklärt«, begann Hans. Er konnte diesen Gedanken nicht ausführen, weil Gerda ihn unterbrach.

»Paule ist jetzt am Drücker«, sagte sie und zog dabei vielsagend die Augenbrauen hoch.

»Ach du Scheiße«, entfuhr es Oppenheimer. Das war eine brandgefährliche Entwicklung. Paule mochte zwar ein fixes Kerlchen sein, Führungsqualitäten gestand Oppenheimer ihm allerdings keine zu. Es ließ sich kaum einschätzen, wie er reagieren würde, wenn er unter Druck geriet.

Unruhig geworden sagte Oppenheimer: »Dann muss ich dringend mit Paule reden.«

»Der verhört jrad die Russen«, sagte Hans.

»Du meinst, die Attentäter?«

Oppenheimers Frage beantwortete Hans mit einem Kopfnicken. »Vorjestern wollten wir die Bande ausräuchern. Paule weeß ja, wo se ihr Lager ham. Aber als wir kamen, waren se schon ausjeflogen.«

Für einen kurzen Augenblick schien sich um Oppenheimer alles zu drehen. Er hatte also mit seiner Vermutung recht behalten, allerdings war es Paule gewesen, der den Gegenschlag eingeleitet hatte.

Er musste unverzüglich etwas unternehmen, damit die Situation nicht völlig außer Kontrolle geriet.

»Wo kann ich Paule finden?«

Gerda tippte Oppenheimer wortlos auf die Schulter und führte ihn zum Heizungskeller. Dort klopfte sie gegen die Stahltür und rief ihren Namen.

In dem Raum fielen Steine zu Boden, dann wurde das Schloss geöffnet und die Tür gerade mal so weit geöffnet, dass sich Gerda durchzwängen konnte.

Sobald sie verschwunden war, fiel die Tür wieder ins Schloss. Oppenheimer brauchte nicht lange zu warten, bis erneut geöffnet wurde und ihn eine Hand in den Raum hineinzog.

Obwohl es bereits in dem Kellergang finster gewesen war, schien es hier noch dunkler zu sein. Berge aus schwarzem Material türmten sich vor Oppenheimer auf. Es musste Kohle sein oder das weitaus häufiger verwendete Oberflöz. Das niedrige Fenster ließ nur vereinzelte Sonnenstrahlen herein.

Oppenheimer und Gerda standen direkt vor Paule. Außer ihnen befanden sich noch zwei andere Gestalten hier unten. Paule schien einen gewissen Sinn für dramatische Effekte zu haben, denn während einer der Gefangenen zusammengebunden neben dem Ofen saß, hatte er Demjan mit gespreizten Armen und Beinen auf die Kohlenrutsche gefesselt.

Oppenheimer registrierte, dass der rechte Arm von Grigorjews Übersetzer und Auftragsmörder verbunden war.

»Es darf absolut keener wissen, dass wir die Burschen hier unten ham«, wisperte Paule Oppenheimer ins Ohr.

»Was hast du mit denen vor?«

»Die sollen ausplaudern, wo ihr neues Versteck is. Dann tu ick die mal eenen Besuch abstatten.« Dass Paule dabei mit einer Knarre herumfuchtelte, ließ ihn nicht sehr vertrauenswürdig erscheinen.

Oppenheimer nickte. Demjan diese Informationen zu entlocken war tatsächlich die einzige Möglichkeit, denn sie wussten ja, dass er Deutsch sprach. »Und?«, fragte Oppenheimer. »Hat er schon verraten, wo sie stecken?«

»Nich direkt«, antwortete Paule enttäuscht.

»Bitte tu nichts Unüberlegtes«, riet Oppenheimer ihm nachdrücklich. Zum Glück war ihm eine Idee gekommen, wie er Paule umstimmen konnte. »Wenn du heute noch die Füße stillhältst, kannst du schon morgen Grigorjews Beute einsacken, ohne auch nur den kleinen Finger zu rühren. Du brauchst nicht mal deine Leute unnötig in Gefahr zu bringen.«

Mit diesem Vorschlag hatte er Paules volle Aufmerksamkeit. Dieser ließ seine Pistole sinken und trat auf Oppenheimer zu.

»Und wie sollen wir dit anstellen, Herr Kommissar?«, fragte Paule skeptisch.

»Grigorjew hat noch ein anderes Ding laufen. Heute Abend ist eine Warenübergabe, irgendwo in der S-Bahn-Station am Potsdamer Platz. Und ich weiß, dass die Russen ihn dabei schnappen wollen.«

Paule sah ihn bei der letzten Bemerkung verständnislos an. Oppenheimer winkte ab und sagte: »Das sind alles Deserteure, ist aber egal. Jedenfalls ist ihr Chef morgen weg vom Fenster, und du kannst mit deinen Leuten getrost das neue Lager aufsuchen. Den kläglichen Rest von Grigorjews Truppe werdet ihr sicher problemlos abservieren. Lass doch die Russen die Drecksarbeit machen.«

Mit einem Mal hatte Oppenheimer den Eindruck, dass er belauscht wurde. Er hielt inne und warf einen Blick zu Demjan. Sein Kopf war leicht erhoben. Er hatte alles mitbekommen und blickte sie mit einem schiefen Lächeln an. Trotzig begann er, seinen Kontrahenten ins Gesicht zu lachen. Oppenheimer spürte bei dem schrillen Kichern eine gewisse Beklemmung. Trotz der Fesseln kam ihm Demjan immer noch gefährlich vor. Er drehte dem jungen Kerl den Rücken zu, damit er nicht mehr so viel von ihrer Konversation verstehen konnte.

Es war noch einiges an Überzeugungsarbeit nötig, denn Paule war so in seiner neuen Rolle des Unterweltkönigs aufgegangen, dass er sich noch eine Weile bitten ließ.

»Wer sagt mir, dass die Russen nich vorher dit Lager ausräumen?«, fragte er.

Oppenheimer sah ein, dass dieser Einwand durchaus berechtigt war. »Die Schwarzmarktgüter sind den Iwans völlig egal. Denen geht es um wichtigere Sachen.« Schließlich entschied er sich dafür, dass es besser war, mit der kompletten Wahrheit rauszurücken. »Grigorjew handelt mit Materialien, mit denen man Bomben basteln kann.«

Paules Gesicht verfinsterte sich. »Wenn Se mich verkohlen, dann kann ick richtig jehässig wern.«

»Nein wirklich, ich sage die Wahrheit. Ich meine, wie lange kennen wir uns schon? Habe ich dich jemals angelogen?« Oppenheimer holte tief Luft. Und als er immer noch eine Spur des Zweifels in Paules Miene erkannte, beugte er sich vertraulich vor. »Du wirst auf jeden Fall einen Vorteil davon haben, das verspreche ich dir. Du musst nicht mehr tun, als mir etwas Zeit zu lassen. Nur diesen einen Tag.«

Obwohl Oppenheimer bereits die feurig rote Abendsonne ins Gesicht schien, hatte die drückende Hitze des Tages nur unwesentlich nachgelassen. Die Stadt ähnelte immer noch einem Backofen, halbwegs angenehme Temperaturen würde es allenfalls in den Nachtstunden geben.

Als Oppenheimer an der Seite von Georg in Richtung Stadtmitte radelte, lag ein trügerischer Frieden über den Straßenzügen. Wiederholt kamen sie an Wasserpumpen vorbei, an denen Menschenschlangen standen. In den Innenbezirken gab es immer noch kein fließendes Wasser und keinen Strom. Und spätestens um zehn Uhr abends würden sich die Einwohner pünktlich zur Sperrstunde zurückziehen, die Fenster und Türen verriegeln, sofern ihre Behausungen in dem riesigen Geröllhaufen namens Berlin noch welche besaßen, und hoffen, dass kein von betrunkenen Soldaten abgefeuerter Querschläger bei ihnen einschlug.

Paule war nicht bereit gewesen, Oppenheimer völlig freie Hand zu lassen. Immerhin ließ er sich das Zugeständnis abringen, erst in der Nacht zuzuschlagen, wenn die Transaktion zwischen ihnen und Grigorjew bereits über die Bühne gegangen war. Demjan verhielt sich ohnehin derart unkooperativ, dass es noch eine Weile dauern würde, bis sein Wille gebrochen war.

Nur Gerda ließ sich nicht von Oppenheimer an der Nase herumführen. Ihr war als einzige Mitarbeiterin der Nachtbar bekannt, was in den chaotischen Wirren der Eroberung Berlins mit Lisa geschehen war, und so hatte sie auch begriffen, was Oppenheimer wirklich im Schilde führte. Wie es ihrer Art entsprach, warf sie ihm nur einen wissenden Blick zu, nachdem sie aus dem Heizungskeller getreten waren, und raunte ihm zu, dass er ihr folgen sollte.

Oppenheimer wurde von Gerda in Edes Arbeitszimmer geführt, das noch genauso aussah wie zuvor. Nur der blaue Qualm von dessen dicken Zigarren fehlte.

Auf dem Schreibtisch lag eine winzige Damenpistole. Gerda reichte Oppenheimer die Waffe und drückte ihm dann in die andere Hand einige Patronen.

»Die werden dich sicher filzen«, war ihr einziger Kommentar, und während Oppenheimer noch über ein geeignetes Versteck in seiner Kleidung nachdachte, hatte sie ihm bereits den Hut vom Kopf gezogen und sich daran zu schaffen gemacht. In der Künstlergarderobe fand sie einen Fetzen Stoff und eine Nähnadel und fabrizierte damit ein improvisiertes Geheimversteck. Gerda schob die Waffe in das Stofftäschchen und reichte Oppenheimer dann den Hut mit dem Hinweis, dass Ede seine Waffe bestimmt wieder zurückhaben wollte.

Oppenheimer hielt die Nähte in dem dunklen Filz für alles andere als unauffällig, doch einen Versuch war es wert. Schließlich war ihr Treffpunkt in einer unbeleuchteten S-Bahn-Station, und Oppenheimer wusste, dass es fahrlässig war, Grigorjew völlig unbewaffnet entgegenzutreten. Wenn er ihn zur Rechenschaft ziehen wollte, musste er auch bereit sein, einige Risiken auf sich zu nehmen. Man konnte nicht ahnen, wie die Transaktion zwischen Grigorjew und Georg verlaufen würde. Oppenheimer musste sich wohl oder übel auf sein Improvisationstalent verlassen.

Als sie sich dem Potsdamer Platz näherten, fiel Oppenheimer Georgs wachsamer Blick auf. Nach der Episode in der verlassenen Brauerei ahnte er, dass sich sein Begleiter längst eine Strategie zurechtgelegt hatte. Sicher war Georg bereits am frühen Morgen an den Ort der Übergabe gefahren, um ihn auszukundschaften, sich mit der Lage vertraut zu machen, Fluchtwege zu planen. Georg kam ihm vor wie ein versierter Schachspieler, der bereits mehrere Züge im Voraus plant. Oppenheimer fragte sich, welche Rolle ihm dabei zufiel. Turm, Läufer, Springer oder doch nur ein Bauer, der geopfert werden konnte, ohne große Konsequenzen befürchten zu müssen?

Nach der Überquerung des Landwehrkanals fuhren sie am nördlichen Ufer entlang, bis sie auf die Köthener Straße stießen. Von dort aus waren es nur noch wenige Meter bis zum Potsdamer Bahnhof, auf dessen gegenüberliegender Straßenseite sich das *Haus Vaterland* befand. Vor einigen Jahren hatten die am ehemaligen Vergnügungstempel befestigten Lichter noch den gesamten Potsdamer Platz überstrahlt, doch nach den Luftangriffen war von der auffälligen Kuppelkonstruktion nur noch ein verrußtes Gerüst übrig geblieben. Vor dem sanften Lila des Sommerabendhimmels war kaum ein größerer Kontrast denkbar.

Oppenheimer hatte gehört, dass man das *Kaffee Vaterland* im Erdgeschoss zuletzt als Wehrmachtsheim genutzt hatte, wo es trotz des offiziellen Tanzverbots in den Nachtstunden gewöhnlich hoch herzugehen pflegte. Seit der Niederlage regte sich dort aber kein Leben mehr, die hohen Bogenfenster waren zugemauert und die Türen verrammelt.

Oppenheimer war zunächst ein wenig irritiert gewesen, dass Grigorjew die S-Bahn-Station vorgeschlagen hatte, weil er davon ausging, dass die Bahnsteige immer noch unter Wasser standen. Seit der Sprengung des S-Bahn-Tunnels war sogar die angrenzende U-Bahn lahmgelegt. Obwohl die Techniker unter Hochdruck arbeiteten, war es ihnen immer noch nicht gelungen, die Tunnels in der Innenstadt so weit auszupumpen, dass der Fahrbetrieb wieder möglich war.

Je länger Oppenheimer darüber nachgrübelte, umso sicherer erschien es ihm, dass Grigorjew die S-Bahn wegen der zahlreichen Fluchtmöglichkeiten gewählt hatte, schließlich gab es gleich mehrere Ein- und Ausgänge. Dass die Übergabe auf zwei Stunden vor der Sperrstunde festgesetzt war, sprach dafür, dass er in der Nähe einen Unterschlupf haben musste und relativ schnell wieder verschwinden konnte, ohne Gefahr zu laufen, einer Streife in die Quere zu kommen.

Unwillkürlich sah sich Oppenheimer nach einem möglichen Versteck um, doch die Ruinen boten unzählige Ecken und Winkel, in denen man sich verkriechen konnte. Grigorjew und seine Leute brauchten nicht erfinderisch zu sein, um spurlos von der Bildfläche zu verschwinden.

Gleichzeitig hielt Oppenheimer Ausschau nach Aksakows Leuten. Er hatte dem Oberst mitgeteilt, wann und wo die Übergabe stattfinden sollte, und Oberst Nowikow von SMERSch wollte zuschlagen, sobald sich alle Beteiligten dort unten versammelt hatten. Oppenheimer hoffte, dass ihnen genügend Männer zur Verfügung standen, um die S-Bahn-Station komplett abzuriegeln. Allerdings war von ihnen nicht viel zu sehen. Der Potsdamer Platz bot einen Anblick wie an jedem beliebigen Tag. Passanten in schäbiger Kleidung liefen über die Straßen, Dutzendgesichter, die in keiner Weise an die wohlgenährten Leute des NKWD erinnerten. Nicht zum ersten Mal kamen bei Oppenheimer Zweifel auf, ob die Aktion von Erfolg gekrönt sein würde. Er tröstete sich damit, dass es ihm letztendlich egal sein konnte, solange er nur Grigorjew in die Finger bekam.

Georg bremste vor dem *Haus Vaterland* ab. Ein Stahlgeländer flankierte den Treppenschacht zum U-Bahnhof, der Zugang bestand aus einer Pforte mit einem stilisierten Dach. Dieses Zierstück ohne wirkliche Funktion hatte Oppenheimer stets an asiatische Gartenarchitektur erinnert.

Er rutschte vom Fahrradsattel herunter, während Georg unschlüssig zum Potsdamer Platz hinüberblickte. Zwischen grauen Trümmerbergen ragte das hochmoderne Columbushaus mit seiner rußverschmierten Fassade und den fensterlosen Schlitzen empor.

Oppenheimer konnte seine Enttäuschung kaum verbergen. Keiner von Grigorjews Leuten hatte sie in Empfang genommen, nichts lief so, wie er es sich vorgestellt hatte. Auch Georg fluchte leise vor sich hin.

Gerade überlegte Oppenheimer, ob dies alles nur ein böser Scherz auf ihre Kosten war, als sich Georg plötzlich aufrichtete und angespannt zur Ruine des Hotels Fürstenhof hinüberschaute. Oppenheimer folgte seinem Blick und erspähte einen Mann in Anzug und mit Hut. Er hatte sich aus dem Strom der Passanten gelöst und lief nun winkend quer über die Saarlandstraße.

»Von Diskretion scheint der wohl nichts zu halten«, murmelte Oppenheimer.

Georg erwiderte achselzuckend: »Es ist ohnehin besser, wenn alles möglichst harmlos aussieht.«

Der Mann hatte jetzt ihre Straßenseite erreicht und trat schwer atmend vor sie.

»Ihr kommen«, sagte er und winkte erneut, um seine Anweisung zu bekräftigen.

Geschäftig lief er voraus und führte sie an der Fassade des Fernbahnhofs vorbei bis zum nächstgelegenen Zugang zur S-Bahn.

Dort angekommen, wandte er sich kurz um und zeigte auf die Treppenstufen jenseits der Absperrung.
»Unten.«
Georg zögerte, dann packte er sein Rad. Noch ehe er dazu kam, sich damit unter der Kette durchzuzwängen, hielt ihn der Mann auf.
»Nix Maschina.«
Ungläubig starrte Georg ihn an. »Aber wir brauchen die Fahrräder«, protestierte er. »Ich muss gleich zusammen mit jemandem von euch die Ware überprüfen. Wir müssen damit zum Ku'damm zurück.«
Grigorjews Bote wollte zunächst nichts davon wissen. Erst als er bemerkte, dass sich Georg nicht umstimmen ließ, hob er mit grimmigem Blick die Kette hoch und ließ sie beide mitsamt ihren Fahrrädern passieren.

37

Donnerstag, 21. Juni 1945
73 Tage vor dem Kriegsende im Pazifik

Gerda konnte nicht sagen, wie Paule es angestellt hatte, doch Demjan war vor einer halben Stunde zusammengebrochen. Jetzt wussten sie, wo Grigorjew sein neues Lager aufgeschlagen hatte, und Paule lief mit aufgeplusterter Brust umher, um Edes Leute zusammenzutrommeln.

Von oben dröhnten die Stimmen der betrunkenen Gäste in den Keller. Applaus ertönte, als sich eine der Tänzerinnen auf der Bühne vollständig entblätterte. Das Lokal war wie üblich bis auf den letzten Platz voll besetzt, allerdings war die Betriebsamkeit an diesem Abend hinter den Kulissen wesentlich stärker.

Stoisch wie immer betrat Gerda den Schießstand. Es herrschte ein unangenehmes Gedränge, denn zu der improvisierten Unterredung schien sich jeder eingefunden zu haben, der nicht in der Nachtbar beschäftigt war.

Irgendwann tauchte Paule auf. Gerda konnte es sich nicht verkneifen, den Mund zu verziehen. Seitdem Ede im Krankenhaus war, markierte er den dicken Max, wahrscheinlich sah er sich bereits als dessen legitimer Nachfolger. Sie fand, dass diese Rolle mehr als eine Nummer zu groß für Paule war.

Edes Leute verhielten sich Gerda gegenüber, als sei sie eine Aussätzige, inklusive scheeler Seitenblicke und geflüsterter Kommentare über ihre romantischen Neigungen. Sie war anders, und das machte ihnen Angst. Gerda kannte diese Art von Reaktion, aber Ede hatte immer zu ihr gehalten, und als die Lage sich zuspitzte, wurde sie sogar in den Kreis seiner Leibwächter befördert.

Dass keiner der Männer sie ansprach, vereinfachte die Sache. Sie musste sich nicht auf diese Leute einlassen, die sie allesamt so langweilig fand wie ihre stereotypen Spitznamen. Und jetzt drängten sie sich zusammen, die Didis, Meckis und Heinis und wie sie alle hießen, eine Ansammlung von Muskeln, Specknacken und reichlich wenig Hirn.

Paule machte es kurz, stellte sich zwischen die Zielscheiben und sagte: »Grigorjews Leute sitzen in Siemensstadt. Ham sich da ne leere Fabrik untern Nagel jerissen.«

Gerda stutzte. Einerseits passte eine stillgelegte Werkshalle zu Grigorjews bisheriger Vorgehensweise, denn es ähnelte dem Unterschlupf am Teltow-Kanal. Andererseits lag die Siemensstadt recht weit draußen. Für eine Gruppe, die Kontrolle über die Berliner Unterwelt erlangen wollte, war dieser Standort ein Nachteil. Sie waren nicht nah am Geschehen, und es war unmöglich, schnell zu reagieren.

In Gerda stieg der Verdacht auf, dass Demjans Hinweis eine Finte war. Vielleicht hatte Paule dessen Willen doch nicht gebrochen, vielleicht wollte Demjan seine Häscher nur in die falsche Richtung locken.

Sie kam nicht dazu, diese Gedanken auszusprechen, denn Paule zeigte bereits auf den Waffenschrank. »Also, dann allet einpacken, wir nehmen die beiden Laster, und los jeht's.«

Die Schranktüren wurden geöffnet, die Pistolen verschwanden in Taschen und Holstern.

Bevor Paule den Raum verließ, konnte Gerda ihn noch abfangen. Sie hielt ihn am Arm fest und fragte: »Und was ist mit deinem Versprechen?«

Paule starrte sie an. »Wat für 'n Vasprechen?«
»Oppenheimer hat doch gesagt, dass wir warten sollen.«
Paule begann wieder, auf dem Zahnstocher herumzukauen. Unwirsch schüttelte er Gerdas Hand ab. »Ick hab dem keen Vasprechen jemacht. Oder haste Probleme damit?«
Gerda antwortete mit einem Schulterzucken, doch Paule verlangte eine eindeutigere Antwort. Also sagte sie: »Du bist der Chef.«
»Allerdings«, blaffte Paule. »Schau zu den Russen. Und verzurr die noch mal. Ick will nich, dasse ausbüxen, wenn wir wech sind.«
Gerda beschloss, dass es besser war, den Anweisungen Folge zu leisten. Paule konnte unangenehm werden, vor allem, wenn man seinen Führungsanspruch in Frage stellte. Sie hoffte, dass Ede bald wieder auf den Beinen sein würde, damit diese unschöne Episode ein Ende fand.
Sie hatte gerade den Schlüssel umgedreht, als aus dem Heizungskeller ein lautes Poltern ertönte. Hastig riss Gerda die Tür auf.
Ein kurzer Blick genügte. Die Kohlenrutsche war leer, das Fenster darüber weit aufgerissen. Vermutlich hatte Paule nicht aufgepasst, und Demjan war es gelungen, seine Fesseln zu lösen.
Um seinen Kameraden hatte er sich nicht gekümmert. Der saß immer noch verschnürt neben der Heizung und fluchte, was das Zeug hielt.
Behende kletterte Gerda die Rutsche empor. Als sie den Kopf aus dem Kellerfenster reckte, konnte sie gerade noch sehen, wie Demjan den Hinterhof verließ.
Auf dem Ku'damm war es für ihn ein Kinderspiel, inmitten der Passanten zu verschwinden. Sie musste sofort hinter Demjan her.

Für einen kurzen Augenblick fragte sich Gerda, ob sie nicht besser Paule Bescheid geben sollte.
Dann beschloss sie jedoch, auf diesen Wichtigtuer zu pfeifen, und kletterte aus dem Fenster.

Oppenheimer verspürte ein flaues Gefühl im Magen, als sie sich in die Tiefe vorwagten. Unten in der Dunkelheit angekommen, stellte Georg sein Fahrrad ab und griff in den Beutel auf seinem Gepäckträger. Zwei Stablampen befanden sich darin, von denen er eine Oppenheimer reichte.
»Die werden wir wohl brauchen«, murmelte er.
Als Grigorjews Bote das sah, kam er die Treppe herabgeschossen. Mit gezücktem Revolver riss er Georg die Lampe aus der Hand.
»Na was denn?«, beklagte sich Georg. »Sieht das etwa wie ne Knarre aus?«
Misstrauisch ging der Mann einige Schritte zurück, wobei er darauf achtete, sie weiterhin in Schach zu halten. Dann drehte er seinen Kopf ein wenig zur Seite und pfiff.
Das Signal verhallte im leeren Zwischengeschoss. Sekunden später erklangen Schritte, und zwei von Grigorjews Deserteuren traten aus der Finsternis heraus. Im Gegensatz zu ihrem bisherigen Begleiter waren sie nicht in Zivil gekleidet, sondern steckten immer noch in gebrauchten und notdürftig ausgebesserten Uniformen. Weitaus weniger gefiel Oppenheimer die Tatsache, dass sie mit Maschinenpistolen bewaffnet waren.
Unterdessen prüfte ihr Begleiter misstrauisch die Stablampe. Er knipste sie an und aus, und als er zufrieden war, gab er sie Georg zurück. Dieselbe Prozedur führte er mit Oppenheimers Lampe durch.
Dann steckte er seine Pistole ein, rief ihnen etwas zu und zeigte dabei auf die nächste Wand. Obwohl er jetzt wieder ins Russi-

sche verfallen war, ahnte Oppenheimer, was damit gemeint war, drehte sich folgsam um und lehnte sich breitbeinig gegen die Kacheln.
Als er spürte, wie er mit schnellen Griffen abgetastet wurde, wurde Oppenheimer nervös und hoffte, dass die versteckte Waffe nicht aus seinem Hut herausgleiten würde.
Doch Grigorjews Leute kamen nicht einmal auf die Idee, seinen Hut genauer unter die Lupe zu nehmen.
»Takim obrasom!« Bei diesem Kommando ließen sie ihre Fahrräder zurück und folgten einem der Deserteure. Die anderen beiden Männer begleiteten sie mit gezogenen Waffen.
Bereits nach wenigen Metern wurde es so dunkel, dass sie ihre Lampen anschalten mussten. Soviel Oppenheimer im Widerschein erkannte, liefen sie direkt auf die Treppe zum unterirdischen S-Bahn-Steig und die offen stehende Sperre neben den leeren Glaskästen der Fahrkartenschalter zu. Der Bahnsteig unten wirkte auf Oppenheimer wie ein unbeleuchtetes Schwimmbecken. Er richtete den Lichtkegel seiner Stablampe auf die Stufen, zu seiner Beruhigung führten sie nicht ins Wasser. Weiter unten waren Säulen zu sehen.
Während sie die Treppenstufen hinabstiegen, hatte Oppenheimer keine Möglichkeit, sich auf seine Umgebung zu konzentrieren, denn trotz der Lampen erforderte es seine volle Konzentration, die Stufen zu treffen. Der Abstieg wurde noch mehr erschwert, weil die Treppe überall mit rutschigem Schlamm überzogen war. Erst als der Bahnsteig in Reichweite kam, wagte es Oppenheimer, wieder aufzublicken. Wo einstmals das Gleisbett war, schimmerte braunes Wasser. Der Boden des Bahnsteigs war von Schlick bedeckt.
Soweit sich die Umgebung überblicken ließ, schien es hier unten menschenleer zu sein. Auch der zweite Bahnsteig gegenüber

lag verlassen in der Dunkelheit. Es war ein Phantombahnhof für Geisterzüge.

»Und jetzt?«, fragte Georg und hob die Hände. Ihr Begleiter kümmerte sich nicht darum, sondern wartete, bis die bewaffnete Nachhut ebenfalls das Ende der Treppe erreichte. Erst dann brüllte er etwas in den seitlichen Fahrtunnel hinein.

Es musste sich um das vereinbarte Signal handeln, denn mit einem Mal begann es im Tunnel zu plätschern. Ein Lichtpunkt tauchte auf, begleitet von einem hellen Streifen auf der Wasseroberfläche.

Nach einigen Sekunden zeichneten sich Konturen ab – zwei pechschwarze Gestalten vor den flirrenden Lichtreflexionen an den Wänden. Schließlich erkannte Oppenheimer, dass sie sich in einem Boot befanden.

Als das Wassergefährt in die Lichtkegel ihrer Stablampen glitt, sog er scharf die Luft ein.

Da war er.

Vorn im Boot saß Grigorjew. Endlich war der Moment gekommen, den Oppenheimer so lange herbeigesehnt hatte. Er war vorbereitet, hatte eine Waffe und verspürte keinerlei Skrupel, sie zu benutzen. Grigorjew näherte sich, nichtsahnend, dass die Abrechnung immer näher rückte.

Die zweite Person in dem Boot war einer seiner Kumpane. Mit einem langen Stock schob er das Boot vorwärts wie ein Gondoliere in Venedig. Oppenheimer dachte, dass nur noch Offenbachs Barcarole aus *Hoffmanns Erzählungen* fehlte, um die absurde Situation komplett zu machen.

Mit einem dumpfen Aufprall legte das Boot an. Grigorjew stand grinsend auf, die Hände in den Hosentaschen, breitbeinig wie ein Herrscher, auch wenn er nur in der Unterwelt regierte.

Er musterte Georg, dann blickte er kurz Oppenheimer an. Schließlich fragte er: »Dollar?«

Georg schlug das Revers seiner Anzugjacke zurück. Nervös hoben die Wächter ihre Maschinenpistolen. Als er ein dickes Geldbündel hervorzog, nahm Oppenheimer ein kollektives Ausatmen wahr. Selten zuvor hatte er so viel Gier in menschlichen Zügen gesehen.

Auch Grigorjew wurde bei diesem Anblick unruhig, aber er setzte keinen Fuß auf den Bahnsteig. Stattdessen winkte er Georg zu sich heran. Dieser musste sich gefährlich weit nach vorn beugen, um die Geldscheine überreichen zu können.

Grigorjew richtete den Schein seiner Stablampe auf das Bündel und begann zu zählen, was aufreizend lange dauerte. Als er bei den letzten Banknoten angelangt war, sagte Georg ungehalten: »Das ist die Hälfte wie abgemacht. Jetzt will ich den Koffer sehen.«

Grigorjew steckte das Bündel in die Innentasche seiner Jacke. Dann winkte er Georg und Oppenheimer zu sich ins Boot.

Der Kahn wackelte bedenklich, als Oppenheimer einstieg. Hinter ihm kam einer von Grigorjews bewaffneten Kumpanen, während die anderen beiden auf dem Bahnsteig zurückblieben. Der Mann mit der langen Holzstange stieß sich vom Bahnsteig ab, so dass das Boot einen Halbkreis vollführte. Dann stoppte er die Drehung mit einer weiteren Bewegung.

Vor dem Bug lag nun die Einfahrt zum Tunnel. Oppenheimer spürte, wie das Boot in Bewegung kam. Schon bald ragte über ihnen die Tunneldecke auf.

Er warf einen letzten Blick zurück. Die Gestalten auf dem Bahnsteig wurden immer kleiner, verloren sich in der Dunkelheit.

Wie fast alle Einwohner Berlins hatte sich auch Gerda notgedrungen daran gewöhnt, längere Strecken zu Fuß zurückzulegen. Allerdings lief sie nur selten so schnell wie Demjan. Wenn sie ihm auf den Fersen bleiben wollte, musste sie sich ranhalten. Wenig überraschend eilte er nach seiner erfolgreichen Flucht zunächst in die Richtung des Landwehrkanals. Wenn Grigorjew tatsächlich sein Lager in Siemensstadt aufgeschlagen hatte, musste Demjan den Kanal an irgendeiner Stelle überqueren. Er schien sich so weit auszukennen, dass er zielstrebig auf die Herkules-Brücke zuhielt.

Als auch Gerda das schmale Eisenrohr erreichte, das schwindelfreien Anwohnern mittlerweile als Brückenersatz diente, war es zu spät. Sie musste notgedrungen so lange ausharren, bis die entgegenkommenden Passanten von der anderen Kanalseite ans südliche Ufer gelangt waren.

Demjan war zu diesem Zeitpunkt bereits nicht mehr zu sehen. Gerda kletterte auf das Rohr, sowie es frei war, und begann, den Kanal im Laufschritt zu überqueren.

Obwohl Paule Grigorjews Unterschlupf mit seiner motorisierten Eskorte aufsuchte, wusste Gerda, dass Demjan einen nicht zu unterschätzenden Vorsprung hatte. Paules Fahrer mussten sich auf einen kilometerweiten Umweg einstellen, bis sie in den Außenbezirken eine intakte Brücke über den Kanal fanden. Und das würde Zeit kosten.

Demjan hingegen war zu Fuß und konnte problemlos über ein Provisorium wie dieses klettern, um ans andere Ufer zu gelangen. Wenn er sich unterwegs ein Fahrrad stahl, hatte er eine reelle Chance, sogar noch vor Paule in Siemensstadt einzutreffen. Gerda wollte auf keinen Fall riskieren, dass Demjan seine Kumpane warnte.

Und das ließ sie unvorsichtig werden.

Das Rohr, auf dem sie den Kanal überquerte, war schulterbreit. Die ebene Oberfläche war ideal, um auf ihr zu laufen, nur gab es an beiden Seiten tückische Rundungen. Die beste Methode war, sich genau in der Mitte zu halten, und selbst dann fiel es schwer, diese Stellen zu erkennen. Insbesondere, wenn man es eilig hatte. Und ehe Gerda sich's versah, rutschte sie ab.

Wild ruderte sie mit den Armen in der Luft, begriff jedoch schnell, dass es nichts nutzte. Sie würde das Gleichgewicht verlieren und wie ein nasser Sack in die Tiefe fallen. Unter ihr befand sich nur das Wasser des Landwehrkanals, und die paar herabhängenden Kabel würden ihren Sturz kaum aufhalten.

In diesem Moment verhielt sich Gerda instinktiv richtig. Sie versuchte nicht mehr, ihre Balance zu finden, sondern ließ sich einfach nach vorn fallen.

Es polterte laut, als sie auf das Eisenrohr aufschlug. Sie spürte, wie ihre Beine zur Seite rutschten, was jetzt, da sie auf dem Bauch lag, kein Problem mehr war.

Als Gerda mit einiger Verspätung am nördlichen Ende des Rohrs anlangte, hatte sie bereits alle Hoffnung aufgegeben, Demjan noch zu erwischen. Und so stand sie mitten auf der Straße, stützte sich mit den Händen auf ihren Knien ab und wartete darauf, dass sich ihre Atmung normalisierte.

Schließlich richtete sie sich auf. Weder in der Friedrich-Wilhelm-Straße vor ihr noch in der nach links führenden Corneliusstraße sah sie jemanden, der auch nur entfernt dem Verfolgten ähnelte.

Als sich Gerda schließlich nach rechts wandte, erstarrte sie.

Sie konnte es nicht fassen, denn dort entdeckte sie ihn.

Demjan.

Er fluchte vor sich hin, denn auch er hatte kostbare Zeit verloren. Anscheinend hatte Demjan irgendwo ein Fahrrad gefunden. Allerdings gab es einen Grund dafür, dass es von seinem Besitzer achtlos am Straßenrand stehen gelassen worden war. Die Räder waren ein wenig verbogen, so dass man sich nur mit großer Mühe vorwärtsbewegen konnte. Demjan war kein geübter Radfahrer, und so war es ihm nicht möglich, auf dem schlingernden Gefährt das Gleichgewicht zu halten.

Aufgebracht stieg er vom Sattel, gab dem Drahtesel einen Tritt und lief eilig weiter, den Kanal entlang in Richtung Osten.

Gerda nahm lächelnd die Verfolgung wieder auf, denn sie wusste, was Demjan im Schilde führte. Um nach Siemensstadt zu gelangen, hätte er sich nordwestlich orientieren müssen. Dass er genau in die entgegengesetzte Richtung lief, konnte nur eines bedeuten.

Demjan wollte zum Potsdamer Platz. Er wusste, dass Grigorjew dort einen Handel mit Oppenheimer abschloss. Was lag also näher, als direkt zum Bandenchef zu laufen, um ihn zu warnen?

Es waren etwa zwei Kilometer bis zu ihrem Ziel. Bei diesem Tempo würde Demjan vielleicht zwanzig Minuten für die Strecke brauchen.

Wenn sie ihn abfangen wollte, war es besser, ihre Kräfte einzuteilen. Nur mit einer konstanten Geschwindigkeit konnte Gerda darauf hoffen, den Abstand zu Demjan allmählich zu verkürzen. Ein Sprint würde zu sehr an ihren Kräften zehren.

Gerda biss die Zähne zusammen. Die Verfolgungsjagd drohte überaus mühsam zu werden.

38

Donnerstag, 21. Juni 1945
73 Tage vor dem Kriegsende im Pazifik

Oppenheimer hatte einen Punkt erreicht, an dem er sich über nichts mehr wunderte, nicht einmal über die Tatsache, dass sich Grigorjews Fährmann bis auf die Unterwäsche entkleidete. Er dachte nur an die Waffe in seinem Hut und wartete auf eine günstige Gelegenheit.

Wie weit das Boot in die Röhre der S-Bahn hineingefahren war, vermochte er nicht zu sagen. Als sie an der Gabelung zu einem Nebentunnel angelangt waren, hatte der Fährmann das Boot zum Halten gebracht. Bis auf die Unterhose entblößt, setzte er sich kommentarlos auf die Seitenwand des Kahns und ließ sich hinabgleiten. Das Wasser reichte ihm nur knapp bis zu den Hüften.

Er machte einige Schritte und ruderte dabei mit den Armen gegen den Widerstand des Wassers an.

Oppenheimer hatte sich bislang auf Grigorjew konzentriert, aber nun beugte auch er sich neugierig vor.

Der Fährmann näherte sich dem mittleren Pfeiler, an dem der andere Tunnel abzweigte. Plötzlich blieb er stehen und tastete den Boden mit seinen Füßen ab, dann holte er tief Luft und tauchte unter.

Im Schein von Oppenheimers Lampe waren jetzt nur noch die aufsteigenden Luftblasen zu sehen.

Nach einer Weile schoss der Kopf aus dem Wasser empor, und der Mann schnappte nach Luft.

Außerdem umklammerte er den Griff eines Arztkoffers.
Zufrieden nickte Grigorjew seinem Komplizen zu. Ein kurzer Blick auf Georg genügte, um zu erkennen, wie aufgeregt er war. Selbst Oppenheimer ließ sich davon anstecken.
Der Koffer, dem sie die ganze Zeit nachgejagt waren, war jetzt zum Greifen nahe.
Als sich der Fährmann näherte, gab es für Oppenheimer keinen Zweifel mehr. Es war genau derselbe Typ von Arztkoffer, den Roski bei sich geführt hatte. Im Gegensatz zu dem mit Papieren gefüllten Koffer schien dieser hier wesentlich schwerer zu sein. Der Fährmann keuchte, als er sich dem Boot näherte.
Er hievte den Koffer über die Seitenwand und setzte ihn auf dem Boden ab. Georg konnte sich nicht beherrschen, sondern griff sofort danach, hob ihn hoch und nickte dann zufrieden.
Erst jetzt erkannte Oppenheimer, dass die beiden Koffer nicht völlig identisch waren. Neben den Messingschlössern waren Markierungen eingestanzt. Vermutlich hatte Roski das veranlasst, als Vorsichtsmaßnahme, damit er nicht aus Versehen den falschen Koffer öffnete.
»Jetzt muss ich noch einen Blick reinwerfen«, sagte Georg. »Ich habe zwei Fahrräder dabei. Jemand von euch soll mitkommen. Wenn ich zufrieden bin, schicke ich ihn mit der zweiten Hälfte des Geldes zurück.«
Mit einem Seitenblick auf Oppenheimer sagte Grigorjew: »Onkelchen hier.«
»Onkelchen bleibt da«, bestätigte Georg nickend.
Grigorjew rief dem Fährmann ein Kommando zu. Anstatt zurück ins Boot zu steigen, blieb dieser im Wasser und packte den Bug, um sie wieder zur S-Bahn-Station zu schieben.
Auf dem Rückweg zum Tunnelausgang versuchte Oppenheimer erfolglos, seine Atmung zu kontrollieren. Lag es daran, dass er

hier unten allmählich Platzangst bekam, oder an der Tatsache, dass Georg ihn mit Grigorjew allein zurücklassen würde?
An sich lief alles genau nach Plan. Wenn Georg fort war, bestand die Möglichkeit, dass Grigorjew unachtsam wurde. Er hielt Oppenheimer sicher für harmlos, schließlich hatten sie ihn ja gefilzt. Er war nur ein lebendes Pfand für die zweite Hälfte des Geldes. Oppenheimer hatte das Überraschungsmoment auf seiner Seite, wenn er die Waffe zog. Was danach geschehen mochte, lag nicht in seiner Hand, doch er rechnete sich Chancen aus, in der Dunkelheit entwischen zu können.
So oder so war eine Entscheidung fällig.

Gerda spürte, wie der Speichel in ihrem Mund so zähflüssig wurde, dass sie ihn kurzerhand aufs Pflaster spuckte. Demjan war jetzt in die Linkstraße eingebogen und näherte sich dem Eingang zur S-Bahn.
Wenn Gerda ihn aufhalten wollte, musste sie bald mit ihrem Messer in Aktion treten. Der geeignetste Zeitpunkt dazu war wohl, wenn er die Treppen hinabstieg, und das hatte den Vorteil, dass sie vor den Blicken der Passanten geschützt war. Es war Gerda bewusst, dass sie hier in der Innenstadt nur unbehelligt entkommen konnte, wenn es möglichst wenige Augenzeugen gab.
Demjan war vielleicht noch zehn Meter vom Eingang entfernt, als Gerda unter ihr Jackett fasste. Sie zog das Messer aus der Scheide und hielt es dann dicht an ihrem Körper, so dass es vom Handgelenk vollständig verdeckt wurde.
Eine kurze Bewegung würde jetzt genügen, um das Messer durch die Luft schnellen zu lassen.
Nur noch drei oder vier Schritte trennten Demjan von der Treppe.

Gerda spannte sich an, machte sich bereit. Demjan befand sich in ihrem Visier, ein ahnungsloses Opfer. Gerda fand, dass es nicht schade um ihn war.

Die zwei lässig am Geländer lehnenden Männer nahm sie nicht einmal richtig wahr. Sie konnte nicht ahnen, dass deren Sorglosigkeit gespielt war, dass die Augen unter den Hutkrempen nicht nur den luftig gekleideten Fräuleins nachschauten, sondern die Umgebung nach verdächtigen Bewegungen absuchten.

Als Demjan die Kette hochheben wollte, um darunter hinwegzutauchen, schossen sie von beiden Seiten auf ihn zu und führten ihn diskret zur Seite. Das alles ging unglaublich schnell, auf Gerda wirkten die geübten Handgriffe wie eine einzige fließende Bewegung.

Gerda tat ihr Bestes, sich ihre Verwirrung nicht anmerken zu lassen. Sie lief einfach weiter, ließ den Zugang zur S-Bahn hinter sich und überquerte dann die Saarlandstraße, als hätte sie dies ohnehin vorgehabt.

Auf der Höhe der Ruine des Hotels Fürstenhof steckte sie das Messer zurück. Es war keine Sekunde zu früh, denn als sie den Leipziger Platz erreichte, sah sie am nächsten Zugang zur S-Bahn weitere Herren anscheinend unbeteiligt warten.

Sie gerieten in Bewegung, sobald drei Geländewagen mit quietschenden Reifen am Straßenrand hielten und bewaffnete Männer in Uniformen ausspien.

Die Passanten blieben stehen und schauten neugierig zu, wie die Soldaten im Untergrund verschwanden.

Nur Gerda sah stur geradeaus und lief die Leipziger Straße entlang, bis sie endlich in die Sicherheit der Wilhelmstraße abtauchen konnte. Erst als sie die Hausecke hinter sich gelassen hatte, wagte sie wieder, ihre Schritte zu verlangsamen und sich umzublicken.

In der S-Bahn-Station war etwas im Gange, allerdings konnte sie angesichts der russischen Soldaten nichts ausrichten. Gerda sah ein, dass es besser war, sich unverzüglich aus dem Staub zu machen.

Oppenheimer fuhr zusammen. Gerade war Georg die Treppe nach oben verschwunden, als von dort laute Rufe zu hören waren. Es folgten schnelle Schritte, ein Schuss fiel.

Grigorjews Leute kümmerten sich nicht mehr um Oppenheimer. Sie zückten ihre Maschinenpistolen und richteten sie auf die Treppe.

Unterdessen nahm Oppenheimer auf der anderen Seite eine Bewegung wahr. Eine Gestalt mit einer Lampe rannte auf dem benachbarten Bahnsteig 2 die Treppe hinunter.

Das konnte nur Georg sein.

Aksakows Leute hatten ihn oben abgefangen, und nun suchte er verzweifelt nach einem anderen Fluchtweg. Der Reflektor seiner Lampe wackelte in der Dunkelheit hin und her.

Dann erschien auf der Treppe hinter ihm ein Uniformträger, forderte Georg zum Stehenbleiben auf, »Stoj!«, und zielte mit seiner Handfeuerwaffe.

Ein ohrenbetäubender Knall ertönte. Wegen des Halls hörte sich diese Detonation wie die Schusssalve eines Erschießungskommandos an. Bei den nächsten Geräuschen gefror Oppenheimer das Blut in den Adern.

Georg stieß einen Schmerzensschrei aus, das Licht seiner Lampe kippte nach unten, dann traf ein schwerer Körper auf die Wasseroberfläche.

Bestürzt starrte Oppenheimer in die Richtung, aus der die Laute zu ihm gedrungen waren. Aksakows Leute hatten Georg kaltblütig abgeknallt.

Im gleichen Moment begannen Grigorjews Kumpane, auf den Schützen zu feuern. Sie hatten ihre Maschinenpistolen zwar auf Einzelschuss gestellt, doch das reichte aus, um Oppenheimers Ohren zum Klingeln zu bringen.

Der Soldat auf dem benachbarten Bahnsteig stürmte die Treppenstufen hinauf in die Sicherheit des oberen Geschosses. Dafür erschienen nun auf der breiten Treppe in der Mitte des Bahnsteigs 1 Soldaten, postierten sich hinter den Pfeilern und begannen, Grigorjews Leute unter Beschuss zu nehmen. Die Deserteure steckten in der Falle. Es gab für sie keinen Ausweg.

Instinktiv wich Oppenheimer zum Tunnel zurück, wo er zuletzt auch Grigorjew hatte stehen sehen. Als er sich in Todesangst gegen die Wand presste, musste er feststellen, dass sich der Bandenführer anscheinend in Luft aufgelöst hatte. Auch das Boot neben dem Bahnsteig war leer.

Fieberhaft schwenkte er seine Lampe hin und her, bis der Lichtkegel auf die Absperrung zur Treppe an der Tunnelseite fiel.

Die Eisenkette lag auf dem Boden. Weiter hinten watete jemand hastig durch das Wasser.

Das musste Grigorjew sein. Er wollte tatsächlich in den überfluteten Tunnel fliehen.

Ohne lange nachzudenken, hetzte Oppenheimer hinter ihm her, auch wenn das hieß, ins bitterkalte Wasser zu steigen. Sicherlich hörte Grigorjew, wie er keuchend durch die Fluten watete. Glücklicherweise ragte der obere Teil eines Eisengeländers aus dem Wasser heraus, an dem sich Oppenheimer entlanghangeln konnte. Als er nach einigen Metern glaubte, vor den umherfliegenden Kugeln einigermaßen geschützt zu sein, klemmte er sich die Lampe unter den Arm, riss sich den Hut vom Kopf und zerrte Edes winzige Pistole hervor.

Eine Kugel steckte bereits im Lauf. Die restlichen Patronen ließ er in seine Brusttasche gleiten, damit sie trocken blieben.
Auf dem Bahnsteig ebbte die Schießerei ab. Ob die Deserteure bereits überwältigt worden waren oder, ebenso wie ihr Anführer, das Heil in der Flucht gesucht hatten, kümmerte Oppenheimer nicht. Er lauschte in den Tunnel, wartete auf ein Lebenszeichen.
Von Grigorjew war jetzt nichts mehr zu hören.
Oppenheimer verharrte. Edes Pistole im Anschlag, nahm er wieder die Lampe zur Hand. Der Lichthof erhellte die bräunliche Wasseroberfläche.
Enttäuscht senkte Oppenheimer seine Waffe. Weder konnte er einen Schatten erkennen, der auch nur entfernt an Grigorjew erinnerte, noch eine verräterische Wellenbewegung wahrnehmen. Er schien allein hier zu sein, aber das war nicht möglich. Grigorjew musste sich irgendwo hier befinden. Diese Gelegenheit, Lisas Vergewaltiger zu bestrafen, wollte sich Oppenheimer nicht entgehen lassen. Er überlegte, wo sich Grigorjew versteckt halten könnte. Wenn er nicht ins Wasser abgetaucht war, gab es in dieser engen Röhre nur wenige Möglichkeiten, denn nicht einmal eine Tür war zu sehen.
Wahrscheinlich wartete Grigorjew hinter einem der Stahlpfeiler darauf, dass sich ihm sein Verfolger näherte.
Es gab nur eine Möglichkeit, ihn zu erwischen, und dazu musste Oppenheimer Nervenstärke zeigen. Erst wenn sich Grigorjew in Sicherheit wähnte, würde er zum Vorschein kommen.
Oppenheimer stieß einen lauten Fluch aus und tat so, als würde er zurück zum Bahnsteig waten. Doch anstatt die Stufen wieder emporzuklettern, schaltete er seine Lampe aus, trat zur Seite und blieb bewegungslos an der Tunnelwand stehen in der Hoffnung, dass der Trick funktionieren würde.

Schon nach wenigen Sekunden spürte Oppenheimer, wie eine lähmende Kälte durch seine Beine nach oben kroch. Unter Aufbietung all seiner Selbstbeherrschung rührte er sich keinen Zentimeter, sondern starrte in die Finsternis und lauschte auf jedes noch so leise Geräusch.

Es dauerte einige Minuten, bis die Stimmen auf dem Bahnsteig endgültig verklungen waren. Zweifellos hatten sich Grigorjews Kumpane ergeben und wurden abgeführt. Womöglich würden die Leute vom NKWD den Bahnsteig noch einmal absuchen, vielleicht würden sie später sogar im Tunnel nach versprengten Deserteuren suchen, aber im Moment sah es so aus, als seien sie vorerst abgezogen. Für Grigorjew lief die Zeit ab, wenn er nicht riskieren wollte, doch noch geschnappt zu werden.

Eine bleierne Stille senkte sich über Oppenheimer. Irgendwann wurde es so ruhig, dass er sogar das Rauschen des eigenen Blutes in den Ohren hörte.

Aber das blieb nicht das einzige Geräusch.

Laut und deutlich war plötzlich ein Plätschern vernehmbar. Grigorjew hielt es nicht mehr aus. Kurz darauf begann sich in dem Tunnel etwas zu bewegen. Als ein diffuses Leuchten zu erkennen war, wusste Oppenheimer, dass seine Geduld belohnt wurde.

Zuerst war der Bandenchef vorsichtig und hielt eine Hand vor den Reflektor seiner Stablampe. Mühsam bewegte er sich in den Tunnel hinein, kämpfte mit jedem Schritt gegen das Wasser an. Dann blieb er abrupt stehen und wandte sich um. Er misstraute dem Frieden, wartete auf ein Zeichen, dass ihn doch jemand verfolgte.

Oppenheimer presste sich gegen die Seitenwand, um nicht gesehen zu werden. Es war aussichtslos, sich auf Grigorjew stürzen zu wollen, dazu war er zu weit entfernt, und das hüfthohe Wasser ließ kein rasches und geräuschloses Fortkommen zu. Es gab nur die Möglichkeit, Grigorjew eine Kugel zu verpassen, sobald Oppenheimer sein Ziel gut erkennen konnte. Allerdings durfte er nicht vom Schein der Lampe erfasst werden. Wenn Grigorjew den Tunnel absuchte und ihn dabei entdeckte, war alles aus. Oppenheimer hätte dann nur noch die Chance, auf die Lampe zu zielen und zu hoffen, Grigorjew zufällig zu erwischen.

Doch Oppenheimer hatte Glück. Als Grigorjew glaubte, dass ihm niemand auf der Spur war, wandte er sich wieder ab und nahm seine Hand von dem Reflektor. Die Lampe war jetzt in den Tunnel gerichtet.

Ein Lichthof erschien an der grauen Wand. Der mit den Armen rudernde Schatten vor dem Lichtkegel sah wie ein Scherenschnitt aus. Als Oppenheimer anlegte, kam es ihm fast wie Zielscheibenschießen vor.

Er rief keine Warnung, wie es ihm in langen Jahren der Polizeiausbildung beigebracht worden war. Es ging nicht darum, Grigorjew festzunehmen. Oppenheimer legte es darauf an, ihn umzubringen. Selbst wenn das bedeuten sollte, den Deserteur hinterrücks zu erschießen.

Oppenheimer betätigte den Abzug. Mit einem Knall löste sich der Schuss, und irgendwo vor ihm flog eine Kugel durch die Finsternis.

Grigorjews Schatten begann zu schwanken. Zugleich ging seine Lampe aus. Geräuschvoll bewegte sich etwas durch das Wasser. Dann peitschte ein weiterer Schuss durch den Tunnel, diesmal von Grigorjew. In der Finsternis hatte er jedoch keine Möglichkeit zum Zielen.

Mit fahrigen Bewegungen kippte Oppenheimer den Pistolenlauf nach unten und zog mit seinen Fingernägeln die leere Hülse aus dem Patronenlager. Innerlich fluchte er wegen der umständlichen Bedienung der Waffe. Außerdem musste er die Patrone im Dunkeln wechseln, um Grigorjew keinen Hinweis auf seine Position zu geben.

Schließlich gelang es ihm, eine weitere Patrone einzulegen. Oppenheimer ließ den Lauf einrasten, dann holte er tief Luft und lauschte in den Tunnel. Jetzt war es wieder totenstill. Oppenheimer fragte sich, ob er Grigorjew getroffen hatte. Es gab nur eine Möglichkeit, das herauszufinden.

Oppenheimer richtete seine Stablampe auf die Stelle, an der Grigorjew zuletzt gestanden hatte, und schaltete sie ein.

Grigorjew war fort.

Für einen kurzen Moment war Oppenheimer perplex, dann watete er eilig auf die Stelle zu. Immerhin gab es die Möglichkeit, dass Grigorjew ins Wasser gerutscht und ertrunken war.

Als Oppenheimer die Stelle erreichte, war von einer Leiche nichts zu sehen.

Doch es gab noch ein andere Möglichkeit. In der Nähe befand sich eine Reihe von Stahlpfeilern, ideal, um sich dahinter zu verbergen.

Oppenheimer nahm all seinen Mut zusammen und sprang zum nächsten Pfeiler, um Grigorjew zu überraschen.

Dahinter war es menschenleer.

Schließlich sah Oppenheimer ein, dass es sinnlos war, allein hier im Wasser zu stehen. Er hatte die Dinge selbst in die Hand nehmen wollen und war vermutlich gescheitert. Oppenheimer musste Aksakow einschalten, der die nötigen Männer zur Verfügung hatte, um die Leiche zu bergen, falls Grigorjew tatsächlich tot war. Andernfalls konnten sie den Tunnel immer noch an der nächsten Station sperren. Grigorjew würde hier nicht mehr herauskommen.

Auf dem Bahnsteig hinter Oppenheimer waren wieder Stimmen zu hören. Es waren bestimmt die NKWD-Männer. Womöglich hatten sie die Schüsse vernommen, wussten jedoch nicht, aus welcher Richtung sie gekommen waren.

Oppenheimer watete zurück zum Bahnsteig, als er mit einem Mal etwas auf sich zulaufen sah.

Ein Mann sprang in den Lichtkegel. Grigorjew hatte sich hinter einem anderen Pfeiler versteckt gehalten und versuchte nun, Oppenheimer abzufangen.

Er riss seine Schusswaffe hoch und zielte auf Oppenheimers Lampe.

Sie beide drückten fast im gleichen Augenblick ab.

Oppenheimer hörte, wie Grigorjews Kugel neben ihm an der Tunnelwand abprallte.

Er hingegen hatte einen Treffer gelandet.

Grigorjew stolperte und krachte mit voller Wucht gegen das seitliche Eisengeländer. Nach einer halben Drehung rutschte er aus und versank bis zum Kinn im Wasser.

Die Augen weit aufgerissen, klammerte sich Grigorjew am Geländer fest.

Eine Welle der ungezügelten Aggression durchfuhr Oppenheimer, als er sah, dass der Schurke ihm ausgeliefert war. Die Aussicht, Grigorjews Leben ein Ende zu setzen, ließ keinen klaren Gedanken mehr zu.

Erst legte er eine neue Patrone in seine Schusswaffe, dann spannte er den Hahn. Obwohl Oppenheimer kein sonderlich guter Schütze war, konnte er sein Ziel auf diese kurze Distanz schwerlich verfehlen.

Den sicheren Tod vor Augen, lehnte sich Grigorjew zurück und starrte in den Lauf der Waffe.

Oppenheimer bemerkte, dass der Pistolenlauf zitterte.

Plötzlich überkamen ihn Zweifel, ob er Grigorjew tatsächlich erschießen durfte, obwohl endlich der Zeitpunkt erreicht war, den er herbeigesehnt hatte. Die letzten Wochen über hatte er kaum an etwas anderes gedacht, als Grigorjew büßen zu lassen. Dieser Hass hatte ihn angetrieben, hatte seinem Leben einen Sinn gegeben.

Oppenheimer atmete tief durch. Nein, er würde sich zusammenreißen. Zu lange nachzudenken war nicht gut. Man musste Tatsachen schaffen. Er würde es beenden, hier und jetzt.

Er erhöhte bereits den Druck auf den Abzug, als Grigorjew zu sprechen begann.

»Dawai!«, forderte er ihn mit heiserer Stimme zum Schießen auf.

Stirnrunzelnd nahm Oppenheimer den Finger vom Abzug, zielte aber weiterhin auf Grigorjew. Was wollte er von ihm? War das etwa eine Finte?

Grigorjew machte nicht den Eindruck, als hätte er noch ein Ass im Ärmel. In Erwartung einer Kugel senkte er mit geschlossenen Augen den Kopf. Grigorjew war endgültig besiegt, und er wusste das auch.

Als Oppenheimer nichts tat, wurde er unruhig. »Schto eto takoe?« Was los sei, fragte Grigorjew gereizt. Er war jetzt wieder hellwach und redete eindringlich auf Oppenheimer ein. Zunächst glaubte Oppenheimer, dass er nur Zeit schinden wollte, um seinen unvermeidlichen Tod hinauszuzögern. Erst als Grigorjew beim Reden seinen Arm zur Seite ausstreckte, verstand er dessen Verhalten.

Grigorjew wollte von ihm getötet werden. Er verlangte von Oppenheimer, ihm eine Kugel in den Schädel zu jagen. Lieber wollte er sein Leben als freier Mann verlieren, als in die Heimat zurückverfrachtet zu werden, wo ihm möglicherweise sogar Schlimmeres als der Tod drohte.

Bewegungslos stand Oppenheimer vor Grigorjew. Die Eises-

kälte des Wassers war vergessen. Er überlegte kurz, ob er ihm den Gefallen tun sollte.
Als er den Finger wieder auf den Abzug legte, flackerte in Grigorjews Gesicht ein zufriedenes Lächeln auf.
Wenige Augenblicke später hallte ein Schuss durch den Tunnel.

Aksakow bekam einen regelrechten Lachanfall, als Oppenheimer völlig durchnässt mit einer Spielzeugpistole auftauchte.
»Er fragt, ob Sie damit Grigorjew in Schach gehalten haben«, übersetzte Jascha. Auch er wirkte amüsiert.
Oppenheimer zuckte die Schultern. »Wenn man nichts anderes hat.«
Nach Oppenheimers letztem Signalschuss hatte es nicht lange gedauert, bis Aksakows Leute mit gezogenen Waffen in den Tunnel gestürmt waren und den fluchenden und wild um sich schlagenden Grigorjew nach draußen gezerrt hatten.
Er hatte sogar versucht, sich in dem schlammigen Wasser zu ertränken, doch Oppenheimer hatte ihn rechtzeitig am Kragen gepackt.
Auf dem Bahnsteig wurde er schließlich von Aksakow in Empfang genommen. Zwei seiner Männer zogen Grigorjew die Treppe zum Zwischengeschoss hoch.
Oppenheimer fühlte sich eigenartig matt, als er ihm nachblickte. Seine Kraftreserven schienen endgültig aufgebraucht zu sein, nach einem Tag voller Überraschungen, von denen seine eigene Reaktion bei der Ergreifung Grigorjews vielleicht die größte war. Erst jetzt fiel ihm auf, dass von den anderen Deserteuren nichts mehr zu sehen war.
»Habt ihr alle geschnappt?«, fragte er Jascha.
»Ein halbes Dutzend seiner Leute war hier«, antwortete dieser zufrieden. »Keine Ahnung, wo ihr neues Lager ist, aber einer

von ihnen wird sicher auspacken.« Auch er schaute dabei zu, wie Grigorjew, im Schwitzkasten zweier NKWD-Offiziere, die obersten Stufen nahm und verschwand. »Der Kopf der Schlange wurde abgetrennt. Der Rest windet sich noch, ist aber nicht mehr gefährlich.«

Oppenheimer nickte. »Was ist mit Georg?«

Jascha warf ihm einen verständnislosen Blick zu.

»Na, mein Begleiter. Ich habe ihn zuletzt auf dem anderen Bahnsteig gesehen.«

»Ich weiß nicht«, sagte Jascha irritiert, während Oppenheimer bereits die Treppe hinauflief, um zum Bahnsteig 2 zu gelangen. Als er drüben eintraf, angelten einige Offiziere im Wasser nach einem Gegenstand. Oppenheimer befürchtete bereits, dass es die Leiche von Georg war. Als einer der Männer die Geduld verlor und in die schlammigen Fluten sprang, um das Ding zu bergen, atmete er auf.

Es war der schwarze Arztkoffer mit dem radioaktiven Material. Irgendetwas kam Oppenheimer allerdings merkwürdig vor.

»Was ist mit dem Mann?«, fragte er die Umstehenden. »Habt ihr ihn gefunden?«

Jetzt war auch Jascha eingetroffen und übersetzte Oppenheimers Frage. Niemand schien Georg zu Gesicht bekommen zu haben.

»Wahrscheinlich treibt er irgendwo im Tunnel«, lautete die lapidare Antwort.

Oppenheimer schaute auf das trübe Wasser und fragte sich, ob das wahr sein konnte. Doch irgendetwas in ihm sträubte sich dagegen, es zu glauben.

Als er sich schließlich dem Koffer zuwandte, bekam Oppenheimer die Bestätigung für seinen Verdacht, dass etwas faul war.

Er konnte sich deutlich daran erinnern, dass Grigorjews Fährmann sich ziemlich anstrengen musste, um das Gepäckstück ins Boot zu heben, was vermutlich an der Bleiummantelung lag. Dieser Koffer war allerdings so leicht, dass er auf dem Wasser trieb.

Aufmerksam geworden, schaltete Oppenheimer seine Stablampe an und näherte sich dem Arztkoffer. Er begutachtete das erste Schloss, dann das zweite, schließlich richtete er sich schmunzelnd wieder auf.

Roskis Markierungen fehlten. Es musste sich um den Koffer handeln, den sie aus dem Gärkeller geholt hatten. Oppenheimer hatte keine Ahnung, was sich darin befand, doch er zweifelte daran, dass es für die russischen Bombenentwickler von Wert war.

Er erinnerte sich plötzlich an Georgs Kommentar, dass es immer ratsam war, einen zweiten Fluchtweg vorzubereiten. Wie es den Anschein hatte, war er auch diesmal nach diesem Prinzip vorgegangen. Und er hatte nicht nur dafür gesorgt, dass er selbst entkommen konnte, sondern hatte für den schlimmsten Fall sogar einen falschen Koffer präpariert. Damit würde niemand auf die Idee kommen, dass es Georg gelungen sein könnte, die radioaktiven Materialien in seinen Besitz zu bringen. Vielleicht würde man im Bereich der S-Bahn-Station noch andere Koffer finden, die allesamt ähnlich aussahen und ebenso wertlosen Krempel enthielten, zur Sicherheit deponiert, damit sich Georg aus der Affäre ziehen konnte. Schließlich war er ein Profi, wenn es um diese Dinge ging. Oppenheimer hielt es für besser, Aksakows Leuten dies nicht mitzuteilen.

»Ist etwas?«, fragte Jascha, als er im Widerschein der Lampen Oppenheimers Lächeln bemerkte.

Oppenheimer schüttelte den Kopf. »Nein, nichts«, sagte er. »Ich bin nur froh darüber, dass wir Grigorjew geschnappt haben.«

Epilog

Dienstag, 7. August 1945
26 Tage vor dem Kriegsende im Pazifik

Hi, pop!«, rief der stiernackige G. I., als er sich aus seinem Jeep schwang. Oppenheimer erwiderte den Gruß mit einem trägen Winken. Er fand es dermaßen angenehm, zur Abwechslung einmal müßig in der Sonne zu sitzen, dass er die letzten Tage fast ausschließlich genau damit zugebracht hatte.
Blinzelnd verfolgte er, wie der US-Soldat Zigarettenstangen unter seinen Arm klemmte und sich dann Hildes Häuschen näherte.
Sicherlich war es eine Liebesgabe für Rita. Jascha war nach der stürmischen Affäre mit seiner Lieblingstänzerin irgendwann einfach nicht mehr aufgetaucht. Ohne etwas Genaueres zu wissen, ahnte Oppenheimer, dass Rita ihren russischen Galan abserviert hatte. Nachdem die Briten und US-Amerikaner ihre Sektoren besetzt hatten und die neuen Besatzer in einer großen Parade die Hauptstraßen entlanggezogen waren, schien ihr die Beziehung zu einem Russen wohl nicht mehr lukrativ genug zu sein.
Auch abgesehen von Ritas erotischen Eskapaden, war die Kooperation zwischen Ost und West voller Spannungen. Man sprach davon, dass es in der Innenstadt in der Nacht immer wieder zu Schusswechseln kam. Einmal hatte Oppenheimer sogar draußen Geballere gehört, als er in der *Rio Bar* hinter dem Scheinwerfer saß.

Die sogenannte *Dreimächtekonferenz* war gerade erst vor vier Tagen im Potsdamer Schloss Cecilienhof zu Ende gegangen. In der zweiten Julihälfte hatten Stalin, Truman und der neugewählte britische Premierminister Attlee in einem mehr als zweiwöchigen Gesprächsmarathon Europas Nachkriegsordnung ausgehandelt. Abgesehen von gelegentlichen Verlautbarungen aus dem Radio, war zu den Berlinern davon nicht viel durchgedrungen, denn Potsdam war während dieser Zeit von der Außenwelt fast komplett abgeriegelt gewesen.

Hilde hatte sich erstaunt darüber gezeigt, dass Churchill mitten in der Konferenz ersetzt wurde, weil er von der britischen Bevölkerung abgewählt worden war. Allgemein wurde darüber spekuliert, ob ein Premierminister der Labour-Partei wie Attlee nicht eher dem kommunistischen Russland zugeneigt sei.

Ede erholte sich gut von seiner Schusswunde, und sein Geschäft brummte wie selten zuvor. Und auch Ritas Zielpublikum hatte sich mit den neuen Besatzungssoldaten deutlich vergrößert. Sie trat mittlerweile wieder bei Ede auf, und die Narbe auf ihrer Wange wurde mit dicker Schminke überdeckt. Oppenheimer zweifelte ohnehin daran, dass allzu viele Zuschauer davon abgelenkt wurden, sobald sie damit begann, sich auf der Bühne kunstvoll in einen textilfreien Zustand zu versetzen. Recht überraschend fand er jedoch, dass Hilde Ritas Anwesenheit nicht als unangenehm empfand. Und so hörte man immer häufiger lautes Gelächter aus den Fenstern des Chauffeurhäuschens dringen.

»Die könnte auch mal langsam ausziehen«, sagte eine Frau neben Oppenheimer, ganz so, als habe sie seine Gedanken erraten. Inge Schmude starrte mit finsterem Blick zum Häuschen hinüber.

»Was für ein Weibsstück, ständig Männerbesuch. So was gehört sich doch nicht.«

Oppenheimer enthielt sich eines Kommentars und lehnte sich wieder zurück. Als Frau Schmude sah, dass sie seine Aufmerksamkeit geweckt hatte, ließ sie sich nicht mehr abwimmeln.

»Und?«, fragte sie. »Haben Sie schon einen neuen Beruf gefunden?«

Innerlich seufzte Oppenheimer auf. Es war gerade mal drei Tage her, dass er bei Ede gekündigt hatte, und schon wurden ihm Vorwürfe gemacht, dass er sich vor der Arbeit drückte. Ihn plagte ohnehin bereits ein schlechtes Gewissen, dass Lisa jetzt wieder einem Beruf nachging, weil er sie vorläufig noch nicht ernähren konnte. Sie hatte als Dolmetscherin für die Briten in Charlottenburg eine Anstellung gefunden, bei der sie sich nicht mehr selbst verleugnen musste. Das war ein deutlicher Fortschritt gegenüber den stupiden Hilfsarbeiten, zu denen sie in den Zeiten des Nazi-Regimes als Gattin eines Nichtariers gezwungen und damit abgestraft wurde.

Frau Schmude konnte Oppenheimer womöglich begreiflich machen, dass Edes zwielichtige Spelunke auf Dauer kein geeigneter Arbeitsplatz für ihn war. Er musste weiterziehen, einen Beruf finden, bei dem er seine Fähigkeiten zum Einsatz bringen konnte. Es erschien ihm jedoch unmöglich, ihr klarzumachen, dass er mit Grigorjew vor dem Lauf seiner Pistole um ein Haar alles verraten hätte, woran er jemals geglaubt hatte.

Oppenheimer wollte keine faulen Kompromisse mehr eingehen. Allerdings bedeutete das auch, dass er sein Leben von Grund auf umkrempeln musste und seine allzu enge Beziehung zu Ede nicht mehr aufrechterhalten konnte.

Er versuchte nicht, Frau Schmude diese komplexe Situation zu erklären. Stattdessen murmelte er nur: »Ich schaue mich noch um.«

Um sie davon abzubringen, näher auf dieses Thema einzugehen, zeigte er auf den Briefumschlag in ihrer Hand. »Funktioniert die Post wieder?«

»Ach ja, zumindest in der näheren Stadtumgebung soll sie wieder funktionieren«, sagte Frau Schmude. Der unterschwellige Vorwurf in ihrem Tonfall war zum Glück verschwunden. »Ich habe meiner Nichte geschrieben, damit sie weiß, dass es uns gutgeht. Aber Sütterlinschrift ist nicht mehr erlaubt. Wahrscheinlich können die Zensoren das nicht lesen.«

Oppenheimer nickte nur.

»Dann einen schönen Tag noch«, sagte Frau Schmude, pikiert darüber, dass sie nicht mal eine Antwort bekam, und ließ Oppenheimer mit seinen Gedanken allein.

Seit der Festnahme von Grigorjew vor etwas mehr als sechseinhalb Wochen waren ihm keine der darin involvierten Personen wiederbegegnet. Dass Georg nach seiner erfolgreichen Mission verschwunden blieb, war keine große Überraschung. Oppenheimer konnte noch nicht ahnen, dass zwei andere der Beteiligten ihm noch an diesem Tag einen Besuch abstatten würden.

Motorengebrumm weckte ihn aus seinem Halbschlaf. Als er die Augen öffnete, war ein zweiter Geländewagen auf dem Hof vorgefahren. Zu seiner Überraschung stieg Jascha aus, während sich Aksakow auf der anderen Seite aus der Beifahrertür zwängte. Beim Anblick des Jeeps mit dem weißen US-Stern blieben sie unschlüssig stehen, ganz so, als würden sie eine Falle wittern.

Lächelnd winkte Oppenheimer die Männer zu sich. Er wunderte sich selbst ein wenig, welch große Freude er darüber empfand, die beiden unversehrt wiederzusehen.

»Ist hier ein Amerikaner?«, fragte Jascha und wies mit ausgestrecktem Finger auf den Jeep.

Oppenheimer nickte zu Hildes Häuschen hinüber. »Der ist dort drüben.«

Jaschas finsteres Gesicht verriet, dass er verstanden hatte.

»Aber kommt doch ruhig rein«, beeilte sich Oppenheimer zu sagen, wenngleich er sich bewusst war, dass seine Gastfreundschaft keine ausreichende Wiedergutmachung für Ritas Untreue war.

Oppenheimer konnte nur zwei Stühle anbieten, die an dem kleinen Tisch vor dem Fenster standen, doch Aksakow war damit zufrieden, mit verschränkten Armen in einer schattigen Ecke zu stehen.

Der Oberst gab keine Silbe von sich, dafür ratterte Jascha plötzlich los. »Genosse Aksakow möchte Ihnen den Dank des friedliebenden russischen Volkes überbringen, dass Sie dazu beigetragen haben, das Material des Forschers Roski wiederzuerlangen.«

Überrascht blickte Oppenheimer die beiden Männer an.

»Ähm, vielen Dank«, murmelte er, als er verstand, dass eine Antwort von ihm erwartet wurde. »Ich fühle mich sehr geehrt.«

»Und der Genosse Oberst möchte fragen, ob Sie in den Polizeidienst einzutreten gedenken.«

Nachdenklich lehnte sich Oppenheimer zurück. Mit allem hatte er gerechnet, aber nicht mit einem solchen Angebot.

»Wie kommen Sie ausgerechnet auf mich?«, fragte er.

Aksakow brummte etwas, daraufhin übersetzte Jascha: »Der Genosse Oberst kennt sich damit aus. Er hält Sie für einen guten Kriminalisten.«

Oppenheimer konnte nicht ruhig sitzen bleiben. Eigentlich war dies genau die Gelegenheit, auf die er gewartet hatte, doch seine Verhaftung durch Pogodin hatte einen bitteren Nachgeschmack hinterlassen. In dem Sonderlager war Oppenheimer die Willkür des stalinistischen Staatsapparates bewusst geworden, nicht zuletzt, weil auch Michalina dort eingesperrt war. Obwohl er und Hilde seitdem alles versucht hatten, damit sie wieder in Freiheit gelangte, waren ihre Bemühungen bislang zwecklos gewesen. Innerhalb der Alliierten-Kommandantur gab es mittlerweile ein *Komitee für öffentliche Sicherheit,* das den Aufbau des Berliner Polizeiwesens überwachte. Es war jedoch ein offenes Geheimnis, dass sich die Alliierten uneinig darüber waren, wie dieser Polizeidienst aussehen sollte. Der russische Einfluss war außerordentlich stark, was nicht zuletzt daran lag, dass bereits unter der Sowjetverwaltung die ersten Grundlagen dafür gelegt worden waren. Obwohl es schon zu ersten gemeinsamen Einsätzen mit den Westalliierten gekommen war, zweifelte Oppenheimer nicht daran, dass Stalins Stellvertreter der Polizei ihren eigenen Stempel aufdrücken wollten und sie im ungünstigsten Fall als Instrument zur Unterdrückung nutzen würden.

Oppenheimer versuchte, seine Ablehnung so zu formulieren, dass sie Aksakow nicht verärgerte.

»Ich denke, es ist noch nicht die Zeit dafür gekommen«, sagte er schließlich vieldeutig.

Als Aksakow die Übersetzung hörte, lachte er laut auf. Dann warf er Jascha einen kurzen Blick zu. Er schien abzuwägen, ob er offen reden konnte.

»Dann haben Sie Ihre Lektion gelernt«, sagte Aksakow. »Heutzutage kann es besser sein, wenn man seine wahre Natur nicht enthüllt.«

Bei diesem Kommentar horchte Oppenheimer auf. Er entschloss sich dazu, eine Frage anzusprechen, die ihn schon seit längerem beschäftigte. »Es wurde mir erzählt, dass Sie gegen Vergewaltigungen eingeschritten sind und deswegen im Arbeitslager waren.«

Aksakow schwieg für einen Moment. »Das ist eine Fehlinformation«, erwiderte er schließlich. »Es handelte sich um meinen Bruder Alexei.«

Obwohl sich Aksakow um einen neutralen Tonfall bemühte, spürte Oppenheimer, wie schwer es ihm fiel, darüber zu sprechen. Schließlich wischte er das unangenehme Thema mit einem lapidaren Kommentar beiseite. »Was soll ich sagen, es ist eine unschöne Affäre«, übersetzte Jascha. »Wenn Sie es sich noch einmal anders überlegen, brauchen Sie sich nur bei mir zu melden.«

Oppenheimer blickte den Oberst fragend an, bis er begriff, dass dieser wieder über den Polizeidienst sprach.

»Sie sollten Ihre Fähigkeiten einsetzen«, redete Aksakow ihm aufmunternd zu. »Letztendlich sind wir alle nur Befehlsempfänger. Sehen Sie, ich zum Beispiel habe den Auftrag bekommen, Roskis Koffer aufzuspüren, und ich habe einen Koffer abgeliefert. Es braucht mich nicht zu kümmern, was sich darin befand. Die Welt ist nun mal so, wie sie ist. Wir können sie nicht verändern. Unsere Taten machen keinen Unterschied. Sie werden das erkennen, wenn Sie morgen die Zeitung aufschlagen.«

Selbst Jascha schien nicht zu wissen, was Aksakow damit andeuten wollte. Bei der folgenden Antwort des Obersts konnte Oppenheimer deutlich beobachten, wie Jaschas Gesicht plötzlich aschfahl wurde. Aksakows Enthüllung schien ihn zutiefst zu verstören. Jascha war so verwirrt, dass er sogar Probleme beim Übersetzen hatte.

»Es ist«, begann er und verhaspelte sich, »die Amerikaner haben gestern früh eine Atombombe abgeworfen. Über einer japanischen Großstadt.«

Oppenheimer riss entsetzt die Augen auf. Dieser Gedanke war so ungeheuerlich, dass er ihn zunächst nicht wahrhaben wollte.

In den letzten Tagen hatte Oppenheimer nur so viel mitbekommen, dass die Kapitulationsforderung der Alliierten vom Tennō abgelehnt wurde. Hilde hatte daraufhin erwähnt, dass sich in Japan eine höchst gefährliche Situation zusammenbraute. Zwar wurde in der Bevölkerung bereits seit Wochen über eine Atombombe spekuliert, allerdings waren die meisten der Meinung, dass es letztendlich auf eine Invasion der Mutterinseln durch US-Truppen hinauslaufen würde.

»Aber gleich eine Bombe«, murmelte Oppenheimer ungläubig.

Aksakow teilte ihm daraufhin so viele Details mit, dass es sich kaum um ein Gerücht handeln konnte.

»Bei dreien der Entwickler soll es sich um deutsche Emigranten handeln. Die Sprengwirkung ist zweitausendmal größer als die der britischen Zehntausend-Kilo-Bomben. Hiroshima wurde mitsamt der Bewohner pulverisiert. Und jetzt werden noch weitere Bombenabwürfe angedroht.«

Aksakows Verabschiedung nahm Oppenheimer nur wie durch einen Schleier wahr. Selbst mehrere Stunden nach dem Besuch war er immer noch erschüttert. Zu den grässlichen Nachrichten gesellte sich das beklemmende Gefühl, von Georg hinters Licht geführt worden zu sein. Die Sicherung von Roskis Material war also nicht geschehen, um Schlimmeres zu verhindern. Die ganze Zeit über hatten die US-Alliierten ihre eigene Version der Uranbombe entwickelt. Es war nicht abzuschätzen, inwiefern Roskis Atommaterial beim Bau weiterer Bomben behilflich sein würde. Dennoch war es für Oppenheimer eine bittere Einsicht, dass er womöglich selbst dazu beigetragen hatte.

Rastlos lief er um Hildes Villa herum, tief versunken in apokalyptischen Visionen eines plötzlichen Massensterbens. Zu allem Überfluss war gerade niemand anwesend, dem er sein übervolles Herz ausschütten konnte. Hilde befand sich immer noch im

Krankenhaus, und Lisa würde erst am Nachmittag zurückkommen.

Als Lisa eintraf, hatte sich Oppenheimer wieder ein wenig beruhigt. Trotz allem reagierte sie überrascht, weil er sie in der Abgeschiedenheit ihres Zimmers kommentarlos mit einer Umarmung begrüßte, sein Gesicht an ihrer Halsbeuge vergrub und sie nicht mehr loslassen wollte.

Auch sie reagierte bestürzt auf die Neuigkeit des Atombombenabwurfs. Schließlich sagte sie: »Nun ja, letztendlich war wohl nichts anderes zu erwarten gewesen.«

»Sie haben eine Schwelle überschritten«, fügte Oppenheimer voller Bitterkeit hinzu. »Nichts wird mehr so sein wie vorher. Die Russen entwickeln ihre eigene Bombe. Irgendwann werden sie sich gegenseitig damit auslöschen.«

Lisa erwog diesen Einwand. »Man kann es nicht wissen. Vielleicht kommt es auch nicht so. Wenigstens sind wir bis dahin zusammen.«

Wehmütig blickte Oppenheimer sie an und griff dann nach ihrer Hand. Vielleicht hatte Lisa recht. Womöglich war es angesichts dieser aus allen Fugen geratenen Welt letztendlich das Wichtigste, füreinander da zu sein.

Jetzt, wo er sich Lisa offenbart hatte und ihr zeigen konnte, wie zutiefst verunsichert er war, erkannte Oppenheimer auch, wie sehr er sich in den vergangenen Wochen verstellt hatte. Weil er sich den Gefühlstumult in seinem Inneren nicht eingestehen wollte, war er darauf verfallen, die Rolle des starken Ehepartners zu spielen. Aber jetzt kam er zu dem Schluss, dass Lisa die stärkere Person in ihrer Beziehung war. Denn trotz der Vergewaltigung hatte sie irgendwie den Mut zum Weitermachen gefunden, während er die ganze Zeit über nur starr nach Rache getrachtet hatte.

Oppenheimer lehnte sich an den Fensterrahmen und blickte in den strahlend blauen Himmel. Jetzt, wo er den Mut aufbrachte, Lisa den Blick auf seine verunsicherte Seele zu gestatten, brachte er es auch übers Herz, über Grigorjew zu sprechen. Es war zweifelsohne nicht angenehm, aber Oppenheimer hatte den Eindruck, dass es an der Zeit war.

»Sie haben ihn geschnappt«, sagte er mit rauher Kehle. Oppenheimer brauchte den Namen nicht einmal zu erwähnen, Lisa verstand auch so, von wem die Rede war.

»Die ganze Bande wurde vom russischen Geheimdienst gefangen genommen. Ich habe dabei geholfen, dass der Schweinehund lebendig nicht mehr in Freiheit gelangt.«

Für einen kurzen Moment zeigte sich auf Lisas Gesicht ein Ausdruck von Verletztheit. Ihre Stirn in tiefe Falten gelegt, blickte sie zu Boden und presste die Lippen zusammen. Tränen liefen ihr über die Wangen. Oppenheimer trat zu Lisa und legte einen Arm um ihre Schultern. Sie ließ es geschehen.

Natürlich war es noch lange nicht vorüber. Oppenheimer ahnte, dass Lisa noch einige Zeit brauchen würde, um darüber hinwegzukommen. Abgesehen davon, dass er Grigorjew geschnappt hatte, wusste er allerdings nicht, wie er ihr sonst noch helfen konnte.

Als der erste Gefühlsaufruhr bei ihr abgeklungen war, wandte sich Lisa ihm zu. »Das ist gut«, sagte sie schließlich. Ihre Stimme klang fester, als Oppenheimer es erwartet hatte.

Es sollte das letzte Mal sein, dass sie über dieses Thema sprachen.

Glossar der sowjetischen Staatsorganisationen

Komsomol: Abkürzung für *Gesamtsowjetischer Leninscher Kommunistischer Jugendverband,* Nachwuchsorganisation der *Kommunistischen Partei der Sowjetunion,* 1918 gegründet, 1991 aufgelöst.

NKWD: Abkürzung für *Volkskommissariat für innere Angelegenheiten.* 1934 zur Übernahme der Aufgaben eines Innenministeriums gegründet, zuständig für die Polizeidienste, Betreiber der sowjetischen Arbeits- und Kriegsgefangenenlager, inklusive der Speziallager nach dem Ende des Zweiten Weltkriegs. Als wichtigstes Ressort wurde auch die *Geheimpolizei der Sowjetunion (GPU)* eingegliedert, zuständig für die Bekämpfung der Konterrevolution. Die *GPU* war Nachfolgeorganisation der *Tscheka* und Vorläuferin des *KGB.*

SMERSch: Akronym für *Tod den Spionen.* Militärischer Nachrichtendienst zur Spionageabwehr in der *Roten Armee,* offiziell 1943 gegründet, aber wahrscheinlich schon vorher tätig, im Mai 1946 wieder aufgelöst.

Nachwort des Autors

Im Frühjahr 1943 kursierten erste Gerüchte, dass die deutsche Rüstungsindustrie Wunderwaffen entwickle, die eine entscheidende Wende im Krieg herbeiführen sollten. Dieser Mythos wurde nicht zuletzt von Propagandaminister Goebbels genährt und sorgte dafür, dass die britischen und US-amerikanischen Nachrichtendienste ihre Spionagetätigkeiten verstärkten. Um einen deutschen Atombombenbau zu verhindern, wurden Orte bombardiert, in denen Uranmeiler oder wichtige Forschungszentren vermutet wurden. Ob es der im Auftrag des Heereswaffenamtes operierenden Forschungsgruppe von Kurt Diebner im März 1945 tatsächlich noch gelang, auf Rügen und in Thüringen Tests mit *schmutzigen Bomben* durchzuführen, mit denen radioaktives Material in der Umgebung verteilt wird, bleibt umstritten.

Ähnlich wie mein fiktiver Charakter Dieter Roski versuchten auch andere Atomphysiker in der Endphase des Zweiten Weltkriegs, ihre Materialien und Forschungsunterlagen für die Zeit nach der absehbaren Niederlage zu sichern. So ließ Werner Heisenberg in der Nähe von Haigerloch Uranoxid-Würfel vergraben, während das von ihm bei der Forschung verwendete Schwerwasser in den Tanks eines Industriebetriebes versteckt wurde. Von Carl Friedrich von Weizsäcker wird berichtet, dass er Forschungsdokumente in einem Metallkanister versteckte und das zugelötete Gefäß kurzerhand in der Jauchegrube hinter seinem Haus versenkte.

Diese und andere Materialien wurden von US-Geheimdienstkommandos kurz darauf wieder geborgen und in die Vereinigten Staaten geschickt. Diese Missionen unter dem Codenamen

Alsos zielten nicht nur darauf ab, möglichst alle Forschungsmaterialien vor dem Zugriff der französischen und russischen Alliierten zu sichern, auch die deutschen Spitzenphysiker sollten aufgespürt werden. Und tatsächlich gelang es, zehn ranghohe Atomforscher, darunter Heisenberg, Diebner und Otto Hahn, auf dem englischen Landsitz *Farm Hall* nahe Cambridge für sechs Monate zu internieren und ihre Gespräche abzuhören.

Da in den Wirren der Niederlage in Berlin außer dem *Panzerbär* keine Zeitungen mehr erschienen, bezog ich mich vor allem wieder auf Tagebuchaufzeichnungen, um die tagesaktuellen Geschehnisse zu rekonstruieren. Die Autoren dieser Primärquellen sind Ruth Andreas-Friedrich, Margret Boveri und Marta Hillers (unter dem Pseudonym Anonyma), ergänzt durch die Erinnerungen von Wladimir Gelfand und Wassili Grossman. Diese Werke sind allesamt in Buchform erhältlich. Wertvoll für meine Recherchen war unter anderem das Sachbuch *Iwans Krieg* von Catherine Merridale, eine umfassende Darstellung des Kriegsalltags aus russischer Perspektive.

Die Spannungen zwischen Ost und West, die bereits Ende 1945 von der Berliner Bevölkerung deutlich wahrgenommen wurden, nahmen in den Folgejahren besorgniserregende Ausmaße an. Gemäß der Truman-Doktrin von 1947 sollte die internationale Ausweitung des Kommunismus eingedämmt werden.

Am 29. August 1949 erfolgte schließlich auf einem Testgelände in Kasachstan die erste erfolgreiche Zündung einer sowjetischen Atombombe.

Das war der Beginn des atomaren Wettrüstens.

Harald Gilbers, Januar 2017

Literaturhinweise

Andreas-Friedrich, Ruth, *Schauplatz Berlin. Tagebuchaufzeichnungen 1945 bis 1948,* Frankfurt am Main 1985.

Anonyma, *Eine Frau in Berlin. Tagebuch-Aufzeichnungen vom 20. April bis 22. Juni 1945,* München 2008.

Beevor, Antony, *Berlin 1945. Das Ende,* München 2012.

Beevor, Antony, Vinogradova, Lyuba, Hg., *A Writer At War. Vasily Grossman with the Red Army 1941–1945,* London 2015.

Boveri, Margret, *Tage des Überlebens. Berlin 1945,* Berlin 2004.

Braun, Michael, *Nordsüd-S-Bahn Berlin. 75 Jahre Eisenbahn im Untergrund,* Berlin 2008.

Cornish, Nik, *Berlin. Der Untergang,* Königswinter 2011.

Deutsch-Russisches Museum Berlin-Karlshorst, Hg., *Katalog zur Dauerausstellung,* Berlin 2014.

Deutsch-Russisches Soldaten-Wörterbuch. Rund 3000 Wörter für Feldgebrauch und tägliches Leben, Berlin 1941.

Gelfand, Wladimir, *Deutschland-Tagebuch. 1945–1946,* Berlin 2008.

Gosztony, Peter, Hg., *Der Kampf um Berlin 1945 in Augenzeugenberichten,* München 1985.

Gröschner, Annett, Meyer, Grischa, *Kriegspfad Berlin 1945. Ein Rundgang durch die Trümmer der Erinnerung,* Berlin 1994.

Jahn, Peter, Hg., *Bersarin Nikolaj. Generaloberst Stadtkommandant (Berlin),* Berlin 1999.

Karlsch, Rainer, *Hitlers Bombe,* München 2005.

Kopelew, Lew, *Aufbewahren für alle Zeit!,* Göttingen 1996.

Kuby, Erich, *Die Russen in Berlin 1945,* Bern, München 1965.

Kurowski, Franz, *Unternehmen Paperclip. Alliierte Jagd auf deutsche Wissenschaftler,* München 1987.

Merridale, Catherine, *Iwans Krieg. Die Rote Armee 1939–1945,* Frankfurt am Main 2010.

Naimark, Norman M., *The Russians in Germany. A History of the Soviet Zone of Occupation. 1945–1949,* Cambridge, London 1997.

Rürup, Reinhard, Hg., *Berlin 1945. Eine Dokumentation,* Berlin 2004.

Solschenizyn, Alexander, *Der Archipel Gulag,* Frankfurt am Main 2014.

Ein Pakt mit dem Teufel

Harald Gilbers

GERMANIA

Roman

Berlin 1944: In der zerbombten Reichshauptstadt macht ein Serienmörder Jagd auf Frauen und legt die verstümmelten Leichen vor Kriegerdenkmälern ab. Alle Opfer hatten eine Verbindung zur NSDAP. Doch laut einem Bekennerschreiben ist der Täter kein Regimegegner, sondern ein linientreuer Nazi. Der jüdische Kommissar Richard Oppenheimer, einst erfolgreichster Ermittler der Kripo Berlin, wird von der SS reaktiviert. Oppenheimer weiß, dass sein Leben am seidenen Faden hängt. Erst recht dann, wenn er den Fall lösen sollte. Fieberhaft sucht er nach einem Ausweg …

»Atmosphärisch dicht, spannend und mit sehr glaubhaft gezeichneten Charakteren (…). Düster. Beunruhigend. Beklemmend. Ein Debüt mit bleibender Wirkung.« *Das Syndikat*

Ausgezeichnet mit dem Friedrich-Glauser-Preis 2014

KNAUR

Die Fortsetzung des Erfolgsromans Germania

Harald Gilbers

ODINS SÖHNE

Roman

Berlin, Januar 1945: Kommissar Oppenheimer ist untergetaucht und muss sich mit Schwarzmarktgeschäften über Wasser halten. Als dabei ein brutaler Mord geschieht, wird seine Unterstützerin Hilde verhaftet. Der Tote ist Hildes Ehemann, SS-Hauptsturmführer Erich Hauser. Zwar ist das Paar seit Jahren getrennt, doch Hilde als Regimegegnerin hätte ein Motiv: Der skrupellose Mediziner Hauser war KZ-Lagerarzt im Osten und hat dort Versuche an Menschen durchgeführt. Oppenheimer muss alles riskieren, um Hilde aus den Fängen der NS-Justiz zu retten. Schon bald findet er Hinweise darauf, dass ein mysteriöser Kult in den Mordfall verstrickt ist …

»Historisch sehr akkurat, atmosphärisch dicht und zudem noch ungemein spannend.« *Frankfurter Allgemeine Zeitung online*

John Katzenbach

DER TÄTER

Psychothriller

Miami 1995. Als seine Nachbarin Sophie Millstein erdrosselt aufgefunden wird, ist Detective Simon Winter klar, dass ihre Angst berechtigt war: Tags zuvor hatte die Holocaustüberlebende ihm verzweifelt berichtet, ihr sei der Schattenmann begegnet – jener Nazi-Scherge, der damals untergetauchte Juden ans Messer lieferte. Ist er zurückgekehrt, um die letzten Zeugen seiner Taten zu beseitigen?

»John Katzenbachs Psychothriller rückt die dunkelsten Stunden deutscher Geschichte auf eine Art und Weise wieder ins grelle Licht des Bewusstseins, die beinahe physischen Schmerz verursacht und ihresgleichen sucht.« *literaturmarkt.info*

Sam Eastlands hochspannende Kriminalromane um Inspektor Pekkala

ROTER ZAR

DER ROTE SARG

SIBIRISCH ROT

ROTER SCHMETTERLING

ROTER ZORN

»James Bond in Diensten Stalins.« *Die Literarische Welt*

»Brillant verwebt Eastland Fakten und Fiktion, reale und erfundene Figuren.« *The Times*

»So fesselnd wie Sam Eastland schreibt kein Zweiter. Seine Romane sind wie gemacht für Hollywood und rauben dem Leser sogar den Schlaf. (…) Gute Krimis gibt es viele, aber selten solch brillante.« *literaturmarkt.info*

KNAUR